3訂

消防・建築法規の

ドッキング講座

高木任之 著　小林恭一（東京理科大学教授 元総務省消防庁予防課長）　　　井上勝徳（元国土交通省建築指導課長）　監修

近代消防社

監修にあたって

　本書は、昭和52年の初版以来、消防・建築関係の仕事に携わる皆さんに長い間読み継がれて来ました。私自身にとっても、昭和55年に当時の建設省建築指導課から自治省消防庁予防救急課に課長補佐として出向して来た時、最初にお世話になった本でした。消防法など読んだこともなかった私が、着任後2週間で消防大学校の予防科で講義できたのも、本書のおかげです。もっとも、消大予防科の学生はほとんどこの本の読者だということを後で知り、冷や汗を流したものでした。

　高木さんは、建設省からの交流人事の初代補佐として昭和46年から2年間消防庁に出向されました。その後、両省庁で消防法・建築基準法両法令の解釈・運用に携わった経験と知識を活かし、本書をはじめ、多数のドッキング講座シリーズを執筆されています。その博覧強記と軽妙洒脱な文体は、一種の「高木ワールド」とも言えるもので、消防関係者を中心に今も多くの読者を惹きつけています。

　その高木さんに、大分前から「俺もそろそろ歳だから、万一の時には頼むぞ」と、本書の継続に助力するよう、何度も冗談めかして言われていました。「何を気弱なことを」とそのたびに返していましたが、平成23年の暮れに病床から真剣な依頼があり、まさか、と思いつつお引き受けすることにしました。「これで安心した」と震える文字でお葉書をいただいたのが最後のやり取りになりました。

　この種の法令解説は、日々改正される条文や通知を確実にフォローしていないと、すぐに陳腐化してしまいます。まして、二つの法令を比較しながら解説している本書は、情報を収集するだけでも大変な苦労だと思います。現役を離れて長かった高木さんが、初版から何度も改訂を重ね、平成13年には性能規定化にも対応した「新世紀版」まで出されたことには頭が下がります。

　高木さんと違って退官まで消防庁に在籍し、消防法の性能規定化など数々の法令改正を手がけた私ですが、今は学究の身になっています。法令や行政の世界から少し離れているため、変化にどうやって対応していくか問題ですが、近代消防社が全面的にバックアップしてくださるということですので、その面では安心しています。

　また、昨今は、建築基準法令の重要な改訂が何度も行われ、これを理解して適切に解説をすることが極めて難しくなって来ました。このため、今回（令和4年）から、長く建築基準法令の執行や改正に携わって来られた元国土交通省建築指導課長の井上勝徳さんに建築基準法令部分の監修をお願いしました。

　高木さん独特の視点と語り口をうまく引き継いでいけるかどうかも課題です。愛読者の一人としても、あの「高木ワールド」を遺しつつ、今後も長く消防・建築関係の皆さんのお役に立てて頂けるよう、微力を尽くしていきたいと考えています。

　　令和4年7月

東京理科大学総合研究院

火災科学研究所教授

博士（工学）　小　林　恭　一

監修にあたって

　建設省の先輩である東京理科大学の小林教授から、同じく大先輩である高木さんが執筆された「消防・建築法規のドッキング講座」の監修を手伝ってくれないかと依頼を受けました。建設省、国土交通省の建築指導課で長く建築行政に携わってきたことから声をかけていただいたものと思い、お役に立てるかどうか不安でしたがお引き受けすることにしました。

　建築基準法の防火関係規定は平成10年の建築基準法改正以来、性能規定化が進められてきました。特に平成26年及び平成30年の建築基準法改正で大幅な見直しが行われ、性能規定の導入が一層進みました。例えば、建築基準法の第21条（大規模の建築物の主要構造部等）、第27条（耐火建築物等としなければならない特殊建築物）、第61条（防火地域及び準防火地域内の建築物）などの規定では、これまでは大規模の建築物は原則として耐火建築物としなければなりませんでしたが、平成26年、30年の改正でそれぞれの規定で満たすべき性能が明確化され、その性能を満たせば耐火建築物以外の建築物も建てられるようになりました。この結果、今後建築物の設計の自由度が一層増し、例えば、二酸化炭素の排出抑制に向けて建築物の木造化が進展するなどの効果が期待されます。

　今回の改訂版はこうした改正内容を盛り込んだものとなっており、要求性能や基準の考え方がわかりやすく解説されています。（なお、各規定の詳しい解説は「建築基準法防火規定アタック講座（近代消防社刊）」に記載されていますので、必要に応じて参照してください。）

　本書が実務者、建築及び消防関係の行政職員などの参考書として幅広く活用され、複雑で分かりづらいといわれる防火関係法規への理解が深まることを期待しております。

　令和4年7月

（公財）建築技術教育普及センター理事長

井　上　勝　徳

この講座のねらい

　これまでも、消防法規や建築法規については、それぞれ専門的な解説書や、初心者向けのやさしい入門書など、数多くの著書があらわされている。ところが、これらの解説書は、消防は消防の立場で、建築は建築の立場でそれぞれ書かれたものが多く、それらの法規の総合的な解説というものが見当たらないようだ。消防関係の業務にたずさわっている人々の意見によると（おそらく建築設計などの業務にたずさわっている人々にとっても同じような意見だと思うが）それが何かものたりない感じがしてならない、とのことである。

　そのような両法規の谷間を埋めて、消防関係者のために、消防と建築防火の両法規を有機的に関連づけて解説することができれば、もっとより効果的な法規の運用が図られることになるのではなかろうか。そのような試みに対して、浅学な私が筆を取ることとなったのは、単に建築と消防と両方の経験があるから、というだけのことらしいが、すでに消防行政からも建築行政からも業務を離れている現在の私にとって大変な重荷であるし、思いちがいや誤りも、しばしばあろうと心配している。読者の皆様方の御叱正をお待ちする次第である。

　法規の解説というと如何にも堅苦しい予感がするが、時には雑談も混じえ、脱線もしながら、物語り風に楽しむ解説を進めてみたいと思う。

　さらに、今回、建築基準法令の一部改正を機に、従来の縦組みから横組みに改めると共に内容を最新のものとし改訂版を出すこととした。倍旧の御愛読をお願いしたい。

　　平成13年10月

　　　　　　　　　　　　　　　　　　　　　　　　　　　高　木　任　之

◇法令の略記

　この講座では、次のように法令の名称を省略することがあります。

建基法＝建築基準法	消防法＝消防法
建基令＝建築基準法施行令	消令＝消防法施行令
建基則＝建築基準法施行規則	消則＝消防法施行規則
法別表第1＝建築基準法別表第1	令別表第1＝消防法施行令別表第1

◇国土交通大臣が定める基準（告示）

　平成13年1月6日付で、中央省庁が再編され、旧建設省は国土交通省に、旧自治省は総務省にというように改められ、大臣も建設大臣は国土交通大臣というように改められました。

　従って、再編後は、国土交通大臣が定める基準は、国土交通省告示で示されることとなりましたが、再編より以前に旧建設大臣が定めた基準（告示）は、そのまま「建設省告示」のままで残されています。これはミスプリントではないので御了解いただきたいと思います。

◇本書の内容は、令和4年6月現在の法令に準拠しています。

目　　次

ける建築物………大規模建築物の内装………火気使用室の内装………内
装制限の適用除外………高層建築物の内装………地下街の内装………避
難階段・特別避難階段の内装………消防用設備等の設置の減免………消
火器具の減免………屋内消火栓の減免………スプリンクラーの減免……
…動力消防ポンプの減免………漏電火災警報器の減免………避難器具の
減免………避難のための歩行距離の減少………カーテン等の防炎………
防炎防火対象物等………工事用シートの防炎………防炎対象物品………
防炎性能の基準………防炎性のある繊維等………防炎規定の遡及（そきゅう）適用…
……防炎性能等の表示………不燃・準不燃・難燃材料の表示

1 消防法と建築基準法の違い

カッコの違い　消防法も建築基準法も別々の法律なんだから、名称も違えば、内容ももちろん異なる。例えば、第1条に同じように目的が規定してあるとしても、その目的の内容は異なっている。ところが、もっと形式的なことで、両法律を注意深く観察していくならば、次のような事実に気付かれることであろう。

すなわち、建築基準法の第1条には、（目的）という見出しがついているのに、消防法の第1条では、〔目的〕となっている。もっとも法令集によっては、消防法第1条には、このような見出しのついていないものも出版されている。

建築基準法では（　）、消防法では〔　〕と、わずかなことではあるが、カッコの形が違っている。これまでに、それに気付いていた人は、相当のベテランのはず、まず普通の人ならば、言われてはじめて気がついた、ということが多い。

第1図　カッコがちがう消防法と
建築基準法

この違いは、法律ができた年の違いによるもの。先輩である消防法ができたのは、昭和23年のことだし、建築基準法ができたのは、昭和25年、その間わずかに2年。ところが、その2年の間に法律の作り方が少し変わってしまったのだ。

もっと以前、戦前の法律はカタカナ書きだった。「……為スコトヲ得」とか「………スヘシ」というような法律だ。今でも、民法、商法というような法律はこのカタカナ書き。このカタカナの法律は、どういうものか、濁点がついていなかった。「ベカラズ」と書けばわかりやすいものを、「ヘカラス」というように書いてあるものだから何となく読みにくい。これは少し読みにくい感じの方が法律の権威があってよいからだとする意見と、当時は濁点のある活字がなかったからだという人とがあるが、一般の雑誌や新聞には濁点が用いられていたのだから、後者の意見は信用しない方がよい。

カタカナ法律でも、最近改められたものでは濁点つきのものもある。ところが、注意深くみると、改正された条文だけは濁点がついているが、改正のなかった条文では濁点なしという具合に混在しているのだ。

消防法も建築基準法も戦後の法律だから、カタカナ法律ではないが、この23年と25年との僅か2年間に法律の作成方法が少し変わって、法律の条文には見出しをつけるようになった。

従って、建築基準法など（　）で見出しのついているのは、法律そのものに見出しがついている、すなわち、官報にもチャントついているのだ。それに対して消防法には、本当の法律そのものには見出

しはついていないのだ。それではどうして〔　　〕がついているかというと、親切な出版社が、新しい法律には見出しがついているものだから、このままでは読者に対してあまりにも不親切とばかりに気をきかせて、おつけになったのが〔　　〕の見出しというわけだ。だから、〔　　〕というように最近の法律の（　　）と区別しやすい形の見出しをつけたのであって、「本当は法律には書いてありませんが、読者の方の利便を考えて親切に、と出版社の方で見出しを考えてつけておきました」というしるしなのだ。六法全書でもこのようなカッコをつけたものが多いが、それぞれの出版社の判断でやっているまでのことだ。

　こんなことは普段はどうでもよさそうだが、時には教養の違いとなってあらわれることもある。かつて国会で、この〔　　〕を法律にも書いてあるものと錯覚した代議士先生が、政府関係者とやりあったあと、「六法全書にも書いてあることを知らぬでは済まさぬ」とたたみ込んだまでは良かったが、何とその見出しは出版社が、かってにつけたまでのこととわかって大笑いになったとかのいい伝えもある。

　だから、消防法関係の法令集でも〔　　〕の見出しがついているものもあれば、ついていないものもある。〔　　〕のついている法令集を親切な法令集だとすると、ついていないのはよほど不親切な出版社が出版しているのかということになるが、それは必ずしもそうではない。何故ならば、それは法律そのものに忠実であり（官報のとおりであるから）、真面目なタイプの出版社かも知れないのだ。

項番号2と②の違い

　法律は、このように気をつけて読むことが大切なのだ。次に両法律での違いを発見するとなると、項番号の違いだ。敢えて言う程のこともないが、法律の条文は、さらに項に分かれていることがある。第1項の場合は、ことさら表示をしないが、第2項目以降となると、項の頭に番号を付している。建築基準法では、2とか3とかいうようにアラビア数字を用いている。それに対して消防法の方では、②とか③というように○で囲んだアラビア数字が使われていた。

　この②とか③とかいう項番号も、やはり出版社のサービスでつけられたものだ。だから、官報を見ても載っていないものだ。不思議なことにこの項番号だけは、見出しのついていない法令集にもチャントつけてあるということだ。

　消防法令でも、「消防法施行令」や「危険物の規制に関する政令」では、2と3という項番号を用いているが、これは政令を作ったのが昭和30年代と新しいからで、これは官報にも載っている。

　なお、本書では、項についてはすべて○で囲まないアラビア数字を用いることとする。

二十か二〇か、百か一〇〇か

　法律上では、第二十八条というように書くのが正しいことになるのだが、法令集によっては、第二八条というように「十」の字を抜いているのがあるし、また、第二十条なら、「十」の代りに「〇」を用いて第二〇条というように書いてあるものもある。第百条ならば、第一〇〇条というような具合にである。これらは厳密に言えば正しくはないことになるのだが、どちらの方が読みやすいかということになると、いろいろの判断があろう。漢字書きだと、二十であって二〇ではないのだが、小学校以来、習ったアラビア数字の表現にな

れてしまっているから、二〇でも、おかしいということはない。しかし、消防官たるもの、第二八条とか第三〇条というような書き方は略式であることだけは覚えておいて欲しい。正しい書き方は、第二十八条であり、第三十条なのである。

　蛇足ながら、条文の末尾に(イ)とか(ロ)というようなものがついていることがある。これも出版社がつけたもので、法律の本文にはついていない。(イ)とか(ロ)によって法律の改正の経過を表わそうとしているもので、そういう場合は、たいてい法律の始めに改正の沿革が記してあり、例えば、(イ)は最初の改正で、(ロ)は次の改正というような表わし方である。この符号によって、その条文がいつごろ改められたものであるかを知ることができる。

　ちなみに、現在では、東京理科大学火災科学研究所のホームページに「消防法令改正経過検索システム」（https://ff.eazesystems.com/laws/index.php）が構築されており、消防法、消防法施行令、消防法施行規則などの過去の条文や改正年月日などが無料で検索できるようになっている。建築基準法令についても（一財）建築行政情報センターに同様のシステム（https://www2.icba.or.jp/mypage/login.php）が構築されているが、こちらは有料である。

2 法令の読み方

「その他」と「その他の」　　　　法令は一字一句たりとも、ゆるがせにはできないといわれるが、その代表的な例は「その他」と「その他の」の違いであろう。このように「の」がつくのとつかないのとでは、随分意味が変ってしまうというのだから驚いてしまう。そんな面倒なことをいうから法令にはなじめないという人も多かろうが、ルールを覚えてしまえばそれ程のこともない。逆にある程度読み方を覚えれば、急に弁護士にでもなれそうな気分にもなってくる人もあろうから不思議なものだ。

　まず、「その他」の例。防火設備の規定（建基令第109条）で、「防火設備は、防火戸、ドレンチャーその他火炎を遮る設備とする。」というのがある。この規定によると、建築基準法上、「防火設備」といえるものには、(1)防火戸、(2)ドレンチャー、(3)その他火炎を遮る設備の3種類があることになる。今のところ考えられるのは、防火戸とドレンチャー（放水設備）の2種類だけれども今後技術の発展によってそれ以外にも「火炎を遮る設備」が開発されることがあるかも知れない。そこで、将来のためにプラス・アルファとして仲間に入れる余地を残してあるのだ。

　ところが、ここに「その他の」というように、僅か一字でも「の」の字が付くと、その意味が変ってしまうのだ。例えば、耐火構造の定義（建基法第2条第七号）では、「……鉄筋コンクリート造、れんが造その他の構造で」とか、防火構造の定義（同法同条第八号）では、「鉄網モルタル塗、しつくい塗その他の構造で」となっているが、この規定の読み方としては、耐火構造なり防火構造のイメージを与えるために一種の例示として掲げたものとなっている。この場合は、例示として、それらの構造を掲げたに過ぎないので、それを以って直ちに耐火構造とか防火構造であるという訳にはいかないのである。すなわち、その後に続いているように「国土交通大臣が定めた構造方法を用いるもの又は国土交通大臣の認定を受けたもの」でなければならないこととなる。このように、「その他の」の場合は、単に耐火性能に関して政令で定める技術的基準に適合する構造というだけでは、何のことやらサッパリ判らないこととなるので、親切に1～2の例示を付け加えただけのことなのである。

　参考問題を出そう！建築基準法の別表第1を見ると、表の(1)項の(ｲ)欄に、「劇場、映画館、演芸場、観覧場、公会堂、集会場その他これらに類するもので政令で定めるもの」という規定があるが、これの読み方を考えて頂きたい。いうまでもなく、劇場から集会場までの用途に供する建築物は、法律で直接指定されたものである。「その他」なので、これらの建築物の他、政令で指定するものは、劇場と同じように耐火建築物等としなければならないことになるのだ。ところで、政令（建築基準法施行令）には、この指定が今のところない。従って、追加はないのである。ウッカリこの条文を読みちがえると、政令で指定がないのだから劇場も映画館も耐火の必要なし、などと間違いをおこさないとも限らない。

「みなす」と「推定する」

法律の権限を思い知らされるのが、例えば「みなす」という用語である。どのように用いられるかというと、消防法施行令では、第2条（同一敷地内における2以上の防火対象物）の規定では、「同一敷地内に……防火対象物が2以上あるときは、……1の防火対象物とみなす。」とされている。これはどういうことかというと、誰が見たって2つなり3つの建築物は、2つなり3つなのであって決して1つではない、これを法律のうえでは1つであるとみなしてしまうというのである。

反対のことだっていえる。消防法施行令第8条では「防火対象物が開口部のない耐火構造の床又は壁で区画されているときは、その区画された部分は、……それぞれ別の防火対象物とみなす。」と、こう規定している。これは1つのものを別々のものだというわけである。このように事実は全くそうではないのだが、それにもかかわらず法令サイドの一方的な解釈で法律の適用上では、こう考えるのだと決めているわけだ。だから、事実とは異なるだろうということは百も承知なのだ。そんなわけで、いくら事実と違うと反証を挙げてみても取り上げてもらえないのである。

これとよく似た法令用語に「推定する」というのがある。これも法令が一方的に決めてかかるのだが、若干ニュアンスが異なる。消防法関係では適当な例が見あたらないので、民法第772条の規定を引用するが「妻が婚姻中に懐胎した子は、夫の子と推定する。」という規定がある。果たしてそれが事実かどうかは神ならぬ身、まして法律が判るはずもない事なのだが、いちいち確かめようもないので、ひとまず、原則的に夫の子と決めてかかるのだ。この推定に対しては、事実と異なるというのであれば、如何ようにも証拠を挙げて反論することができるようになっている。念のため。

「みなす」ことは法律の忍術か

第2図 「みなす」ことは法律
の忍術か

超える、未満、以上、以下

どの解説書にも書いてあることだが、これこそ念のために書いてみるまでのことだ。消防法第10条〔危険物の貯蔵、取扱いの制限等〕では「指定数量以上の危険物は」と規定されている。この場合は、指定数量そのものも含まれることになる。消防法別表第4類（引火性液体）で、石油類を第1石油類から第4石油類までの4段階に区分している。この区分は引火点によるものだが、第1石油類の場合、引火点は「21度未満」とされている。このように、未満とした場合は21度ちょうどのものは含まれないのだ。そして、第2石油類の定義「引火点が21度以上70度未満のもの」というように、引火点が21度ちょうどの場合は「以上」という表現により、第2石油類に含まれることを明らかにしているのである。

消防法第8条の2に、「高層建築物（高さ31mを超える建築物をいう。）」という規定があるが、この「超える」は「未満」に対応するもので、高さが31mちょうどのものは高層建築物には入らない。これが31m以上の建築物とでも書いてあれば、31mちょうどのものから高層建築物に入ることとなるのである。

31mの根拠は

ここらで、ちと脱線というか雑談に入るが、いったいこの31mというのは、何か根拠があるのだろうか、何のために30mとキリのよいところで切らずに、31mと、1mという端数をつけたのか、何か理由でもあるのですか、と聞かれることがちょいちょいあるので、ここで答えておこう。

これは、建築基準法の前身である「市街地建築物法」という法律の時代に、百尺を高さの限度としたことに始まるのだ。もっとさかのぼって考えれば、市街地建築物法の百尺も、たしか「ロンドン」だったと思うが、高さ百フィートが建築物の限度だったことによるものだ。ところで、このフィートは、不思議なことに日本の尺とピタリ一致するものだから、百フィート即百尺としたものらしい（このほか1町歩が1haにほぼ等しいなど、外国の単位と日本の単位とが大体一致する例がある。）。1尺は、30cm3mmであるから、百尺に直すと、30m

建築物もはしご車も31m
(31mは百尺＝100フィート)

第3図　建築物もはしご車も31m

30cmとなる。百尺をメートル法に換算して法令を改正したとき（昭和6年）に、これを30mというように端数を切り捨ててしまうと、これまで百尺ちょうどの限度いっぱいに建ててあったビルは、どれもこれもが違反（厳密にいうと違反ではなく「既存不適格」というが）になってしまうおそれがある。それでは困るというので、逆に切り上げて31mとしたまでのことである。

そういえば、これまでの「はしご車」も31m級というのが多い。これも、いいなおせば、百フィート級という外国の規格になるのだ。そんなわけで、ビルも消防車も31mというのが昭和30年代までの日本だった。ところが、建築基準法の改正（昭和38年）で、高層ビル時代に入った。はしご車も改良されて50m近くまで達するものも製作されているが、どうやらこのあたりが、はしごの長さとしては限界のようだ。以前に聞いた話だが、ローマあたりには50m級のはしご車があるとかいう。ところが、これはあまり性能が良くないらしい。それほどの高さにはしごを伸ばすためには、下部に相当のバランス重量がないと、ひっくりかえってしまう。そこでトレーラー形式になっている。確か31m級でも20トン近い重量があって高速道路に入るには限界であろう。だから、もしも東京に1台、そのようなはしごがあって、いざというとき、トレーラーで出場しても、どの程度の役に立つかどうか、期待しがたいものがある。そんなこともあって、31m以上の、いや正確には31mを超える高層ビルには、非常用のエレベーターの設置が義務づけられているのだ。

又は、若しくは、及び、並びに

今日の昼めしには何を食べよう。「カレーライス」か「チキンライス」か、というときには「カレーライス又はチキンライス」というように選択を示すのが「又は」の使い方である。このカレーやチキンは長寿亭で食べられるが、ラーメンを食べようとするときは来々軒でなければ食べられないという場合には、1つの食堂のメニューの中で選ぶのと違って、別の食堂へ行かなければならない。こうなると（カレーかチキン）又は（ラーメン）というような選択になる。この場合の小さな選択である（カレーかチキン）は

「又は」でなく「若しくは」を用いる。従って、「カレーライス若しくはチキンライス又はラーメン」というように表現するのである。すなわち、単純な選択は「又は」を用い、選択に大小があるときは、大きな選択には「又は」を用い、小さな選択には「若しくは」を用いることとされている。食いしん坊がいて、カレーもチキンもというときには、「カレーライス及びチキンライス」となる。さらに別の食堂で、ラーメンも食べるということになると（なにも本当に食べて腹をこわす必要はないのであるが）、「カレーライス及びチキンライス並びにラーメン」というように表現することになる。単純な接続には「及び」を、接続に大小があるときは、小さな接続に「及び」を、大きな接続には「並びに」を用いるのである。

　「又は」、「若しくは」、「及び」、「並びに」はいずれも同じ食堂でメニューのどれかを選ぶのか、それとも食堂が違うのか、そういう区別をしながら法律を読む、それが大切なのだ。

　本文19頁に、「防火対象物」の定義で「又は」と「若しくは」の使い方の実例の解説があるので参照のこと。

3 法令を作るしくみ

法律の親分"憲法"　　消防法にしても、建築基準法にしても、これらの法律の基盤となるのは、昭和21年に公布された日本国憲法である。その中でどの条文が、消防や建築防火に関係があるかというと第25条とか、第29条ではなかろうかと思う。

この条文を受けて、建築基準法では、その目的で「……最低の基準を定めて、国民の生命、健康及び財産の保護を図り、もって公共の福祉の増進に資すること」と規定しているし、消防法では「火災を予防し、警戒し及び鎮圧し、国民の生命、身体及び財産を火災から保護する……」、消防組織法では「消防は、……国民の生命、身体及び財産を火災から保護する……」と規定している。

〈日本国憲法〉
第25条　すべて国民は、健康で文化的な最低限度の生活を営む権利を有する。
第29条　財産権は、これを侵してはならない。
　②　財産権の内容は、公共の福祉に適合するやうに、法律でこれを定める。

法律はどのようにして作られるか　　**法律**は国会で制定される。法案は、国会議員が提案してもよいし、内閣が提出してもよい。消防なら総務省で、建築なら国土交通省で法案を作り、各省と協議し法制局の審査を受ける。毎週定例の次官連絡会議及び閣議によって提出が決定されると、国会で提案理由の説明を行った後、委員会に付託される。消防なら総務、建築なら国土交通の委員会だ。国会は衆・参の両院があるのでどちらかが先議となる。両院で可決されることによって法律は成立するが、これだけでは法律としての効力は発生しない。これを官報にのせて公布し、施行期日がくると初めて法律は効力を有することとなる。

政令は、法律の委任により政府の出す命令である。従って、先に述べた閣議で決定することによって成立する。効力の発生は法律の場合と同様である。**省令**は各省大臣の出す命令であるから、政令よりももっと細かな技術基準とか、手続き等を定める。

消防法、建築基準法の政・省令の体系は次のようになる。

```
（法　律）　　（政　令）　　　　　　（省　令）
            ┌ 消防法施行令 ──────── 消防法施行規則 ──────┐ 総務省告示
消防法 ──────┤                                          ├
            └ 危険物の規制に関する政令 ── 危険物の規制に関する規則 ──┘ 消防庁告示


建築基準法─建築基準法施行令 ──────── 建築基準法施行規則 ── 国土交通省（建設省）告示
```

4 面積・高さ・階数等の測り方

敷地面積　敷地の水平投影面積による。(建基令第2条第1項第一号)

敷地面積　　　傾斜地の長さを斜面に沿って測るのと、水平距離で測るのとでは、斜めに測った方が長くなるのは当然のことだ。敷地の面積の場合、傾斜地では水平投影面積で測らなければいけないこととなっている。水平投影面積というのは、その土地を水平に地均しをした場合の面積と考えればよい。土地の登記なども、この水平投影面積によることになっている**(第4図参照)**。

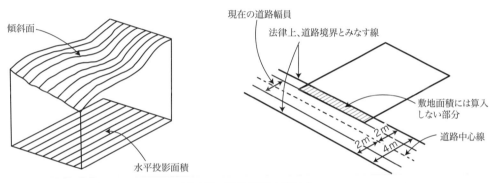

第4図　敷地面積の測り方

　建築基準法では、都市計画区域内の敷地で、前面道路の幅員が4m未満の場合は、将来その道路を4mに拡幅しやすくするため、道路の中心線から左右2メートルづつ後退して建築するように定めている。門やへいも退かなければいけない。この「2m振分け線」までは道路とみなされるので、敷地面積に算入できないことになっている。

　そんなことをいっても、それは私の土地なんだから敷地面積に加えてどこが悪いのか、と力んでみても、例の法律の「みなす」という規定なのだから、反論してみても無駄。もっとも、所有権は登記上保存されているから自分の土地であることに変わりはないんだが、利用上の制限を受けるんだな。憲法第29条を思い出して頂きたい。財産権は公共の福祉に適合するように、と規定されている。このような制限は将来の道路幅員を最低でも4m以上とし、消防自動車の進入等を容易にするためにも必要なものである。門、へいがダメなら木を植えるのならどうだ、いくら建築基準法でも樹木にまでは文句が言えねェだろう、と生垣を作った人がいたということだ、ズル賢いのには敵わない。

床面積　建築物の各階又はその一部で壁その他の区画の中心線で囲まれた部分の水平投影面積による。(建基令第2条第1項第三号)

> **延べ面積**　延べ面積　建築物の各階の床面積の合計による。（後略）（建基令第2条第1項第四号）

床面積、延べ面積　各階毎の面積を床面積という。各階の一部の面積をいうこともある。トコ面積ではなくユカ面積と読む。その「一部」というのは、複合用途防火対象物、すなわち1つの階でも、いろいろの用途に供されている場合、ある用途に供されている部分だけの床面積を求めることもあるからだ。屋内と屋外の区画には、壁のほか、扉、シャッター、手すり、柱等の区画があるが、公園などにある傘型の建築物、ああいう場合はどうしたらよいか。それに対して「壁を有しない門型、傘型の建築物については、その用途、設備及び利用状況等からみて建築物の屋内部分とみなされる部分は各階の床面積に算入すべきである。（昭和32年11月12日付住指発第1132号）。」という例規がある。

　床面積に入らない部分としては、「その周囲の相当部分が壁のような風雨を防ぎ得る構造の区画を欠き、かつ、居住、執務、作業、集会、娯楽、物品の陳列、保管又は格納その他の屋内的用途を目的としない部分をいう（昭和39年2月24日付住指発26号）。」例えばポーチ、ピロティ、バルコニー、吹きさらしの片廊下等は床面積に加えない**（第5図参照）**。

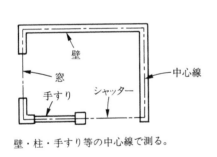

壁・柱・手すり等の中心線で測る。

床面積に入らない例

第5図　床面積の測り方

　この床面積の算定については、さらに詳しくはその後の通達（昭61・4・30建設省住指発第115号）があるが、専門的になるので、ここでは省略する。

　延べ面積は、いわゆる「延べ坪」で、1棟の床面積を合計したもの。いわゆる「建て坪」に当るものは、「建築面積」で建蔽率の算定に用いられる。建築面積は、一般には1階の床面積であるが、2階以上が突出していたり、1m以上突出したひさしがあると（その場合ひさしの先端から1m後退した線で）それを含むことになっている。

　また、延べ面積に算入しない床面積として自動車車庫など（不算入の上限1／5）があったが、東日本大震災の教訓から、備蓄倉庫などの設置を奨励するため、平成24年に新たに4つの防災設備設置部分が延べ面積に不算入になった。

　備蓄倉庫部分は1／50、蓄電池設備設置部分は1／50、自家発電設置部分は1／100、貯水槽設置部分は1／100の割合を延べ面積（建築物の各階の床面積の合計）に乗じて得た面積を上限として、容積

率算定の基礎となる延べ面積に算定しないこととされた。ただし、延べ面積に不算入となった設備設置部分は、囲われた専用室であることが原則とされているが、詳細は技術的助言（平成24年９月27日付け）が参考になる。さらに、平成30年に宅配ボックス設置部分も１／100を上限として延べ面積に不算入とする改正が行われた。

「ヘーベ」とは　　建築関係者は面積の単位に「ヘーベ」を用いる。平方メートルすなわち平方米の略で「平米」、体積の単位は、立法メートルすなわち立法米が「立米」で「リューベ」という。現場ではよく使うから覚えておくとよい。

もう１つ、メートルは略してmだからエム（エン）、センチメートルは、センチ略して（セン）と呼ぶと、１m80cmは「１エン80セン」となる。測量では長さの計を出すことが多いが、そんなときはソロバン（今では電卓）片手に「願いましては、３エン60センなーり、２エン70センなーり」という具合にやることができる。

建築物の高さ　地盤面からの高さによる。（建基令第２条第１項第四号）
地盤面　建築物が周囲の地面と接する位置の平均の高さにおける水平面をいい、その接する位置の高低差が３mを超える場合においては、その高低差３m以内ごとの平均の高さにおける水平面をいう。（建基令第２条第２項）

建築物の高さ　　高さを地盤面から測るというのは、極めてあたりまえのことだが、問題は地盤面に傾斜があったらどうなるか、ということだ。東京三宅坂にあった昔の東京消防庁の前の道路は坂道になっていたが、そんな場合に同じ１つの建物でも測り方によって高さがちがう、というのでは困るので測り方を決めておくのだ。

消防法第８条の２で、高層建築物は高さが31mを超える建築物とされているが、このような場合の高さも、すべて敷地の地盤面から測る（**第６図参照**）。

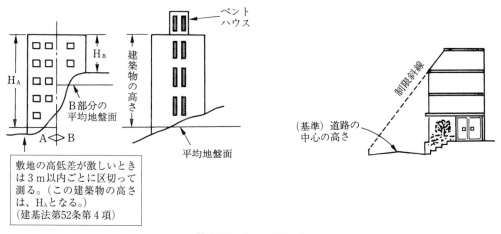

第６図　高さの測り方

普通の傾斜地なら平均地盤面を基準とすればよいが、温泉地でみかけるように崖っぷちに建っている場合などはややこしい。玄関を入ったところが1階ではなくて6階とか7階だったりして、エレベーターに乗った途端に下がりだしたというようなこともある。外国ではエレベーターとかリフトとか昇ることばかりで降りるという意味の表現はないが、日本語では、昇降機といって昇るばかりでなく降りるのにも使うような名前になっている。エレベーターのメーカーに「オーチス」というのがある。あれは「落一ちず」という意味だという人があって、或るとき会社の人に本当かどうか聞いてみたが、とんでもないと笑われた。オーチス（otis）というのは、エレベーターの発明者の名前だといっていた。

さて、敷地内の高低差が3mを超えるようなときは、3m以内ごとに、敷地を階段状に切って、それぞれで高さを測る。その切り方は任意でよい。

高さの測り方で注意するのは次の諸点だ。

(1) むね飾り、防火壁の屋上突出部その他これらに類する屋上突出物は、高さに算入しない。

(2) 階段室、昇降機塔、装飾塔、物見塔、屋窓その他これらに類する建築物の屋上部分（通常ペントハウスという。ＰＨ階とも書く。）の水平投影面積の合計が、その建築物の建築面積の8分の1以内の場合においては、その部分の高さは12mまでは、（低層住居専用地域の場合は5mまでは、）高さに算入しない。ただし避雷設備の規定とか、日照のための北側の高さ制限の場合は、算入される。

また、太陽光発電設備等を屋上に設置する場合、建築物の一部として取り扱われるが、従来は、階段室等が建築面積の1／8近くを占めている建築物に設置することが困難だった。そこで、平成23年に太陽光発電設備等を建築物の高さに参入しても建築基準法関係規定に適合する場合は、建基令第2条第1項第六号ロに規定される屋上部分の対象外となるという、取扱いが示された（平成23年3月25日国住指第4936号）。

(3) 建築基準法第56条第1項第一号の規定、すなわち道路の幅員による斜線制限。よくビルで前面を斜めにけずりとったような形のビルがある。あれは狭い道路に面した場合、日照だの通風だのが悪くなるので高さを制限しているのだが、ああいう場合の高さは、前面道路の中心点からの高さで制限がかかる。だから、前面道路が低いときと、そうでないときとでは制限が変わることになる。

階数 昇降機塔、装飾塔、物見塔その他これらに類する建築物の屋上部分又は地階の倉庫、機械室その他これらに類する建築物の部分で、水平投影面積の合計がそれぞれ当該建築物の建築面積の8分の1以下のものは、当該建築物の階数に算入しない。また、建築物の一部が吹抜きとなっている場合、建築物の敷地が斜面又は段地である場合その他建築物の部分によって階数を異にする場合においては、これらの階数のうち最大なものによる。（建基令第2条第1項第八号）

階　数　建築物の階数の測り方は、消防法令上でも必要である**（第7図参照）**。非常コンセント設備の基準のように、「地階を除く階数が11以上の建築物」に設置の義務がある、ということになると階数の測り方が問題となる。地上10階建で、屋上に出入りするための階段室（さっきのペ

ントハウスだね）を階として数えるのか、それとも数えないのかによっては適用が変ってくる。そこで、高さの測り方の項でも述べたように、建築面積の8分の1以下の屋上突出部や地階は、階数に加えないことにしている。もちろん、8分の1を超えたり、8分の1以内であっても用途によっては階に入れる。

傾斜地に2階建の2棟の建築物があって、下の建物の2階が、上の建物の1階と渡り廊下で結ばれているときの階数は、2か3かということになるが、それぞれの棟の階数の最大なもの（この場合では、いずれも階数が2であるので2となる。）によるので2となる。

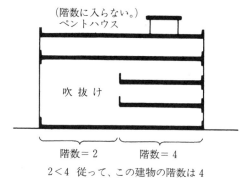

2<4　従って、この建物の階数は4

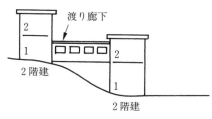

この場合の階数は3でなく2となる。

第7図　階数の測り方

地階　床が地盤面下にある階で、床面から地盤面までの高さがその階の天井の高さの3分の1以上のものをいう。（建基令第1条第二号）

地　階　　地階とは、いわゆる地下室のことだ。建築基準法の方は、さすがに専門的で天井の高さの3分の1の線と地盤面との高さの比較によって地階を定義づけている（**第8図参照**）。地階になるかどうかギリギリの場合に、天井の設け方一つで地階となったりならなかったりするのは、おかしいという人もいる。まあ、そんなことは頭の体操というやつだ。消防法令には、地階の定義はないので建基法令と同じと考えてよい。なお、「地下建築物にあっては、その各階をいう。」とされている（消令第10条第1項第五号）。

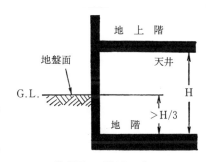

地盤面が天井面の1/3より上にあると「地階」となる。

第8図　地階

無窓階　建築物の地上階のうち、総務省令で定める避難上又は消火活動上有効な開口部を有しない階をいう。（消令第10条第1項第五号、◆総務省令＝消則第5条の3）

無窓階　昭和49年以前の定義では、単に「避難上又は消火活動上有効な開口部の面積が、その階の床面積に対して30分の１以下である階をいう。」となっていたが、昭和50年以降は、10階以下と11階以上とに分けたうえ、建築基準法上の非常用の進入口（侵入口ではないョ）の構造基準も参照して、こまかく規定されるようになった。

　この地階と無窓階とは、避難上又は消火活動上、支障となることが多いので、消防用設備等の設置基準が厳しくなっている。建築基準法上は、無窓階という考えはなく、室単位で無窓の居室という考えで規制を厳しくしている（115頁以降参照のこと。）。

避難階　直接地上へ通ずる出入口のある階をいう。（建基令第13条第一号）

避難階　地階・無窓階とちがって、最も避難上安全性の高い階である。直接地上へ出られるなら、必ずしも建築物の１階だけとは限らない。傾斜地の建築物では、２以上の避難階が存在することもあり得る（**第８−２図参照**）。

　消防法令では、消防法施行令第４条の２の２（火災の予防上必要な事項等について点検を要する防火対象物）第二号で、特定一階段等防火対象物を定義づける際に「避難階（建築基準法施行令第13条第一号に規定する避難階をいう。以下同じ。）というように引用している。

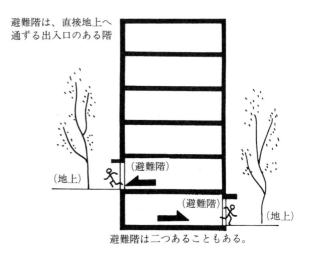

避難階は、直接地上へ通ずる出入口のある階

（避難階）

（地上）

（避難階）

（地上）

避難階は二つあることもある。

第８−２図　避難階

　なお、この特定一階段等防火対象物においては、「避難階以外の階」として「１階及び２階を除くものとし、総務省令で定める避難上有効な開口部を有しない壁で区画されている部分が存する場合にあっては、その区画された部分とする。以下…」とされており、「「建築基準法でいう避難階」以外の階」ではないので注意を要する。わかりにくいが、そう定義されている、と観念して覚えるしかない。

5 防火対象物と建築物

防火対象物 山林又は舟車、船きよ若しくはふ頭に繋留された船舶、建築物その他の工作物若しくはこれらに属する物をいう。(消防法第2条第2項)

舟車 船舶安全法第2条第1項の規定を適用しない船舶、端舟、はしけ、被曳船その他の舟及び車両をいう。(消防法第2条第6項)

防火対象物　この防火対象物の定義で、「又は」、「若しくは」の復習をしてみよう。大きな選択が「又は」であるから、(山林)又は(工作物・附属物)が骨格となる。山林は自然物であるのに対して工作物は人が人為的に人工的に創り出したものであって、それを対象的に対比させるため、「又は」で区別したもの。工作物の上の「その他の」は「の」がついているから、例示とみてよい。例示の第1「舟車」は、定義が別に設けられているように舟と車両、どちらも土地に定着せず、絶えずその位置を変える可能性のある工作物である。第2の「船きよ若しくはふ頭に繋留された船舶」は、居所が全くつかめないのではなく、半固定であって、しかも土地に定着してはいないという工作物である。「船きょ」とはドックのこと、「船きょ」そのものが防火対象物ではなく、「船きよに繋留された船舶若しくはふ頭に繋留された船舶」と読むべきもの。また、ここでは繋留されていない、すなわち、航行中の船舶は防火対象物に入らないことを暗示している。このように、法文上ハッキリと書いてあるわけではないが、裏側からみて解釈することを「反対解釈」という。これは法令解釈上、有力な武器となるので覚えておくと応用範囲が広い。第3の例示である「建築物」は、土地に定着する工作物の代表的なもの。石油タンクなども工作物に入る。「属する物」とは、これらの工作物に付属している物という意味で、例えば倉庫という建築物に対して、その内に保管してある荷物等を含めて防火対象物ということを明らかにしている。

物、者、もの　ここで「物」とは、一般に形のあるもので、人間や法人(会社、社団法人、財団法人等)の「者」とは区別される。物や者を、さらに限定したり、説明したりするときには「もの」となる。例えば、救急業務の定義で、「傷病者のうち、医療機関その他の場所へ緊急に搬送する必要があるもの」というように傷病者を限定した場合などに用いる(消防法第2条第9項)。

建築物 土地に定着する工作物のうち、屋根及び柱若しくは壁を有するもの(これに類する構造のものを含む。)、これに附属する門若しくは塀、観覧のための工作物又は地下若しくは高架の工作物内に設ける事務所、店舗、興行場、倉庫その他これらに類する施設(鉄道及び軌道の線路敷地内の運転保安に関する施設並びに跨線橋、プラットホーム

の上家、貯蔵槽その他これらに類する施設を除く。）をいい、建築設備を含むものとする。（建基法第 2 条第一号）

建築設備　建築物に設ける電気、ガス、給水、排水、換気、暖房、冷房、消火、排煙若しくは汚物処理の設備又は煙突、昇降機若しくは避雷針をいう。（建基法第 2 条第三号）

建築物

先ず建築物とは、「土地に定着する工作物」であって、次の 4 種類のものをいう。

(1)　屋根及び（柱・壁のいずれか）を有するもの（これに類する構造のものを含む）

(2)　それに附属する門・塀

(3)　観覧のための工作物

(4)　地下・高架の工作物内に設ける事務所等の施設

(1)は屋根がないと建築物にならないが、柱と壁はどちらかがあればよい。アーケードや公園にあるあずま屋のように屋根と柱だけで壁がないものでもよいし、ブロック造の倉庫のように屋根と壁だけで柱の全くないものでもよい。

大相撲の土俵は、従前 4 本柱であったが、柱がジャマになって見にくいという観客の声にこたえて、昭和27年秋場所から柱を廃止し 4 隅から房を下げることになった。このように屋根だけあって、上からぶらさげているのはどうなるか、ということになるが、吊り下げるための柱その他の工作物が必ずあるはずだから、やはり建築物に入るというべきか。

(2)の門や塀は、道路内への突出建設の禁止や、防火地域内での防火措置の規定（建基法第44条、第61条）等からみて建築物として扱う。

(3)は野球場や競馬場のスタンドでは屋根のないものもあるので、これだけは屋根がなくても建築物とされている。

(4)は地下街やスカイツリーの観覧室・店舗のような施設のことで、鉄道高架下の店舗もこれに入る。

プラットホームの上家など

ここでカッコ書きで、プラットホームの上家とか石油・ガスの貯蔵槽などは建築物に入らないとして除外している。消防法施行規則第 4 条の 3 をみてもらうと、建築物、プラットホームの上屋（「家」ではないので注意）、貯蔵槽というような列記があるのは、この建築基準法による建築物の定義を充分に意識してのことで、単に建築物と書いただけではプラットホームの上家等が入らないことになってしまうので、消防法令ではそこは抜け目なく規定しているわけだ。

建築設備

一方、建築設備は建築物にはなくてはならないもので、建築物の一部であるから、法律の定義でもそれを明らかにしている。この建築設備の中で、消火、排煙等の設備が最も消防と関係が深い。建築基準法第35条（特殊建築物の避難及び消火に関する技術的基準）では、「廊下、階段、出入口その他の避難施設、消火栓、スプリンクラー、貯水槽その他の消火設備、排煙設備、非常用の照明装置及び進入口並びに敷地内の避難上及び消火上必要な通路は、政令で定める技術的基準に従って、避難上及び消火上支障がないようにしなければならない。」と規定している。また、同法第36

条では、消火設備の技術的基準は政令で定めると書いてある。しかし、建築基準法施行令では、消火設備についての技術的基準は規定していない。

これに対して、消防法第17条では、「学校、病院……の関係者は、政令で定める消防の用に供する設備、消防用水及び消火活動上必要な施設（以下「消防用設備等」という。）について消火、避難その他の消防の活動のために必要とされる性能を有するように、政令で定める技術上の基準に従つて、設置、及び維持しなければならない。」と規定し、消防法施行令では、相当部分をさいてその技術上の基準を規定している。

このようなところに、建築基準法と消防法との接点があり、競合点があるわけなのだが、だからこそ両法は、お互いに円滑に、有機的な運用を図っていかなければいけないものと考えられる。

**防火対象物と
建築物の使いわけ**

防火対象物と建築物とでは、防火対象物の方が遙かに範囲が広い。従って、消防法施行令では、一般に「防火対象物」を用い、「建築物」はメッタに用いない。消防法施行令でも、第27条（消防用水に関する基準）では、防火対象物という用語は用いられず、すべて建築物という用語を用いている。ところが、第29条（連結送水管に関する基準）では、先ず次の各号に掲げる「防火対象物」としておきながら、第一号、第二号では「建築物」、第三号～第五号では「防火対象物」と混用している。それでは、どのような基準で、建築物と防火対象物とを区分して使っているかというと、どうも消防用水であれ、連結送水管、非常コンセント設備であれ、階数があるものは建築物とし、単に面積で規定しているものは防火対象物としているように思える。第29条第1項第四号の「別表第1⒅項に掲げる防火対象物」すなわち延長50m以上のアーケードの場合、例えば屋根が引幕式の場合のように、果して建築物といえるかどうか、やや疑問があるような場合、なにも建築物と書かずに、防火対象物と書いておきさえすれば、消防法の適用上は全くためらう必要がない。だから、防火対象物と書いてあるときは、必ずしも建築物だけに適用されるのではなく、極くまれに建築物とはいえないものがあったときでもそれを含むこととなる。

そういえば、カプセル型のアベックホテルがあったな。ロケットのカプセルのようなものが、架台の上に乗せてあって、外階段から上ってカプセル内に入る。円筒形のパイプのようなものだから、天井も壁も丸い、床だけは水平だった。ベッドの構造が、また変っていて二重筒となっており、固定されていないので、中に入ると寝室中が、ハツカネズミの車のようにグルグル回るようになっている。寝室の床、壁、天井がすべてベッドになっていてグルグル回る。だから、どれが天井なのか床なのか見当がつかない。誤解のないようにことわっておくが、これはプライベートの話ではない。このようなわけの判らない代物を、建築行政担当者として、建築物なりや否や、と首をひねっていたまでのことだ。これが消防法であれば、まよわず令別表第1⑸項イの防火対象物（旅館、

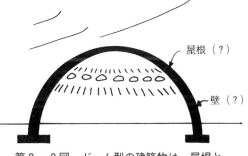

第8－3図　ドーム型の建築物は、屋根と壁の区分がむずかしい

ホテル又は宿泊所）として処理できるのだ。

　ドーム状の建築物もややこしいな。エスキモーの家のような場合、屋根と壁とが区別できない。区別できないとしても、とにかく屋根もあり、壁もあるから建築物として取扱ってよいではないかということで済ませたいが、ドーム状の展示場のようなものの場合は、また別の理由で区別がないと困る。それは、3,000m²を超える展示場は特定避難時間倒壊等を防止できる建築物（平成27年５月までは「耐火建築物」だったが、性能規定化でこうなった。長くて大変だが覚えよう。）としなければならないが、その耐火時間が屋根は30分でよいのに壁は１時間となっている。従って、どこかで屋根と壁との区別をしなければならなくなるのだ。どこまでを壁とみて耐火時間を１時間とし、どこからを屋根とみて耐火時間を30分とした構造としてもよいのかを判断しなければならないのだから。

　もっとも、これについては防火地域・準防火地域内の屋根の構造方法に関する告示（平成12年建設省告示第1365号）では、「勾配が水平面から30度以内のものに限る。」としていることから、それ以上の勾配を有するものは壁として扱うことを意味しているように考えられる。

6 別表の防火対象物と特殊建築物

別表の防火対象物　「別表」のと言えば、そこは言わずと知れた消防法施行令別表第1のこと、そこには(1)項から(20)項までの項の防火対象物が列記してある。

　消防法第17条に、「学校、病院、工場、事業場、興行場、百貨店、旅館、飲食店、地下街、複合用途防火対象物その他の防火対象物で政令で定めるもの」とある。「その他の」だから学校や病院、工場などは例示であって、改めて政令で定められることとなる。消防法施行令第6条では、これを受けて「法第17条第1項の政令で定める防火対象物は、別表第1に掲げる防火対象物とする。」と規定している。

　さて、この別表をみると、(1)項から(18)項までは主として建築物であって、僅かに(19)項の市町村長の指定する山林と(20)項の総務省令で定める舟車のみが建築物でないだけである。しかし、この(19)項と(20)項の2つの防火対象物については消防用設備等の技術上の基準も、これといったものがなく、確か舟車に消火器具の設置義務があった程度（消令第10条第1項第一号イ）と記憶している。

　だから、先に述べたように、たまに建築物以外のものもあり得ることから幅広い表現とするため防火対象物といっているが、防火対象物とはいってもまず建築物のことと考えて差支えない。

　建築物の用途の中で、別表に出てこないのはせいぜい一戸建住宅程度のものではなかろうか。共同住宅であれば(5)項のロに入ってくるし、非住宅では(15)項で「前各号に該当しない事業場」として一括して規定しているからどのような種類の事業場も全部入ることになる。従って、別の言い方をすれば、一定面積以上の建築物は、一戸建住宅を除き、何らかの消防用設備等の設置が義務づけられているものとみてよい（共用部分のない連続建住宅も、これを共同住宅でないとすれば、消防用設備等の設置義務はないことになる。）。

　建築基準法上、この消防法施行令別表第1の防火対象物に見合うものは「特殊建築物」である。ところがこの特殊建築物というのは範囲が限定されておらず、条文により多少の出入りがあるものだから面倒だ。

特殊建築物　建築基準法第2条第二号の特殊建築物は、そのすべてを並べたものではなく、この他に「その他これらに類する用途に供する建築物」が含まれる。そこで、同法第6条のように全国どこでも建築に際して確認申請が必要となる建築物として、200㎡を超える規模の特殊建築物が規定されているが、法別表第1を調べてみると法第2条第二号の定義に出てくる特殊建築物のすべてが含まれているわけではなく、また、定義の例示に入っていない用途の建築物も含まれている。

　このほか、環境の保全上の必要から「卸売市場、火葬場又はと畜場、汚物処理場、ごみ焼却場その他政令で定める処理施設の用途に供する建築物」を指定している建築基準法第51条の規定等がある。

　さて、それでは建築防火と最も関係の深い特殊建築物は、と言うと、建築基準法第27条（耐火建築物

等としなければならない特殊建築物）の規定であり、さらに、その関連としての同法別表第1に規定されている特殊建築物の一覧表である。

　この別表と消防法施行令別表第1の防火対象物とを対比させてみると次のようになる。この表を作ってから改めて眺めてみると、消防法と建築基準法とでは、よく整理がついているものだと思う。消防法と建築基準法とでは用途分類の意義が一致しているかどうか、やや疑問の点もあるが、大きな誤りはなかろうと思う。ちなみに、建築基準法別表第1の分類では(1)は劇場のように多くの人が集まる建築物、(2)はホテルのように多くの人が寝泊りする建築物、(3)は教育関係施設、(4)は商業施設、(5)は倉庫やスポーツ施設、(6)は自動車車庫やスタジオというように分類されている。

〈建築基準法第2条第二号〉

（定義）

　特殊建築物　学校（専修学校及び各種学校を含む。以下同様とする）、体育館、病院、劇場、観覧場、集会場、展示場、百貨店、市場、ダンスホール、遊技場、公衆浴場、旅館、共同住宅、寄宿舎、下宿、工場、倉庫、自動車車庫、危険物の貯蔵場、と畜場、火葬場、汚物処理場その他これらに類する用途に供する建築物をいう。

〈建築基準法第6条第1項第一号〉

（全国どこでも確認申請が必要な建築物）

　特殊建築物　別表第1(い)欄に掲げる用途に供する特殊建築物で、その用途に供する部分の床面積の合計が200m²を超えるもの

防火対象物（消防法施行令別表第1）			**特殊建築物**（建築基準法別表第1）	
(1)	イ	劇場、映画館、演芸場又は観覧場	(1)	劇場、映画館、演芸場、観覧場、公会堂、集会場
	ロ	公会堂又は集会場		
(2)	イ	キャバレー、カフェー、ナイトクラブその他これらに類するもの	(4)	キャバレー、カフェー、ナイトクラブ、バー
	ロ	遊技場又はダンスホール	(4)(3)	ダンスホール、遊技場
	ハ	性風俗関連特殊営業店舗（消則第5条）		
	ニ	カラオケボックス等		
(3)	イ	待合、料理店その他これらに類するもの	(4)	〔待合、料理店（建基令第115条の3第三号）〕
	ロ	飲食店	(4)	〔飲食店（建基令第115条の3第三号）〕
(4)		百貨店、マーケットその他の物品販売業を営む店舗又は展示場	(4)	百貨店、マーケット、展示場、〔物品販売業を営む店舗（床面積が10m²以内のものを除く。）（建基令第115条の3第三号）〕
(5)	イ	旅館、ホテル、宿泊所その他これらに類するもの	(2)	ホテル、旅館
	ロ	寄宿舎、下宿又は共同住宅	(2)	下宿、共同住宅、寄宿舎

	イ　次に掲げる防火対象物 　(1)　次のいずれにも該当する病院（火災発生時の延焼を抑制するための消火活動を適切に実施することができる体制を有するものとして総務省令で定めるものを除く。） 　　(i)　診療科名中に特定診療科名（内科、整形外科、リハビリテーション科その他の総務省令で定める診療科名をいう。(2)(i)において同じ。）を有すること。 　　(ii)　医療法第７条第２項第四号に規定する療養病床又は同項第五号に規定する一般病床を有すること。 　(2)　次のいずれに該当する診療所 　　(i)　診療科名中に特定診療科名を有すること。 　　(ii)　４人以上の患者を入院させるための施設を有すること。 　(3)　病院（(1)に掲げるものを除く。）、患者を入院させるための施設を有する診療所（(2)に掲げるものを除く。）又は入所施設を有する助産所 　(4)　患者を入院させるための施設を有しない診療所又は入所施設を有しない助産所		病院、診療所（患者の収容施設があるものに限る。）〔助産所（建基令第115条の３第一号、建基令第19条第１項)〕
(6)	ロ　次に掲げる防火対象物 　(1)　老人短期入所施設、養護老人ホーム、特別養護老人ホーム、軽費老人ホーム（介護保険法第７条第１項に規定する要介護状態区分が避難が困難な状態を示すものとして総務省令で定める区分に該当する者（以下「避難が困難な要介護者」という。）を主として入居させるものに限る。）、有料老人ホーム（避難が困難な要介護者を主として入居させるものに限る。）、介護老人保健施設、老人福祉法第５条の２第４項に規定する老人短期入所事業を行う施設、同条第５項に規定する小規模多機能型居宅介護事業を行う施設（避難が困難な要介護者を主として宿泊させるものに限る。）、同条第６項に規定する認知症対応型老人共同生活援助事業を行う施設その他これらに類するものとして総務省令で定めるもの 　(2)　救護施設 　(3)　乳児院 　(4)　障害児入所施設 　(5)　障害者支援施設（障害者の日常生活及び社会生活を総合的に支援するための法律第４条第１項に規定する障害者又は同条第２項に規定する障害児であつて、同条第４項に規定する障害支援区分が避難が困難な状態を示すものとして総務省令で定める区分に該当する者（以下「避難	(2)	〔児童福祉施設（幼保連携型認定こども園を含む。）、助産所、身体障害者社会参加支援施設（補装具製作施設及び視聴覚障害者情報提供施設を除く。）、保護施設（医療保護施設を除く。）、婦人保護施設、老人福祉施設、有料老人ホーム、母子保健施設、障害者支援施設、地域活動支援センター、福祉ホーム又は障害福祉サービス事業（生活介護、自立訓練、就労移行支援又は就労継続支援を行う事業に限る。）の用に供する施設、（建基令第115条の３第一号、建基令第19条第１項)〕

25

			が困難な障害者等」という。）を主として入所させるものに限る。）又は同法第5条第8項に規定する短期入所若しくは同条第17項に規定する共同生活援助を行う施設（避難が困難な障害者等を主として入所させるものに限る。ハ(5)において「短期入所等施設」という。）	
(6)	ハ　次に掲げる防火対象物 　(1)　老人デイサービスセンター、軽費老人ホーム（ロ(1)に掲げるものを除く。）、老人福祉センター、老人介護支援センター、有料老人ホーム（ロ(1)に掲げるものを除く。）、老人福祉法第5条の2第3項に規定する老人デイサービス事業を行う施設、同条第5項に規定する小規模多機能型居宅介護事業を行う施設（ロ(1)に掲げるものを除く。）その他これらに類するものとして総務省令で定めるもの 　(2)　更生施設 　(3)　助産施設、保育所、幼保連携型認定こども園、児童養護施設、児童自立支援施設、児童家庭支援センター、児童福祉法第6条の3第7項に規定する一時預かり事業又は同条第9項に規定する家庭的保育事業を行う施設その他これらに類するものとして総務省令で定めるもの 　(4)　児童発達支援センター、児童心理治療施設又は児童福祉法第6条の2の2第2項に規定する児童発達支援若しくは同条第4項に規定する放課後等デイサービスを行う施設（児童発達支援センターを除く。） 　(5)　身体障害者福祉センター、障害者支援施設（ロ(5)に掲げるものを除く。）、地域活動支援センター、福祉ホーム又は障害者の日常生活及び社会生活を総合的に支援するための法律第5条第7項に規定する生活介護、同条第8項に規定する短期入所、同条第12項に規定する自立訓練、同条第13項に規定する就労移行支援、同条第14項に規定する就労継続支援若しくは同条第15項に規定する共同生活援助を行う施設（短期入所等施設を除く。）		
	ニ　幼稚園又は特別支援学校		学校（専修学校および各種学校を含む（建基法第2条第二号）。） (注)　学校＝小学校、中学校、高等学校、中等教育学校、大学、高等専門学校、特別支援学校及び幼稚園（学校教育法第1条）
(7)	小学校、中学校、義務教育学校、高等学校、中等教育学校、高等専門学校、大学、専修学校、各種学校その他これらに類するもの	(3)	
(8)	図書館、博物館、美術館その他これらに類するもの	(3)	〔博物館、美術館、図書館（建基令第115条の3第二号）〕

(9)	イ　公衆浴場のうち、蒸気浴場、熱気浴場その他これらに類するもの	(4)	〔公衆浴場（建基令第115条の3第三号）〕 (注)　個室付浴場業＝浴場業の施設として個室を設け、当該個室において異性の客に接触する役務を提供する営業 （風俗営業等の規制及び業務の適正化等に関する法律第4条の4）
	ロ　イに掲げる公衆浴場以外の公衆浴場		
(10)	車両の停車場又は船舶若しくは航空機の発着場（旅客の乗降又は待合いの用に供する建築物に限る。）		
(11)	神社、寺院、教会その他これらに類するもの		
(12)	イ　工場又は作業場	(6)	自動車修理工場
	ロ　映画スタジオ又はテレビスタジオ	(6)	〔映画スタジオ又はテレビスタジオ（建基令第115条の3第四号）〕
(13)	イ　自動車車庫又は駐車場	(6)	自動車車庫
	ロ　飛行機又は回転翼航空機の格納庫		
(14)	倉庫	(5)	倉庫
(15)	前各項に該当しない事業場	(3)	体育館、〔スポーツの練習場、ボーリング場、スキー場、スケート場、水泳場（建基令第115条の3第四号）〕
(16)	イ　複合用途防火対象物のうち、その一部が(1)項から(4)項まで、(5)項イ、(6)項又は(9)項イに掲げる防火対象物の用途に供されているもの ロ　イに掲げる複合用途防火対象物以外の複合用途防火対象物		
(16の2)	地下街（地下の工作物内に設けられた店舗、事務所その他これらに類する施設で連続して地下道に面して設けられたものと当該地下道とを合わせたものをいう（消防法第8条の2第1項）。）		(注)　地下街は、建築基準法別表第1での指定はないが、建築基準法施行令第128条の3に構造規定が設けられている。
(16の3)	建築物の地階（(16の2)項に掲げるものの各階を除く。で連続して地下道に面して設けられたものと当該地下道とを合わせたもの（(1)項から(4)項まで、(5)項イ、(6)項又は(9)項イに掲げる防火対象物の用途に供される部分が存するものに限る。）		
(17)	文化財保護法の規定によつて重要文化財、重要有形民俗文化財、史跡若しくは重要な文化財として指定され、又は旧重要美術品等の保存に関する法律の規定によつて重要美術品として認定された建造物		(注)　建築基準法第3条第1項の規定により次の文化財等は適用除外となつている。 （文化財保護法の規定によつて国宝、重要文化財、重要有形民俗文化財、特別史跡名勝天然記念物若しくは史跡名勝天然記念物として指定され、若しくは仮指定され、又は旧重要美術品等の保存に関する法律の規定によつて重要美術品として認定された建築物等）
(18)	延長50m以上のアーケード		

(19)	市町村長の指定する山林 （注） 実際に指定された例は極めて少ない。	（注） 建築物ではない。
(20)	総務省令で定める舟車 ◆総務省令＝消防法施行規則第5条第10項 一　（船舶安全法第2条第1項の規定を適用しない）総トン数5トン以上の舟で、推進機関を有するもの 二　鉄道営業法、軌道法若しくは道路運送車両法又はこれらに基づく命令の規定により消火器具を設置することとされる車両	（注） 建築物ではない。

（注）この表中で〔　〕を附してあるのは、建築基準法別表第1の「その他これらに類するもの」として政令で指定されたものを示す。

複合用途防火対象物　　　令別表第1⒃項の複合用途防火対象物とは「防火対象物で政令で定める2以上の用途に供されるもの（消防法第8条第1項）」とされ、それを受けて消防法施行令第1条の2第2項では、令別表第1⑴項から⒂項までに掲げる用途分類に従って、2以上の用途に供するものとされている。しかし、1の用途に供される部分が、管理、利用形態等からみて他の用途の従属部分であると認められる場合は、その用途に含まれることとなっている。すなわち、事務所内の食堂、売店、診療所等は、事務所の用途に供されるものとみなし、ことさら複合用途防火対象物といわないでもよい、ということである（令別表第1備考一）。

　また、地下街の場合は、地下街内に各種の防火対象物が存在することとなるが、それは、すべて（16の2）項の防火対象物の部分とみなされる。そのわけは、地下街の規定の方が、他の規定よりもきびしいからだ。それに（16の2）項は用途分類ではなく、構造分類であるため、地下街であって、かつ飲食店であるような場合どちらの規定を適用してよいか判断に困るため、地下街としての規定を優先して適用させることとしているのである（令別表第1備考二）。

　一方、地下街の定義には該当しないが、地下道に面する建築物の地階は（16の3）項とされている（昭和56年1月改正）。この項の防火対象物も用途分類ではなく構造分類であるため、例えば、百貨店の地階で地下道に面するものは、⑷項であるのか、それとも、この（16の3）項であるのか、判断に迷うことがある。このような場合は、地下街の場合と異なり、両方ともに該当するものとして取扱われる。すなわち、ダブル規制となるのである（令別表第1備考三）。

　また、⒄項の防火対象物に該当するものであるときは、⑴項〜⒃項までに掲げる用途に供される建築物その他工作物又はその部分は、両方ともに該当するとして取り扱われる（令別表第1備考四）。

特定防火対象物　　　建築基準法に、特殊建築物があるように、消防法では、防火対象物のなかでも特別に防火上の措置を必要とするものを、特定防火対象物として指定している。

　この特定防火対象物が一般の防火対象物と消防法令上の取扱いが異なるのは、特定防火対象物に限り、すべての消防用設備等について遡及措置が適用される点である（消防法第17条の2の5第2項第四号）。消防法第17条の2の5第1項及び消防法施行令第34条により、一般の防火対象物でも消火器の設

置等の規定はこの遡及適用があるが、スプリンクラー等の設備については遡及適用がない。これと較べて、特定防火対象物は、防火上の規定の適用が厳しいことになる。

　大体、法令の規定というものは、制定又は改正されるまでの間、適法であったものは、既得権を認めているのであるが、この遡及適用という措置によると、そのような既得権は認めず、法令が制定又は改正されると、一定の猶予期間の後にその規定が適用されることとされてしまうことになる。

　それだけに適用が厳しいから、特定の防火対象物に限定しているともいえる。

　特定防火対象物を具体的に指定する規定（消令第34条の４第２項）を読んで、おそらく多くの人が疑問に思われるのは、最後の百貨店や旅館、病院を除いている点であろう。これは、いったん法律の方で百貨店等を指定しているので、このままでは二重指定となってしまう、そこでテイネイに二重指定を排除したものである。（百貨店は(4)項の、旅館は(5)項イの、病院は(6)項イの防火対象物に、それぞれ含まれている。）

〈消防法第17条の２の５第２項第四号〉

〔既存防火対象物の特例〕

四　（中略）百貨店、旅館、病院、地下街、複合用途防火対象物（政令〔消令第34条の４第１項〕で定めるものに限る。）その他〔消令別表第１〕の防火対象物で多数の者が出入するものとして政令〔消令第34条の４第２項〕で定めるもの（以下「特定防火対象物」という。）……（後略）……

〈消防法施行令第34条の４〉

（適用が除外されない防火対象物の範囲）

第34条の４　法第17条の２の５第２項第四号の政令で定める複合用途防火対象物は、別表第１(16)項イに掲げる防火対象物とする。

２　法第17条の２の５第２項第四号の多数の者が出入するものとして政令で定める防火対象物は、別表第１(1)項から(4)項まで、(5)項イ、(6)項、(9)項イ及び（16の３）項に掲げる防火対象物のうち、百貨店、旅館及び病院以外のものとする。

　これらの規定から特定防火対象物を列記すると次のようになる。

(1)項　　劇場等、公会堂等

(2)項　　キャバレー等、遊技場等、性風俗関連特殊営業店舗、カラオケボックス等

(3)項　　待合等、飲食店

(4)項　　百貨店等

(5)項イ　旅館等

(6)項　　病院等、老人福祉施設等、幼稚園等

(9)項イ　蒸気浴場等

(16)項イ　複合用途防火対象物のうち、その一部が前記の防火対象物の用途に供されているもの

(16の２)項　地下街

(16の3)項　準地下街

防火対象物の数　　　　防火対象物の数は、全国でどの位に達するものであろうか。消防庁の統計により、消防法施行令別表第1の区分毎にその数を参考までに示すと次のようになる。

防火対象物の数（令和3年3月末日現在……消防白書（令和3年版））

防火対象物の区分		件数	防火対象物の区分		件数
(1)項イ	劇場等	4,441	(9)項イ	特殊浴場	1,392
〃ロ	公会堂等	64,544	〃ロ	公衆浴場	4,023
(2)項イ	キャバレー等	737	(10)項	停車場	3,885
〃ロ	遊技場等	8,932	(11)項	神社寺院等	58,749
〃ハ	性風俗特殊営業店舗等	179	(12)項イ	工場等	486,114
〃ニ	カラオケボックス等	2,382	〃ロ	テレビスタジオ等	358
(3)項イ	料理店等	2,516	(13)項イ	駐車場等	51,498
〃ロ	飲食店	86,649	〃ロ	航空機格納庫	711
(4)項	百貨店等	157,159	(14)項	倉　庫	334,729
(5)項イ	旅館等	60,337	(15)項	事務所等	494,195
〃ロ	共同住宅等	1,378,322	(16)項イ	特定複合用途防火対象物	384,274
(6)項イ	病院等	63,795	〃ロ	非特定複合用途防火対象物	279,214
〃ロ	特別養護老人ホーム等	52,826	(16の2)項　地下街		60
〃ハ	老人デイサービスセンター等	87,260	(16の3)項　準地下街		7
〃ニ	幼稚園等	15,747	(17)項	文化財	9,535
(7)項	学　校	125,245	(18)項	アーケード	1,270
(8)項	図書館等	7,607	合　計		4,228,692

備考　防火対象物のうち(1)項から(16の3)項までに掲げる防火対象物で延べ面積が150m²以上のもの及び(17)項から(18)項までに掲げる防火対象物。

7 建築物の主要構造部

主要構造部 壁、柱、床、はり、屋根又は階段をいい、建築物の構造上重要でない間仕切壁、
間柱、附け柱、揚げ床、最下階の床、廻り舞台の床、小ばり、ひさし、局部的な
小階段、屋外階段その他これらに類する建築物の部分を除くものとする。
（建基法第 2 条第五号）

主要構造部 建築基準法第 2 条第五号に規定する主要構造部をいう。（消令第11条第 2 項）

主要構造部　　　主要構造部は、消防法上も建築基準法上の定義と同じである。このように消防法令
では建築基準法上の用語の定義を引用していることが多い。両法とも同じ定義を使用
することは、判りやすく大変結構なことである。

　この主要構造部というのは、防火上の見地から判断して主要であるかどうかを判断しているもので
あって、いわゆる構造力学的に重要かどうかの判断をしているものではない。例えば、この定義の中に
「基礎」が含まれていないことからもそれが判る。構造力学的にいえば、基礎は不等沈下その他を防ぐ
ためにも最も重要な構造部分であるが、防火上の見地からすれば、必ずしも重要ではない。基礎はその
ほとんどが土中に埋められているので火がついたということもないし、むしろ、上が燃えても残る部分
である。

　建築基準法施行令では、この主要構造部とは別に「構造耐力上主要な部分」という定義があって、
「基礎、基礎ぐい、壁、柱、小屋組、土台、斜材（筋かい、方づえ等）、床版、屋根版又は横架材（は
り、けた等）で、建築物の自重若しくは積載荷重、積雪荷重、風圧、土圧若しくは水圧又は地震その他
の震動若しくは衝撃を支えるもの（建基令第 1 条第三号）」となっている。

　ここで構造耐力上主要な部分の方には、「基礎」が含まれていることが判るし、逆に「階段」が含ま
れていないことに気付く。階段は構造的にみると、階段がなければ建築物が倒れるわけでもあるまい、
というので、構造的な重要性は劣るが、防火上や避難上の見地からは階段が大きな役割を果たす。そこ
で階段については、防火上の耐力等についてチェックする必要があるので、主要構造部に含めてあるの
である。

　いつのことだったか、建築士の試験（建築法規）に次のような問題が出た。

（問） 建築物の主要構造部でないものは、次のうちのどれか。
　　(1)柱　(2)壁　(3)屋根　(4)基礎　(5)階段

この解説を読んだ後なら、誰だって間違うことはないだろう。言わずと知れた(4)が正解だ。ところが

勉強していないと⑸などに正解印を付けたりする。このような問題は一見やさしそうだが、答はむずかしいのだ。よくマルチョン式といって正解にはマル、間違っているものにはチョン（バツ）をつけるからだと思っている人がいるが、本当はマルチプル・チョイスといって多くの解答の中から正解１つを選ぶ方式なのだから、略してマルチョイ式というのが正しいのだ。近頃は、昇任試験もほとんどこのマルチョイ式のようだ。

　主要構造部を整理して一覧表にすると次のようになる。

主要構造部	建築物の構造上、重要でない次の部分を除く
⑴壁	構造上重要でない間仕切り壁
⑵柱	間柱、付け柱
⑶床	揚げ床、最下階の床、廻り舞台の床
⑷はり	小ばり
⑸屋根	ひさし
⑹階段	局部的な小階段、屋外階段

主要構造部の用例　　耐火建築物の定義（建基法第２条第九号の二）では、「主要構造部を耐火構造とした建築物（大意)」とか、大規模の修繕の定義（同条第十四号）では「建築物の主要構造部の１種以上について行う過半の修繕をいう。」というように用いている。

　消防法令上では、消令第34条の３で「……政令で定める大規模の修繕及び模様替えは、当該防火対象物の主要構造部である壁について行う過半の修繕又は模様替えとする。」というように用いている。建築基準法では「模様替」となっているのが、消防法では「模様替え」となっており僅かのちがいがあるが、内容的には同一で、「主要構造部である壁」と限定しているから、構造上重要でない間仕切壁は含まないことになる（この条文の大意は、建築物の大規模の修繕又は模様替えのうち、壁についての大規模の修繕又は模様替えを行うときは、それを機会に消防用設備等を最新の消防法令に適合したものにすることを義務づけるというものである。）。

　各種構造の建築物の主要構造部をイラストで示したのが（**第９図、第10図**）である。

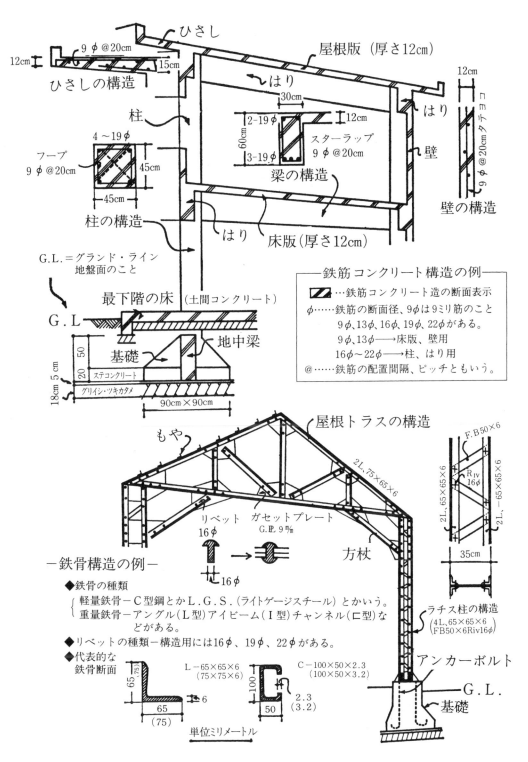

第9図　鉄筋コンクリート構造・鉄骨構造

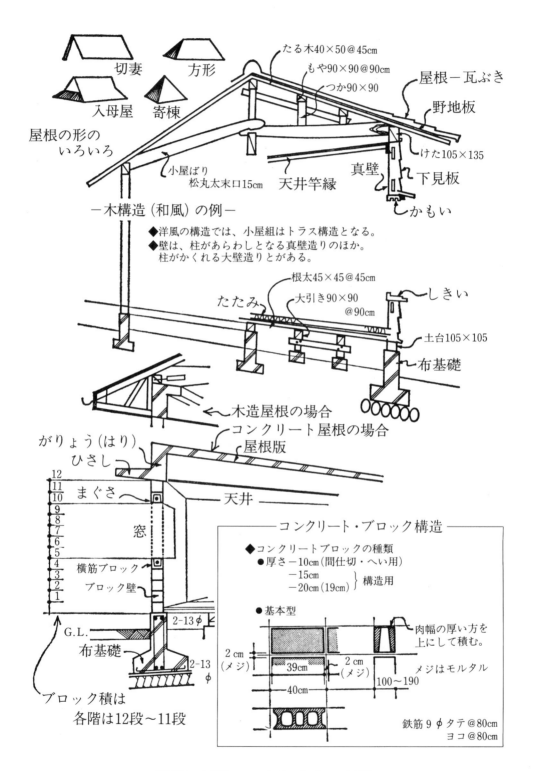

切妻　　方形

入母屋　寄棟

屋根の形の
いろいろ

たる木40×50@45cm

もや90×90@90cm

つか90×90

屋根－瓦ぶき

野地板

けた105×135

真壁

下見板

かもい

小屋ばり
松丸太末口15cm

天井竿縁

－木構造（和風）の例－

◆洋風の構造では、小屋組はトラス構造となる。
◆壁は、柱があらわしとなる真壁造りのほか。
　柱がかくれる大壁造りとがある。

根太45×45@45cm

たたみ

大引き90×90
@90cm

しきい

土台105×105

布基礎

木造屋根の場合

コンクリート屋根の場合

がりょう（はり）

ひさし

屋根版

まぐさ

天井

窓

横筋ブロック

ブロック壁

G.L.

布基礎

2-13 φ

2-13 φ

ブロック積は
　　各階は12段～11段

コンクリート・ブロック構造

◆コンクリートブロックの種類
●厚さ－10cm（間仕切・へい用）
　　　－15cm
　　　－20cm(19cm)
　　　　　　　　構造用

●基本型

2 cm
（メジ）

39cm

2 cm
（メジ）

40cm

100～190

肉幅の厚い方を
上にして積む。

メジはモルタル

鉄筋 9 φ タテ@80cm
　　　　　　ヨコ@80cm

第10図　木構造・コンクリートブロック構造

8 延焼のおそれのある部分

延焼のおそれのある部分　　延焼のおそれのある部分というのは、建築基準法に定義があり、消防法でもそれを引用している。しかし、なにも法律で定めたところだけが延焼のおそれがあって、それ以外の部分は全く延焼のおそれがないかといえば、決してそんなわけではない。法律上、一定部分を「延焼のおそれのある部分」として指定して、少なくもそこだけは防火上の措置を強化しようとするために規定したものである。だから、これ以外の部分の防火上の安全を保証するものではない。そのようなわけで、建築基準法上「延焼のおそれのある部分」という考え方はあっても、「延焼のおそれのない部分」という考え方はない。もしも「延焼のおそれのある部分ではない部分」のことをいいたければ、「延焼のおそれのある部分以外の部分」というべきであろう。建築基準法第22条第1項ただし書ではそのようにまわりくどく規定されているのはそのためだ。

　延焼のおそれのある部分を整理してまとめてみると次のようになる。

〈建築基準法第2条第六号〉

　延焼のおそれのある部分　隣地境界線、道路中心線又は同一敷地内の2以上の建築物（延べ面積の合計が500m²以内の建築物は、1の建築物とみなす。）相互の外壁間の中心線から、1階にあっては3m以下、2階以上にあっては5m以下の距離にある建築物の部分をいう。ただし、次のイ又はロのいずれかに該当する部分を除く。

イ　防火上有効な公園、広場、川その他の空地又は水面、耐火構造の壁その他これらに類するものに面する部分

ロ　建築物の外壁面と隣地境界線等との角度に応じて、当該建築物の周囲において発生する通常の火災時における火熱により燃焼するおそれのないものとして国土交通大臣が定める部分

〈消防法施行令第12条第2項第三号〉

　延焼のおそれのある部分（建築基準法第2条第六号に規定する延焼のおそれのある部分をいう。）

**　　延焼のおそれのある部分**

(1)　隣接境界線　　　　　　　　　┐　　┌　1階‥‥‥‥3m以下の部分

(2)　道路中心線　　　　　　　　　├ から ┤

(3)　建築物相互の外壁間の中心線　┘　　└　2階以上‥‥5m以下の部分

〈除外部分〉

イ　防火上有効な公園、広場等の空地、川等の水面、耐火構造の壁等に面する部分

ロ　隣地境界線等との角度に応じて燃焼するおそれのないものとして国土交通大臣が定める部分

　建築物相互の外壁間の中心線は同一敷地内の2以上の建築物相互の外壁間の中心線をいい、隣地の建築物との相互の外壁間の中心線はとらない。また、延べ面積の合計（延べ面積とは、1棟の床面積の合計であるから、2棟の場合は延べ面積の合計となる。）が500m²以内の建築物（例えば250m²の建築物と200m²の建築物）の場合は、それらを一の建築物とみなす（「一」は"いち"とは読まず"いつ"と読む。同一を"どういつ"と読むのと同じである。）。だから、このような小さな建築物どうしの外壁間には、延焼のおそれのある部分を考えなくてもよいことになる（**第11図参照**）。

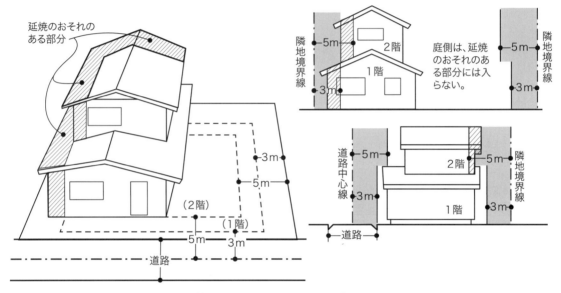

第11図　延焼のおそれのある部分

　法第2条第六号のロの適用除外規定は平成30年の建築基準法改正で追加されたもので、令和2年に適用除外となる部分を定めた告示（令和2年国土交通省告示第197号）が制定された。詳しくは告示を読む必要があるが、わかりやすく解説すると外壁面が隣地境界線等と正対していない場合や同一敷地内の他の建築物が低層である場合、火災の影響を受ける部分が少なくなることから、延焼のおそれのある部分を限定するというものである。この結果、外壁面と隣地境界線等との角度が大きい場合などには、延焼のおそれのある部分は1階で2.5m以内、2階以上では4m以内の範囲となる。

3m・5mの根拠

　それでは何故1階では3m、2階以上では5mをもって延焼のおそれありと決められたのか。これは実験によって「延焼限界曲線」というものが考えられ、その内側にある部分は、延焼のおそれがあると判断されたからだ。しかし、これはあくまで近似的なものであって、必ずしもこの範囲内にあれば、絶えず延焼のおそれがあり、この範囲からはずれると、全く延焼のおそれがないかというと決してそのようなことはない。そのようなことはない、という程度のことではなく、むしろドギツクいえば、それを頭から信じる程おろかなことはないといえる。せ

いぜいが木造の２階建の建築物の小規模な火災の
ケースでは、近似的にそのようなこともあろうが、
一般の火災では風向、風速、火災の規模、その他数
えればキリのない程のファクターによって火災の延
焼は生じるものだ。しかし、それをいいだせば、ど
こもかしこも延焼のおそれのある部分ばかりになっ
てしまうから、法律では一応の線を引いて、少なく
もこれだけは、という部分を規定したまでのことで
ある。だから、延焼限界曲線を近似的に３ｍ、５ｍ
と割り切ってしまっているのである**（第12図参照）**。

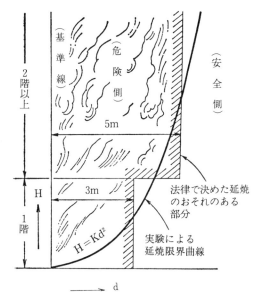

第12図　延焼のおそれのある部分の考え方

延焼の事例　　　大火になると、数キロ離れた地
点へも飛び火することがある。ず
いぶん昔の話だが、谷間の山村で火災があり、村
中、総出で消火に当ったが、火が消えて自分の家へ
帰ってみると、なんと我が家が全焼していたということがある。消火のためにあわてて家を飛び出した
から、火の不始末ではないかとも考えられるが、谷間は火災で異常な気流が生じることもあるから、飛
び火ではないかということだ。また、ある温泉街の火災では、火元からかなり離れたホテルの従業員
が、上階から火事を眺めていてそのまま窓を開けっ放しにしたまま降りてしまったところ、窓から飛び
火が入り障子に燃え移り、ホテルを全焼してしまったということだ。そのホテルよりも火元に近いホテ
ルでは、全従業員が非常体制で、全防火戸を閉め、消火栓のホースを延ばし、消火器も準備して必死の
防火体制を固め、実際には木造との接続部分のダクト周辺から火が入りかけたのだが（建築基準法の規
定からいうとダクトの周辺はモルタル等でつめなければいけないのだが、実際は守られていないことが
多い。）何とか延焼をくいとめたということだ。消防設備でも防火設備でも、それが活用されなければ
何の役にもたたないという例か。

　それに近頃の家庭生活では、共同住宅住まいの人が増えてきているから（平成30年の住宅統計調査で
は、全国5,362万戸の住宅中、一戸建は2,876万戸、その他共同住宅等は2,486万戸となっており、日本人
の約46.4％が共同住宅住まいとみられている。）、もしも他人の住戸から火が出た場合に自分の住戸は果
して安全かどうか、１つしかない階段から上手に避難できるか、仮りに自分の家から火が出たらどうす
ればよいか、むしろ近頃の延焼のおそれはそんなところにある（これは或るアンケートの例だが、自分
の家から出火するかも知れないと考えている人は、ホンの数％だが、隣りの家から出火して延焼するの
ではないかと心配している人が大部分であったという。こういうのは、どう考えたら良いのだろうか。
エゴイズムというべきか、正直というべきか。）。耐火構造のマンションや公団住宅の各住戸は、耐火構
造の壁や床で区画されていて延焼のおそれはないことになっている。そこで火災になっても安心して避
難ができる。木造ホテルの火災のように１棟全焼ということは先ず考えられない。それにしても最近の

火災は有毒ガスや煙で死亡する例が多い。だから延焼のおそれがなくても避難するにこしたことはない。階段に面した各戸の出入口は防火設備（防火戸）となっており、防火区画の効果はあるが（避難をするときにあわてて防火戸を開けっぱなしにしては効果なし。必ず閉めて避難すること。）、それが閉鎖されていても、出火箇所は激しい輻射熱と吹き出す煙とで、その前を通り抜けることは困難となることがある（火災で避難するときの知恵の一つは、窓を閉めること、室内に煙が入ると衣服などはキナ臭くなってしまって、もう二度と着られなくなってしまうことがある。窓を閉めると飛び火や放水の水損を防ぐことにもなる。）。

　これは、１〜２階が店舗、３階以上が共同住宅の、いわゆるゲタバキのマンションで、下の店舗から火が出た例だが、店舗部分と共同住宅部分とは、耐火構造の床で完全区画されているはずであるからと安心していると、何と３階の１住戸が延焼してその住戸が全焼失してしまった。こいつはおかしいぞというので、良く調べてみると耐火区画の床に10cm四方の穴があいていた。その理由を工事関係者に問いただしてみると、そこはコンクリートタワーを支えるロープを張る必要があったので、コンクリート打ちのとき10cm四方の穴をあけて張ってあった、ロープを後で取りはずしたときに、すぐコンクリートでその床の穴をふさがなければいけなかったが、つい忘れてそのまま工事を進めてしまった、というのである。だから外の窓等からは火が入った形跡がないのに内部から突如として火を噴いたというのだ。こんな場合、たまたまその住戸に入った人の悲しみはどうであろう。運が悪かっただけで済まされようか、本当に。

　建築基準法施行令第112条第16項の規定をみると、建築物内を準耐火構造（11階以上の部分の区画は耐火構造）で区画した場合、区画の近くの窓から窓へと延焼しないように（いくら準耐火構造の床で区画してあっても、全面ガラスのカーテンウォールでは効果が薄れるので、）幅90cm以上の準耐火構造の壁を設けるか、または50cm以上の準耐火構造のひさし、ベランダ、そで壁で防火上有効に区画しなければいけないこととなっている。それでもベランダにフトンが干してあったりすると、下階の火災で火が付くおそれもあるから注意しなくてはいけない（**第13図参照**）。

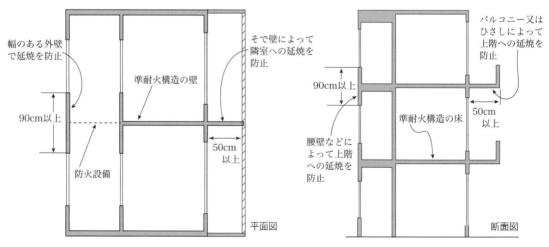

幅のある外壁で延焼を防止

そで壁によって隣室への延焼を防止

準耐火構造の壁

90cm以上

防火設備

50cm以上

平面図

バルコニー又はひさしによって上階への延焼を防止

90cm以上

50cm以上

準耐火構造の床

腰壁などによって上階への延焼を防止

断面図

第13図　同一建物での延焼の防止（10階以下の場合）

延焼のおそれのある
部分の用例

建築基準法上、延焼のおそれのある部分の防火措置等を規定している例としては次のようなものがある。

耐火建築物、準耐火建築物の定義では、「外壁の開口部で延焼のおそれのある部分に、防火戸その他の政令で定める防火設備を有すること。(建築基準法第2条第九号の二、第九号の三)」となっている。これと同じような表現で(防火地域及び準防火地域内の建築物)「防火地域又は準防火地域内にある建築物は、その外壁の開口部で延焼のおそれのある部分に防火戸その他の政令で定める防火設備を設け、(建基法第61条)」という規定がある。

外壁の防火措置としては、(大規模の木造建築物等の外壁等)「延べ面積が1000m²を超える木造建築物等は、その外壁及び軒裏で延焼のおそれのある部分を防火構造とし、(建基法第25条)」等がある。

一方、消防法の関係では、どのような関連があるだろうか。それが、直接この「延焼のおそれのある部分」という用語を用いている例として適切なものが少ないのだ。消防法施行令第27条第2項に「同一敷地内に別表第1に掲げる建築物が2以上ある場合において、これらの建築物が、当該建築物相互の1階の外壁間の中心線からの水平距離が、1階にあっては3m以下、2階にあっては5m以下である部分を有するものであり、……であるときは、……これらの建築物は、……一の建築物とみなす。」という規定を設けている。これは消防用水に関する基準で、延焼のおそれのある部分(に相当する部分)を有する建築物群は、一の建築物としての規定(厳しい規定)を適用することとしているわけである。ここで敢えて「延焼のおそれのある部分」といわずに、わざわざ、3m、5mというように同じ考え方に立つ規定を設けたのは何故であろうか。それは僅かながら表現の違いがあることに注目しなければならぬ。建築基準法の定義では、単に「外壁間の中心線」としているのに対して、消防法施行令では「1階の外壁間の中心線」としているのが、その僅かの表現の違いに当るのである。これについては後でもう少し詳しく論じてみたい。

一方、「消防用設備等の設置単位について」という昭和50年3月5日の消防庁からの通知(消防安第26号)には、次のような表現がある。すなわち、消防用設備等の設置単位は棟単位であって敷地単位ではない。そうすると、渡り廊下で接続されている棟は、1棟かそれとも2棟かという問題が発生する。この通知はそれに答えて、渡り廊下で接続されていても「接続される建築物相互間の距離は、1階にあっては6m、2階以上の階にあっては10mを超えるもの」については別棟とみなせることとしている。この6m、10mは3m、5mの2倍を採用したものだ。

外壁間の中心線とは

さてこのように消防法関係では、外壁間の中心線を1階の外壁間の中心線と限定しているが、それは何故だろうか。もともと建築基準法でも、1階の外壁間の中心線のことを指しているのではなかろうか。いろいろの解説書をみても、各階の外壁面に凹凸のない例で説明してある例が多く、1階の外壁間の中心線イコール2階以上の外壁間の中心線であるものが多い。そのような場合には何も1階であろうと2階であろうと何も変ることはない。一般に確認申請書では、各階平面図に延焼のおそれのある部分の外壁の構造、防火設備の位置等を記入することになっているため、敷地内に2棟の建築物があれば、その外壁間の中心線を書き入れてあることが多い。

そして、それぞれ３ｍ、５ｍの限界線を記入し、その範囲内の外壁の構造等を記入してあることが多い（**第14図参照**）。

ところで、問題は外壁面に凹凸のある場合、すなわち、２階以上の外壁が後退しているような場合の中心線の取り方である。平面図では判りにくいので断面図をみて考えよう。外壁に凹凸がなければ、中心線は垂直の直線である。ところが、２階以上の外壁が後退しているような場合はどうなるのだろうか。消防法のように１階の外壁間の中心線と限定していれば、やはり垂直に直線をたてればよいが、特に限定がなく、正直に２階は２階の外壁間の中心線というように線を引くと、１階と２階とでは直線が少しずれることになるのである。この考え方をもっと徹底させるならば、一方の建物の高さが高く、相手の建物が低い場合には、或る高さ以上になると相手の外壁がなくなってしまうので、中心線は引けなくなってしまうことになる。中心線がな

（１）　外壁に凹凸のないとき

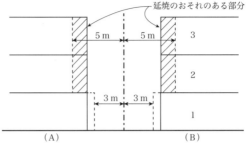

延焼のおそれのある部分

Ａ、Ｂとも２階以上の外壁が延焼のおそれのある部分となる。

（２）　外壁面に凹凸があるとき

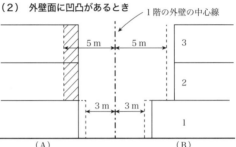

１階の外壁の中心線

Ｂ棟の１階部分が突出したことにより、Ｂ棟の延焼のおそれのある部分がなる。

（３）　外壁の中心線を各階毎にとるとき

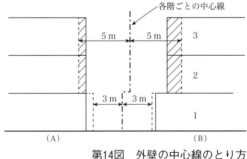

各階ごとの中心線

外壁の中心線を各階ごとにとるとそのような疑問はなくなるのだが。
（それは極めて特殊な例である。）

第14図　外壁の中心線のとり方

くなってしまう以上、延焼のおそれのある部分もなくなってしまうことになるのではないか。このように考えると、なにもそこまで厳密に中心線を引かなくても、１階の外壁間の中心線で統一しておけば、それでよいではないかということになる。消防法の考え方はおそらくそのような割り切り方をしているものと思う。また、こんなことをいうと、話がややこしくなるが、それならば１階の外壁間の中心線をとれば、問題は全くないかというと必ずしもそうではない。（**第14図**）(1)のように２階以上が、いずれも延焼のおそれのある部分である場合に、(2)のようにどちらかの建物の１階部分を突出させると両棟の延焼のおそれは大きくなると考えるべきなのに、逆に、その建物の２階以上が、延焼のおそれのある部分ではなくなってしまうということになるからである。このような特殊例を考えれば疑問がないわけではないが、一般的には割り切って１階の外壁間の中心線を採用する方が判りやすくてよいだろう。

9 不燃材料・準不燃材料・難燃材料

燃えるもの・燃えないもの　　昔まだテレビのなかった頃、ＮＨＫの人気番組に「20の扉」という番組があった。解答者には伏せてある出題の或る品物又は人物を20の質問の範囲で当てるという趣向であるが、それが、動物、植物、鉱物のいずれであるか最初にヒントとして与えられる。すべてこの世の中の森羅万象はこの動植鉱物のいずれかに分類できるからである。

さて、燃える、燃えないという分類をすれば、燃える代表は木であり、燃えない代表は石や水であろう。先程の３分類に従えば、動植物は燃えるもの、鉱物は燃えないものであるといえる。燃える動植物は、生命のあるもので「有機物」といわれ、燃えない鉱物は、生命のないもので「無機物」といわれる。

ところで、鉱物に属する中で、石炭とか石油は燃えるのである。何故、鉱物でありながら燃えるのかというと、これはもともと有機物だったからであろう。石炭は、世界的には古生代石炭紀といわれる約３億年前の頃、日本の炭鉱では新生代第３紀といわれる約５千万年前の頃に繁茂した植物が水中や湿地に堆積し地下深く埋れて長期間の地圧や地熱を受けて変質分解し、やがて残留した炭素が石炭化したもの。石油については石炭程その成因がハッキリしていないが、石炭と同じように堆積した生物の遺体がバクテリアや地圧・地熱の作用で分解してできたものとされている。

私の子供の頃の燃料は、植物質の薪や炭であったが、やがて鉱物質の石炭になり、現在では石油の全盛時代になってしまっている。わが国の石油消費量は、2020年で、１日当たり383万バレルで世界第４位、第１位はアメリカで2,047万バレル、第２位は中国で1,413万バレル、１日１人当たりの消費量を見ると、世界平均で牛乳パック約２本分となっている。もちろん、これだけの石油はすべて燃料となっているのではなく、例えば、プラスチックの原料になったりしている。もとが有機物なのだから石油蛋白といって動物の飼料にもできるという。

さて、このようにして石油から作られたプラスチックなどの石油化学製品は、建築物の内装などに幅広く利用されるようになったが、もとが有機物だけに可燃性なのである。単に燃えるだけではなく、刺戟性や有毒性の強いガスを出しながら燃えるので、火災の時には人命事故に発展するおそれがあり、また実際の事故も発生している。

煙による事故・煙とは何か　　法令では何でも定義をおいて明確にしてしまうが、煙もこの例にもれず、煙感知器の規格省令（火災報知設備の感知器及び発信機に係る技術上の規格を定める省令第２条）に「火災によって生ずる燃焼生成物（以下「煙」という。）」と規定している。まさに煙は燃焼生成物だといわれるとそのとおりであるが、どうもピッタリこないという人もあろう。しかし、そうかといって他に適切な定義があるかというと、それほどの知恵も浮かばないも

のだ。

　一般的にいって、煙が人体に及ぼす影響は、眼は涙がでる、充血する、煙で視界がきかなくなる（従って心理的な不安感にかられる。）、のどや気管支などの粘膜は刺戟を受けセキや嘔吐がでる、鼻からは有毒ガスを吸う、高温のガスを吸う、酸欠空気を吸う、肌はススケル、火傷をする、激しい煙の噴出をみて精神的にはショックを受ける、恐怖感でガタガタになる等多くの影響を与える。多くは

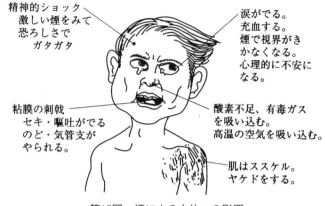

第15図　煙による人体への影響

一酸化炭素を吸って中毒になり失神して倒れてしまう。体内へ酸素を運ぶ役目をしている血液中のヘモグロビンの酸素がうばわれてしまうからである。

　物が燃えると、どの位の燃焼生成物ができるかというと、ここにR. E. Dufowrの実験結果があるので紹介しよう（43頁参照）。この実験は、大気中の酸素量21%、温度800℃におけるもので、1kgの試料を燃焼したときに発生した成分をg数で表わしたものである。

　さて、それではこのような有毒成分が人体に及ぼす影響を調べてみよう。一般的に、"許容限度"とされているのは、中程度の労働で8時間を経過しても中毒を生じない最高限度のことで、例えば、一酸化炭素では100P・P・Mとされている。このP・P・Mというのは公害対策に盛んに使用される単位で、英語では（Parts par million）という用語の頭文字をとった略号で、100万分の1の量を示す単位だ。大ざっぱにいうと、4帖半の部屋の中のコップ1杯が1P・P・Mに相当する。

　煙には有害物質が含まれているが、それは単にセメント工場の中の粉じんのように空中に浮遊しているだけではない。猛然と噴出するところに問題があるのだ。もともと煙と何とかは高い所へ昇りたがるというが、何故煙は煙突を登って上空へ吹き出されるかというと、要するに、煙は普通の空気よりも軽いからなのだ。それでは何故軽いか、それは膨張するからである。摂氏0℃の空気を基準とすると温度が1℃上るたびに、空気の体積は273分の1だけ膨張する。逆に1℃下れば273分の1だけ収縮する。そこで、零下273℃になったら、一体この世の中はどうなるのだろうか。気体の体積はなくなってしまうことになる。つまりこれ以下の温度はあり得ないので、これを絶対零度という（正しくは零下273.155℃である。）。

　常温の27℃が絶対300℃に相当するから、摂氏327℃で絶対600℃となり空気の体積は2倍に、摂氏627℃では絶対900℃で、体積は3倍に膨張することとなる。煙は通常相当の高温であるため（火災時のフラッシュ・オーバーでは摂氏約800℃）、常温の3～4倍に膨張する。これが大変な圧力となって猛然と噴出するわけだ。かつ膨張して軽くなっているので上昇するのも早い。煙の伝播速度は水平方向で毎秒0.5mから1m程度の速度で天井をはう。これは人の歩く速度、毎秒1.5m～2mに較べればそれはどでもないが、垂直方向には煙は毎秒2～3mの速度で上昇するから、人が階段を昇る速度、毎秒0.5mと

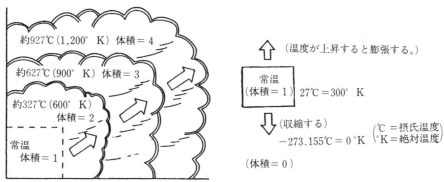

火災により発生した煙は、熱により膨張し、上昇・流動する。

第16図　熱により空気は膨張する

較べると遙かに速い。そのため、火災時に煙や有毒ガスにまかれて死亡する人が多く、火災時に死亡する人の中で占める割合が高くなっている。もっとも、火災による死亡原因は複雑で簡単には割り切れないものであろうが、一応分類してみると次のようになる。

各種物質の燃焼生成物　　　　　　　　（単位　　g）

成分＼試料	炭酸ガス	一酸化炭素	アルデヒド	ホスゲン	シアン化水素	アンモニア	塩化水素	酸
木　　材	1.626	0.270	微　量	—	—	—	—	—
紙	1.202	0.135	—	—	—	—	—	0.001
ポリスチレン	2.192	0.174	—	—	—	—	—	—
エチルセルロース	2.294	0.440	—	—	—	—	—	—
塩化ビニリデン樹脂	1.047	0.022	—	—	—	—	0.621	—
塩化ビニール樹脂	0.433	0.229	—	0.0001	—	—	0.496	—

火災に発生する有毒ガスの生理的影響　　　　　　　（単位　P.P.M）

影響＼ガス	数時間は安全	1時間は安全	30分から1時間で重体	30分から1時間で死亡	即　　死	容認限度
一 酸 化 炭 素	100	400〜500	1,500〜2,000	4,000	—	1000
塩 素 ガ ス	0.35〜1.0	4.0	40〜60	—	1,000	1.0
ホ ス ゲ ン	1.0	—	2.5	—	50	1.0
塩 化 水 素	10	50〜100	1,000	—	1,300〜2,000	5.0
弗 素 水 素	1.5〜3.0	10	50〜250	—	—	3.0
シアン化水素	20	50〜60	100〜200	200〜450	3,000	20
アンモニア	100	100	2,500〜4,000	—	5,000〜10,000	100
硫 化 水 素	20	—	200	600	1,000	20
硝　　　気	10〜40	—	100〜150	—	200〜700	50

（注）許容限度とは、中程度の労働で8時間を経過しても中毒を生じない最高限度のことである。

次の表は、令和元年と新建材普及期の昭和44年の火災による死者を死因別に見たものだ。死者数が増えているのは高齢者が増えたためだと思うが、放火自殺者が2倍以上も増えて死因の第3位になっているのにはびっくりする。何とかしなくてはならないと思うが、社会問題だから消防としてはどうしようもない。

新建材普及期には一酸化炭素中毒・窒息による死者が6割近かったが、最近では3割程度となっている。煙の怖さがわかって様々な対策をとったためだろう。

代わって、火傷による死者が増えて、死因のトップを奪い返した。独り住まいのお年寄りが火災で亡くなった場合、敷きっばなしの布団にタバコの火やストーブの火が着火したためということが多いが、そんな場合は火傷死になってしまう。こんなところにも、高齢化社会の影響が出ているんだね。

火災による医学的死因

区　　分	計	一酸化炭素中毒・窒息	火　　傷	打撲・骨折等	その他	不　　明	自　　殺
昭和44年 （割合）	1,334 (100.0)	793 (59.4)	372 (27.9)	16 (1.2)	23 (1.7)	4 (0.3)	126 (9.5)
令和元年 （割合）	1,486 (100.0)	466 (31.4)	482 (32.4)	3 (0.2)	91 (6.1)	169 (11.4)	275 (18.5)

煙対策　　このような煙の影響を少なくするためには、排煙設備を設けるとか、煙の流れを止める防煙区画、防煙カーテン（空気流によるエアーカーテンで煙の移動をせきとめるようなものもある。）の活用、煙感知器による早期発見、煙があっても誘導灯が見えるようにするため設置場所を床面近くに下げる等の措置がとられている。しかし、もっとも効果的な方法は、建築物の不燃化である。それも単に柱やはり、床という構造部分だけではなく、火が着きやすい天井・壁などの内装材料やカーテン類を不燃化（燃えなくする。）又は難燃化（燃えにくくする。）する必要がある。

そこで、消防法の改正を行ってカーテン等の防炎の規定（消防法第8条の3）を設けたのが昭和43年、建築基準法施行令の改正を行って建築材料の防火上のランク付けを改めるとともに防火上有害な煙・ガスを発生するものを防火材料から追放したのが昭和45年のことである。先の火災による医学的死因分析で、煙によるものと考えられる一酸化炭素中毒死が約60%も占めていたことからみても判るように、昭和40年以降急激に石油化学の発達による新建材の製品化が進み、かつ、それによる火災時の煙死事故が続出したので、新建材に対する規制がグッときびしくなったのである。表を見ると、その効果が表われているようで、うれしいね。

防火材料の不燃性能　　各種の建築材料のうち、防火的に用いるものを一般的に「防火材料」と呼んでいる。それには、「不燃材料」、「準不燃材料」及び「難燃材料」の3種類がある。平成12年の性能規定化では、それらの区分は「不燃性能」の時間によるものとされた。すなわち、不燃性能5分間で難燃材料、10分間で準不燃材料、20分間で不燃材料という訳だ。

この不燃性能というのは、単に燃焼しないというだけのものではない。前記のように、避難上有害な

煙・ガスを出さないというのも重要な要素である。建築基準法施行令第108条の2では不燃性能の技術的基準として次の3要件を掲げている。

（1）　燃焼しないものであること。

（2）　防火上有害な変形、溶融、き裂その他の損傷を生じないものであること。

（3）　避難上有害な煙又はガスを発生しないものであること。

　かつての不燃・準不燃・難燃の区分は、第一義的に、その構成材料によっていた。

　すなわち、**不燃材料**とは、金属や石のような無機質の材料で構成されているコンクリート、しっくい、モルタル、鉄鋼等がこれに該当した。

　準不燃材料は、不燃材料に準ずる防火性能を有するものであるが、若干の有機物質（可燃物質）を含んでいるもの。すなわち、プラスターボード（石膏ボード）のように、主成分のプラスター（石膏）は燃えることがないが、割れにくくするため両面に貼ってある原紙（プラスターボード原紙）が紙であるため、不燃材料に入らず、準不燃として格付けされていた。木毛セメント板も同様であって、セメント板は不燃だが、補強のために混入する木毛が可燃物であるため、準不燃とされていた。（実際はセメント板の内部に混入されているため、木毛が燃え上がるおそれはない。）

　一方、**難燃材料**というのは、もともと燃える木材等の有機物を薬品処理（塗布・浸漬・混入等）して、一定時間（5分程度）燃え難くくしたものである。従って、薬品の効果がある間は燃え難いけれども、効果が切れると後は燃えてしまうこととなる。この難燃材料は、火災初期の燃焼を抑制するのに用いられる。従って初期に避難する居室の内装（天井・壁）には用いることができるけれども、より安全を確保しなければならない廊下・階段などの通路では用いることができない。

**性能規定化で変った
それぞれの関係**

　このように性能規定化前では、構成材料による区分が先行していたから、材料の防火試験を行う前に、構成材料を聞いて、それならば準不燃材料としての試験を受けるように、というように予備区分されていたものだ。

　ところが、性能規定化によってそのような先入観念は不要となり、純粋に不燃性能を満たす時間により、5分間で**難燃材料**、10分間で**準不燃材料**、20分間で**不燃材料**というように認定されることとなった。

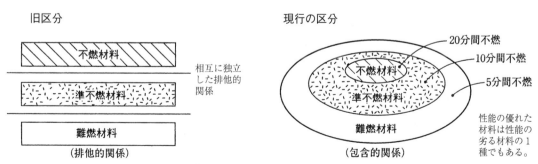

第17図　防火材料の相互の関係

そこで、従前ならば、その構成材料から準不燃材料とされて来た石膏ボードでも、厚さが12mm以上あるものは「不燃材料」として認められることとなった。一方、逆に厚さが7mmから9mmの厚さの石膏ボードは難燃材料としての不燃性能しか認められないこととなった。従って、厚さが9mmから12mmまでのものだけが準不燃材料として扱われることとなる。

もう一つ、性能規定化によって変ったのは、これらの3材料の相互の関係である。従前は、不燃材料は不燃材料であって、不燃材料と準不燃材料とを兼ねるということはあり得なかったのだが、性能規定化によってそれが改められた。

不燃材料（不燃性能20分間）とは、難燃材料（5分間）や準不燃材料（10分間）の基準をそれぞれパスしているのだから、当然に難燃材料としても適格といえるし、準不燃材料であるとともに難燃材料でもあることになる。

従前の相互に独立した関係（排他的関係）から、性能の優れた材料は、性能の劣る材料としても資格があるという包含関係にあることとなった（**第17図参照**）。

不燃材料・準不燃材料・難燃材料の指定

ところで、建設大臣（当時）が告示で認めた不燃材料等を掲げると、次のとおりである。

不燃材料の指定（平成12年建設省告示第1400号）

1　コンクリート	10　金属板
2　れんが	11　ガラス
3　瓦	12　モルタル
4　陶磁器質タイル	13　しっくい
5　繊維強化セメント板	14　厚さが10mm以上の壁土※
6　厚さが3mm以上のガラス繊維混入セメント板	15　石
7　厚さが5mm以上の繊維混入ケイ酸カルシウム板	16　厚さが12mm以上のせっこうボード（ボード用原紙の厚さが0.6mm以下のものに限る。）
8　鉄鋼	17　ロックウール
9　アルミニウム	18　グラスウール板

※　令和4年5月31日付け国土交通省告示第599号で追加。

準不燃材料の指定（平成12年建設省告示第1401号）

1	不燃材料
2	厚さが9mm以上のせっこうボード（ボード用原紙の厚さが0.6mm以下のものに限る。）
3	厚さが15mm以上の木毛セメント板
4	厚さが9mm以上の硬質木片セメント板（かさ比重が0.9以上のものに限る。）
5	厚さが30mm以上の木片セメント板（かさ比重が0.5以上のものに限る。）
6	厚さが6mm以上のパルプセメント板

難燃材料の指定（平成12年建設省告示第1402号）

1	不燃材料
2	準不燃材料
3	厚さが5.5mm以上の難燃合板
4	厚さが7mm以上のせっこうボード（ボード用原紙の厚さが0.5mm以下のものに限る。）

10 耐火構造・準耐火構造と防火構造

耐火・準耐火と防火のちがい

一般の人びとにとって、耐火構造・準耐火構造と防火構造のちがいといってもハッキリと区別して理解されているむきは少ないのではなかろうか。耐火、防火と区別しなくても「テッキン」と「モルタル」ぐらいの表現の方が判りやすいかも知れない。正に鉄筋コンクリート造は耐火構造の代表のようなものだし、モルタル塗りは防火構造の代表のようなものだ。

「耐火構造」は、文字どおり火に耐えるのだから、内部から出火しても、単に燃えないという不燃性だけではなく、構造耐力的な低下の少ない構造でなければならない。だから、ムキ出しの鉄骨造は耐火構造とはいえない。火災の熱でアッという間に耐力が低下し（摂氏500℃で2分の1となり、600℃で3分の1の耐力しかなくなる。）、アメのようにグニャグニャになってしまうからだ。工場火災の鉄骨を御覧になればお判りのことだろう（鉄の融点は1,535℃である。）。

次に、準耐火構造というのも、内部出火に対して強いのだが、準耐火構造と耐火構造との差は、火災が終了するまで火熱に耐えられるかどうかという点にある。すなわち、同じ1時間耐火といっても、耐火構造ならば、火災（1時間程度）が終了するまで火熱に耐えられるという前提だが、準耐火構造の方は、1時間は何とか持ちこたえるけれども、火災が弱まり完全に鎮火するまでの間に建築物が火熱に耐えることができず、燃え落ちてしまうことがあるということ。

これに対して、「防火構造」は、文字どおり火を防ぐことを目的としたものだから、それ自身は必ずしも不燃性を有するものではない。むしろ逆に燃えやすいからこそ、延焼を防ぐために表面に防火被覆をする必要があると考えてもよいのだ。要するにテンプラなんだな。テンプラとはコロモをかぶせただけということだ。従って、外部からの延焼防止効果はあるものの、内部からの出火に対しては効果はない。日本古来の木造建築を、できるだけ火災による被害を少なくしようと智恵をしぼって講じた防火措置が、この防火構造である。

モルタルとコンクリート

日本でも古来からある「たたき」というのは、粘土と石灰を混ぜて固めるものだが、これは水分と作用して硬化する性質を利用したものだ。「セメント」も同じようなもので、石灰石を山から掘ってきて、石灰4に対して粘土1の割合で混合したものを焼き（これをクリンカーという。）それを冷却した後、少量の石こうを加えて微粉末にしたのが、ポルトランドセメントという一般的なセメントだ。単にセメントに水を加えても固まるが、それだけでは強度が十分ではないので、砂を加えたのが「モルタル」だ。セメント1に対して砂2の割合としたものを「一二モルタル」、セメント1対砂3の割合のものを「一三モルタル」という。セメントの多い方（砂の少ない方）が良質のモルタルかというと必ずしもそうではない。乾燥に際しての収縮亀

裂が大きくなるからだ。モルタル塗りの広い壁には必ずと
いってもよい程ヒビ割れ（クラック）が入っているが、モル
タルが乾燥するときに収縮する性質があるので、クラックを
防ぐことは非常に困難である。素人は、こういうヒビ割れを
単純に手抜き工事だと考えがちだが、決してそんなわけでは
ない。むしろ、セメントが多すぎる調合（富調合という。）
の場合に亀裂が入りやすいものだ。

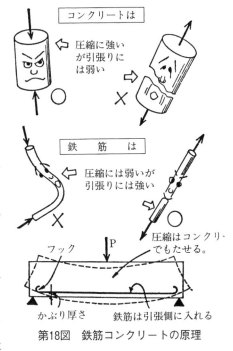

コンクリートは
圧縮に強い
が引張りに
は弱い

鉄　筋　は
圧縮には弱いが
引張りには強い

圧縮はコンクリ
ートでもたせる。

フック　　　P

かぶり厚さ　　　鉄筋は引張側に入れる

第18図　鉄筋コンクリートの原理

　砂のほかに砂利も加えると「コンクリート」になる。戦争
中は外来語追放とかで日本語に直し「混凝土」と書いたこと
があったが、混ねて凝った土というのは正に傑作というべ
きではなかろうか。もっと進んで「埊」という漢字（？）ま
で作り出した人があったがこれはあまり用いられなかった。

　コンクリートの調合も、セメント1、砂3、砂利6の場合
は「一三六」、砂2砂利4ならば「一二四」となる。コンク
リートの強度はこのような砂、砂利の割合ではなく、水とセ
メントの比率だけで決まる。砂、砂利はコンクリートの硬軟
に影響を与えるだけである。一般に、土木は硬練り、建築では軟練りを用いる。建築の場合は型枠が複
雑であるのでコンクリートの廻りをよくするために軟練りとするのだ。

　コンクリートに鉄筋をいれたものが鉄筋コンクリート造である。ＲＣ造とも書くが、これは鉄筋で補
強したコンクリートという意味のリインフォースド・コンクリート（Reinforced-Concrete）の略なの
だ。何のために鉄筋をいれるか。それは単に型を作るためのものではなく、コンクリートを補強するた
めのもの。コンクリートは圧縮には強いが引張りにはもろい。鉄筋は引張ると強いが、圧縮しようとす
ると弓なりに曲ってしまうので耐力に欠ける。そのような長所・短所をお互いに補いあっているのが鉄
筋コンクリートで、夫婦になるために生まれついたようなもの（**第18図参照**）。それだけでなく、温度
による膨張率も等しく（膨張率が違うと温度差によって肌ばなれをしてしまう。）正にピッタリ、その
うえ鉄筋が錆びるのを、コンクリートのアルカリ性が守るというような作用があって、耐力をさらに安
定的なものとしている。コンクリートのアルカリ性は、表面から序々に中性化するので、鉄筋をおおっ
ているコンクリートが厚い程、耐久性がある。この鉄筋をおおうコンクリートの厚さを「かぶり厚さ」
という。建築基準法施行令第79条によると、床、耐力壁以外の壁は2cm以上、耐力壁、柱、はりは3
cm以上、土に接する壁、床、柱、はり、布基礎の立上がり部分は4cm以上、基礎（布基礎の立上がり
部分以外）は6cm以上のかぶり厚さが必要である。それから、鉄筋の両端を曲げて「かぎ」にしてい
るのを「フック」というが、これは別に鉄筋を何かに引っかけるためのものではない。鉄筋が十分な力
を発揮するために抜け出したりしないように、シッカリ埋め込むためのものである。また、鉄筋を継ぐ
とき相互に重ね合せた部分で、力が伝わるようにコンクリートに定着するためのものである。床やはり
の鉄筋端部を壁や柱の鉄筋に引っかけるような間違いは決して行なってはならない。よくブロック塀が

倒れたりするのは、控え壁が少なかったりすることにもよるが、折角入れた鉄筋の端が、基礎に十分入っていなかったり（鉄筋の径の40倍の長さが埋めてあれば、抜ける前に鉄筋が切れる計算。鉄筋が切れる前に抜けてしまうのでは、鉄筋の耐力が十分発揮されていないことになるのだ。）、先端にフックがつけてなかったりすることによる場合が多い。ブロック塀を積むときには、鉄筋を、基礎を打つ前から30cm程度埋めこんでおくのがよい。それを後からホンの5cm程度の穴を掘って鉄筋を埋めたりするからおまじない程度の効果しか発揮できないことになる。後から鉄筋を埋め込みにくいときは、せいぜい控え壁でも多くとって倒れないようにしなければならない。

　鉄筋コンクリート造は、発明され建築に応用されてから150年かそこらの歴史しかない。大正時代に日本にもその技術が入ってきたが、最初の頃はコンクリートが固まった後でも、床版の支柱や型枠をはずすときに、人夫が「支柱をはずしたら倒れてくる」といって恐がり、作業をすることをいやがったということだ。砂や砂利が固まって落ちて来ないとは信じられなかったのだろう。しかし、12cm程度の厚さの床が、いかに鉄筋入りといってみても良くもつものだねェ。昔、満州（中国の東北地方）で厳冬期にコンクリートを打ったところ、十分固まったので支柱を取りはずして工事を進めた。ところが、春さきになるとボロボロとくずれ始めたということだ。これは固まったのではなくて凍結していたんだね。暖かくなったら、また元の砂と砂利になってしまったりして、お粗末。

　マージャンのパイを並べて積むコツは、横から軽く押すようにする。何もマージャンをしなくても、本棚から本を数冊まとめて取り出すときでもよい。やはり両側からはさむように力を入れるでしょう。そうするとばらばらと本が落ちない。この原理を応用したのがP・Sコンクリートといわれるもので予め鉄筋が収縮するような力を与えておくのだ。そうすると耐力が増加し、重量が大きいというコンクリートの欠点を補って軽くて強いコンクリート材が得られることになる。

耐火時間　　本当は、ここで政令や告示の内容を全文掲載しようかと思ったんだが、あまりにも文章が長々しいので止めにした。何も一々原稿用紙に書き写さなくても、コピーという便利なものもあるのだから、法令集からコピーを取って切り貼りすれば、原稿用紙の10枚分程度はアットいうまにできあがるのだ。その方が読者に対して親切だろうかとも考えたが、どうも気が進まない。そこで条文や告示の番号程度の紹介に留めることとした。その代りにというと何だか、長々と条文を読んでいただく代りに、その内容を要約して説明することにしよう。

　例えば、階段の耐火構造については次のように告示されている。（平成12年建設省告示第1399号）。

(1) **鉄筋コンクリート造**又は鉄骨鉄筋コンクリート造

(2) 無筋コンクリート造、れんが造、石造又はコンクリートブロック造

(3) 鉄材によって補強されたれんが造、石造又はコンクリートブロック造

(4) **鉄造**

(5) けた及び下地を木材で造り、かつその表側の部分及び裏側の部分に防火被覆（強化石膏ボードを2枚以上張ったもので、その厚さの合計が27mm以上のものに限る。）が設けられたもの

〈建築基準法第2条第七号〉（定義）

七　耐火構造　壁、柱、床その他の建築物の部分の構造のうち、耐火性能（通常の火災が終了するまでの間当該火災による建築物の倒壊及び延焼を防止するために当該建築物の部分に必要とされる性能をいう。）に関して政令で定める技術的基準に適合する鉄筋コンクリート造、れんが造その他の構造で、国土交通大臣が定めた構造方法を用いるもの又は国土交通大臣の認定を受けたものをいう。

◆**政令**＝建築基準法施行令第107条（耐火性能に関する技術的基準）

◆**建設省告示**＝耐火構造の構造方法（平成12年建設省告示第1399号）

　このように多くの構造が認められていても、実際に活用されているものは極く一部でしかない。国土交通大臣認定は今のところないようだ。(1)から(5)までのうちで、最も良く使われるのは、(1)の鉄筋コンクリート造と(4)の鉄造であろう。それなら、どうして使われもしない構造方法を書きならべてあるかというと、法令上は耐火性能があるのだから、何もそれを取り消すことはないからである。(1)の鉄筋コンクリート造に鉄骨が入っていて鉄骨鉄筋コンクリート造となってもかまわないし、1階から2階へ上る階段を(2)のようにれんが、石、コンクリートブロックで積んでも差支えないし、それが(3)のように鉄材で補強してあってもよいのである。このように法令には、もっとも多く使用される一般的なものと、極くまれに使用される程度かも知れないが決して悪いとはいわれないものとが混在している。しかも、それらが区別のないように書いてあるのだ。性能に差がなければ、差をつける意味もないのだが、せめて解説では実情に応じたアクセントはつけてみたいと思う。そうすれば、もっと理解が早まるのではなかろうか。そこで以下、一般的な構造だけをピックアップして示すこととするが、ことさら一定の構造方法だけを推奨しようとする意図によるものでもなく、それ以外の方法が劣るというものでもない。

耐火構造　法令上、耐火構造の耐火時間は、壁、柱、床、はり、屋根（軒裏を除く。）及び階段について示されており、30分、1時間、2時間及び3時間の4種類となっている。例えば、20階建てのビルで、最上階の柱と最下階の柱とでは、必要な耐火性能は異なっている。上階よりも下階の方に安全性を高くしておくべきだ。火災による耐力低下で倒壊するようなことがあってはならないからである。従って、例えば20階建の1階の柱は3時間耐火、10階の柱は2時間耐火、20階の柱は1時間耐火というように耐火時間が要求される。1時間耐火というのは、1時間の火災に耐え得る性能を意味するものである。しかし、昔のビル火災では延々と一昼夜も燃え続ける例（熊本・大洋デパート）もあったし、最近でも埼玉県のアスクルの大規模倉庫の火災など1週間燃え続けた例がある。実は、焼失ビルの復旧というのが法律的には盲点のようなもので、各特定行政庁（建築主事をおく市町村長、都道府県知事）では指導という形で復旧計画のチェックをしているが、確認申請を出さなければならないわけではなく（大規模な修繕や模様替えにもあたらない。）、消防関係でも、消防法第17条の2の5で既存防火対象物の特例との関係では、復旧工事についての適用関係を必ずしも明らかにしていない。もっとも、百貨店、旅館等の「特定防火対象物」は、昭和49年6月の改正で、新設、既存を問わず消防用設

備等の設置維持義務が課せられているので、その点の問題はないが。

　さて、**耐火時間の一覧表**を次に掲げる（建基令第107条第一号）。

建築物の部分	最上階から数えた建築物の階	1〜4	5〜14	15以上
壁	間仕切壁（耐力壁）	1時間	2時間	2時間
壁	外　　壁（耐力壁）	1時間	2時間	2時間
柱		1時間	2時間	3時間
床		1時間	2時間	2時間
は　　り		1時間	2時間	3時間
屋　　根		30分間	30分間	30分間
階　　段		30分間	30分間	30分間

　この表をみる上で注意することは、階数に算入されないことになっているペントハウス等はどうするかということだ。この場合、最上階とはペントハウスを除いたものとしてよく、ペントハウスの耐火時間は最上階と同一とする。地階の場合は、階数に入らないことになっている場合にあっても、右の表の適用上は階数に算入する。

　このほか、**地下街**の各構えに接する地下道の壁、柱、床、はり及び床板は、1時間耐火が要求されている（昭和44年建設省告示第1729号）。

　これは、いささか余談となるが、地下鉄のホームは建築物の定義からみて建築物には含まれないので耐火構造となっていないことがある。例えば、一昔前の赤坂見附駅のホームの梁は鉄骨のムキ出しとなっていたので、もちろん耐火構造とはいえぬ、このほか大阪の地下鉄ホームでもみかけたことがある。ところが不思議なのは、その大阪の場合、ホームの上にある地下街は、完全な耐火構造、それなのに、その下にあって地下街を支えている柱が耐火になっていなかった。妙な話である。

耐火構造の非損傷性能、遮熱性能、遮炎性能

　ここまで、簡単のために耐火構造の性能を「○時間耐火」などの用語を使って説明して来たが、実は、平成12年の性能規定化以後、上記の説明では不十分になっている。

　上記の説明は、現行の建築基準法施行令第107条第一号に関するもので、「通常の火災による火熱がそれぞれ上記の表に掲げる時間加えられた場合に、**構造耐力上支障のある変形、溶融、破損その他の損傷を生じない**」ことが求められていることに関するものである。

　この第107条第一号は、性能規定化以前は、「通常の火災時の加熱にそれぞれ次の表の時間以上耐える性能を有する」ことを求めていた。表は現行とほとんど同じだが、現行の「構造耐力上支障のある変形、溶融、破損その他の損傷を生じない」という部分が「耐える」の一語で済まされており、だからこそ「○時間耐火」という通称が通用していたのである。

　だが、性能規定化の際に、「耐える」という大雑把な表現が以下のような3つの性能に細分化され、

それぞれに適合すべき時間が定められた。

⑴ （壁、柱、床、はり、屋根及び階段に用いられる部材が、通常の火災による火熱に対し）構造耐力上支障のある変形、溶融、破損その他の損傷が生じない（建基令第107条第一号：通称「非損傷性能」）

⑵ （壁及び床に用いられる部材が、通常の火災による火熱に対し）加熱面以外の面（屋内に面するものに限る。）の温度が当該面に接する可燃物が燃焼するおそれのある温度として国土交通大臣が定める温度（以下「可燃物燃焼温度」という。）以上に上昇しない（同条第二号：通称「遮熱性能」）

⑶ （外壁及び屋根に用いられる部材が、屋内で発生する通常の火災による火熱に対し）屋外に火災を出す原因となるき裂その他の損傷を生じない（同条第三号：通称「遮炎性能」）

この３つの性能は、後で説明する準耐火構造でも同様に求められている。

耐火構造の場合、**非損傷性能**として求められる時間は前述のとおり建築物の部分に応じて30分間〜３時間であるが、**遮熱性能**として求められる時間は１時間（非耐力壁である外壁の延焼のおそれのある部分以外の部分にあっては、30分間）であり、**遮炎性能**として求められる時間も１時間（非耐力壁である外壁の延焼のおそれのある部分以外の部分及び屋根にあっては、30分間）である。このため、性能規定化以降は、「○時間耐火」という表現は「非損傷性能」のみを表す通称となってしまったのだが、遮熱性能と遮炎性能が１時間（又は30分間）で固定的であるためか、通称として今でもよく使われている。

耐火構造の仕様

比較的よく用いられる代表的な耐火構造の仕様を図示すると、（**第19−１図、第19−２図**）のようになる。これ以外にも大臣認定により耐火構造と認められている仕様は何種類もある。

各構造とも、耐火時間は、部材の最小幅Ｂと鉄筋又は鉄骨に対するかぶり厚さｔとで決められていることが多い。鉄骨造では鉄骨に対する防火被覆（ラスモルタル等）の厚さで耐火時間が決められているものもある。ラス・モルタル塗り（ラスとは鉄網のこと。針金で網にしたワイヤラスと、鉄板に裂け目を数多く作って引張り網状にしてあるメタルラスの２種類がある。）は、防火的にも安定性があって信頼できる。このような防火被覆は、柱、はりの接合部（仕口という。）の附近では工事が複雑となるので念入りな工事がむずかしくなる。しかし、この仕口は構造的に要の部分であるから決しておろそかにしてはならない。要というと、扇の要のような重要部分で、昔から肝心要という。これは肝臓と心臓（又は腎臓）と、それに要とは腰のことで、この３つは体の中の最も重要な器官だということだ。肝臓がやられたのでは酒は呑めない（呑みすぎたからこわれたのかな）し、心臓が止まっちゃ生きていられない。腎臓だとすると例の腎虚という病気で、体が衰弱する。腰が何故重要か、これは判るね。

軽量気泡コンクリートパネルというのはずいぶん普及してきた。軽量であるし、工場製作であるので現場施工が簡単で、コンクリートのように面倒なことがない点が受けているのだろう。ＡＬＣ板ともいうが、法律的には「高温高圧蒸気養生された軽量気泡コンクリート製パネル」というのが正式名称。各社で生産されており、"ヘーベル""シポレックス""クリオン"等という商品名で販売されている。コ

ンクリートに発泡材を入れ、しかも高い温度、高い圧力のもとで蒸気養生して固めると、ちょうど軽石のような軽いコンクリート板ができる。しかも、強度は結構あるので構造材として使える。軽石のようなものであるから断熱性にも富んで熱を伝えにくい。

これはロケットを打ち上げて、後で地球へ帰ってくるカプセルを研究中のことだが、カプセルは地球の大気圏に入ってくると、激しいスピードによる空気の摩擦抵抗で、たいていの金属は融けてしまう。各種の熱に強い合金の研究が進められたが、どうしても適当なものがない。やたらに金属板を厚くして大砲の弾のようなものにしてしまったのでは、今度は重くてロケットに載せられない。少しでも軽いカプセルが望まれるのだ。そんなときに採用されることとなったのは、防火塗料である。塗料であるから重量は軽い。これが激しい熱に逢うと、表面から細かい気泡を発生させる。熱すれば熱するほど激しく泡を出して軽石状の被覆を作る。これが断熱材となってカプセルを守ることとなる。昭和45年の大阪の万博では、アメリカ館にこの回収済みのカプセルが陳列してあったが、カプセルの表面は、この軽石状でざらざらになっており、黒こげのようになっていたな。ＮＡＳＡのこの防火塗料の実験のフィルムをみたが、感心したのは、消火後、表面の軽石状のものをけずりとると、母材は全く痛んでいなかったことだ。しかし、耐熱金属の開発に行きづまったら、塗料の開発に転換したというアイデアはすばらしいと思うね。こういう塗料が安価に供給できたら火災予防に随分と役立つことでしょうな。

ところで、以前は、「次の各号の一に該当する特殊建築物は、耐火建築物としなければならない。」とされていた。ところが、平成27年に改正され、「次の各号のいずれかに該当する特殊建築物は、その主要構造部を**当該特殊建築物に存する者の全てが当該特殊建築物から地上までの避難を終了するまでの間通常の火災による建築物の倒壊及び延焼を防止するために主要構造部に必要とされる性能**に関して政令で定める技術的基準に適合するもので、国土交通大臣が定めた構造方法を用いるもの又は国土交通大臣の認定を受けたものとし、かつ、その外壁の開口部であつて建築物の他の部分から当該開口部へ延焼するおそれがあるものとして政令で定めるものに、防火戸その他の政令で定める防火設備（その構造が遮炎性能に関して政令で定める技術的基準に適合するもので、国土交通大臣が定めた構造方法を用いるもの又は国土交通大臣の認定を受けたものに限る。）を設けなければならない。」と大幅に書き換えられた。

「あれっ？　耐火建築物はどこに行ったんだ？」とビックリしたが、在館者の避難に重きを置かない法別表第1(5)項〔倉庫等〕と(6)項〔自動車車庫等〕には、従来どおり、耐火建築物や準耐火建築物とすることを義務づけている（建基法第27条第2項、第3項）。

要は、特殊建築物のうち、在館者の火災時の安全に重点を置く法別表第1(1)項から(4)項までの用途の建築物の耐火性能は、全ての在館者の避難が完了するまでの間倒壊及び延焼しない程度でよい、ということになったのである。

また、外壁の開口部に設ける防火設備は、耐火建築物の場合は他の建築物等からの延焼のおそれのある部分に設けることとされていたが、法第27条第1項の建築物については「建築物の他の部分から当該開口部へ延焼するおそれがある」ところに設けることになった。他の建築物等からの延焼防止性能が不要になったというわけではなく、そこは従来どおりだが、その他に、他の外壁の開口部から出た火炎が

耐火構造（適合仕様）……壁・柱・はり
〔平成12年建設省告示第1399号〕

(単位　cm)

部材	構　　造	材　料	耐火時間			備　考
			1時間	2時間	3時間	
壁	鉄筋コンクリート造・鉄骨コンクリート造 tはかぶり厚さ	鉄筋・鉄骨 コンクリート	t = − B = 7	− 10		t・Bにはモルタル プラスター等の仕 上げを含む。以下 同様。
	鉄骨造＋ラス・モルタル等	(1)ラス・モルタル	t = 3	4		塗下地は不燃材料 とする。
		(2)コンクリート ブロック	t = 4	5		
		(3)ラスパーライ トモルタル	t = −	3.5		
	補強コンクリートブロック造等 B=b+b	鉄材 コンクリートブロック れんが、石	t = 4 B = 5	5 8		
	軽量気泡コンクリート製パネル	軽量気泡コンクリート製パネル	B = 7.5	7.5		高温高圧蒸気養生 したもの
		石造・れんが造	B = 7	−		鉄材補強のないも の
柱	・鉄筋コンクリート 造 ・鉄骨鉄筋コンクリート造	鉄筋・鉄骨 コンクリート	t = − B = −	5 25	6 40	
	鉄骨造＋防火被覆	(1)鉄骨ラス・モルタル	t = 4 B = −	6 25	8 40	
		(2)鉄骨・れんが 等	t = 5 B = −	7 25	9 40	
		(3)鉄骨・鉄網パーライトモルタル	t = − B = −	4 25		
はり	・鉄筋コンクリート 造 ・鉄骨鉄筋コンクリート造	鉄筋・鉄骨 コンクリート	t = − B = −	5 −	6	
	鉄骨造＋防火被覆	(1)鉄骨ラス・モルタル	t = 4	6	8	
		(2)鉄骨・れんが 等	t = 5	7	9	
		(3)鉄骨・鉄網パーライトモルタル	−	4	5	
	鉄骨小屋組	鉄骨小屋組 ・天井がないもの ・天井が準不燃材料であるもの	H = 4 m 以上	−	−	

第19−1図　耐火構造（適合仕様）

耐火構造（適合仕様）……床・屋根・階段
〔平成12年建設省告示第1399号〕

(単位　cm)

部材	構　　造	材　料	耐火時間			備　　考
			1時間	2時間	3時間	
床	鉄筋コンクリート造 鉄骨鉄筋コンクリート造 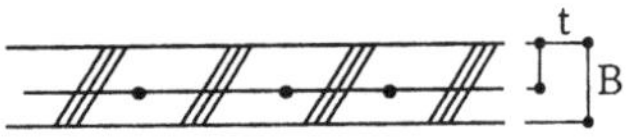	鉄筋・鉄骨 コンクリート	t＝－ B＝7	－ 10		t・Bには、モルタル・プラスター等の仕上げを含む。tはかぶり厚さ
	補強コンクリートブロック造等 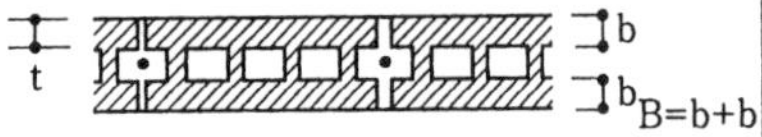	鉄材 コンクリートブロック れんが・石造	t＝4 B＝5	5 8		
	鉄骨造＋ラス・モルタル（コンクリート） 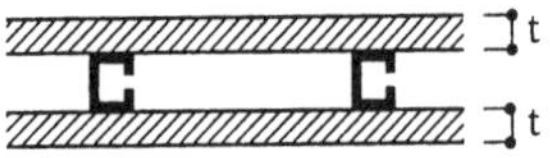	鉄骨 ラス・モルタル ラス・コンクリート	（両面） 4	（両面） 5		塗下地が不燃材料で造られているもの
屋根	鉄筋コンクリート造 鉄骨鉄筋コンクリート造 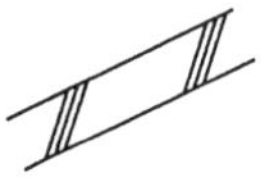	鉄筋・鉄骨 コンクリート	耐火時間　30分間			
	ラス・モルタル造 ラス・コンクリート造 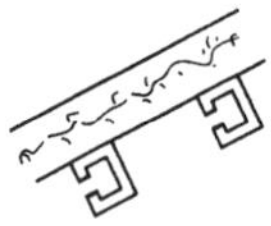	ラス・モルタル ラス・コンクリート	耐火時間　30分間			
	鉄筋コンクリート製パネル 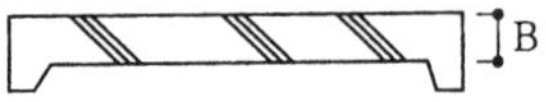	鉄筋コンクリート製パネル	耐火時間　30分間 B＝4			
	軽量気泡コンクリート製パネル 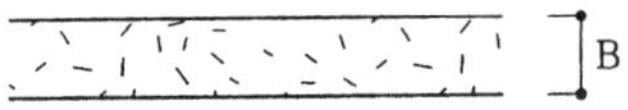	軽量気泡コンクリート製パネル	耐火時間　30分間 B＝指定なし			高温高圧蒸気養生されたもの
階段	鉄筋コンクリート造 れんが造・石造 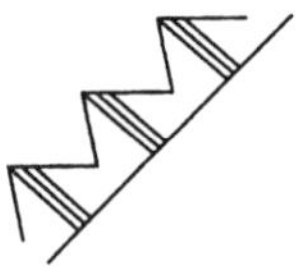	鉄筋・鉄骨 コンクリート れんが・石 コンクリートブロック	耐火時間　30分間			
	鉄造 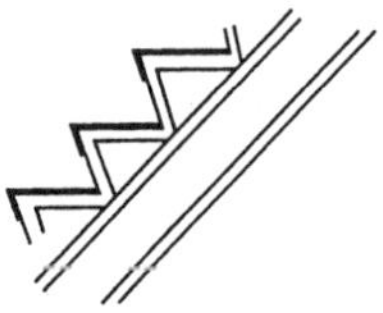	鉄骨・鉄板	耐火時間　30分間			

第19－2図　耐火構造（適合仕様）

到達するおそれがある開口部についてもその火炎による延焼を防ごう、ということになったのだ（建基令第110条の2）。

　消防隊は在館者が避難した後も、消火、救助などのため、火災となった建築物に留まって活動する。その間に建物が倒壊したら、ニューヨークのテロ（2001年9月11日）の際のワールドトレードセンターの火災のように、消防隊員が殉職してしまうが、そのことは考えられているのだろうか？

　改正された建築基準法第27条第1項を見ると、「当該特殊建築物に存する者の全てが当該特殊建築物から地上までの避難を終了するまでの間」となっており、建築基準法施行令第110条（法第27条第1項に規定する特殊建築物の主要構造部の性能に関する技術的基準）では、「特定避難時間」という言葉が定義されていて「特殊建築物の構造、建築設備及び用途に応じて当該特殊建築物に存する者の全てが当該特殊建築物から地上までの避難を終了するまでに要する時間をいう。」となっている。「当該特殊建築物に存する者の全て」というから消防隊員も入っているんだろうね。そうでないと、消防隊員はおちお

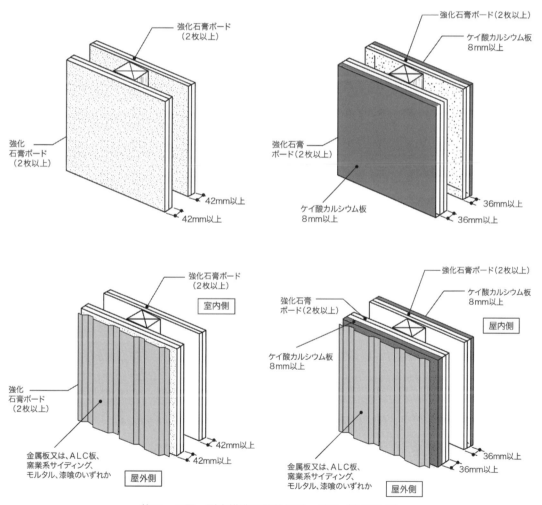

第19－3図　耐火構造の間仕切壁・外壁（告示仕様）

ち救助活動もできないことになってしまうから（詳細については85頁参照）。

　建築基準法の性能規定化の折に示された耐火構造の仕様規定を示す告示「耐火構造の構造方法を定める件」（平成12年建設省告示第1399号）には、これまで木造の仕様は示されていなかったが、平成26年に１時間耐火構造として間仕切壁と外壁の仕様が告示に追加された。図示すると**第19－３図**のようになる。

　その後、逐次仕様が追加され、次のような構造方法が耐火構造として定められている。

壁：木材（又は鉄材）に厚さ15mm以上の強化石膏ボードの上に厚さ50mm以上のＡＬＣ板を張ったもの（１時間耐火）

柱、はり：木材（又は鉄材）に強化石膏ボード２枚以上で厚さの合計が46mm以上の防火被覆を張ったもの（１時間耐火）

床：木材（又は鉄材）の根太及び下地に、表側は強化石膏ボード２枚以上で厚さの合計が42mm以上の防火被覆を、裏側（又は直下の天井）は強化石膏ボード２枚以上で厚さの合計が46mm以上の防火被覆を張ったもの（１時間耐火）

屋根：木材（又は鉄材）の下地の屋内側（又は直下の天井）に強化石膏ボード２枚以上で厚さの合計が27mm以上の防火被覆を張ったもの（30分間耐火）

屋根：幅50mm以上高さ100mm以上の鉄骨（断面積／加熱周長≧2.3以上のＨ形鋼、溝形鋼又は厚さ2.3mm以上のリップ溝形鋼、角形鋼管）のたるきに、厚さ25mm以上の吹付けロックウール又はけい酸カルシウム板の防火被覆を設け、野地板に厚さ25mm以上の硬質木毛セメント板又は厚さ18mm以上の硬質木片セメント板を使用し、厚さ0.35mm以上の鉄板又は鋼板でふいたもの（30分間耐火）

階段：木材のけた及び下地の表側及び裏側に強化石膏ボード２枚以上で厚さの合計が27mm以上の防火被覆を張ったもの（30分間耐火）

準耐火構造　　　　　平成４年の改正で、「準耐火構造」なるものがお目見えした。これは建築基準法第２条第七号の二の定義では、「**準耐火構造**　壁、柱、床その他の建築物の部分の構造のうち、準耐火性能（通常の火災による延焼を抑制するために当該建築物の部分に必要とされる性能をいう。第九号の三ロにおいて同じ。）に関して政令で定める技術的基準に適合するもので、国土交通大臣が定めた構造方法を用いるもの又は国土交通大臣の認定を受けたものをいう。」となっている。政令というのは、建築基準法施行令第107条の２（準耐火性能に関する技術的基準）の規定であって、非損傷性能としては、45分間の耐火性を有するもの（屋根・階段等にあっては30分間の耐火性能）とされている。

　ちなみに、遮熱性能も、遮炎性能も、原則として準耐火構造の場合45分間である。

　こういう抽象的な説明ではピンと来ないと思うので、具体的な例を挙げると、木質系の準耐火構造については、木造であっても防火被覆さえチャンとすれば準耐火構造になる、という処がポイントなのである。

　これまでは木造でも、モルタル塗りにすれば、防火構造にはなった。もとより、木材は燃えるので、

それに火が着かないように「火を防ぐ」という考え方である。ところが、この準耐火構造というのは、一種の耐火だから「火に耐える」ということになる。すなわち、内部の出火に対しても強いというのだから、延焼防止のみという防火とはエライ違いである。

〈建築基準法第2条第七号の二〉（定義）
七の二　準耐火構造　壁、柱、床その他の建築物の部分の構造のうち、準耐火性能（通常の火災による延焼を抑制するために当該建築物の部分に必要とされる性能をいう。第九号の三ロにおいて同じ。）に関して政令で定める技術的基準に適合するもので、国土交通大臣が定めた構造方法を用いるもの又は国土交通大臣の認定を受けたものをいう。

さて、可燃材料ともいうべき木造の柱・梁の構造がどうして準耐火といえるのだろう。それは以前説明した鉄骨の耐火構造と同じ理屈なのである。鉄鋼は鉄鉱石を火で溶融して製造する。従って、鉄は燃えない（不燃材料）。ではあるものの、実は1,000℃以上の火には弱い。それにもかかわらず、耐火構造となり得るのは、その鉄骨の表面に厚い耐火被覆を設けて火災による熱を鉄骨に伝えないようにしてい

準耐火構造の要求性能（耐火時間）

性能項目	部位		準耐火構造（建基令第107条の2、）平12国交告第1358号	1時間準耐火構造（建基令第112条第2項）令元国交告第195号	75分間準耐火構造（令元国交告第193号）第1第8項	90分間準耐火構造（令元国交告第194号）第2第3項
非損傷性能		柱	45分間	1時間	75分間	—
		はり	45分間	1時間	75分間	—
		床	45分間	1時間	75分間	—
	壁	間仕切壁（耐力壁に限る。）	45分間	1時間	75分間	90分間
		外壁（耐力壁に限る。）	45分間	1時間	75分間	90分間
		屋根	30分間	—	—	—
		階段	30分間	—	—	—
遮熱性能	壁	非耐力壁である外壁の延焼のおそれのある部分以外の部分	30分間			
		上記以外の部分	45分間	1時間	75分間	—
	床		45分間	1時間	75分間	—
	軒裏※	延焼のおそれのある部分以外の部分	30分間	—	—	—
		延焼のおそれのある部分	45分間	1時間	75分間	90分間
遮炎性能	外壁	非耐力壁である外壁の延焼のおそれのある部分以外の部分	30分間			
		上記以外の部分	45分間	1時間	75分間	90分間
	屋根		30分間	—	—	—

※　外壁によって小屋裏又は屋根裏と防火上有効に遮られているものを除く。

るためである。その被覆の厚さは、鉄網モルタルでは１時間耐火で４cm、２時間耐火で６cm、３時間耐火で８cmという厚さになっている。これだけの厚さで、火熱から鉄骨を守っているのである。

　それと同じ考え方を木造にも適用できるようにしたのが、準耐火構造といえる。木材は表面が400℃程度に熱せられると着火する。そこで、そのような温度に達しないように木材を耐熱被覆してやればよいのである。もっとも、木材を１本ずつ被覆するのは大変だから、床とか壁とかいう単位で、木造の主要構造部をスッポリと包んでしまうのである。また、耐熱被覆も、それらの工事をやりやすいように、石膏ボード等を使うこととしている。ただし、ボードの継目部分が弱点とならないような対策が必要となる。

　そのため、石膏ボードを２枚、重ね貼りとする仕様が標準となっている。厚さ９mmの石膏ボードを２枚重ね貼りすると、それは30分間準耐火となる。９mmと12mmの厚さのものをそれぞれ１枚づつ（貼る順序は問わない）重ね貼りすると、それが45分準耐火となる（**第20図参照**）。

　さらに、厚さ12mmの石膏ボードを２枚以上、重ね貼りすると、それは１時間準耐火となる。この１時間準耐火の方は、建築基準法施行令第112条第２項に規定があり、一般の準耐火構造（45分）よりも耐火性に優れている。木造３階建の共同住宅、学校等（建基法第27条第１項、平成27年国土交通省告示第255号）とか、高さ16mを超え地上３階以下の木造建築物（建基法第21条第１項、令和元年国土交通省告示第193号）には、この１時間準耐火が要求されている。

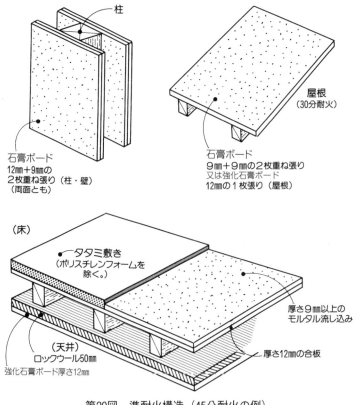

第20図　準耐火構造（45分耐火の例）

　この準耐火構造についての具体的な構造方法は、「準耐火構造方法を定める件（平成12年建設省告示第1358号＝45分耐火）」及び「1時間準耐火基準に適合する主要構造部の構造方法を定める件」（令和元年国土交通省告示第195号＝1時間耐火）に示されている。

　なお、令和3年6月7日付け国土交通省告示第514号で、外壁の準耐火構造として、間柱及び下地を木材で造り屋外側を厚さ15mm以上の鉄網モルタル塗とし、屋内側に厚さ50mm以上のグラスウール又はロックウールを充填し石膏ボード2枚以上張ったもので厚さ24mm以上のもの又は厚さ21mm以上の強化石膏ボードを張ったものが追加された。

　また、平成30年の建築基準法改正で新たに75分間準耐火構造（建築基準法第21条第1項に規定する建築物の主要構造部を定める件（令和元年国土交通省告示第193号）の第1第8項）及び90分間準耐火構造（防火地域又は準防火地域内の建築物の部分及び防火設備の構造方法を定める件（令和元年国土交通省告示194号）の第2第3項）が追加され、それぞれ地上4階建の木造建築物等の主要構造部、防火地域内の3階建建築物の主要構造部の適合仕様に定められている。

　75分間準耐火構造の壁では強化石膏ボード2枚張りで厚さ42mm以上、90分間準耐火構造では強化石膏ボード3枚張りで厚さ63mm以上と、1時間準耐火構造の壁（石膏ボード12mm以上を2枚張り等）と比較して強力な防火被覆が必要となる。

防火構造　　防火構造の防火性能は建築基準法施行令第108条に規定されている。これを見ると非損傷性能と遮熱性能は30分間だが、遮炎性能は求められていないことがわかる。防火構造は外からの延焼を防ぐものだから、内から外への延焼性能は求めないということ。

　防火構造といえばモルタル塗かタイル貼り、それに真壁造りといったものが代表的だ。もともと木造建築の外壁や、火の着きやすい軒裏の防火措置として考えられたものだ。亜鉛鉄板（トタン）は、不燃材料だから、それを貼れば防火的には効果がありそうだが、単にそれだけでは認められていない。それは火炎にあうと、鉄板は赤熱してその下地が着火することがあるからだ。モルタル塗りにすれば防火的に効果があるから、うんと普及すればよいかというと、必ずしもそうではない。多湿なわが国ではモルタルで覆ってしまうと、壁体内部の換気が悪くなって、木造の構造部材が腐朽してくるおそれがある。建築基準法施行令第49条では、（外壁内部等の防腐措置等）として、「木造の外壁のうち、鉄網モルタル塗その他軸組が腐りやすい構造である部分の下地には、防水紙その他これに類するものを使用しなければならない。」とか「柱、筋かい及び土台のうち、地面から1m以内の部分には有効な防腐措置を講ずるとともに、必要に応じて、しろありその他の虫による害を防ぐための措置を講じなければならない。」というように対策を規定しているのもそのためである。

　また漏電による火災の原因となるのも困ったものである。建物全体に鉄網が張りめぐらされているのだから、電気の配線のふとしたショートなどがあると、鉄網（ラス）に電流が流れ、次第にラスが赤熱してきてやがて下地の木造間柱などに着火することになる。これは、始めの頃は原因不明ということで不思議な事件にされていたが、その仕組みが次第に判ってきた。今では、ラスを注意深く調査すると着火点附近の部分が溶融して切断されていたりするので原因をつかむことができる。消防法施行令第22条

（漏電火災警報器に関する基準）を見て頂きたい。漏電火災警報器（以前は電気火災警報器といった。）を設置すべき防火対象物としては、鉄網入りの壁、床、天井を有するもの（下地を準不燃材料としたものは除く。）と規定されているのもそのような事情によるものだ。

　その他、鉄網モルタル塗やしっくい塗壁は大壁造りといって、柱をあらわさない構造となるので材料の品質のあまり良いものでなくても差支えない等のメリットもあるが、壁の内部が中空になっているので、先の漏電火災に限らず、何らかの原因で壁の内部から出火すると火災の発見が遅れるばかりでなく、出火点がなかなか判明せず消火に手間どることがある。壁のあちらこちらから煙が噴き出しているが、壁を破っても出火点が判らぬという事例もある。

防火構造の仕様　　防火構造の具体的な仕様は、平成12年建設省告示第1359号「防火構造の構造方法を定める件」に示されている。従来は、延焼防止というので、外部の仕様のみが示されていたが、性能規定化に伴い、加熱面（外部）の裏面（内部）においても、30分間にわたり、可燃物燃焼温度以上に上昇しないこととされた（建基令第108条）。

　この「可燃物燃焼温度」とは、平均温度で160℃（局部的な最高温度は200℃）をいう。従って、外部火災で延焼しないためには、屋内側も対策が必要となるのだ。具体的には、屋内側に「厚さ9.5mm以上の石膏ボードを張るか、又は厚さ75mm以上のグラスウール又はロックウールを充填した上に厚さ4mm以上の合板を張ったもの」としなければならない（**第21図参照**）。

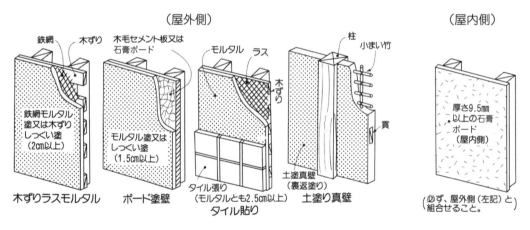

第21図　防火構造の仕様

〈建築基準法第2条第八号〉（定義）

八　**防火構造**　建築物の外壁又は軒裏の構造のうち、防火性能（建築物の周囲において発生する通常の火災による延焼を抑制するために当該外壁又は軒裏に必要とされる性能をいう。）に関して政令で定める技術的基準に適合する鉄網モルタル塗、しっくい塗その他の構造で、国土交通大臣が定めた構造方法を用いるもの又は国土交通大臣の認定を受けたものをいう。

〈建築基準法施行令第108条〉

(防火性能に関する技術的基準)

第108条 法第２条第八号の政令で定める技術的基準は、次に掲げるものとする。

一 耐力壁である外壁にあつては、これに建築物の周囲において発生する通常の火災による火熱が加えられた場合に、加熱開始後30分間構造耐力上支障のある変形、溶融、破壊その他の損傷を生じないものであること。

二 外壁及び軒裏にあつては、これらに建築物の周囲において発生する通常の火災による火熱が加えられた場合に、加熱開始後30分間当該加熱面以外の面（屋内に面するものに限る。）の温度が可燃物燃焼温度以上に上昇しないものであること。

平成12年建設省告示第1359号

防火構造の構造方法を定める件

最終改正　令和３年国土交通省告示第513号

建築基準法第２条第八号の規定に基づき、防火構造の構造方法を次のように定める。

第1 外壁の構造方法は、次に定めるものとする。

一 建築基準法施行令（以下「令」という。）第108条に掲げる技術的基準に適合する耐力壁である外壁の構造方法にあっては、次にいずれかに該当するもの（ハに定める構造方法にあっては、屋内側の防火被覆の取合いの部分、目地の部分その他これらに類する部分（以下この号において「取合い等の部分」という。）を、当該取合い等の部分の裏面に当て木を設ける等当該建築物の内部への炎の侵入を有効に防止することができる構造とし、かつ、屋外側の防火被覆の取合い等の部分の裏面に厚さが12mm以上の合板、構造用パネル、パーティクルボード、硬質木片セメント板その他これらに類するものを設け、又は当該取合い等の部分を相じゃくりとするものに限り、ホ(3)(i)(ハ)及び(ii)(ホ)に掲げる構造方法を組み合わせた場合にあっては、土塗壁と間柱及び桁との取合いの部分を、当該取合いの部分にちりじゃくりを設ける等当該建築物の内部への炎の侵入を有効に防止することができる構造とするものに限る。）とする。

イ 準耐火構造（耐力壁である外壁に係るものに限る。）とすること。

ロ 間柱及び下地を木材で造り、かつ、次に掲げる基準のいずれかに適合する構造（イに掲げる構造を除く。）とすること。

(1) 屋内側の部分に次の(i)に該当する防火被覆が設けられ、かつ、屋外側の部分に次の(ii)に該当する防火被覆が設けられていること。

(i) 厚さが50mm以上のグラスウール（かさ比重が0.01以上のものに限る。(2)(i)において同じ。）又はロックウール（かさ比重が0.024以上のものに限る。）を充填した上に厚さが12mm以上のせっこうボード（強化せっこうボードを含む。以下同じ。）を張ったもの

(ii) 塗厚さが15mm以上の鉄網軽量モルタル（モルタル部分に含まれる有機物の量が当該部分の重量の８％以下のものに限る。）

(2) 屋内側の部分に次の(i)に該当する防火被覆が設けられ、かつ、屋外側の部分に次の(ii)に該当する防火被覆が設けられていること。

(i) 厚さが50mm以上のグラスウール又は厚さが55mm以上のロックウール（かさ比重が0.03以上のものに限る。）を充填した上に厚さが９mm以上のせっこうボードを張ったもの

(ii) 厚さが15mm以上の窯業系サイディング（中空部を有する場合にあっては、厚さが

18mm以上で、かつ、中空部を除く厚さが7mm以上のものに限る。）を張ったもの
ハ　間柱及び下地を木材又は鉄材で造り、かつ、ロ(2)に掲げる基準に適合する構造（イに掲げる
　　構造並びに間柱及び下地を木材のみで造ったものを除く。）とすること。
ニ　間柱及び下地を不燃材料で造り、かつ、次に定める防火被覆が設けられた構造（イに掲げる
　　構造を除く。）とすること。
　(1)　屋内側にあっては、次のいずれかに該当するもの
　　(i)　平成12年建設省告示第1358号第1第一号ハ(1)(iii)から(v)まで又は(2)(i)のいずれかに該当す
　　　るもの
　　(ii)　厚さが9.5mm以上のせっこうボードを張ったもの
　　(iii)　厚さが75mm以上のグラスウール又はロックウールを充填した上に厚さが4mm以上の
　　　合板、構造用パネル、パーティクルボード又は木材を張ったもの
　(2)　屋外側にあっては、次のいずれかに該当するもの
　　(i)　令和元年国土交通省告示第195号第1第三号ハ(1)又は(2)に該当するもの
　　(ii)　塗厚さが15mm以上の鉄網モルタル
　　(iii)　木毛セメント板又はせっこうボードの上に厚さ10mm以上モルタル又はしっくいを塗っ
　　　たもの
　　(iv)　木毛セメント板の上にモルタル又はしっくいを塗り、その上に金属板を張ったもの
　　(v)　モルタルの上にタイルを張ったもので、その厚さの合計が25mm以上のもの
　　(vi)　セメント板又は瓦の上にモルタルを塗ったもので、その厚さの合計が25mm以上のもの
　　(vii)　厚さが12mm以上のせっこうボードの上に金属板を張ったもの
　　(viii)　厚さが25mm以上のロックウール保温板の上に金属板を張ったもの
ホ　間柱又は下地を不燃材料以外の材料で造り、かつ、次のいずれかに該当する構造（イに掲げ
　　る構造を除く。）とすること。
　(1)　土蔵造
　(2)　土塗真壁造で、塗厚さが40mm以上のもの（裏返塗りをしないものにあっては、間柱の屋
　　　外側の部分と土壁とのちりが15mm以下であるもの又は間柱の屋外側の部分に厚さが15mm
　　　以上の木材を張ったものに限る。）
　(3)　次に定める防火被覆が設けられた構造とすること。ただし、真壁造とする場合の柱及びは
　　　りの部分については、この限りではない。
　　(i)　屋内側にあっては、次のいずれかに該当するもの
　　　(イ)　平成12年建設省告示第1358号第1第一号ハ(1)(i)又は(iii)から(v)までのいずれかに該当す
　　　　るもの
　　　(ロ)　ニ(1)(ii)又は(iii)に該当するもの
　　　(ハ)　土塗壁で塗厚さが30mm以上のもの
　　(ii)　屋外側にあっては、次のいずれかに該当するもの
　　　(イ)　令和元年国土交通省告示第195号第1第三号ハ(1)又は(4)から(6)までのいずれかに該当
　　　　するもの
　　　(ロ)　塗厚さが20mm以上の鉄網モルタル又は木ずりしっくい
　　　(ハ)　木毛セメント板又はせっこうボードの上に厚さ15mm以上モルタル又はしっくいを
　　　　塗ったもの

　　　(ﾆ)　土塗壁で塗厚さが20mm以上のもの（下見板を張ったものを含む。）

　　　(ﾎ)　厚さが12mm以上の下見板（屋内側が(ｉ)(ﾊ)に該当する場合に限る。）

　　　(ﾍ)　厚さが12mm以上の硬質木片セメント板を張ったもの

　　　(ﾄ)　ロ(2)(ⅱ)又はニ(2)(ⅴ)から(ⅷ)までのいずれかに該当するもの

　二　令第108条第二号に掲げる技術的基準に適合する非耐力壁の外壁の構造方法にあっては、次に定めるものとする。

　　イ　準耐火構造とすること。

　　ロ　前号ロ及びホまでのいずれかに該当する構造（イに掲げる構造を除く。）とすること。

第2　令第108条第二号に掲げる技術的基準に適合する軒裏（外壁によって小屋裏又は天井裏と防火上有効に遮られているものを除く。）の構造方法にあっては、次の各号のいずれかに該当するものとする。

　一　準耐火構造とすること。

　二　土蔵造（前号に掲げる構造を除く。）

　三　第1第一号ニ(2)(ⅴ)から(ⅷ)まで又はホ(3)(ⅱ)(ﾛ)から(ﾆ)までのいずれかに該当する防火被覆が設けられた構造（前2号に掲げる構造を除く。）とすること。

　この防火構造に準ずる構造として、準防火性能を有する構造（準防火構造）が建築基準法第23条に定められている。これは、建築基準法第22条に基づいて特定行政庁が指定する市街地の区域内にある木造建築物等の延焼のおそれのある部分の外壁に求められる構造で、土塗壁で屋内側を9.5mm以上の石膏ボード張りとした構造等が「木造建築物等の外壁の延焼のおそれのある部分の構造方法を定める件」（平成12年建設省告示第1362号）に定められている。

11 防火設備

防火戸その他の防火設備　防火設備とは、火災時に火炎を遮る設備をいう。建築基準法上、耐火建築物（建基法第2条第九号の二）、準耐火建築物（同法第2条第九号の三）及び防火地域及び準防火地域内の建築物（同法第61条）には「防火戸その他の政令で定める防火設備」を延焼のおそれのある外壁の開口部に設けなければならない、という規定が設けられている。その防火設備を定めた政令は、建築基準法施行令第109条である。

〈建築基準法施行令第109条〉

（防火戸その他の防火設備）

第109条　法第2条第九号の二ロ、法第12条第1項、法第21条第2項第二号、法第27条第1項（法第87条第3項において準用する場合を含む。第110条から110条の5まで同じ。）、法第53条第3項第一号イ及び法第61条の政令で定める防火設備は、防火戸、ドレンチャーその他火炎を遮る設備とする。

2　隣地境界線、道路中心線又は同一敷地内の2以上の建築物（延べ面積の合計が500m²以内の建築物は、1の建築物とみなす。）相互の外壁間の中心線のあらゆる部分で、開口部から1階にあっては3m以下、2階以上にあっては5m以下の距離にあるものと当該開口部とを遮る外壁、そで壁、塀その他これらに類するものは、前項の防火設備とみなす。

　さて、防火設備としては、防火戸が代表的なものである。その他に「ドレンチャーその他火炎を遮る設備」も含まれるが、一般には防火戸が用いられ、ドレンチャー等の設備が用いられることは先ずない。

　このドレンチャーというのは、水を放水するのでスプリンクラー設備と混同されがちであるが、両者はその機能が異なっている。すなわち、スプリンクラー設備というのは、天井面に設けて直下で火災が発生した場合に、自動的に感知して放水を開始し、火を消してしまう設備である。それに対して、ドレンチャーというのは、付近で火災が発生した場合に延焼を防止するため、手動で放水を開始し、その水幕によって飛来する火の粉をシャットアウトしてしまう設備である。要するに、ドレンチャーは保護する建築物を水幕で覆って着火を防ぐ訳であるが、火元の消火を行う訳ではない。従って、消火能力はなく、単に火を防ぐだけなのである。その点、防火戸と機能的には似ているため、防火設備の1つとして位置づけられているのである。主として、文化財建造物の類焼防止に用いられている（**第22図参照**）。

　第2項の壁やへいは、**第23図**のように、開口部の側から1階では3m、2階以上では5m以内に隣地境界線等が入ってこないように、遮っている必要がある。この場合の考え方は、ちょうど延焼のおそれのある部分の表現と逆の方からみた表現をとっている点に注意すること。100cm²以下の小規模な換気

孔や床下換気孔の場合は防火覆い等でよいことになっている。

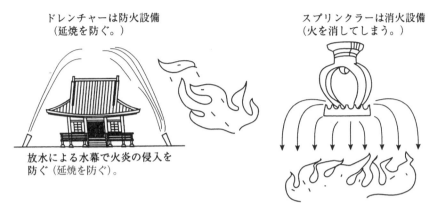

第22図　ドレンチャーとスプリンクラー

遮炎性能・準遮炎性能のある防火設備

さて、建築基準法の性能規定化（平成12年施行）により、それぞれの有する性能が明らかにされたが、防火設備の性能は、火災時の火炎を遮る点にある。

　一般の防火設備（建基法第2条第九号のロに規定する防火設備。以下「防火設備」という。）は、遮炎性能（通常の火災時における火炎を有効に遮るために防火設備に必要とされる性能）を有するもので、具体的な技術基準（建基令第109条の2）は、「通常の火災による火熱が加えられた場合に、加熱開始後20分間当該加熱面以外の面に火炎を出さないもの」である。昔、「乙種防火戸」と言ったのと同じものだね。

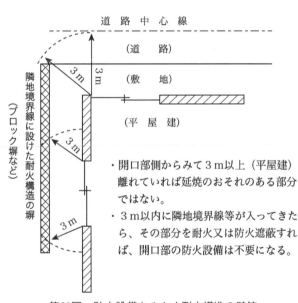

・開口部側からみて3m以上（平屋建）離れていれば延焼のおそれのある部分ではない。
・3m以内に隣地境界線等が入ってきたら、その部分を耐火又は防火遮蔽すれば、開口部の防火設備は不要になる。

第23図　防火設備とみなす耐火構造の壁等

　耐火建築物又は準耐火建築物においては、外壁の延焼のおそれのある部分にある開口部には、この防火設備（防火戸）を設けなければならない。

　そのほか、防火地域・準防火地域内にある建築物は、耐火建築物・準耐火建築物以外にあっても、やはり、延焼のおそれのある部分の開口部には防火設備（防火戸）を設置しなければならない。ただし、その場合には、いわゆる準遮炎性能（建築物の周囲において発生する通常の火災時に火炎を有効に遮るために防火設備に必要とされる性能）のあるもので差支えない（建基令第136条の2第三号、第四号）。

　この遮炎性能と準遮炎性能とはどう違うかというと、遮炎性能とはそのどちら側から火炎が当っても

遮炎性能を有する（両面遮炎）であるのに対して、準遮炎になると外部からの火炎（周囲において発生する火災によるもの）を屋内に入れないように遮炎するためのものだから、外から内へという一方通行（片面遮炎）の性能となる。

　また、防火設備には外壁の開口部に上階延焼等を抑制するために設けるものもある。これは法第21条第1項に基づき定められた大規模木造建築物等の主要構造部等の適合仕様や法第27条第1項に基づき定められた特定避難時間倒壊等を防止できる建築物の適合仕様において上階延焼等のおそれのある開口部に設置が求められるものだ。この場合の防火設備は両面遮炎性能を有するものが規定されている。

　一方、外壁の開口部ではなく建築物内部の防火区画の開口部に設けることが求められる防火設備もあり、この場合も両面遮炎性能を有するものとする必要がある。

　平成30年の建築基準法改正以前には、両面遮炎性能を有するものには遮炎時間20分の防火設備、遮炎性能1時間の特定防火設備と準耐火構造を貫通する風道に設ける防火ダンパーに用いる遮炎時間45分の防火設備の3種類があった。また、準遮炎（片面遮炎）性能が20分間の防火設備があった。

　これが平成30年の法改正に関連して改正制定された政令、告示において次のような見直しが行われた。

・両面遮炎性能を有する防火設備に10分間防火設備、30分間防火設備、75分間防火設備を新たに規定する。

・準遮炎（片面遮炎）性能20分間の防火設備を20分間防火設備と定義する。

　この結果、防火設備は従来の4種類から7種類に増えた。これら7種類の防火設備の概要をまとめると次の表のようになる。

遮炎（両面遮炎）性能を有する防火設備	10分間防火設備、法第2条第九号の二ロに規定する防火設備（20分間）、30分間防火設備、45分間防火設備、特定防火設備、75分間防火設備
準遮炎（片面遮炎）性能を有する防火設備	20分間防火設備

防火設備の概要

遮炎性能の種類	防火設備の種類	要求性能時間	関係条文	要求される主な部位
両面遮炎性能	10分間防火設備	10分間	建基令第112条第12項ただし書 令和2年国土交通省告示第198号	・3階建、延べ面積200m²未満の病院、診療所、児童福祉施設等（スプリンクラー設備を設けたもの）の竪穴区画の開口部
	建基法第2条第九号の二ロに規定する防火設備	20分間	建基法第2条第九号の二ロ 建基令第109条の2 平成12年建設省告示第1360号	・耐火建築物、準耐火建築物の延焼のおそれのある部分にある外壁の開口部 ・防火区画（竪穴区画、高層区画）の開口部 ・避難階段又は特別避難階段の階段室に通ずる出入口
	30分間防火設備	30分間	建基令第136条の2第一号ロ 令和元年国土交通省告示第194号第2第4項	・防火地域、準防火地域内の物販店舗で耐火建築物と同等以上の延焼防止時間を有するものの延焼のおそれのある部分にある外壁の開口部
	45分間防火設備	45分間	建基令第114条第5項 平成12年建設省告示第1377号	・建築物の界壁等を貫通する風道に設ける防火ダンパー
	特定防火設備	1時間	建基令第112条第1項 平成12年建設省告示第1369号	・防火区画（面積区画、異種用途区画）に設ける開口部 ・防火壁、防火床に設ける開口部
	75分間防火設備	75分間	令和元年国土交通省告示第193号第1第9項	・地上4階建の木造建築物等の防火区画の開口部 ・通常火災終了時間防火設備（60分超75分以下） ・特定避難時間防火設備（60分超75分以下）
片面（外→内）遮炎性能	20分間防火設備	20分間	建基令第137条の10第四号 令和元年国土交通省告示第196号	・準防火地域内の階数2以下延べ面積500m²以下の建築物の延焼のおそれのある部分にある外壁の開口部 ・耐火建築物等としなければならない建築物の延焼のおそれのある部分にある外壁の開口部

平成12年建設省告示第1360号

防火設備の構造方法を定める件

最終改正　令和2年国土交通省告示第198号

建築基準法第2条第九号の二ロの規定に基づき、防火設備の構造方法を次のように定める。

第1　建築基準法施行令第109条の2に定める技術的基準に適合する防火設備の構造方法は、次に定めるものとすることとする。

一　令和元年国土交通省告示第194号第2第4項に規定する30分間防火設備

二　通常の火災による火熱が加えられた場合に、加熱開始後20分間加熱面以外の面に火炎を出さないものとして、建築基準法第61条の規定による国土交通大臣の認定を受けたもの

三　鉄材又は鋼材で造られたもので、鉄板又は鋼板の厚さが0.8mm以上のもの（網入りガラス（網入りガラスを用いた複層ガラスを含む。第六号において同じ。）を用いたものを含む。）

四　鉄骨コンクリート又は鉄筋コンクリートで造られたもの

五　土蔵造のもの

六　枠を鉄材又は鋼材で造り、かつ、次のイ又はロのいずれかに該当する構造としたもの

　イ　網入りガラスを用いたもの

　　（略）

第2　第1第三号、第六号又は第七号（枠の屋内側の部分をアルミニウム合金材で造ったものに限る。）のいずれかに該当する防火設備は、周囲の部分（当該防火設備から屋内側に15cm以内の間に設けられた建具がある場合には、当該建具を含む。）が不燃材料で造られた開口部に取り付けなければならない。

第3　防火戸が枠又は他の防火設備と接する部分は、相じゃくりとし、又は定規縁若しくは戸当りを設ける等閉鎖した際に隙間が生じない構造とし、かつ、防火設備の取付金物は、当該防火設備が閉鎖した際に露出しないように取り付けなければならない。

平成12年建設省告示第1369号

特定防火設備の構造方法を定める件

最終改正　令和2年国土交通省告示第198号

建築基準法施行令第112条第1項の規定に基づき、特定防火設備の構造方法を次のように定める。

第1　通常の火災による火熱が加えられた場合に、加熱開始後1時間加熱面以外の面に火炎を出さない防火設備の構造方法は、次に定めるものとすることとする。

一　令和元年国土交通省告示第193号第1第9項に規定する75分間防火設備

二　建築基準法第21条第2項第二号に規定する構造方法を用いるもの又は同号の規定による認定を受けたもの（建築基準法施行令第109条の7第一号に規定する火災継続予測時間が1時間以上である場合に限り、同条第二号の国土交通大臣が定める面を有するものを除く。）

三　通常の火災による火熱が加えられた場合に、加熱開始後1時間加熱面以外の面に火炎を出さないものとして、法第61条の規定による国土交通大臣の認定を受けたもの

四　平成27年国土交通省告示第250号第2第三号リ(2)(i)(一)に規定する構造としたもの

五　骨組を鉄材又は鋼材で造り、両面にそれぞれ厚さが0.5mm以上の鉄板又は鋼板を張ったもの

六　鉄材又は鋼材で造られたもので、鉄板又は鋼板の厚さが1.5mm以上のもの

七　鉄骨コンクリート又は鉄筋コンクリートで造られたもので、厚さが3.5cm以上のもの

八　土蔵造で厚さが15cm以上のもの

九　建築基準法施行令第109条第2項の規定により同条第1項の防火設備とみなされる外壁、袖壁、塀その他これらに類するもので、防火構造としたもの

十　開口面積が100cm²内の換気孔に設ける鉄板、モルタル板その他これらに類する材料で造られた防火覆い又は地面からの高さが1m以下の換気孔に設ける網目2mm以下の金網

第2　第1第五号又は第六号のいずれかに該当する防火設備は、周囲の部分（当該防火設備から屋内側に15cm以内の間に設けられた建具がある場合には、当該建具を含む。）が不燃材料で造られた開口部に取り付けなければならない。

第3　防火戸（第1第九号又は第十号のいずれかに該当するものを除く。）が枠又は他の防火設備と接する部分は、相じゃくりとし、又は定規縁若しくは戸当りを設ける等閉鎖した際に隙間が生じない構造とし、かつ、防火設備の取付金物は、当該防火設備が閉鎖した際に露出しないように取り付けなければならない。

　ところで、昨今は防火戸というと、アルミサッシ・網入りガラスの組合せが圧倒的となったから、木造住宅でも取付けは容易であるが、かつては、外部に石綿板を張り、木部には防火塗料を塗るなど、面倒なものしか存在しなかったので、皆、防火戸の取付けには苦労したものである。

　しかし、木造建築になじみやすいアルミサッシの普及で、もう防火戸の取付には心配がいらなくなった。こうなると、規制の内容と技術の開発との関係というものは実に微妙なものであるといわざるを得ない。滅多に使用しない余分なものを強制される（一般には雨戸と兼用で利用されていたが）といわれていた防火戸も、アルミサッシの開発でアッという間に普及してしまった。大臣認定の大部分はこのアルミサッシだったのである。

　網入りガラスというのは、ワイヤガラスともいい、ガラスの中に鉄網がはさみこんであるので、ガラスも普通の並厚ガラス（厚さ約2mm）に較べて厚さ6.8mmと厚くなっている。

　従って、割れにくく、また割れたときにワイヤがからんで破片が飛び散ることはない。蜂の巣型の網の入っている方が安価だが、表面に若干の凹凸があって外の景色はよく見えないという欠点があった。しかし、もうこの蜂の巣型の網入りは使われていない。老舗の百貨店のエレベーターでみかける程度になった。これに対して、斜め又はタテ・ヨコにピアノ線が入ったクロスワイヤ等と呼ばれるワイヤガラ

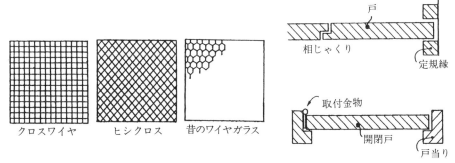

第24図　ワイヤガラスの種類と防火戸の構造

スは、両面磨きガラスとなっているので、透明ガラスと変わらずワイヤもそんなに気にならない。現在の網入りガラスはほとんどがこれを利用している。

　従来の防火設備の構造方法を定める告示（平成12年建設省告示第1360号）では、窓の適合仕様は鉄製の窓枠に網入りガラスを用いたものだけが規定されていたが、平成31年の告示改正により以下の窓の構造が適合仕様として位置付けられた（告示本文では略となっている部分。条文が長いため省略し、その概要をまとめたのが次の表。）。なお、この改正で追加された仕様は全てはめごろし窓で、引き違い窓、すべり出し窓については、性能の確認されたものが今後追加されることとなっている。

サッシ種類 （FIX窓）	ガラス種類	サイズ（幅×高さ）
木	網入りガラス＋Low-Eガラス	〜1,050mm×〜1,550mm
樹脂	網入りガラス＋Low-Eガラス	〜800mm×〜1,400mm
アルミ アルミ樹脂	網入りガラス、網入りガラス＋Low-Eガラス	〜800mm×〜2,250mm
	耐熱結晶化ガラス、耐熱結晶化ガラス＋Low-Eガラス	780〜920mm×1,100〜1,890mm
鉄鋼	耐熱強化ガラス、耐熱強化ガラス＋Low-Eガラス	700〜1,200mm×850〜2,400mm
	耐熱結晶化ガラス、耐熱結晶化ガラス＋Low-Eガラス	1,000〜1,200mm×1,600〜2,400mm

　ところで、特定防火設備というのは、昔、「甲種防火戸」と言っていたのと同じものと思えばよい。平成12年の性能規定化によって、甲種防火戸という名称は姿を消して「特定防火設備」と呼ばれることとなった。これは、建築基準法施行令第112条第1項中に「特定防火設備（第109条に規定する防火設備であって、これに通常の火災による火熱が加えられた場合に、加熱開始後1時間当該加熱面以外の面に火炎を出さないものとして、国土交通大臣が定めた構造方法を用いるもの又は国土交通大臣の認定を受けたもの）」と規定されている。要するに、両面遮炎の防火戸であって、その遮炎時間が1時間という性能のものと考えればよい。従って、旧甲種防火戸と全く変るところがないが、「戸」ではなくても、この性能が満たされれば認められるところが違っている。

　1時間遮炎というのは、この特定防火設備が、建築物の防火区画に使用されることを示すものだ。一般に防火区画に用いられる準耐火構造の床・壁の耐火時間は1時間であるから、その開口部に設ける防火設備の遮炎時間も1時間の性能を求められるからだ。

　ところで、国土交通省告示で認められている防火戸のうち、防火設備（20分間遮炎）では、アルミサッシ（大臣認定）が全盛で、他の構造の防火戸はほとんど用いられない状況にあるが、この特定防火設備になると、逆に大部分が告示の構造のものが用いられている。
といっても、実際に用いられているのは次の2種類である。
　⑴　鉄製で、鉄板の厚さが1.5mm以上の防火戸
　⑵　骨組を鉄製とし、両面にそれぞれ厚さが0.5mm以上の鉄板を張った防火戸
前者は、1枚の鉄板をプレスして作成したもので「プレス・ドア」と呼ばれているものだ。初期の公団住宅の入口扉として用いられたが、遮音性・遮煙性には劣るものが多い。それに対して後者は、鉄骨で

一たん骨組を形づくり、その両面に鉄板を張ってあるから、遮音性が良く、遮煙性もある。一般には「フラッシュ・ドア」と呼ばれ高級感がある。

　防火区画に用いる防火設備は、その遮炎性能のほかに遮煙性能が要求されるものがある。また、防火区画を形成する目的から、火災時には閉鎖していることが前提となる。すなわち、常時閉鎖しているとか、常時は開放していても、火災時には火災の熱又は煙を感知して自動的に閉鎖するメカニズムが必要となってくるのだ。

防火戸の取付け

防火戸が鉄等の金属製のものである場合には、「周囲の部分（防火戸から内側に15cm以内の間に設けられた建具がある場合においては、その建具をふくむ。）が不燃材料で造られた開口部に取付けなければならない。」とする規定があるほか、防火戸全般について告示第3に示されたような取付け上の規定がある（69頁、70頁、平成12年建設省告示第1360号第3、平成12年建設省告示第1369号第3及び**第24図参照**）。

　そういえば、或るビルの1階の喫茶店から出火したことがあった。出火原因は、石油ストーブに給油していてウッカリ多量の灯油を床にこぼしてしまったバーテンが、ふきとればよいものをどう考えたのか火を付けて燃やしてしまえとばかり本当に火をつけたところ、ビル1棟が燃えてしまったというお粗末な話だが、上階の客がエレベーターで1階まで降りたところ、1階エレベーターの扉は火熱で湾曲して、開かなかったということだ。そんなこともあるから、火災時にエレベーターを使用することはやめなければならない。

防火区画としての防火設備

さて、防火区画としての防火設備のうち防火戸の効果について考えてみると、防火戸が不燃性であるだけで完全な防火区画になるかどうかというと、そこはもう少し議論の余地がありそうだ。先ず、鉄板は高い火熱にあおられると、赤熱してくる。防火戸の裏側であっても可燃物が近くにあると、着火することがある。こうなると防火戸を通りこして火が移ることになる。

　昔、千葉・田畑百貨店の火災というのがあったが、それがその例の1つだ。百貨店の裏通り側の出入口はシャッターをおろして閉鎖したままになっており、その外側に店員用の野球道具を入れる小屋が建っていたのだが、どうもそこから出火したらしい。その火が、どういうわけか店内に入り、百貨店を全焼させてしまった。シャッターの赤熱のためか、ヒョットしたらシャッターに取付けてある郵便受けの部分から火が入ったのか、よく判らないが、何しろ、シャッターは降したままとなっていたが、その裏側に接して設けられていた木製の陳列棚に火が着いたものと考えられる。

　もう1つの問題点は、防火区画の防火戸が一斉に閉まると、避難や消火活動上の支障になるのではないかということだ。消火か避難かという問題は、古くて新しい問題であって、初期消火に徹するべきか、それとも人命第一、何よりも避難誘導に徹するべきか、これはなかなか簡単には割り切れない。例えば、病院とか老人ホーム、幼稚園などでは人身事故の防止が至上命令となろうが、それかといってすべて避難のみ、僅かの火の消火の努力もしないのでよいか、というとそうもいえまい。そこで避難優先

の建築物にはスプリンクラー設備のような自動消火装置を設けておけば、その辺の考え方を整理することができる。

　さて、防火戸の閉鎖は、延焼防止上の効果を期待するものであるが、閉鎖の時期によっては避難路を遮断してしまうことになるし、遅すぎては効果がなくなってしまう。また、防火戸は避難する者にとって、いつも障害になるかというと必ずしもそうではなく、避難階段や避難路の安全性を確保する効果もある。そこで考えられたのが、火災時には自動的に閉鎖する装置のついた防火戸と、防火戸が閉鎖された場合でも避難に支障がないように"くぐり戸"を設け、しかも人が通り抜けたあと自動的にまた元通りに閉まるようになっている防火戸だ。または、いつも閉まったままになっており、人が通るたびに開閉する防火戸も効果がある。そこで防火壁や防火区画または避難階段等に使用する防火戸は、後のページに引用したように規定されている。

自動閉鎖防火戸

常時閉鎖状態を保持する防火戸とは、ドアチェックがついていて、開けっぱなしにしておいても自然に閉まるようになっている構造のものをいう。しかし、困ったことにいちいち開けるのが面倒なものだから、床のところに木片のかいものをしておいたりする例をときどき見かける。避難階段の出入口では、どこかの階で扉が閉まっていないようなことがあると、そこから煙が入って避難のときに役に立たなくなってしまうことが考えられるから、いつも閉まっている状態にしておかなければいけない。また、い

(1)防火扉の閉鎖が早すぎると避難上の支障となってしまう。

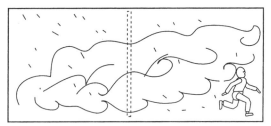

(2)余り閉鎖が遅れると、延焼のおそれが出て来て、防火区画の意味がない。

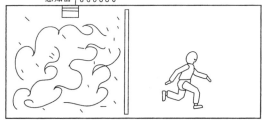

(3)避難の後、自動的に閉鎖（煙り・熱感知）すると良い。手でいつでも閉めることはできる。

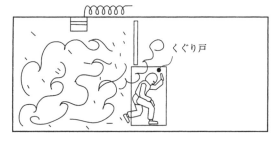

(4)もしも逃げ遅れて、先に防火戸が締まっても、くぐり戸から避難することができる。（くぐり戸は通過後、自動閉鎖する。）

第25図　防火区画（防火戸）の閉鎖と避難

つも閉鎖していると避難階段の位置が判らないので避難口誘導灯（緑色灯）を間違いなく設置するようにしなければいけない。

　熱感知型や煙感知型の自動閉鎖防火戸は、いつもは開放しておいても差支えないので利用上は便利である。火災時の熱や煙で自動的に閉鎖する装置がついているのだが、逆に熱や煙がないと閉まらないのでも困るから、人手でも閉められるようになっている必要がある。あわせて、シャッターが自動的に降

防火戸は、いつも閉めておいた方がよい。（常時閉鎖式防火戸）

いつも閉まっている▶▶▶手であけて通り抜ける▶▶▶自動的に閉まる

火災の熱又は煙により自動的に閉まるものもある。（自動閉鎖式防火戸）

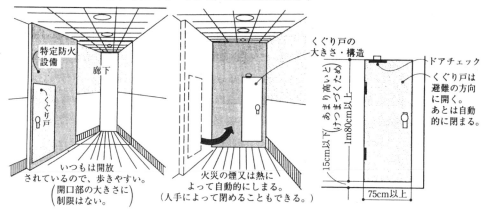

第26図　常時閉鎖式防火戸・自動閉鎖式防火戸

下するような場合には、その周辺にいる人の安全が確保されるものでなければならない。

　建築物を一定規模ごとに区画する防火設備は延焼防止が主な目的であるから熱感知型でよいが、階段やエレベーターの区画は避難上の安全を確保するため早期に閉鎖することが望まれるため、煙感知型の自動閉鎖（又は作動）が要求されている。消防法令でも、いろいろな防火区画が要求され（厳密にいうと要求されているのではなく、一定の防火区画があれば、消防用設備等の設置基準の減免を行うことができるようにされ）ているが、代表的なものは、消防法施行規則では、第12条の２と第13条のスプリンクラー設備、第26条の避難器具、第30条の２の連結散水設備のそれぞれの減免基準である。

昭和48年建設省告示第2563号

防火区画に用いる防火設備等の構造方法を定める件（抄）

最終改正　令和２年国土交通省告示第508号

建築基準法施行令第112条第19項第一号、第129条の13の２の規定に基づき、防火区画に用いる防火設備等の構造方法を次のように定める。

第1　建築基準法施行令（以下「令」という。）第112条第19項第一号イからニまでに掲げる要件（ニに掲げる要件にあつては、火災により煙が発生した場合に、自動的に閉鎖又は作動をするものであることに限る。）を満たす防火設備の構造方法は、次の各号のいずれかに定めるものとする。

一　次に掲げる基準に適合する常時閉鎖状態を保持する構造の設備とすること。

イ　次の(1)又は(2)いずれかに適合するものであること。

(1)　面積が３m²以内の防火戸で、直接手で開くことができ、かつ、自動的に閉鎖するもの（以下「常時閉鎖式防火戸」という。）であること。

(2)　面積が３m²以内の防火戸で、昇降路の出入口に設けられ、かつ、人の出入りの後20秒以内に閉鎖するものであること。

（略）

二　次に掲げる基準に適合する随時閉鎖することができる構造の防火設備とすること。

イ　当該防火設備が閉鎖するに際して、前号ロ(1)及び(2)に掲げる基準に適合するものであること。ただし、人の通行の用に供する部分以外の部分に設ける防火設備にあっては、この限りでない。

ロ　居室から地上に通ずる主たる廊下、階段その他の通路に設けるものにあつては、当該防火設備に近接して当該通路に常時閉鎖式防火戸が設けられている場合を除き、直接手で開くことができ、かつ、自動的に閉鎖する部分を有し、その部分の幅、高さ及び下端の床面からの高さが、それぞれ、75cm以上、1.8m以上及び15cm以下である構造の防火設備とすること。

ハ　煙感知器又は熱煙複合式感知器、連動制御器、自動閉鎖装置及び予備電源を備えたものであること。

ニ　煙感知器又は熱煙複合式感知器は、次に掲げる基準に適合するものであること。

（略）

ホ　連動制御器は、次に定めるものであること。

(1)　煙感知器又は熱煙複合式感知器から信号を受けた場合に自動閉鎖装置に起動指示を与えるもので、随時、制御の監視ができるもの

(2)　火災による熱により機能に支障をきたすおそれがなく、かつ、維持管理が容易に行えるもの

（略）

ヘ　自動閉鎖装置は、次に定めるものであること。

(1)　連動制御器から起動指示を受けた場合に防火設備を自動的に閉鎖させるもの

（略）

第2　令第112条第19項第一号イからニまでに掲げる要件（ニに掲げる要件にあつては、火災により温度が急激に上昇した場合に、自動的に閉鎖又は作動をするものであることに限る。）を満たす防火設備の構造方法は、次の各号のいずれかに定めるものとする。

一　第１第一号に定める構造の防火設備とすること。

二　次に掲げる基準に適合する随時閉鎖することができる構造の防火設備とすること。

イ　第1第二号イ及びロに掲げる基準に適合すること。

ロ　熱感知器又は熱煙複合式感知器と連動して自動的に閉鎖する構造のものにあつては、次に掲げる基準に適合すること。

（1）　熱感知器又は熱煙複合式感知器、連動制御器、自動閉鎖装置及び予備電源を備えたものであること。

（略）

ハ　温度ヒューズと連動して自動閉鎖する構造のものにあっては、次に掲げる基準に適合すること。

（略）

第3　令第129条の13の2第三号に規定する令第112条第19項第一号イ、ロ及びニに掲げる要件（ニに掲げる要件にあつては、火災により煙が発生した場合に、自動的に閉鎖又は作動をするものであることに限る。）を満たす防火設備の構造方法は、次の各号のいずれかに定めるものとする。

一　第1第一号に定める構造の防火設備とすること。

二　第1第二号イ及びハからトまでに掲げる基準に適合する随時閉鎖することができる構造の防火設備とすること。

第4　令第129条の13の2第三号に規定する令第112条第19項第一号イ、ロ及びニに掲げる要件（ニに掲げる要件にあつては、火災により温度が急激に上昇した場合に、自動的に閉鎖又は作動をするものであることに限る。）を満たす防火設備の構造方法は、次の各号のいずれかに定めるものとする。

一　第1第一号に定める構造の防火設備とすること。

二　第1第二号イ並びに第2第二号ロ及びハに掲げる基準に適合する随時閉鎖することができる構造の防火設備とすること。

防火設備等の管理　　防火設備の管理については、消防法第8条の2の4に「避難上必要な施設等の管理」として、次のような規定が設けられている。

〈消防法第8条の2の4〉

（避難上必要な施設等の管理）

第8条の2の4　学校、病院、工場、事業場、興行場、百貨店、旅館、飲食店、地下街、複合用途防火対象物その他の防火対象物で政令で定めるものの管理について権原を有する者は、当該防火対象物の廊下、階段、避難口その他の避難上必要な施設について避難の支障になる物件が放置され、又はみだりに存置されないように管理し、かつ、防火戸についてその閉鎖の支障になる物件が放置され、又はみだりに存置されないように管理しなければならない。

なお、上記の規定は、1戸建住宅以外のすべての防火対象物に適用されている（消令第4条の2の3）。

また、ここでは「防火設備等の管理」として取り上げているが、この条文は、読むと判るように、防火設備に限らず、廊下、階段、避難口等の幅広い「避難上必要な施設」についても適用される。

あえて、建築基準法との関連について説明すると、建築基準法上の構造基準に適合しない階段、防火戸等を基準に適合するように是正することを命ずるのは、建築基準法第9条（違反建築物に対する措置）の手続きによることとなるが、建築基準法上の構造基準には適合しているが、物件の放置等により、その機能が発揮できないような状態にある場合、その物件の除去等の措置は、消防法第8条の2の4の規定により措置命令が下されることとなる。

　あわせて、防火設備（防火戸）の周辺に延焼の媒介となる可燃物が置かれないように管理する必要もある。それについては火災予防条例（例）において次のように規定している。

〈火災予防条例（例）〉
（防火設備の管理）
第41条　令別表第1に掲げる防火対象物の防火設備は、防火区画の防火設備に近接して延焼の媒介となる可燃物が存置されないよう防火上有効に管理しなければならない。

12 耐火建築物・準耐火建築物

耐火建築物　　耐火建築物でありながら火事になるのはどういうわけなんだ、耐火建築物とはそんなに火に弱いものなのかといぶかる人がいるが、耐火建築物とは、その主要構造部である柱、はり、床、壁という部材を耐火構造としたもので、内装材や建築物内部の家具とか、商品とかが燃えることがあるから火事になるのも止むを得ないのである。ちょうど「ストーブが燃える」というのは、何も鉄で作られているストーブが燃えるはずはないのであって、ストーブの中の燃料である石炭とか石油が燃えているに過ぎない。それと同じこと。

　主要構造部を耐火構造にする意味は、火災とか地震という災害時に、建築物が崩壊しにくいという点に大きな効果があるのだ。木造建築物では、構造材である柱やはりが燃えてしまうので、消火活動中にも、いつ棟が落ちるか判らないので危険であるが、耐火建築では少なくともすぐに崩壊というおそれは先ずない。

　崩壊は避けることができるが、火災時に耐火建築物の損傷は全くないかというと必ずしもそうではない。小火程度なら、ほとんど損傷はないが、火災が長時間にわたると火熱をまともに受けとめる床版（スラブ）の損傷が最も大きく、各地の火災例では床のコンクリートが抜けて、鉄筋が網の目に露出していることがある。抜けないまでも、床の下端のかぶりコンクリートが剥離しているケースが多い。柱、はりでも激しい火熱を受けた部分は、表面のコンクリートが剥離してしまう。

　火災時に床版の受ける熱量は莫大なもので、或る百貨店火災で屋上へ逃げた人の体験談では、屋上の防水アスファルトが煮えたぎっていた、というほどである。柱、はりの構造体の損傷は、消防隊の放水が届かずにいつまでも燃えていた奥まった場所とか、排煙の目的で窓を割ったため、煙とともに激しく火炎が噴いた部分の周辺の柱などに多いようである。

　火災後の復旧は実態に応じて、いろいろと試みられているが、柱やはりは外側に鉄筋をもう一度巻いてコンクリートを打ち直したり、痛んだ床は一度全

柱
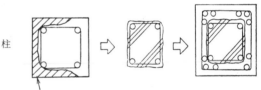
火災により損傷した部分をはつりとり、外側に鉄筋を巻いてコンクリートを打ち直す。

はり
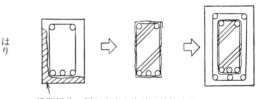
損傷部分、同じような方法で補修する。柱もはりも断面は大きくなる。

床
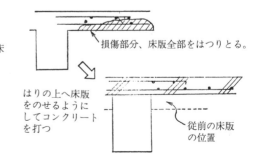
損傷部分、床版全部をはつりとる。

はりの上へ床版をのせるようにしてコンクリートを打つ

従前の床版の位置

第27図　火災後の耐火建築物の補修方法

部落としたうえ、はりの上へ新しい床を載せるなどの方法がとられている **（第27図参照）**。構造体以上に損傷が大きいのは、電気配線で、これはいい加減な補修では危険であるので、まず全面取替えが原則となる。

耐火建築物の普及

　　　　　　第 2 次世界大戦末期、アメリカ軍の日本空襲は激しさを増し、京都、奈良、金沢という運の良い僅かの都市を除いて大なり小なりの被害を受けた。特に昭和20年 3 月10日、B 29による東京下町の夜間空襲は激しいもので一夜で約10万人の死者を出した。広島の原爆なみの死者である。また、関東大震災による死者数に匹敵する。

　一面の焼野原となった被災写真をみると、その当時は如何に耐火建築物が少なかったことか。中都市で鉄筋の建物というと、県庁、百貨店、銀行などの極く一部に過ぎなかったような状態であった。そこで戦後は耐火建築の普及に力が入れられた。"耐火建築促進法"という法律ができたのは、確か昭和27年 4 月17日の鳥取大火がキッカケになったと記憶しているが、そのときは7,200棟を焼失し 2 万人の人が焼け出された。この法律では、都市を主要街路沿いの防火建築帯で区分して大火を防止しようとするもので、比較的商業資本の力が大きい中心街沿いに耐火建築物を効果的に建て並べることを目的とした。しかし、当時は、耐火建築物は木造に比して単価が高かったので、その単価の差として 2 分の 1 を

補助して奨励したものである。その後、この法律は廃止され、"建築防災街区造成法" となり、さらに "都市再開発法" へと発展して今日に至っている。東京江東区・向島で実施された防災拠点建設事業も、この都市再開発法の適用を受けて行われたものである。

昭和30年代までは、鉄筋コンクリート建築の現場では、砂や砂利を運びこみミキサーで混練しながらタワーで持ち上げてコンクリート打ちをするという方法が多くとられていたが、そのうちに砂や砂利を置く場所も手狭となって、通称 "生コン" といわれるレディミクスト・コンクリートの時代となった。工場生産された品質の良いコンクリートをミキサー車で運ぶことで現場の作業管理は大きく改善された。一方、建築物が高層化するに伴って軽量化の必要が生じ、コンクリートは打たずに鉄骨構造に耐火被覆をするという耐火建築物が普及した。

当初、鉄筋コンクリート造は 6 〜 7 階が限度、鉄骨鉄筋コンクリート造なら10〜11階が限度となり、それ以上は鉄骨耐火被覆造というのが普通だった。その後、工期が早いことや騒音が少ないという利点から鉄骨に耐火被覆をする構造が採用されることが増えている。

なお、建築物を耐火建築物等としなければならない特殊建築物については、「13 建築物の構造制限」の章をご覧頂きたい。

準耐火建築物　　耐火構造に準ずるものとして「準耐火構造」なるものがお目見えしたことから、建築物の方も、耐火建築物に準ずるものとして「準耐火建築物」が登場した（平成4年改正）。

建基法第 2 条第九号の三には、次のように定義されている。

> **九の三　準耐火建築物**　耐火建築物以外の建築物で、イ又はロのいずれかに該当し、外壁の開口部で延焼のおそれのある部分に前号ロに規定する防火設備を有するものをいう。
> 　イ　主要構造部を準耐火構造としたもの
> 　ロ　イに掲げる建築物以外の建築物であって、イに掲げるものと同等の準耐火性能を有するものとして主要構造部の防火の措置その他の事項について政令で定める技術的基準に適合するもの

すなわち、平たくいうと、定義のイに該当する準耐火建築物というのは、柱・梁などの主要構造部を準耐火構造としたものなのである。ロの方は、旧簡易耐火建築物（後述）を、準耐火建築物の一つとして位置づけたものである。

筆者も、かつて、筑波の建築研究所で行われた準耐火建築物（共同住宅）の公開実験（屋外火災実験）に立会ったことがあるが、確かに着火後、1 時間を経過しても隣戸、上階住戸には燃え移らない。同じ住戸の中でも火が廻らない部屋がある位だ。なる程、アメリカで木造 3 階建アパートが建つのは、それなりの理由があると感心したものである。

只一つ、弱点として指摘されたのは、床が燃えると下階の天井裏へ火が落ちて延焼のおそれがあるということだ。火は上へ昇るので、もっぱら、上階への延焼を気にしていたが、下階への延焼はその盲点

を突かれた感じである。その点、準耐火構造の基準（仕様）では、そのようなことがないように、床合板の上へモルタル（厚さ９mm以上）を流し込むように対策を講じてあるので、その心配はない。

余談だが、その点、日本古来のタタミ敷きというのは、部屋が燃えても、火が下階へ落ちる恐れは先ずない。タタミの床は、藁でできているけれども、充分圧密されていて火を通さないからだ。古人の知恵というものは、仲々優れているものだと感心した次第。さらに厚い木の板も同様であって、告示では床に用いる厚さが３cm以上の木材は45分耐火、厚さ４cm以上の木材は１時間耐火としている。

さて、準耐火建築物の導入によって、旧簡易建築物も横滑りして、この準耐火建築物の定義の中へ入ることとなった。それがロの準耐火建築物である。

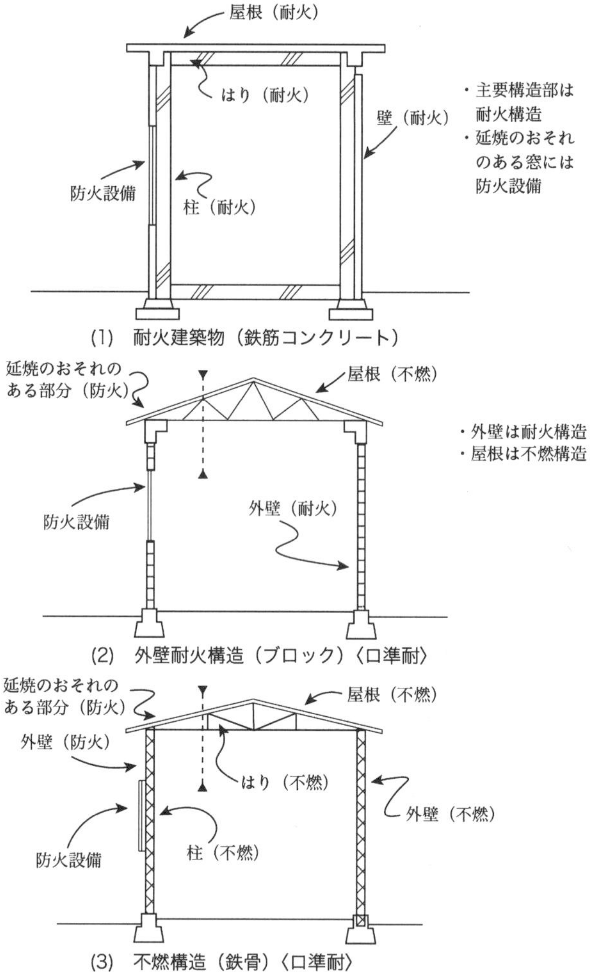
屋根（耐火）
はり（耐火）
壁（耐火）
・主要構造部は耐火構造
・延焼のおそれのある窓には防火設備
防火設備
柱（耐火）
(1)　耐火建築物（鉄筋コンクリート）
延焼のおそれのある部分（防火）
屋根（不燃）
・外壁は耐火構造
・屋根は不燃構造
防火設備
外壁（耐火）
(2)　外壁耐火構造（ブロック）〈ロ準耐〉
延焼のおそれのある部分（防火）
屋根（不燃）
外壁（防火）
はり（不燃）
外壁（不燃）
防火設備
柱（不燃）
(3)　不燃構造（鉄骨）〈ロ準耐〉
第28－１図　耐火建築物、ロ準耐火建築物の例

ロ準耐火建築物（旧簡易耐火建築物）

ロ準耐火というのは、建築基準法第２条第九号の三（準耐火建築物）の規定のロに該当するものという意味である。もちろん、イに該当するのは、主要構造部を準耐火構造としたものである。

さて、このロ準耐火というのは、旧簡易耐火建築物のことである。準耐火建築物と衣替えをするに当って、これまでの簡易耐火建築物を切り捨てる訳にもいかないので、準耐火建築物の一つとして位置づけたのである。

それでは、ここで旧簡易耐火建築物が生まれた経緯について述べておこう。法令上、簡易耐火建築物なるものが採用されたのは昭和34年のことであった。当時は、耐火建築物といえば、先ず鉄筋コンクリート造であったが、その頃の主流の木造建築物と比較すると、工事費単価の上で大きな差があった。或る規模までは木造でも建てられるのに、その限度を超すと急に耐火を要求される。あまりにも格差が大きすぎるので、木造と耐火の間に何か中間的な耐火扱いできる構造が認められないだろうか。そんな要請が、簡易耐火という考え方のキッカケとなっている。

一つは、当時普及し始めたコンクリートブロック造で、外壁だけを耐火構造としたものである。もち

ろん、れんが造、石造であってもよい。そこで「**外壁耐火構造**」と呼ばれている。ロ準耐火建築物へ移行した後も、建基令第109条の3第一号に次のように規定されている。

〈建築基準法施行令第109条の3第一号〉
一　外壁が耐火構造であり、かつ、屋根の構造が法第22条第1項に規定する構造であるほか、（中略）屋根の延焼のおそれのある部分の構造が、当該部分に屋内において発生する通常の火災による火熱が加えられた場合に、加熱開始後20分間屋外に火炎を出す原因となるき裂その他の損傷を生じないものとして、国土交通大臣が定めた構造方法を用いるもの又は国土交通大臣の認定を受けたものであること。

もう一つは、鉄骨造を主体とするもので「**不燃構造**」と呼ばれているものである。単なる鉄骨造は不燃構造ではあるが、耐火構造とはいえない。鉄は火熱を受けると赤熱し、耐力は低下してしまう。そこで鉄骨造を耐火構造とするには、それなりの耐火被覆が必要となる。しかし、そのような耐火被覆のない鉄骨造は、平成4年の改正までは簡易耐火として扱われていたため、改正によって準耐火建築物の一つとして位置づけられたのである。いわゆる不燃構造としての技術的基準は、建築基準法施行令第109条の3第二号に次のように示されている。

〈建築基準法施行令第109条の3第二号〉
二　主要構造部である柱及びはりが不燃材料で、その他の主要構造部が準不燃材料で造られ、外壁の延焼のおそれのある部分、屋根及び床が次に掲げる構造であること。
　　イ　外壁の延焼のおそれのある部分にあっては、防火構造としたもの
　　ロ　屋根にあっては、法第22条第1項に規定する構造としたもの
　　ハ　床にあっては、準不燃材料で造るほか、3階以上の階における床又はその直下の天井の構造を、これらに屋内において発生する通常の火災による火熱が加えられた場合に、加熱開始後30分間構造耐力上支障のある変形、溶融、き裂その他の損傷を生じず、かつ、当該加熱面以外の面（屋内に面するものに限る。）の温度が可燃物燃焼温度以上に上昇しないものとして、国土交通大臣が定めた構造方法を用いるもの又は国土交通大臣の認定を受けたものとしたもの

耐火建築物の性能　　平成12年の性能規定化の際に、耐火構造の基準（建基令第107条）は、「耐火性能に関する技術的基準」として「性能規定」の視点から整理され、耐火構造の有すべき耐火性能は、いわゆる①非損傷性能、②遮熱性能及び③遮炎性能の3つの性能を併せ持たなければならないこととされた。このことは、本文52頁でも述べたとおりである。くり返しになるが、もう一度簡単に整理しておこう（**第28－1図参照**）。

それぞれの基準は以下のとおりである。

「**非損傷性能**」は、主要構造部に通常の火災による火熱が加えられた場合に、その主要構造部の部位

や最上階から数えた階数などに応じて、加熱開始後1時間、2時間、3時間などそれぞれ所定の時間、構造耐力上支障のある変形、溶融、破壊その他の損傷を生じないこと（建基令第107条第一号）。

「**遮熱性能**」は、壁及び床に「通常の火災による火熱が1時間（非耐力壁である外壁の延焼のおそれのある部分以外の部分にあっては、30分間）加えられた場合に、当該加熱面以外の面（屋内に面するものに限る。）の温度が当該面に接する可燃物が燃焼するおそれのある温度として国土交通大臣が定める温度（可燃物燃焼温度）以上に上昇しないものであること」（同条第二号）。

「**遮炎性能**」は、外壁及び屋根に「屋内において発生する通常の火災による火熱が1時間（非耐力壁である外壁の延焼のおそれのある部分以外の部分及び屋根にあっては、30分間）加えられた場合に、屋外に火炎を出す原因となるき裂その他の扱傷を生じないものであること」（同条第三号）。

非損傷性 遮熱性 遮炎性

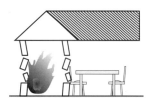 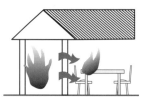 

火災による火熱が加えられても、建築物の部分の倒壊によって生ずる応力により倒壊しないこと　　火熱が加えられた場合、加熱面以外の面の温度が可燃物燃焼温度以上に上昇しないこと　　屋内の火炎を屋外に出す亀裂等の損傷が生じないこと

第28－2図

耐火性能検証法　　上の説明（建基令第107条）は耐火構造（建基法第2条第七号）に関する技術的基準だが、建築基準法第2条第九号の二を見ると、もう一つ、「イ(2)」で、政令で定める技術的基準に適合したものについても「耐火建築物」として認めますよ、ということになっている。その政令が「耐火建築物の主要構造部に関する技術的基準」（建基令第108条の3）だ。

建築基準法施行令第107条では、主要構造部に加えられることを想定している火熱は「通常の火災による火熱」だが、建築基準法施行令第108条の3では、「屋内において発生が予測される火災による火熱（第一号イ）」と外壁にかかる「当該建築物の周囲において発生する通常の火災による火熱（同号ロ）」である。可燃物が少ないなど「通常の火災」より緩い条件の火災しか発生しないとわかっている場合などは、そのような条件を設定して、告示で定める計算方法に基づく耐火性能検証法（建基令第108条の3第2項）により主要構造部の非損傷性能、遮熱性能及び遮炎性能を検証するか、個別の計画ごとに独自の性能検証を行い、各種の性能基準に適合することを国土交通大臣に認められたものであるなら、令第107条の耐火構造の要件を満たさなくても、耐火建築物として認められるということだ。耐火性能検証法については、細かい基準が告示（平成12年建設省告示第1433号「耐火性能検証法に関する算出方法等を定める件」）で決められている。

火災になっても倒壊や延焼する前に全在館者が避難できる構造の建築物

本文54頁でも少し触れたが、平成26年の建築基準法第27条の改正で、特殊建築物のうち、法別表第一(い)欄(1)項から(4)項までに掲げるものについては、当該建築物にいる者の全てが地上までの避難を終了するまでの間、主要構造部が倒壊及び延焼を防止するために必要な性能を有し、かつ、外壁の開口部に延焼を防ぐための防火設備を設けたものとすれば、従来耐火建築物としなければならないとされていたものでも、必ずしも耐火建築物としなくてもよいこととなった。

この法第27条でいう「**耐火建築物等**」は従来の「耐火建築物」とどのくらい違うのだろうか?

この「耐火建築物等」の技術基準は建築基準法施行令第110条に定められており、第一号か第二号のどちらかに適合すればよいことになっている。

第一号を見ると、まず主要構造部に通常の火災による火熱が加えられた場合に、加熱開始後、部位に応じて一定時間、構造耐力上支障のある変形、溶融、破壊その他の損傷を生じないこと（非損傷性能）を求めている。これは耐火構造の基準と同じだが、その時間は、屋根や階段（いずれも原則30分間）を除き、全て「特定避難時間（特殊建築物の構造、建築設備及び用途に応じて当該特殊建築物に存する者の全てが当該特殊建築物から地上までの避難を終了するまでに要する時間）」とされ、1時間、2時間などの決まった時間ではなくなっている（同号イ）。

また、遮熱性能（同号ロ）、遮炎性能（同号ハ）についても、原則として「特定避難時間」が基準になっている。

あれっ?と思うが、よく見ると第二号には「第107条各号又は第108条の3第1項第一号イ及びロに掲げる基準」とさりげなく書いてある。何のことはない、耐火構造の基準（建基令第107条）か耐火性能検証法の基準（建基令第108条の3）に適合すれば、法第27条の「耐火建築物等」の技術的基準に適合する、と言っているのだ。

それでは第一号はどういう場合のことを言っているのだろうか?その辺をきちんと理解するには、もう一度建築基準法第27条を見る必要がある。

建築基準法第27条では、「……主要構造部に必要とされる性能に関して政令で定める技術的基準に適合するもので、国土交通大臣が定めた構造方法を用いるもの又は国土交通大臣の認定を受けたものとし、……」と言っているね。「政令で定める技術的基準に適合する」というだけでは法第27条の「耐火建築物等」にはならないんだ。基準に適合した上でさらに「国土交通大臣が定めた構造方法を用いる」か、「国土交通大臣の認定」を受けるかしないと、この「耐火建築物等」として認められない。

この「国土交通大臣が定めた構造方法」というのは、「建築基準法第27条第1項に規定する特殊建築物の主要構造部の構造方法等を定める件（平成27年国土交通省告示第255号）」という告示で定められている。その第1第1項では特定避難時間倒壊等を防止できる建築物の基準が定められており、これが令第110条第一号の基準に適合する法第27条第1項でいう「国土交通大臣が定めた構造方法」に該当する。また、第1第8項が令第110条第二号の基準に適合する「国土交通大臣が定めた構造方法」であり、主要構造部を耐火構造又は耐火性能検証法で性能を確かめた構造とすることを定めている。

第1項の規準を概略すると次のようになり、このうち第一号が令和2年に新たに追加された避難時間

倒壊防止性能検証法を用いて安全性を確かめる建築物の基準である。

規定	基準の概要	適用される建築物
・第1項第一号	・主要構造部を避難時倒壊防止構造とするなど	法第27条第1項の適用対象となる全ての建築物
・第1項第二号	・主要構造部を準耐火構造等とする	法第27条第1項第二号のみ適用対象となる建築物（供用面積の大きさにより適用対象となるもの）
・第1項第三号	・主要構造部を1時間準耐火構造等とする ・各住居等にバルコニー等を設ける ・周囲に幅3m以上の通路を設けるなど	地下階数3で3階を下宿、共同住宅、寄宿舎に供する建築物
・第1項第四号	・主要構造部を1時間準耐火構造等とする ・他の開口部からの火災が到達するおそれのある開口部に20分間防火設備を設ける	地上階数3で3階を学校、体育館等に供する建築物

新たに追加された第一号の基準をまとめると次のようになる。

主要構造部等への要求				条件となる仕様		
主要構造部		防火設備		敷地内通路の幅員	スプリンクラー設備等	自動火災報知設備
壁、柱等	階段室等の壁	外壁の開口部	階段室等への出入口			
避難時倒壊防止構造	固有特定避難時間の1.6倍の性能の準耐火構造（木造） 固有特定避難時間の1.2倍の性能の準耐火構造（木造以外）	上階延焼等のおそれのある開口部には上階延焼抑制防火設備 それ以外の開口部には20分間防火設備	付室等への出入口には特定避難時間防火設備、階段室への出入口には防火設備	3m以上	用途地域以外の地域では必要	必要

この告示で示された方法によって特定避難時間等を求め、その時間以上の性能を有する構造や防火設備とすることによって、耐火建築物以外の建築物とすることが可能となったということだ。

この告示の第1の第2項から第7項までに避難時倒壊防止構造、特定避難時間防火設備、上階延焼抑制防火設備等の基準が定められている。

なお、この特定避難時間には在館者の避難時間、消防隊の到着時間、捜索時間及び退避時間を基に算定することとされており、消防隊の救助活動も含めた時間となっている。

また、告示第2では、令第110条の3の基準に適合する特殊建築物の延焼のおそれのある開口部に設ける防火設備の適合仕様は20分間防火設備とすることが定められており、法第27条第1項の適用対象となる建築物の延焼のおそれのある部分にある外壁の開口部には、20分間防火設備を設ける必要がある。

平成26年改正の背景　　　平成26年の建築基準法の改正が行われたのは、平成22年に「公共建築物等における木材の利用の促進に関する法律」というのができたのが大きな理由の一つだ。

この法律の目的は、学校など公共建築物等を木造とすることによって「地球温暖化の防止、循環型社会の形成、森林の有する国土の保全、水源のかん養その他の多面的機能の発揮及び山村その他の地域の経済の活性化（同法第１条）」を図ろうというのだそうだ。特に、学校を木材で造ると木材需要の喚起効果が大きいとして、建築基準法上、３階建ての木造校舎の建設を可能にしようという動きが生まれたことが大きい。

これについては、平成24年につくば市で実物大の３階建て木造校舎を造って行われた火災実験の印象が強い。筆者も見学に行ったが、実験が始まると、延焼拡大のスピードや火勢の強さは、予想を遙かに超えるものだった。着火後２〜３分程度で火元の職員室の窓から炎が吹き出し、アッと思う間もなく爆発音とともに激しいフラッシュオーバーが起き、周囲や上階に延焼拡大してしまった。もう少し持ちこたえると思って油断していたため、ビデオの記録を撮り損なってしまったくらいだ。渦を巻いて噴き出す火炎や煙も凄まじく、数十ｍ離れた指定位置にいた我々見学者も、輻射熱のために危険を感じて、後ろに退避せざるを得なかった。ここまでは、「あの可燃物量ならこんなこともあり得るな。」と思って見ていたが、予想外だったのは、上階延焼が早かったことと、１時間耐火仕様の防火壁が30分ももたずに突破されたことだ。防火壁の火災側では激しい燃焼が続いていたが、防火壁が頑張って反対側には延焼拡大せずに食い止めていた。だが、ついに抗しきれずに火の手が上がるや、激しいフラッシュオーバーが起こり、15秒足らずで１階から３階まで一挙に火の海になってしまった。

この実験は予備実験ということになっていて、この実験結果を踏まえて基準の検討が行われ、準備実験、本実験で延焼防止などの性能が確かめられたあと、平成26年の改正に至ったものだ。他の外壁の開口部から通常の火災時における火炎が到達するおそれがある場合に防火設備を設置するなどという規定は、この時の実験結果を踏まえたものである。この改正では、建築基準法第27条に関連する改正に併せて、同法第21条（大規模の建築物の主要構造部等）第２項に第二号が付加され、建築基準法施行令第109条の５として「大規模の建築物の壁等の性能に関する技術基準」が定められた。

性能規定化を完結させた？

それだけなら、「耐火建築物」という用語を半分なくして（防火安全性能を「避難」の視点から捉えることのできない法別表第一(5)項と(6)項についてのみ、従来どおり耐火建築物としなければならないとされている（建基法第27条２項）が、(1)項から(4)項までについては「耐火建築物」という用語が表向き用いられなくなってしまった）、新しく火災になっても倒壊や延焼する前に全在館者が避難できる構造の建築物などという概念を創設するという大がかりな改正をしなくてもよかったはずだ。

にもかかわらず、国交省がこの改正に突き進んだのは、性能規定化を導入した平成12年の大改正の際に取り残された耐火性能に関する性能規定化の一部を、「避難時間に応じた性能設計」という視点からきれいに整理して完結させたかったためではなかろうか。この改正で、木造３階建て共同住宅については１時間耐火の準耐火構造が必要、としていた中途半端な基準（建基令第115条の２の２）が廃止されて、建築基準法施行令第110条と告示255号に統一されたことも大きい。

建築基準法第27条の「耐火建築物等」は在館者が全員避難するまでの間倒壊しなければよい、という

ものなので、消防の立場からは、消防隊が消火や救助を行う時間が考慮されていないではないか、と一瞬ギョッとしたと思うが、「当該特殊建築物に存する者の全て」の中には救助隊も含まれている、ということだし、普通の建物について耐火時間が緩和されてしまったわけではないので、まあ、仕方がない、ということだろうか。

防火設備がないとしたら　　　　耐火建築物の場合でも、準耐火建築物の場合でも、外壁の開口部で延焼のおそれのある部分には必ず防火設備を設けなければならないこととされている（建基法第2条第九号の二、第九号の三）。従って、いくら主要構造部が耐火構造であっても、そのような防火設備が設けられていない建築物は、法規の定義上からは、耐火建築物や準耐火建築物という訳にはいかない。そこで法規では、そのような建築物を単に「主要構造部を耐火構造とした建築物」と呼んでいる（例、建基令第112条第1項）。

　消防法施行令で消防用施設等の設置基準を定めるについて、耐火又は準耐火の建築物に対しては、その設置上の基準を減免していることがあるが、その場合は、それ自身の防火上の問題であるから必ずしも外壁の防火設備の有無を問う必要がないので、「主要構造部を耐火構造とした防火対象物」といったり、「建築基準法第2条第九号の三イ若しくはロのいずれかに該当する防火対象物」というように表現している（例えば、消防法施行令第11条第2項など）。

　これらの場合は、いずれも主要構造部の防火性能のみに注目しているのであって、防火設備のような延焼防止上の性能は問わないこととしている。従って、単に耐火建築物又は準耐火建築物と書けば済むものを、敢えてこのように複雑ともいえる表現をしているのである。

　建築基準法でも一団地の総合的設計による場合で、特定行政庁が各建築物の位置及び構造が防火上支障がないと認めるものについては、たとえ延焼のおそれのある外壁の開口部に防火設備が設けられていなくても「第2条第九号の三イ又はロのいずれかに該当する建築物は準耐火建築物とみなす。（建基法第86の4第1項第一号ロ）」という規定を設けている例がある。

　一般的には、消防法令のように、内部からの出火に着目して消火設備を設置する場合には、内部の主要構造部や内装の不燃化が問題となるのであり、外部からの延焼防止上の性能を直接的に問うものではないのでこのような表現となっているのである。

　また、裏返しの解釈としては「耐火建築物は……としなければならないと規定すると、あえて延焼のおそれのある部分にある開口部に防火設備を設けず、「これは防火設備がないから耐火建築物ではないので、耐火建築物に必要とされる義務はない」と開き直ることも予想されるので、防火設備の有無を問わないで単に「主要構造部を耐火構造としたもの」とだけ規定しておけば、そのような言いのがれを封ずることができるという効果がある。

13 建築物の構造制限

大規模な木造の制限　大規模な木造建築物等の主要構造部は防火上の見地から制限を受ける。建築基準法第21条では、制限を受ける主要構造部から床、屋根及び階段が除かれているが、そうなると残っているのは、柱、はり及び壁だけになる。第１項は高さ、階数による制限で、高さが16m超の建築物（倉庫、自動車車庫等では高さ13m超）、地上の階数が４以上の建築物が制限の対象となる。この規定は平成30年の建築基準法改正で見直され、従来は高さ13m超又は軒高９m超の建築物が対象となっていたが、規制対象が合理化され、原則として高さ16m超又は地階を除く階数が４以上の建築物が対象となった（**第29－１図参照**）。第２項は延べ面積による制限で、木造等の場合は3,000m²超という延べ面積で規制対象となる。この延べ面積3,000m²は、たとえ平家建の場合であっても超えることができない制限だったが、平成27年の改正で高い耐火性能を有する防火壁等で有効に区画すること等により、超えることができるようになった。このように木造に対して制限が厳しいのは、昔は、木造の大規模建築物は、いったん火災になると被害が大きくなったからである。特に高い建物の場合は消火が困難であるばかりでなく、火の粉をまき散らすおそれがあるからでもある。それでは鉄筋コンクリート造の屋上にプレハブか何かの木造建築を建てることはどうなるか、というと、建築物の高さは、地盤面から測るのであるから、すでに15mも、20mもある建築物の屋上には、木造建築は一切建てられないはずである。しかし、どう法の網の目をくぐって、何時建てるのか知らないがビルの屋上に住

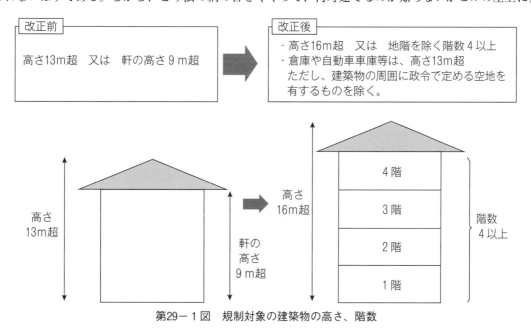

第29－１図　規制対象の建築物の高さ、階数

宅を建てたりしている例がある。特に危険なのは、屋上への出口にあたるペントハウスに接続したり、これを覆うようにして建てている例で、火災によって発生した煙が階段を上ってきても吐口がなく、屋上のプレハブ住宅内に充満するというようなケースである。

以前に奈良へ出かけたら大佛殿の修理中だったが、この大佛殿の高さは文献によると47.6mもある。京都の東寺の塔は57m、法隆寺の五重の塔は32mであるという。このような建築物は、国宝、重要文化財などであるから、建築基準法第3条の適用の除外規定によって、構造制限は受けなくて済むが、とくに文化財ともいえない社寺の本殿は、近頃は鉄筋コンクリート造で建てられる。もともと木造であってもヒノキとかケヤキとかの良材は入手するのが困難な事情にもよる。ところが、三重の塔とか五重の塔というのは、どうにも木造でなければ建てようがないものだが、これは塔の使用目的が宗教的特異性に基づくものであるから、建築物とは見なさず装飾塔とか記念塔に類するものとして取扱うこととされている（昭和26年12月22日付住発第675号広島県建築部長あて回答）。ここらは法律の弾力的運用の一例かも知れない。

木造建築が火災対策で規模の制限をしているのに対して、石造とか、れんが造のような場合の制限は、構造耐力上の安全性からみて制限されるものである。だから構造計算で安全が確かめられさえすれば、いくら延べ面積が大きくても差支えないこととされている。しかし、近頃の世の中で、のんびりと"れんが造"とか"石造"とかを積みあげている現場があろうか。「明治は遠くなりにけり」である。そういえば、消防庁（総務省）の前にあった、れんが造の最高裁判所の旧庁舎も取り壊されてすでにない。

〈建築基準法第21条〉
（大規模の建築物の主要構造部）
第21条　次の各号のいずれかに該当する建築物（その主要構造部（床、屋根及び階段を除く。）の政令で定める部分の全部又は一部に木材、プラスチックその他の可燃材料を用いたものに限る。）は、その主要構造部を通常火災終了時間（建築物の構造、建築設備及び用途に応じて通常の火災が消火の措置により終了するまでに通常要する時間をいう。）が経過するまでの間当該火災による建築物の倒壊及び延焼を防止するために主要構造部に必要とされる性能に関する政令で定める技術的基準に適合するもので、国土交通大臣が定めた構造方法を用いるもの又は国土交通大臣の認定を受けたものとしなければならない。ただし、その周囲に延焼防止上有効な空地で政令で定める技術的基準に適合するものを有する建築物については、この限りでない。
　一　地階を除く階数が4以上である建築物
　二　高さが16mを超える建築物
　三　別表第一(い)欄(5)項又は(6)項に掲げる用途に供する特殊建築物で、高さ13mを超えるもの
　2　延べ面積が3,000m²を超える建築物（その主要構造部（床、屋根及び階段を除く。）の前項の政令で定める部分の全部又は一部に木材、プラスチックその他の可燃材料を用いたものに限る。）は、次の各号のいずれかに掲げる基準に適合するものとしなければならない。
　一　第2条第九号の二イに掲げる基準に適合するものであること。
　二　壁、柱、床その他の建築物の部分又は防火戸その他の政令で定める防火設備（以下この号にお

いて「壁等」という。）のうち、通常の火災による延焼を防止するために当該壁等に必要とされる性能に関して政令で定める技術的基準に適合するもので、国土交通大臣が定めた構造方法を用いるもの又は国土交通大臣の認定を受けたものによって有効に区画し、かつ、各区画の床面積の合計をそれぞれ3,000㎡以内としたものであること。

高さ、階数による制限　建築基準法第21条第1項は平成30年の法改正により対象となる建築物の高さ、階数が見直されたが、要求性能についても大幅な見直しが行われた。改正前は主要構造部に耐火建築物に要求される耐火性能が要求されていたが、改正後は、通常火災終了時間が経過するまでの間倒壊及び延焼を生じない性能が要求されることになった。この違いを分かりやすく説明すると、改正前は火災が自然鎮火するまで倒壊及び延焼を防止する性能が必要とされていたのに対し、改正後は、消防活動による消火措置がとられ、火災が終了するまでの間倒壊及び延焼しない性能を有していれば良いこととなった。この結果、要求される耐火時間を短縮することができ、主要構造部を準耐火構造とすることも可能となった**（第29－2図参照）**。

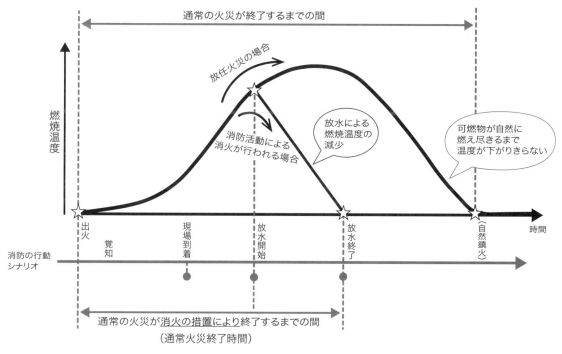

第29－2図　通常火災終了時間

　この要求性能を準耐火構造や特定避難時間倒壊等を防止できる建築物と比較してまとめると次の表のようになる。

主要構造部の要求性能

性能要件	主要構造部		法第21条第1項の規定に適合する建築物（建基令第109条の5第一号）	準耐火構造（建基令第107条の2）	準耐火構造のうち1時間準耐火基準に適合するもの（建基令第112条第2項）	特定避難時間倒壊等を防止できる建築物（建基令第110条第一号）
非損傷性	間仕切壁（耐力壁に限る。）		通常火災終了時間[※1]	45分間	1時間	特定避難時間[※1]
	外壁（耐力壁に限る。）		通常火災終了時間[※1]	45分間	1時間	特定避難時間[※1]
	柱		通常火災終了時間[※1]	45分間	1時間	特定避難時間[※1]
	床		通常火災終了時間[※1]	45分間	1時間	特定避難時間[※1]
	はり		通常火災終了時間[※1]	45分間	1時間	特定避難時間[※1]
	屋根（軒裏を除く。）		30分間	30分間	30分間	30分間
	階段		30分間	30分間	30分間	30分間
遮熱性	壁		通常火災終了時間[※1、2]	45分間[※2]	1時間[※2]	特定避難時間[※1、2]
	床		通常火災終了時間[※1]	45分間	1時間	特定避難時間[※1]
	軒裏（外壁によって小屋裏等と防火上有効に遮られているものを除く。）	延焼のおそれのある部分	通常火災終了時間[※1]	45分間	1時間	特定避難時間[※1]
		延焼のおそれのある部分以外の部分	30分間	30分間	30分間	30分間
遮炎性	外壁		通常火災終了時間[※1、2]	45分間[※2]	1時間[※2]	特定避難時間[※1、2]
	屋根		30分間	30分間	30分間	30分間

（※1）　通常火災終了時間又は特定避難時間が45分間未満である場合にあっては、45分間。
（※2）　非耐力壁である外壁の延焼のおそれのある部分以外の部分にあっては、30分間。

床面積による制限　　平成26年の建築基準法の改正で、法第21条第2項第二号が加わったため、大規模な木造建築物が大断面集成材などを活用して、耐火性の高い材料で被覆する等の措置によらない準耐火構造も可能になった。

　建築物は、防火・避難上さまざまな規制を受けている。防火に関する規制のうち主要構造部の制限には、高さや軒高、延べ面積の規模に応じた規制である建築基準法第21条、特殊建築物などの用途に応じた規制である同法第27条、防火地域・準防火地域などの立地に応じた規制である同法第61条・第62条がある。

　平成26年に、このうちの規模に応じた規制の同法第21条第2項、用途に応じた規制の同法第27条の改正が行われた。

　同法第21条第2項では、従来、延べ面積3,000m²を超える建築物の火災による被害を抑えることを目

的に耐火構造（建基法第2条第九号の二イ）とすることを義務づけていたが、この改正で、通常の火災による延焼を防止する性能を有する壁、柱、床等の建築物の部分又は防火設備（「壁等」という。）で、建築物を3,000m²以内ごとに区画することにより、主要構造部を耐火構造としなくとも建築できることとなった。

壁等の技術的基準及び構造方法については、政令（建基令第109条の5）、告示「壁等の構造方法を定める件」（平成27年国土交通省告示第250号）及び「壁等の加熱面以外の面で防火上支障のないものを定める件」（平成27年国土交通省告示第249号）に定められている（**第29−3図参照**）。

法21条2項に規定する延べ面積3,000m²を超える木造建築物については、3,000m²以内ごとに耐火性の高い壁、又は室（コアタイプ）で区画する（平成27年国土交通省告示第250号、第249号）。

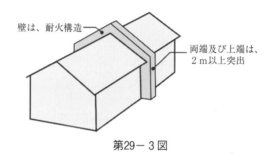

壁は、耐火構造

両端及び上端は、
2m以上突出

第29−3図

耐火建築物等の義務づけ

建築物を積極的に耐火建築物、準耐火建築物等にしなければいけないという規定を設けているのは、建築基準法上、第27条の特殊建築物の規定と第61条の防火地域及び準防火地域内の建築物にかかる規定の2箇所であろう。

（耐火建築物等としなければならない特殊建築物）

〈建築基準法第27条、別表第1〉

第27条　次の各号のいずれかに該当する特殊建築物は、その主要構造部を当該特殊建築物に存する者の全てが当該特殊建築物から地上までの避難を終了するまでの間通常の火災による建築物の倒壊及び延焼を防止するために主要構造部に必要とされる性能に関して政令で定める技術的基準に適合するもので、国土交通大臣が定めた構造方法を用いるもの又は国土交通大臣の認定を受けたものとし、かつ、その外壁の開口部であつて建築物の他の部分から当該開口部へ延焼するおそれがあるものとして政令で定めるものに、防火戸その他の政令で定める防火設備（その構造が遮炎性能に関して政令で定める技術的基準に適合するもので、国土交通大臣が定めた構造方法を用いるもの又は国土交通大臣の認定を受けたものに限る。）を設けなければならない。（略）

2　次の各号のいずれかに該当する特殊建築物は、耐火建築物としなければならない。（略）

3　次の各号の一に該当する特殊建築物は、耐火建築物又は準耐火建築物（略）としなければならない。（略）

別表第1　耐火建築物等としなければならない特殊建築物　（略）

いったい前記の囲みの中の引用条文は何ですか、肝心のところは全部（略）になっていてサッパリ判らんではないか、とお叱かりを受けるかも知れないが、チト我慢して下さい。略してあるところは原文で書くよりも整理して一覧表にした方が判りやすかろうと思って二度手間を省いたまでのことだ。

　第1項の規定は、平成26年の建築基準法の改正で新たに規定された。先に述べたように、大規模な建築物の主要構造部は防火上の制限を受けることから、鉄骨造や鉄筋コンクリート造などの耐火構造が主だった。

　近年、建築技術の発展や建築物のニーズの多様化に伴い、需要が落ち込んでいる国産材の利用を推進するため、主要構造部を木造とする公共施設が多くなってきた。文部科学省の統計によると、平成25年度に建築された学校施設（1,242棟）のうち936棟（75.4%）が木材を使用している。また、この936棟のうち、木造施設は254棟、木造でない施設のうち内装に木材を使用した施設は682棟（54.8%）になっている。

　また、「公共建築物等における木材の利用の促進に関する法律」が施行されたことや、木材の耐火性に関する研究が進んだこともあり、この改正が行われた。

　この改正で、3階建ての学校等について、建物内にいる者すべてが避難を終えるまで、火災による建築物の倒壊及び延焼を防止するために主要構造部に必要とされる性能が定められ（建基令第110条〜第110条の3）、国土交通大臣が定める構造方法として告示（平成27年国土交通省告示第255号）が示され、この仕様により木造3階建てが可能となったほか、延べ面積が3,000m²を超える大規模な建築物について、3,000m²以内毎に耐火性の高い壁等で区画することで木造の建築物とすることができるようになった**（第29−4図参照）**。

　令和2年にはこの告示第255号が大幅に改正され、次頁、次々頁の表のように主要構造部を避難時倒壊防止構造とする等の基準に適合すれば、多くの特殊建築物について従来の耐火建築物等以外の構造の建築物とすることができるようになった。

　また、これまで3階以上の階に特殊建築物の用途（法別表第1（い）欄(1)〜(4)の用途）に供する全てのものは規制対象だったが、平成30年の建築基準法改正により、階数3で延べ面積200m²未満の小規模建築物については規制対象から除外された。ただし、共同住宅、病院、ホテル等の就寝用途に供する建築物については、建築基準法施行令第110条の5の基準により警報設備を設けた場合に限り、適用除外となる。（建基令第110条の4）

　近頃では、旅館でも鉄筋で建てるというのは常識のようなものだが、一昔前は、まだ木造3階建旅館というのが全国の温泉場には沢山あって、むしろ3階建というと、なんと豪華な御殿のような、と評判になっていた頃だから、昭和34年に法律に別表が設けられ（それまでは法第27条に箇条書きだった。）、旅館まで耐火建築にしなければならなくなったときには、ああこれで木造建築の情緒はなくなってしまうのか、と感慨にむせぶ人が多く、中には和室の宿泊室まで無くなってしまうように思い過ごした人もあった程である。これは、ちょうど消防法施行令第34条の改正（昭和44年3月）で、病院、旅館には自動火災報知設備を既存防火対象物であってもさかのぼって適用（「遡及適用」という。ソキュウテキヨウと読む。）し、その設備を義務づけたときと同じように旅館業界にとっては、当時の大問題であったのである。

建基法第27条の規定による特定避難時間倒壊等を防止できる建築物とすることで、特殊建築物の多くの用途について木造建築物とすることができる。構造方法は、建基令第110条から第110条の3までと、平成27年国土交通省告示第255号に定められている。下図は、共同住宅の適合仕様の例を示したもの。

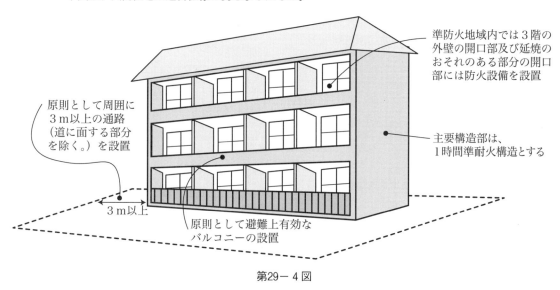

準防火地域内では3階の外壁の開口部及び延焼のおそれのある部分の開口部には防火設備を設置

原則として周囲に3m以上の通路（道に面する部分を除く。）を設置

3m以上

原則として避難上有効なバルコニーの設置

主要構造部は、1時間準耐火構造とする

第29-4図

耐火建築物等としなければならない特殊建築物

用途	規模、階数等	主要構造部	開口部に設ける防火設備	
			延焼のおそれのある部分	他の開口部からの火炎が到達するおそれのある開口部[6]
映画館、映画館、演芸場、観覧場、公会堂、集会場	・3階以上の階に用途部分があるもの[1] ・客席の床面積が200m²以上 ・主階が1階にないもの[1,2]	・耐火構造等	・20分間防火設備（片面遮炎性）	
		・避難時倒壊防止構造[3]		・上階延焼抑制防火設備
下宿、共同住宅、寄宿舎	・4階以上の階に用途部分があるもの	・耐火構造等	・20分間防火設備（片面遮炎性）	
		・避難時倒壊防止構造[3]		・上階延焼抑制防火設備
	・3階に用途部分があるもの[1]	・耐火構造等 ・1時間準耐火構造[4]		
		・避難時倒壊防止構造[3]		・上階延焼抑制防火設備
	・2階の用途部分が300m²以上	・耐火構造等 ・準耐火構造等		
		・避難時倒壊防止構造[3]		・上階延焼抑制防火設備

病院、診療所、ホテル、旅館、児童福祉施設等	・3階以上の階に用途部分があるもの※1	・耐火構造等	・20分間防火設備（片面遮炎性）	
		・避難時倒壊防止構造※3		・上階延焼抑制防火設備
	・2階の用途部分が300m²以上	・耐火構造等 ・準耐火構造等		
		・避難時倒壊防止構造※3		・上階延焼抑制防火設備
学校、体育館、博物館、美術館、ボーリング場、スキー場、スケート場、水泳場、スポーツの練習場	・4階以上の階に用途部分があるもの	・耐火構造等	・20分間防火設備（片面遮炎性）	
		・避難時倒壊防止構造※3		・上階延焼抑制防火設備
	・3階に用途部分があるもの※1	・耐火構造等		
		・1時間準耐火構造※5		・防火設備（両面遮炎性）※7
		・避難時倒壊防止構造※3		・上階延焼抑制防火設備
	・2階以下で用途部分が2000m²以下	・耐火構造等 ・準耐火構造等		
		・避難時倒壊防止構造※3		・上階延焼抑制防火設備
百貨店、マーケット、展示場、キャバレー、カフェー、ナイトクラブ、バー、ダンスホール、遊技場、公衆浴場、待合、料理店、飲食店、物品販売店業を営む店舗	・3階以上の階に用途部分があるもの※1 ・用途部分が3000m²以上	・耐火構造等	・20分間防火設備（片面遮炎性）	
		・避難時倒壊防止構造※3		・上階延焼抑制防火設備
	・2階の用途部分が500m²以上	・耐火構造等 ・準耐火構造等		
		・避難時倒壊防止構造※3		・上階延焼抑制防火設備
倉庫	・3階以上の用途部分が200m²以上	・耐火構造等	・防火設備（両面遮炎性）	
	・用途部分が1500m²以上	・耐火構造等 ・準耐火構造等		
自動車車庫、自動車修理工場、映画スタジオ、テレビスタジオ	・3階以上に用途部分があるもの	・耐火構造等	・防火設備（両面遮炎性）	
	・用途部分が150m²以上	・耐火構造等 ・準耐火構造等		

※1　階数3で延べ面積200m²未満のもの（共同住宅等の就寝用途に供するものは警報設備を設けた場合に限る。）を除く。
※2　劇場、映画館、演芸場に限る。
※3　自動火災報知設備の設置、建物周囲に幅員3m以上の通路の設置などの要件を満たすものに限る。
※4　各宿泊室等にバルコニーを設置するなどの要件を満たすものに限る。
※5　建物周囲に幅員3m以上の通路を設けたものに限る。
※6　平成27年国土交通省告示第255号第1第一号ロに該当するもの。
※7　スプリンクラー等が設けられた室、天井を不燃化した室等の開口部は他の開口部から除外。

木造大規模ドームの場合は

ここで読者は不審に思われることがあるに違いない。それは長野のオリンピック・スケート会場に用いられた建築物は、観覧場で客席が200m²以上あるから耐火建築物でなければならないのに、木造だったからである。

もっとも、木造であっても大断面木造といって簡単には燃えない構造となっている。木材は細くするほど、薄くするほど燃えやすくなるが、大きな断面の部材を用いると燃えにくくなる。表面は燃えても内部までは火が入らないからだ。そこで表面から2.5cmの部分は、燃えてしまうとして構造上の安全が確かめてある。これを「燃えしろ設計」という（106頁以降参照）。

このような特殊な設計は、旧建築基準法第38条の規定により建設大臣が直々に認定をしていたが、平成12年の性能規定化に伴い、旧第38条は廃止されてしまった。（なお、この第38条の規定は平成26年の建築基準法の改正で復活している。）それに代えて、建築基準法には「耐火性能検証法」（83頁参照）なる規定が設けられて、木造でもこの検証を経たものは耐火建築物（建基法第2条第九号の二イ(2)）として認められることとなった。

状態規定と行為規定

ここでチョットむずかしい理屈をいうようだが、内容はそれほどでもないから安心して読んで欲しい。さっきの表でみると、3階以上の階に「バー」を設けるには、耐火構造等でなければならないことになっていますね。もちろん最初から3階にバーを設けるといって申請すれば、設計が耐火構造等になっていない限り建築確認はおりるわけがない。ところがこの世の中、決してビルの用途は不変ではないのである。マンションが建っても、いつの間にやら事務所ばかりという例も多々ある。マンションは住宅として建てるので税金も安いし、敷金や家賃も事務所ビルを借りるよりは安い。それにトイレも流しもついている、というので住宅として借りながら設計事務所や会計事務所に化けてしまうのだ。このように建築物としては改築工事を伴うこともなく存続しているが、用途の変更はチョイチョイあり得る。駅前のパチンコ屋がいつの間にかコンビニになっていたりすることもある。この用途変更は、建築行為を伴うことなく、ウッカリしていると一夜のうちに変ってしまうので、実態は捉まえにくい。防火対象物の用途が変われば、消防用設備等の設置基準も変わる場合があるから、予防担当としては、なるべく実態を捉まえていなければいけないが、都会の激しい動きには、なかなかついていけないことが多い。建築基準法でも用途の変更について確認申請を出させる場合がある（建基法第87条）が、例にあげた3階のバーは、かつては申請の義務がなく、準耐火のビルの3階にバーが設けられても、ウッカリすると気がつかないことが多かった。しかし、昭和51年の建築基準法の改正でそのような場合も用途変更の確認申請を出させることとなった。

このような場合に対する法律上の考え方としては、建築基準法では第48条のように「商業地域内においては、……に掲げる建築物は、建築してはならない。」と建築する行為（工事）を制限したものと、第27条のように「……の建築物は、耐火建築物としなければならない。」というように単に建築行為だけを制限するだけではなく、常時そのような状態でなければならない、というような規定にしたものとが区別されている。そこで前者を"行為規定"といい、後者を"状態規定"と呼んでいるのだ。だから、単に建築するときさえ適法であれば、後はどのように用途変更してもかまうものか、という考え方

は通用しないのだ。

既存建築物の特例　先述の木造3階建の旅館のように、昔は別に違反でも何でもなくて、いくらでも建築できたものが、法律が改正されて一ぺんに木造は禁止され耐火建築でなければいけないこととされてしまうと、それでは改正されたときに存在していた木造旅館はどうなるかというと、法律は、さかのぼって適用されないという「法律不遡及の原則」があるから、決して違反に問われることはない。だから直ちに取り壊してしまわなければならないということはあり得ないわけだ。しかし、それらの建築物は「既存不適格建築物」といって、違反ではないが、それかといって法律の規定にすべて適合しているわけでもない、という状態にある。ところが増築とか改築をする場合には、不遡及の特典は打ち切りとなり現行の法令が適用されることになる（建基法第3条第3項第三号）。消防法でも同じことで、消防用設備等の設置維持義務についても、〔既存防火対象物の特例〕として消防法第17条の2の5第1項の規定により既存不適格の原則が定められているが、防火対象物の増改築をする場合には、同条第2項第二号の規定によりすべて消防用設備等を適法の状態に改めなければならないのだ。なお、消防法の既存対応については、いろいろ難しいところがたくさんあるのは知っているね、これらについては303頁で詳しく説明する。

　それでは、大きな木造建築物で法令上の既存不適格であるものに僅か5㎡や10㎡でも増築したならば、すべて現行法が適用されることになるのだろうか。木造が禁止され耐火建築にしなければいけない、となったときに、「現行法を適用する」ということは、もともと木造であったものは、そのままでは増築することができない、すなわち全部を取り壊して耐火で建て直せ、ということにほかならない。これでは、いくら何でも法律は少しきびしすぎるのではないか、という批判も生じよう。そこで建築基準法では、第86条の7で（既存建築物に対する制限の緩和）措置として「第3条第2項の規定により……第27条……の規定の適用を受けない建築物について政令で定める範囲内において増築、改築、大規模の修繕又は大規模の模様替をする場合においては、第3条第3項第三号及び第四号の規定にかかわらず、これらの規定は適用しない。」という規定を設けて、小規模の増築や改築は認めるようにしている。その範囲は、建築基準法施行令第137条の4に規定されているように「50㎡を超えないこと」である。しかし増築部分は、劇場の客席、病院の病室、学校の教室その他の特殊建築物の主な用途に供する部分であってはならない。また、50㎡ずつ何度も何度も増築すれば限りがないので、始めて法律の規定に適合しないこととなった時期、すなわち法律が改正されたりしてそれが施行され不適格となった時期（これを「基準時」という。消防法令でも、消防法施行令第34条の2第2項に「基準時」の定義が設けられている。）を基準として、50㎡の計算をすることとなる。従って、一度50㎡の増築を行えば、もうそれ以上は認められないのだ。

14 防火地域・準防火地域・22条区域

防火上の地域指定　ここで防火地域の話をするのは、やや唐突な感じがしないではないが、防火・準防火地域では、耐火・準耐火等が要求されるので、この際ここで続けて説明をすることにする。

　防火地域・準防火地域は、市街地の火災を防除するため、都市計画で定める地域であって、市町村がこれを定める。昭和43年に都市計画法が改正されるまでは、建設大臣が指定することとされており、指定する場合には、あらかじめ消防庁長官の意見を聞かなければならない、こととされていた。この頃はとにかく上京して建設省やら消防庁の担当者の印をもらわないことには、都市計画が進まなかった。いわゆる中央集権という制度だったが、改正法では全面的に地方自治を採用して一挙に市町村の権限としてしまった。だから、もう大臣が決めるのではなく、消防も建築も含めた地元の担当者が知恵を出しあって都市計画を作ることとなる。旧法で建設大臣が指定するときに消防庁長官の意見を聞いていたように、自分の市町村の責任で決めるのだから、消防部局も関心を深めて欲しいものだと思う。ただし、

防火地域の指定は単に広ければ広い程良いというものではない。後で述べるように厳しい建築構造制限を加えるのだから、あまり無理をしてみても違反ばかりとなるおそれがある。守られもしないのに、ただ広域に指定して1人で満足していても仕方がないから、むしろ地域を限定して徹底して指導した方が効果が挙るし、必要とあらば逐次指定を拡げていくような方法が望ましい。一般には中心市街地で地価も高く土地の高度利用が図られるような地域、経済力の優れた地域で建築活動が活発に行われそうなところに防火地域を指定して建築活動を不燃化に誘導するような方策をとることが多い。また地盤についても配慮を払っておかないといけない。軟弱地盤に無理に鉄筋ビルを建てさせて、あちこちで傾斜ビルが発生したりするようなことになっては困

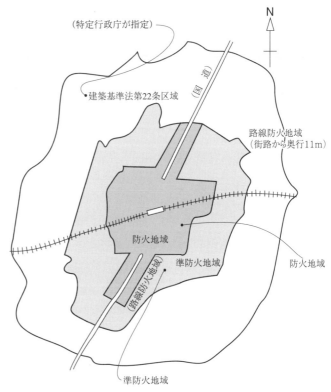

（特定行政庁が指定）

・建築基準法第22条区域

路線防火地域
（街路から奥行11m）

防火地域

準防火地域

防火地域

路線防火地域

準防火地域

第30図　建築基準法第22条区域のイメージと規制

る。また、防火地域は、主要街路沿いに路線状に指定することもある。これまでは街路から奥行11mの幅で指定されていることが多かった。これは、昔の尺貫法で6間（1間＝1.8m）が根拠となっているもので、その（1.8×6）すなわち10.8mを11mとしたものである。準防火地域は、防火地域の外側を取り囲むように指定することが多い。都市計画図があったら、調べてみると、例えば防火地域は赤色で、準防火地域はピンク色で塗って表示されていたりする。

　建築基準法では、第22条でさらにその外側に地域指定をして木造建築の防火措置をするようになっている。この地域は、これといった名称がないものだから、一般には「**法第22条区域**」と呼んでいることが多い。この法第22条区域を指定するのは、特定行政庁であって市町村ではない。「特定行政庁」とは、建築基準法によく出てくる用語であって、前にも説明したかとも思うが「建築主事をおく市町村の区域については当該市町村長、その他の市町村の区域については都道府県知事（建基法第2条第35号）」のことである。この区域は都市計画上の区域ではないが、指定をする場合は「あらかじめ、都市計画区域内にある区域については都道府県又は市町村に置く都市計画審議会の意見を聞き、その他の区域については関係市町村の同意を得なければならない。」こととされている。

〈都市計画法〉（抄）

（地域地区）

第8条　都市計画区域については、都市計画に、次に掲げる地域、地区又は街区を定めることができる。

　　五　防火地域又は準防火地域

第9条

21　防火地域又は準防火地域は、市街地における火災の危険を防除するため定める地域とする。

〈建築基準法第22条〉

　特定行政庁が防火地域及び準防火地域以外の市街地について指定する区域内にある……（略）

防火地域内又は準防火地域内の建築物

　従来、防火地域内では、階数3以上又は延べ面積100m²超の建築物は耐火建築物とし、それ以外の建築物も原則として耐火建築物又は準耐火建築物としなければならなかった。また、準防火地域内では、地上4階以上又は延べ面積1500m²超の建築物は耐火建築物とし、地上3階又は延べ面積500m²超1500m²以下の建築物は耐火建築物又は準耐火建築物等とし、その他の建築物も外壁、軒裏の延焼のおそれのある部分を防火構造（開口部がある場合は防火設備を設置）としなければならなかった。

　平成30年の建築基準法改正により、これらの制限が性能規定化され、延焼防止時間（通常の火災による周囲への延焼を防止することができる時間）が耐火建築物又は準耐火建築物に適合すると仮定して算出した延焼防止時間以上であれば、耐火建築物又は準耐火建築物以外の建築物でも建てられるようになった。その基準や適合仕様が建築基準法施行令第136条の2及び令和元年国土交通省告示第194号（防火地域又は準防火地域内の建築物の部分及び防火設備の構造方法を定める件）に定められている。

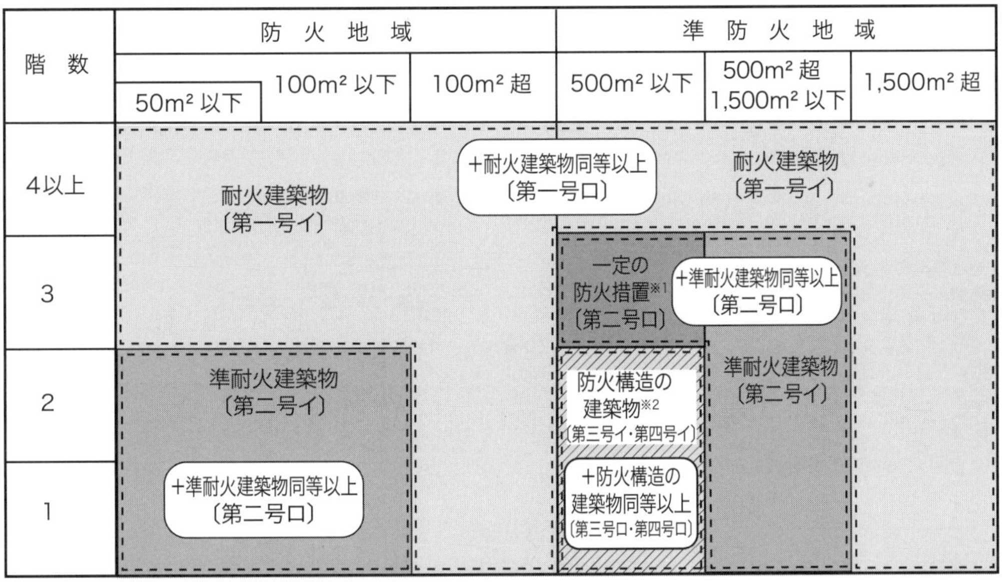

階　数	防　火　地　域			準　防　火　地　域		
	50m²以下	100m²以下	100m²超	500m²以下	500m²超 1,500m²以下	1,500m²超
4以上	耐火建築物〔第一号イ〕		+耐火建築物同等以上〔第一号ロ〕		耐火建築物〔第一号イ〕	
3				一定の防火措置※1〔第二号ロ〕	+準耐火建築物同等以上〔第二号ロ〕	
2	準耐火建築物〔第二号イ〕			防火構造の建築物※2〔第三号イ・第四号イ〕	準耐火建築物〔第二号イ〕	
1	+準耐火建築物同等以上〔第二号ロ〕			+防火構造の建築物同等以上〔第三号ロ・第四号ロ〕		

※1：①隣地境界線等から1m以内の外壁の開口部に防火設備、②外壁の開口部の面積は隣地境界線等からの距離に応じた数値以下、③外壁を防火構造とし屋内側から燃え抜けが生じない構造、④軒裏を防火構造、⑤柱・はりが一定以上の小径、又は防火上有効に被覆、⑥床・床の直下の天井は燃え抜けが生じない構造、⑦屋根・屋根の直下の天井は燃え抜けが生じない構造。
　　　⑧3階の室の部分とそれ以外の部分とを間仕切壁又は戸で区画することが必要。
※2：木造建築物等の場合は、外壁・軒裏を防火構造とし、かつ、外壁開口部に20分間防火設備を設けた建築物とする〔第三号イ〕。木造建築物等以外の場合は、外壁開口部に20分間防火設備を設けた建築物とする〔第四号イ〕。

第31図　令第136条の2の概要

この告示第194号のうち第1、第3〜第6及び第8の規定は従来の基準を改めて定めたものであり、第7も門又は堀の規定で従来の基準を見直して定めたものである。新設の基準は第2第1項第一号であり、耐火建築物と延焼防止時間が同等以上の3階建ての建築物の基準を定めたものである。その概要は次頁の表の通りである。

3階建ての耐火建築物同等以上の建築物の適合仕様の概要（第2第1項第一号）

用途[※1]	主要構造部等への要求性能						条件となる仕様			
	外壁、屋根等			内部						
	外壁・軒裏	屋根	外壁開口部の防火設備	間仕切壁、柱など	階段	述べ面積	外壁開口部の開口率	スプリンクラー設備等	区画面積	
共同住宅、ホテル等[※2]	90分間準耐火構造	準耐火構造	防火設備		準耐火構造		セットバック距離 s（m）に応じた開口率制限 $\left(\begin{array}{l} s \leq 1 \to 0.05 \\ 1 < s \leq 3 \\ \to s/10 - 0.05 \\ 3 < s \to 0.25 \end{array} \right)$	必要	100m²以下
物品販売業を営む店舗	90分間準耐火構造		30分間防火設備	1時間準耐火構造		3,000m²以下			500m²以下
事務所、劇場等、学校等、飲食店[※3]	75分間準耐火構造		防火設備						500m²以下
戸建住宅[※4]	75分間準耐火構造		防火設備	準耐火構造		200m²以下		—	—

※1：可燃物量の多い倉庫、自動車車庫等（法別表第1(5)、(6)項用途）を除く。　※2：法別表第1(2)項用途
※3：法別表第1(1)、(3)又は(4)項用途（物販店舗以外）
※4：竪穴部分を準耐火構造の床、壁、10分間防火設備で区画する

　また、防火地域内又は準防火地域内の建築物の屋根は、市街地における火災を想定した火の粉による火災の発生を防止する性能を有する構造とするため、不燃材料で造るかふく等の構造とする必要である（建基法第62条）。

　さらに、同法第64条により防火地域内では看板等の工作物は屋上に設けるもの（高さによらず全て）又は高さが3m超の場合には不燃材料で造る等の措置が必要である。

防火地域及び準防火地域内の建築物

〈建築基準法第5節〉（抄）

（防火地域及び準防火地域内の建築物）

第61条　防火地域又は準防火地域内にある建築物は、その外壁の開口部で延焼のおそれのある部分に防火戸その他の政令で定める防火設備を設け、かつ、壁、柱、床その他の建築物の部分及び当該防火設備を通常の火災による周囲への延焼を防止するためにこれらに必要とされる性能に関して防火地域及び準防火地域の別並びに建築物の規模に応じて政令で定める技術的基準に適合するもので、国土交通大臣が定めた構造方法を用いるもの又は国土交通大臣の認定を受けたものとしなければならない。ただし、門又は塀で、高さ2m以下のもの又は準防火地域内にある建築物（木造建築物等を除く。）に附属するものについては、この限りでない。

（屋根）

第62条　防火地域又は準防火地域内の建築物の屋根の構造は、市街地における火災を想定した火の粉による建築物の火災の発生を防止するために屋根に必要とされる性能に関して建築物の構造及び用途の区分に応じて政令で定める技術的基準に適合するもので、国土交通大臣が定めた構造方法を用いるもの又は国土交通大臣の認定を受けたものとしなければならない。

（看板等の防火措置）

第64条　防火地域内にある看板、広告塔、装飾塔その他これらに類する工作物で、建築物の屋上に設けるもの又は高さ3mを超えるものは、その主要な部分を不燃材料で造り、又は覆わなければならない。

防火地域又は準防火地域の特別規定

　以上の一般的な規定のほか、防火地域又は準防火地域についての特別の規定があるので紹介しておこう。

(1)　防火・準防火地域内で外壁が耐火構造であるものは、外壁を隣地境界線に接して設けることができる（建基法第63条）。これは民法第234条の規定「建物を築造するには、境界線から50cm以上の距離を保たなければならない。」の特則といわれるものである。しかし、民法第236条には「異なる慣習があるときは、その慣習に従う」とされているので、もともと市街地内で隣地境界線に接して建築をする慣習のある商店街などでは、木造であっても境界ギリギリまで建築することができることがある。

(2)　建築物が、防火・準防火の地域内外にわたる場合は、防火・準防火の厳なる規定を適用する（建基法第65条）。しかし、厳しい地域の外側で防火壁によって区画されている場合は、防火壁外の部分は外側の地域の規定が適用される。

(3)　防火地域又は準防火地域内の耐火建築物、準耐火建築物又はこれらと同等以上の延焼防止性能を有する建築物については建蔽率（建築面積の敷地面積に対する割合）制限が緩和される（建基法第53条第3項、第6項）。

(4)　建蔽率の制限で防火地域内の緩和措置を適用する場合、敷地内の建築物が全部耐火建築物又はこれと同等以上の延焼防止性能を有する建築物でないと緩和できない（建基法第53条第7項）。

法22条区域内の建築物

　この法第22条区域は、先にチョット説明しておいたように防火・準防火地域の外側に広く指定されることが多い。規制内容は、準防火地域内の木造建築物よりも、ややゆるやかになっている。屋根の不燃化は、準防火地域とほとんど変わらないが、ただし書による緩和措置がある。外壁は、防火構造（非損傷性30分）とまでしなくても差支えないが延焼防止上効力のある構造（準防火構造、非損傷性20分）が要求される。例えば、土塗真壁造で裏返塗りをしたものは、防火構造であるが、第23条の場合には、単に土塗壁と書いてあるので、裏返塗りのないものでもよい。また開口部に防火設備を設ける規定は設けられていないので、防火設備までは要求されない。これは防火・準防火地域とは大きく異なる点である。

　なお、建築物がこの区域の内外にわたる場合は、全部が区域内にあるものとして規定の適用を受ける（建基法第24条）。

法第22条区域内の建築物

〈建築基準法第22条から第24条まで〉

（屋根）

第22条　特定行政庁が防火地域及び準防火地域以外の市街地について指定する区域内にある建築物の屋根の構造は、通常の火災を想定した火の粉による建築物の火災の発生を防止するために屋根に必要とされる性能に関して建築物の構造及び用途の区分に応じて政令で定める技術的基準に適合するもので、国土交通大臣が定めた構造方法を用いるもの又は国土交通大臣の認定を受けたものとしなければならない。ただし、茶室、あずまやその他これらに類する建築物又は延べ面積が10㎡以内の物置、納屋その他これらに類する建築物の屋根の延焼のおそれのある部分以外の部分については、この限りでない。

（外壁）

第23条　前条第1項の市街地の区域内にある建築物（その主要構造部の第21条第1項の政令で定める部分が木材、プラスチックその他の可燃材料で造られたもの（（中略）以下「木造建築物等」という。）に限る。）は、その外壁で延焼のおそれのある部分の構造を、準防火性能（建築物の周囲において発生する通常の火災による延焼の抑制に一定の効果を発揮するために外壁に必要とされる性能をいう。）に関して政令で定める技術的基準に適合する土塗壁その他の構造で、国土交通大臣が定めた構造方法を用いるもの又は国土交通大臣の認定を受けたものとしなければならない。

　　◆建設省告示＝平成12年第1362号（略）

（建築物が第22条第1項の市街地の区域の内外にわたる場合の措置）

第24条　建築物が第22条第1項の市街地の区域の内外にわたる場合においては、その全部について同項の市街地の区域内の建築物に関する規定を適用する。

15 大規模木造建築物の防火措置

かつては木造建築物の国だったが

日本は木材の産出国であって、かつては、これに代わる建築材料が存在しなかったことから、ほとんどの建築物は木造であり、土蔵造のような構造のものは少なかった。その結果、一たび火災が発生すると大火となる可能性が高かった。それは大正12年（1923）の関東大震災で10万人に達する死者を出したことでも判るし、第2次大戦末期の大空襲で全国の諸都市が灰となったことでも判る。

そこで、建築物の不燃化が国を挙げて推進されたのであった。昭和30年頃は、まだ着工建築物の8割以上が木造建築物であったが、昨今では木造は4割程度になっている（着工床面積ベース）。

しかし、ストックとしての建築物は、まだまだ木造が多い。

ところで、木造建築物が多いのだから、それにつれて火災の発生も多いものだろうか。消防白書によると、わが国の諸都市の火災発生率は、欧米と比べて遥かに少ない。私が消防庁にいた頃、国会の先生の所へ火災統計を届けに行くと、外国よりも火災発生率が少ないのをみて、「1桁書きまちがえたのではなかろうな」と念を押された程である。

ま、統計というのは、どの程度のものから火災として取り扱うかという基準によっては数字が変るものだから、多少の割引きは必要かも知れない。刑法上の「失火罪」がある日本では、小火は隠される傾向にあるのに対して、欧米では失火罪がなく火災は単なるミステークと考えられており、しかも保険が普及していて、僅かの焼け焦げでも、火事だ、火事だと騒いで、保険会社から保険金を取ろうとするらしい。そんなことも影響しているかも知れない。

わが国の建築着工（着工床面積）

（単位1,000m²）

年／区分	木　造	非木造
昭和30年	27,683（81.6%）	6,237（18.4%）
35	37,547（61.6%）	29,914（38.9%）
40	50,149（49.0%）	52,151（51.0%）
45	83,747（40.8%）	121,287（59.2%）
50	91,916（46.8%）	104,376（53.2%）
55	90,301（40.9%）	130,672（59.1%）
60	70,262（35.1%）	130,151（64.9%）
平成2年	85,397（30.1%）	198,024（69.9%）
13	64,449（35.7%）	116,644（64.3%）
26	53,498（39.9%）	80,523（60.1%）
令和2年	49,775（43.5%）	64,525（56.5%）

国土交通省「建築物動態統計年報」

何故、木造振興なのか

建築物の不燃化が進んで大いに結構と思っていたら、近頃は木造の振興が叫ばれ始めた。一見、不燃化に逆行するように思えるのだが、それには訳がある。

一つは木造文化の保存・伝承である。千年以上にわたって発展して来た日本の素晴しい木造文化を、このまま衰退させ、滅びさせてしまっても良いものであろうか。決してそんなことはない。という考え

諸都市の火災発生状況

国名	都市名	人口	出火率	死者発生率
		（万人）	（人口1万人当たりの出火件数）	（人口100万人当たりの死者数）
日　　　本	東　　　京	1,372	3.0	7.9
〃	京　　　都	141	1.5	29.1
韓　　　国	ソ　ウ　ル	1,007	6.8	5.3
台　　　湾	台　　　北	267	8.1	6.0
中　　　国	香　　　港	748	8.5	2.3
ア　メ　リ　カ	サンフランシスコ	83	19.0	6.0
〃	ロ サ ン ゼ ル ス	379	23.6	5.3
イ ギ リ ス	ロ　ン　ド　ン	833	25.7	5.3
ド　イ　ツ	ハ ン ブ ル ク	181	63.2	7.2
フ ラ ン ス	パ　　　　リ	664	20.9	5.7

消防白書より　日本は令和2年4月、アジアの各都市は2018年、欧米の各都市は2012年

方だろう。

　もう一つは木材の供給力の向上である。日本人は昭和48年、年間1人1m³の木材を消費していた。これには燃料用の薪・炭も含まれていたから、その分が減る一方、紙の需要が増え、平成24年には、0.55m³程度となっている。

　それでも年間に74万m³程度となる。そのうち国産材は約1／3で、他は輸入材である。かつては、輸入額の1位は石油、2位は木材という時代もあった程である。ところが、日本で戦後、営々と植林に励んだ結果、その植林が揃って伐採可能となり始めた。

　木材というのも生物であるから、伐採には年頃というものがある。それをアタラ過ごしてしまうと老木、古木となって木材としての役には立たなくなってしまう。そこで国産材を大いに活用しようでないか、との気運が平成に入って高まってきた。

　それならば、いっそのこと輸入木材を減らしてしまえば良さそうなものだが、価額の問題もあって、そうはいかない。それ以上にアワテたのはアメリカである。ただでさえ、貿易は不均衡と言っているアメリカが、日本に大量に輸出しているのは木材だからである。

　それが輸出不振となったらどうするか。アメリカが、林産物協議とかで、3～4階のホテルや共同住宅も木造で建てろ、建築基準法を改正して木製防火戸を認めろ、と要求してきたのは、そんな背景があったからである。

　国産材だけで、国内の需要をまかなうだけの木材は十分供給できると聞けば、アメリカが驚くのは無理もない。

木材の供給状況（2019）

国産材	33.4%
輸入材	66.6%
（内訳）	
米材	15.3%
区分　アメリカ	8.1%
カナダ	7.2%
北洋材（ロシア）	3.5%
南洋材	7.0%
マレーシア	3.1%
インドネシア	3.6%
その他	0.3%
欧州材	8.4%
その他	32.4%

（令和元年　林業白書）

新しい木造技術は火に強い

如何に木造振興と言えども、再び日本の街を燃えやすい街に戻すことは考えられない。そこでアメリカが主張するのは、新しく火に強い木造工法や技術を開発して、木材の需要そのものを拡大しようではないか、ということである。

たとえば、木材の構造部（柱・はり、床、壁等）を完全に**防火被覆**して、火が入らないようにしてしまう工法。この工法を応用すれば3～4階建ての共同住宅等も安全に建てることは、さして困難なことではない。

超高層ビルは、多くが鉄骨造である。鉄は不燃材料だから火に強そうだが、実は火熱にあうと赤熱して耐力は急に減少する。500℃で2分の1、800℃で3分の1、1,000℃を超えたら耐力は期待できないのである。そんな鉄骨で超高層ビルが建てられるのは、防火被覆がしっかりしているからである。新しい木造は、この手法を採用しているのである。

大断面構造は燃えしろ設計

ところでもう一つ、以前は木造建築物は、**高さ13m**（軒の高さ9m）以下という制限があった。これは特例許可の途もなく絶対的な制限とまで言われてきたものだ。それが技術的基準に適合するものは、その高さ制限を越えることができるようになったのである。準防火地域3階建てと同じ時期の改正だ。

そんな大規模な木造建築物をどうやって建てるのか。それが面白いことに、柱・はりという構造部材に「**大断面**」のものを使用することという条件がついている。燃えやすい木材を大量に使用するというのは、やや逆説的な感じもするが、木材でも細いものは燃えやすい。体積の割に表面積が増えるからだ。反対に、太い材料は、燃え難い。丸太のままで燃やしたのと、薪を細かく割ったものとでは、どちらが燃えやすいか、誰れにでも判ることだ。

建築基準法では具体的に、部材の断面は300cm²以上（例えば、15cm×20cm）、かつ、小径（細い方の幅）は15cm以上という断面が規定されている。

大断面の柱やはりは、実際に火災にあっても燃え難く、たとえ火が着いても内部までは火が入り難い。それでも表面が焦げる。そこで「**燃えしろ設計**」といって、表面は多少燃えて耐力を失ったとしても、なお構造的に安全であるという設計をするわけである。すなわち、表面が燃えてしまっても、燃え残った部分で十分な耐力を確保できる大きな断面積の部材を使用するのだ。

集成材は天然材よりも強く優れている

さて、大規模な木造建築物が、法的には認められたとしても、果たして、そのような建築物を構築することができる木材が取得できるものであろうか。天然材では、とても無理である。あの奈良の大仏殿でも、1本ものの柱は得られないため、多くの材を重ね合せ、継ぎあわせて丸柱のようにみせている。それは柱の要所に鉄輪がはめてあることからも判る。

そのような手法を近代化したのが「**集成材**」である。何しろ近頃の接着剤は進んでいるから、その信頼性は極めて高い。そこで通常「ラミナー」と呼ばれる木材の小片を貼り合わせていけば、幾らでも太く長い部材を作り出すことができるのである。

ところで、良くある勘ちがいは、集成材は廃材から作られているのではないかという誤解である。確かにラミナーは木材の小片であるが、裁断の屑ではない。天然材である木材は、力学的にも均質ではなく、節とか割れ、腐れ等が混じっている。そこで、一たん天然材を細断し、そこから節その他の欠点部分を全部カットしてしまった良質の部分のみを、ラミナーとして選別しているのである。従って、集成材は、天然材のうちの良質部分のみを集めてこしらえた**工場生産部材**といえるのである。しかも、断面の大きさ、長さ又はカーブ状などの形状に至るまで、自由自在に作り出すことができ、しかも、将来、反り、割れという天然材の持つ欠点を発生させないという特色も持っている。

建築基準法上は、そのような特色を評価して、**許容応力度**上でも大幅な割増しを認めている。たとえば、からまつの長期圧縮許容応力度は70kgであるものを、集成材（特級）では、50％増しの105kgと指定している。

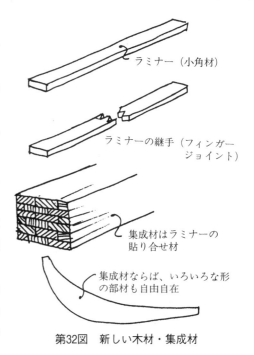

ラミナー（小角材）

ラミナーの継手（フィンガージョイント）

集成材はラミナーの貼り合せ材

集成材ならば、いろいろな形の部材も自由自在

第32図　新しい木材・集成材

このような集成材は、新しい木材の活用方法であり、木材の利用範囲を拡大するのに大いに役立っている。これも、木造の新技術の一つだ。このようにして、これからは新技術・新工法によって、大規模木造建築物が増えていくことであろう。

なお、この新工法によるものは、防火壁の設置等の規定の適用上、ただし書による特例の適用を受けられることがある。

大規模木造建築物の構造　　大規模木造建築物は、建築基準法第21条によって、高さ、階数、延べ面積に制限があることは前に述べたところであるが、そのほかに延焼のおそれのある部分の外壁・軒裏を防火構造とし、屋根を不燃化することが要求される（建基法第25条）。ただし、開口部の防火設備までは要求されていない。

大規模木造建築物の構造
〈建基法第25条〉
（大規模の木造建築物等の外壁等）
第25条　延べ面積（同一敷地内に２以上の木造建築物等がある場合においては、その延べ面積の合計）が1000㎡を超える木造建築物等は、その外壁及び軒裏で延焼のおそれのある部分を防火構造とし、その屋根の構造を第22条第１項に規定する構造としなければならない。

木造建築物の防火壁又は防火床

主要構造部を耐火構造とした建築物や準耐火建築物は、別に防火区画の規定（建基令第112条）があるので防火壁・防火床の規定は適用されない。他に畜舎等についても、適用除外の措置がある。

防火壁又は防火床の構造は、建築基準法施行令第113条に規定されているが、その概要は次のとおりである（**第33－1図、第33－2図参照**）。

(1) 防火壁又は防火床が耐火構造でなければならないのは当然であるが、構造上の要点は自立する構造とすることである。防火壁が両側の木造建築物によって支えられているようだと、火災時に倒壊してしまうおそれがある。そこで無筋コンクリート造や組積造は禁止するとともに、防火壁だけでも転倒しないような自立構造としておかなければならない。また、防火床の場合にはこの床を支持する壁、柱、はりを耐火構造としなければならない。

(2) 防火壁や防火床を通りこして火が廻らないように延焼防止措置が必要となる。例えば、防火壁の場合、防火壁の両端や上端は、外壁面や屋根面から50cm以上突出させる必要がある。ただし、この防火壁の突出しがデザイン上、面白くない場合、突出しを設けずに木造建築物の中間に耐火構造部分を設けることも可能である。すなわち、防火壁を含み外壁、屋根を幅3.6m以上にわたって耐火構造（開口部には防火設備が設けてあること。）とした場合には突出しを設けなくてもよいこととされている。また、防火壁を中心として左右それぞれ1.8m以内の外壁・軒裏が防火構造（開口部がないものに限る。）であり、かつ、屋根が20分間不燃構造である場合は突出しを10cm以上としてもよいこととされている。

(3) 防火壁の防火設備は通常、廊下部分等に開口部を設けることとなるが、その大きさは、高さ及び幅（防火床の場合には長さ及び幅）とも、2.5m以内とし、かつ開口部には特定防火設備を設ける必要がある。この特定防火設備は、常時閉鎖式防火戸（いつも閉じてあって必要なときだけ開けて通り、あとは自動的に閉じるもの）とするか、または火災時に煙もしくは火熱で自動的に閉鎖する構造の防火戸としなければならない。この「防火戸」は性能規定化で同等の性能をもつ他の設備でもよくなった。

(4) 給水管、配電管が防火壁を貫通するときは、防火壁とのすき間をモルタル等で埋め、冷暖房用の風道が貫通する部分には、鉄製で火災時に自動閉鎖する防火ダンパーを設ける必要がある。

この防火壁又は防火床とは若干異なるが、火災の拡大を防止するため、界壁、間仕切壁又は

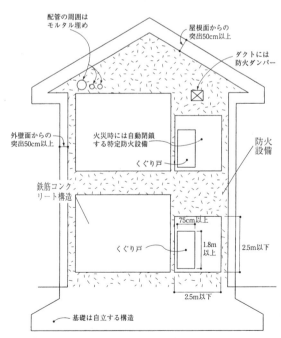

第33－1図　防火壁の構造（建基令第113条）

（図中の注記）
- 配管の周囲はモルタル埋め
- 屋根面からの突出50cm以上
- ダクトには防火ダンパー
- 外壁面からの突出50cm以上
- 火災時には自動閉鎖する特定防火設備
- くぐり戸
- 防火設備
- 鉄筋コンクリート構造
- 75cm以上
- くぐり戸
- 1.8m以上
- 2.5m以下
- 2.5m以下
- 基礎は自立する構造

(1)

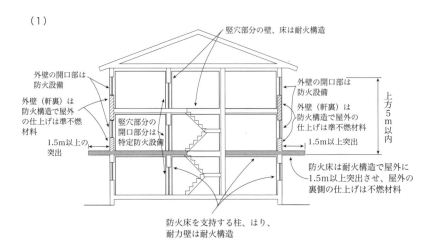

竪穴部分の壁、床は耐火構造

外壁の開口部は
防火設備

外壁（軒裏）は
防火構造で屋外
の仕上げは準不燃
材料

竪穴部分の
開口部は
特定防火設備

1.5m以上の
突出

外壁の開口部は
防火設備

外壁（軒裏）は
防火構造で屋外の
仕上げは準不燃材料

上方5m以内

1.5m以上突出

防火床は耐火構造で屋外に
1.5m以上突出させ、屋外の
裏側の仕上げは不燃材料

防火床を支持する柱、はり、
耐力壁は耐火構造

(2)

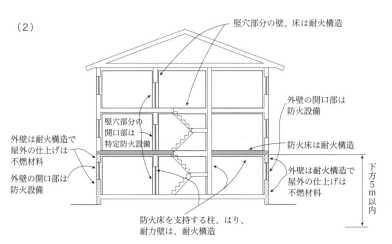

竪穴部分の壁、床は耐火構造

外壁は耐火構造で
屋外の仕上げは
不燃材料

外壁の開口部は
防火設備

竪穴部分の
開口部は
特定防火設備

外壁の開口部は
防火設備

防火床は耐火構造

外壁は耐火構造で
屋外の仕上げは
不燃材料

下方5m以内

防火床を支持する柱、はり、
耐力壁は、耐火構造

(3)

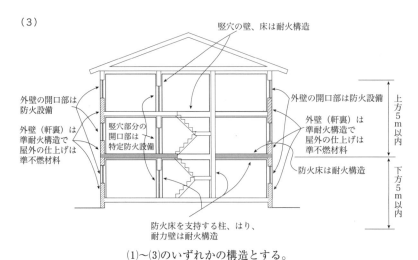

竪穴の壁、床は耐火構造

外壁の開口部は
防火設備

外壁（軒裏）は
準耐火構造で
屋外の仕上げは
準不燃材料

竪穴部分の
開口部は
特定防火設備

外壁の開口部は防火設備

外壁（軒裏）は
準耐火構造で
屋外の仕上げは
準不燃材料

上方5m以内

防火床は耐火構造

下方5m以内

防火床を支持する柱、はり、
耐力壁は耐火構造

(1)～(3)のいずれかの構造とする。

第33－2図　防火床の構造

隔壁の防火措置の規定が建築基準法施行令第114条に設けられている。その概要は次の通り（**第34図参照**）。

① 界壁等を準耐火構造とし、小屋裏又は天井裏に達せしめなければならないもの。

・長屋、共同住宅の各戸の界壁

・学校、病院、診療所（患者の収容施設を有しないものを除く。）、児童福祉施設等、ホテル、旅館、下宿、寄宿舎、マーケットの防火上主要な間仕切壁

② 小屋裏に準耐火構造とした隔壁を設けなければならないもの

・建築面積が300㎡を超える木造建築物（けた行12m以内ごと）（畜舎等について適用除外の措置がある。）

ただし、平成28年から、小屋裏の直下の天井の全部を強化天井とした場合は、①の小屋裏又は天井裏に達するようにする措置又は②の隔壁は不要とされた。ここでいう「強化天井」とは、天井のうち下方からの通常の火災時の加熱に対して、その上方への延焼を有効に防止することができるとして国土交通大臣が認めた構造方法を用い又は国土交通大臣の認定を受けたものをいうと

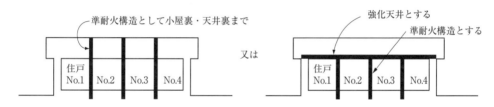

長屋・共同住宅の住戸間の界壁（第1項）

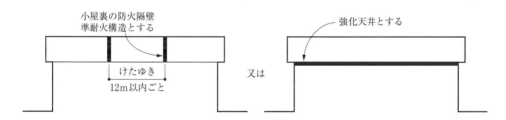

建築面積300㎡を超える木造建築物の小屋裏隔壁（第3項）

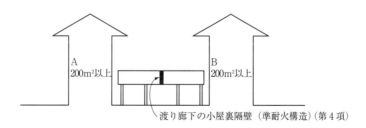

渡り廊下の小屋裏隔壁（準耐火構造）（第4項）

これらの界壁等を貫通する風道のダンパー（45分間遮炎）

第34図 建築物の界壁・間仕切壁・隔壁の防火措置（令第114条）

されており、天井を強化石膏ボード２枚以上張ったもので厚さ36mm以上としたもの等が該当する。（建基令第114条第２項、第３項、告示「強化天井の構造方法を定める件」（平成28年国土交通省告示第694号））

・延べ面積がそれぞれ200m²を超える建築物（耐火建築物を除く。）相互を連絡する渡り廊下で、その小屋組が木造であり、かつ、けた行が４ｍを超えるもの

木造建築物の防火壁又は防火床（建築基準法）

（防火壁等）

第26条 延べ面積が1000m²を超える建築物は、防火上有効な構造の防火壁又は防火床によって有効に区画し、かつ、各区画の床面積の合計をそれぞれ1000m²以内としなければならない。ただし、次の各号の一に該当する建築物については、この限りでない。

一 耐火建築物又は準耐火建築物

二 卸売市場の上家、機械製作工場その他これらと同等以上に火災の発生のおそれが少ない用途に供する建築物で、イ又はロのいずれかに該当するもの

　イ 主要構造部が不燃材料で造られたものその他これに類する構造のもの

　ロ 構造方法、主要構造部の防火の措置その他の事項について防火上必要な政令で定める技術的基準に適合するもの

三 畜舎その他の政令で定める用途に供する建築物で、その周辺地域が農業上の利用に供され、又はこれと同様の状況にあって、その構造及び用途並びに周囲の状況により避難上及び延焼防止上支障がないものとして国土交通大臣が定める基準に適合するもの

敷地内通路　大規模な木造建築物のある敷地には、防火上必要な通路を設けなさい、という規定がある。建築基準法施行令第128条の２の規定である。後のページにその規定を引用しておいた。

こういっては何だが、この規定も長い規定だね。長い規定であっても、一読してサット内容が理解できるのならば世話はないが、何故かカッコ書きが多くて時間をかけないとサッパリ理解できない難解な規定である。従って、解説する側にとっても、どう説明したら判りやすくなるだろうかと骨を折るところである。

この規定の趣旨は、大規模な木造の建築物では敷地内に、避難上、消火活動上必要な通路を設けなければいけない、ということである。

耐火建築物の場合は、防火地域内では「外壁を隣地境界線に接して設けることができる（建基法第65条）」などというように、敷地内一杯に建築物を建ててもよいこととされている例があるが、木造建築物の場合は、それでは困る。いかに建蔽率の範囲内であっても整然と通路を設け、建築物をまとめて建てるようにしないと避難や消防活動上（消防自動車の進入等）に支障を生じることとなる。

といっても、この規定が幅をきかせたのは、木造の紡績工場などが工場建築の代表と考えられていたかなり以前の時期であろう。木造の大規模工場は、最近では珍しくなってしまった。繊維関係でも徹底

したエアコンディショニング（温湿度調整）で品質管理をするため、無窓工場とすることが多くなったが、そのためには少なくとも居室を区画する主要構造部を耐火構造又は不燃構造としなければならない（建基法第35条の３）からである。それだけではなく、労働環境等整備のため「工場立地法」その他の規定で、工場敷地内には充分な緑地や緩衝帯を設けるように変わってきたからである。

　都市計画法においても開発行為（土地の区画・形質の変更、わかりやすくいえば宅地造成のこと）の許可を行う場合の技術基準に、１ha以上の規模の工業用地開発を行う場合には、周囲に騒音、振動等による環境の悪化の防止上必要な緑地帯その他の緩衝帯を設けることが義務づけられている（都市計画法33条第１項第十号）。

　さて、規定の説明に入ることとしよう。先ず木造建築物の規模は建築基準法第21条第２項では第二号に揚げるものを除き、原則として3,000m²に制限されている。しかし、床、屋根、階段は除くこととされているので、逆にいえば、柱、はり、壁を鉄骨造などの不燃構造にすれば、屋根は木造であっても延べ面積が3,000m²を超えることはあり得る。また、上述の第二号に適合する場合3,000m²を超えることがある。建築基準法施行令第128条の２第１項のただし書きで3,000m²以下の場合の隣地境界線沿いの通路幅を緩和しているのはこれらのためである。いいなおせば、3,000m²を超えると制限をきびしくすることになるわけだ。延べ面積が1,000m²を超える木造建築物は、先に述べたように防火壁等の設置が必要となる。前おきはその程度にして規定をまとめると次のようになる（**第35図参照**）。

(1)　延べ面積が1,000m²以内ならば、建築物周辺には通路がなくてもよい。

(2)　延べ面積が1,000m²を超え、3,000m²以内ならば、隣地境界線側には幅員1.5m以上の通路を、他の建築物との間には幅員３m以上の通路を設ける。

(3)　延べ面積が3,000m²を超える場合は周囲にすべて幅員３m以上の通路を設ける。

(4)　各々の建築物の延べ面積が1,000m²以内であっても、それらの合計が1,000m²を超える場合は、合計1,000m²以内ごとに区画して、区画ごとに幅員３m以上の通路を設ける。

(5)　耐火建築物又は準耐火建築物が、木造建築物を1,000m²以内ごとに区画している場合は、通路の規

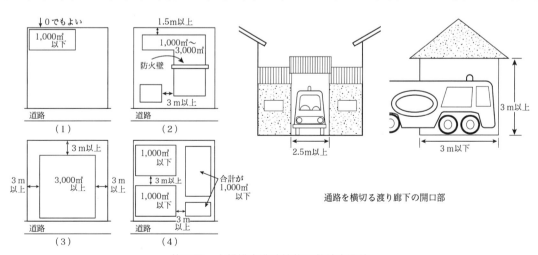

第35図　大規模木造建築物の敷地内通路

定は適用されないが、3,000m²を超える場合には、延べ3,000m²以内ごとに幅員３m以上の通路を設ける。

(6) これらの通路は、建築物の周囲に設けるだけではなく、敷地の接する道にまで到達できるものでなければいけない。このほか、避難階段の降り口や避難口が設けられている場合は、耐火建築物であっても1.5m（階数が３以下延べ面積200m²未満の建築物では90cm）以上の幅員の通路を設けなければならないので注意を要する（建基令第128条）。

(7) 通路を渡り廊下が横切る場合は、渡り廊下に一定の大きさの開口部を設けておかなければならない。この開口部の大きさは、消防自動車が進入できるような大きさをメドとして定められている。

〈建築基準法施行令第128条の２〉

（大規模な木造等の建築物の敷地内における通路）

第128条の２　主要構造部の全部が木造の建築物（法第２条第九号の二イに掲げる基準に適合する建築物を除く。）でその延べ面積が1,000m²を超える場合又は主要構造部の一部が木造の建築物でその延べ面積（主要構造部が耐火構造の部分を含む場合で、その部分とその他の部分とが耐火構造とした壁又は特定防火設備で区画されているときは、その部分の床面積を除く。以下この条において同じ。）が1,000m²を超える場合においては、その周囲（道に接する部分を除く。）に幅員が３m以上の通路を設けなければならない。ただし、延べ面積が3,000m²以下の場合における隣地境界線に接する部分の通路は、その幅員を1.5m以上とすることができる。

2　同一敷地内に２以上の建築物（耐火建築物、準耐火建築物及び延べ面積が1,000m²を超えるものを除く。）がある場合で、その延べ面積の合計が1,000m²を超えるときは、延べ面積の合計1,000m²以内ごとの建築物に区画し、その周囲（道又は隣地境界線に接する部分を除く。）に幅員が３m以上の通路を設けなければならない。

3　耐火建築物又は準耐火建築物が延べ面積の合計1,000m²以内ごとに区画された建築物を相互に防火上有効に遮っている場合においては、これらの建築物については、前項の規定は、適用しない。ただし、これらの建築物の延べ面積の合計が3,000m²を超える場合においては、その延べ面積の合計3,000m²以内ごとに、その周囲（道又は隣地境界線に接する部分を除く。）に幅員が３m以上の通路を設けなければならない。

4　前各項の規定にかかわらず、通路は、次の各号の規定に該当する渡り廊下を横切ることができる。ただし、通路が横切る部分における渡り廊下の開口部の幅は2.5m以上、高さは３m以上としなければならない。

一　幅が３m以下であること。

二　通行又は運搬以外の用途に供しないこと。

5　前各項の規定による通路は、敷地の接する道まで達しなければならない。

---

16 窓（開口部）と避難・消火活動

建築物の窓と生活　建築物が生活の本拠となっているのは、外界と生活空間とを隔てている屋根や壁があって、雨や風というような自然現象に対してシェルター（覆い）の役目を果たしているからであり、また、家財を盗難から守り他人の侵入を防いでいるからである。そのような意味だけから言えば、堅固な壁で区画されていれば足りるのだが、その中で生活をするとなると窓なしというわけにはいかない。窓は部屋から外の景色を眺めるというだけではなく、部屋を明るくし、風通しをよくし、または空気を入れかえるためにも必要である。このような採光、通風、換気という衛生的な観点から、建築法規ではその大きさや位置についての規制が行われてきた。反面、悪者が侵入しないような防犯上の観点からは、施錠をしたり格子戸にしたりして防備されてきた。大体窓から出入りするのは、いくら自分の家にしたって、お行儀が悪すぎる。夜遅く帰って締め出されたとき等の非常手段に活用した経験をお持ちの方もあろうか。だが、火災時の非常脱出となると、お行儀の良し悪しには構っていられない。身近の窓からでも避難脱出しなければならないこともある。

　どうも防犯上の観点からと、避難上の観点からとでは、考え方が正反対になってしまうことがあって困る。泥棒が入らないように鍵をかけたり、格子を設けたりしておくと、火災時の避難には障害となってしまう。避難用に縄梯子などをぶら下げておけば泥ちゃん達に悪用されてしまう。専門の盗人は雨樋をよじ登ってでも侵入するというから、避難のことばかり考えていると、避難よりも先に泥棒の方が活用してしまうこととなる。

　かつて、水上温泉で火災があったとき、避難口の施錠があけられず避難口付近で多くの死者を出したことがあった。ドアの把手のノブを押してから廻せば、鍵なしでも開けられるというものだったが、そこまでは宿泊客で気付く者がいなかった。その後ドアの把手は改良されて、ノブを押して閉めると自動的に施錠され、外部からは鍵なしでは開けられないが、内部からは何時でもそのまま把手を廻すだけで開けられるようなものが多くなった。防犯・避難のどちら側からの要望にもこたえられる一石二鳥の解決方法であった。しかし、これでもなお問題が解決したわけではなかった。確かに外部からの侵入は防げたが、内部からの無銭宿泊者の逃亡は防げなかったのだ。内部からの外出を押えることは避難をも防げてしまうことになる。

　一時、精神病院での火災で死者が出ることが多かったが、これは窓に格子があって避難が困難であったことにもよる。

　新宿の蒸気浴場・熱気浴場での火災では、30cm角ぐらいの大きさの窓から、従業員が必死の脱出を試みながら、どうしても狭くて出られず、猛火の中で生命を落としたこともある。逆に、豊橋駅前の百貨店火災では、隣のビルに面した唯一の小窓があったために運良く人命が救助されたこともある。

目的によって異なる窓の意味

このような事例から窓（開口部）の持っている意味を考えてみることにしよう。

(1) **採光**のための開口部は、部屋が明るければよいのだから、部屋の面積に対して一定の割合で開口部があればよい。一つずつの面積は小さくても、全体として沢山あればよいし、また、窓が開けられなくてもよい。従って、天窓（トップライト）でも採光できるし、透明な壁であるガラスブロックでもよいわけである。また格子があっても採光上からは支障はない。部屋のどの位置に窓があっても差支えはないが、外部的には隣のビルの壁と密接していて全然光が入らないようでは困る。

(2) **排煙・換気**のための開口部は、やはり部屋の大きさによって一定の割合が必要であって、一つずつの開口部の大きさには特別の制限はない。しかし、性質上、開放できることが最大の眼目となる。格子などはあっても差支えなく、建物の外部に対しては特に位置について制限されるわけではないが、部屋の中では有効な位置でなければ困る。すなわち、排煙のための開口部は天井近くになければ意味はなくなるが、外部に対しては特に道路側に排煙しなければならないというような制限はない。

(3) **避難・消火活動上**のための開口部は、またガラリと感覚が変ってしまって、部屋全体としての開口部の量ではなく、一つの開口部の大きさが避難等に有効であるかどうかに重点が移る。そして開放できること、格子などの障害物が設けられていないこと。部屋の内での位置（あまり高い場所でないこと）や建築の外部の位置関係、すなわち進入、救出が行われやすい場所であるかどうか、それが重要になる。

このような観点から窓（開口部）を眺めてみると、必ずしも窓がありさえすればよいというのではなく、窓があってもそれぞれの目的に従って役立つような機能を持っているかどうかが重要であって、その機能が満たされない限り、窓はあってもないが如きものである。そこで一般には"**無窓建築物**"とか"**無窓階**"とかいうが、必ずしも全く窓なしというのではなく、窓はあっても構造上からは無窓扱いとなっているものが多い。

窓の種類・構造

日本式の家屋の構造では、縁側と雨戸という開放的なものが多いが、これは木造の柱が構造部材となっているためであるとも言える。これに対して、欧米の煉瓦造や石造の建物では、煉瓦や石が壁を構成するとともに、それで上部からの荷重（かじゅう）を支える構造部材となっているので、どうしても閉鎖的になりがちで大きな開口部を設けることが困難であった。特に窓などの開口部を設けると、その上部をどのように処理するかが建築技術上の問題で、そのために例えばアーチとか楣（まぐさ）というような技術が発達した。ゴシックの教会堂では、大きなステンドグラスを設け、朝の礼拝時に東からの

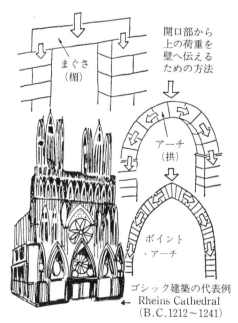

まぐさ（楣）

開口部から上の荷重を壁へ伝えるための方法

アーチ（拱）

ポイント・アーチ

ゴシック建築の代表例
Rheins Cathedral
（B.C.1212〜1241）

第36図　石造や煉瓦造の窓の造り方

光が射し込み神父の姿がシルエットとなって浮び上るというような演出を可能にしたが、そのためには巨大なアーチを必要とし、それがまた天国への憧れを表現するというようにして教会建築は芸術性を高めていった。欧米において開放的な窓を持つようになるのは、鉄筋コンクリートが発明され、または製鉄技術が進歩して、それらを木造建築の柱やはりのように使いこなす20世紀を待たなければならなかった。

またわが国においても、ガラスのなかった頃は外気を防ぐのには障子戸とか雨戸しかなかった。そこで雪国では寒さを防ぐため窓を少なくする傾向があり衛生的に問題があった。ガラスのない頃には、わが国では"無双窓"というのが工夫され、重宝されていた。"むそう"という発音からは無窓を思い出すが、それとは関係がない。そういう点では、窓を大きく改善したのは板ガラスの実用化にあるといってよい。

各種の窓の構造を（**第37図**）に掲げておく。かつては窓と壁とは、ハッキリ区別のつくものだったが、最近では区別がつかないものも増えてきた。名古屋の丸栄デパートあたりが始まりかと思うが、透明なガラスブロックを積み上げて壁の一部にするものがある。厚手の強化ガラスをはめ込んだ窓も、考えようによっては透明な壁のようなものである。

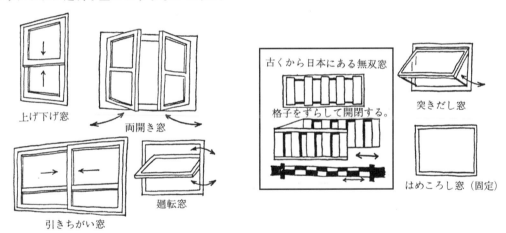

上げ下げ窓

両開き窓

引きちがい窓

廻転窓

古くから日本にある無双窓

格子をずらして開閉する。

突きだし窓

はめころし窓（固定）

第37図　窓の種類

居室　　窓に採光、日照、換気、排煙、避難というような効用を期待するのは、結局室内に人がいるからであって、従って、窓についての規定上は、人が生活その他に使用する部屋と、主として物を貯蔵したりするだけの倉庫のような部屋とを区別して考えなければならないこととなる。

建築基準法では、そこで「居室」という考え方を採用して、規定を適用するうえでの区別をしている。

居室に含まれるものとしては、居間、応接室、台所、店舗、会議室、観客席などがあり、逆に居室に入らないものとしては、玄関、廊下、階段室、便所、浴室、物置などがある。

<建築基準法第2条第四号>

（定義）

　　居室　居住、執務、作業、集会、娯楽その他これらに類する目的のため継続的に使用する室をいう。

　かつて（昭和45年の建築基準法改正以前のこと）、すべて居室には採光のための窓その他の開口部を設けなければならないこととされていた頃は、公衆浴場の脱衣室は居室であるかどうかが議論のまととなったことがあった。果たして公衆浴場の脱衣室に窓を設けさせるべきか、いやそこまでやるのは行きすぎではないか、それでは居室ではないのかと検討の末、居室ではないこととして窓は不要の措置をとったことがあった。しかし、エアコンディショニングとか照明装置の発達に伴ない必ずしも窓を設けなくてもよいように法律改正が行われたので、今は公衆浴場の脱衣室も居室として扱うことになっている。

居室の採光・換気　　住宅の居室には一定の採光・換気が必要となる。ともに衛生上の理由からである。かつては、少なくとも一定以上の日照を確保しなければならないという努力規定が存在したが、廃止されている。設計常識的なことまで法規が立入る必要はないからである。

　また、同じような衛生上の理由から原則として住宅の地階を禁止していたが、技術上の進歩もあって今では解禁されている。ただし、一定の技術基準（防湿等）には適合しなければならない。

　なお、住宅の地下室を容積率不算入（3分の1を限度）としている。地価高騰や高さ制限を配慮してのことである。

　居室の採光には、従前は採光上有効・無効の判定基準があった。しかし、性能規定化により、採光性能の計算をすることとなった（建基令第20条）**（第38図参照）**。その結果、複雑な計算をする羽目となったが、従前の判定で有効な部分は「採光補正係数」が1以上となるので計算を省略しても差支えないのである。

自然採光を必要とする居室と採光上有効な開口部の大きさ
（建築基準法第28条、建築基準法施行令第19条）

採光が必要な居室	居室の床面積に対する採光上有効な開口部の面積の割合
保育所、幼保連携型認定こども園の保育室又は幼稚園、小学校、中学校、義務教育学校、高等学校、中等教育学校、幼保連携型認定こども園の教室	1／5以上
住居の居室、病院又は診療所の病室、寄宿舎の寝室、下宿の宿泊室、児童福祉施設等（保育所を除く）の入所者の寝室、日常生活に要する室等	1／7以上
学校、病院、診療所又は児童福祉施設等の前記以外の主要な居室	1／10以上

この窓その他の開口部は、すべての開口部を採光上有効としているわけではなく、**第38図**で示した計

算式で採光上有効な面積を求めることとなっている。ただし、川、道、公園、広場等に面したもの、隣地境界線又は同一敷地内の他の建築物までの距離が一定距離以上あるもの（住居系地域では7m、工業系地域では5m、商業系地域では4m）については、採光補正係数を一律1にすることとなっている。このほか天窓の場合は光が入りやすいので、その面積を3倍あるものとみなす（採光補正係数を3とする。）というような措置をとっている。

　また居室の換気については「居室の床面積に対して20分の1以上」の開口部を設けなければならないこととされている。これは、採光上必要な窓の大きさの最低が10分の1であるから、窓が引き違い窓として半分だけ開放されるものとして20分の1としたものである。20分の1の換気のための開口部がとれない場合は、自然換気設備、機械換気設備又は空気調和設備の設置が義務づけられる。

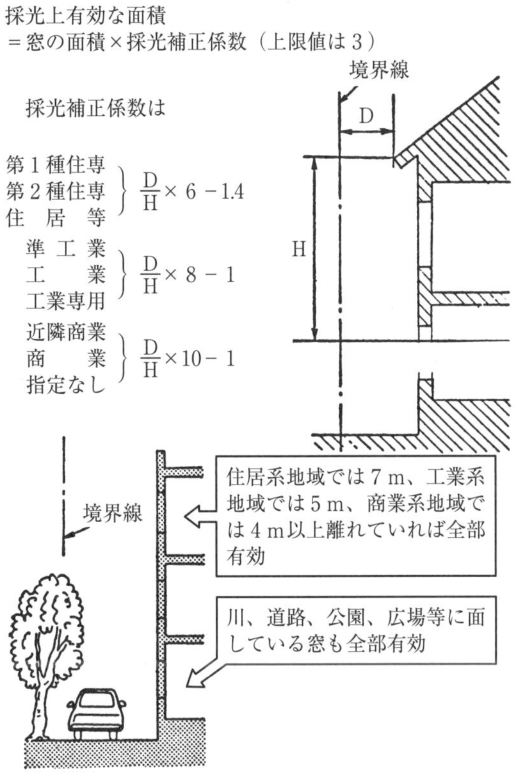

採光上有効な面積
＝窓の面積×採光補正係数（上限値は3）

採光補正係数は

第1種住専
第2種住専　$\}$ $\dfrac{D}{H} \times 6 - 1.4$
住 居 等

準 工 業
工 業　$\}$ $\dfrac{D}{H} \times 8 - 1$
工業専用

近隣商業
商 業　$\}$ $\dfrac{D}{H} \times 10 - 1$
指定なし

住居系地域では7m、工業系地域では5m、商業系地域では4m以上離れていれば全部有効

川、道路、公園、広場等に面している窓も全部有効

第38図　採光上有効な開口部

無窓建築物の出現

前にも述べたように、昭和45年の建築基準法改正前は、すべての居室に少なくとも床面積に対し10分の1以上の開口部を設けなければならないこととされていたので、避難や消火活動にはある程度の安全が保証されていた。しかし、換気設備や照明設備の発達につれ、例えば、新幹線や特急列車の窓が開けられなくなって、かつてのように窓から駅弁を買うことができなくなったのと同じように、建築の設計も変わってきて、高層建築物では、窓をあけるとかえって危険であるというので、窓は「はめ殺し」と称する固定窓となってしまった。このように採光は取れていても、開閉できない窓や、防犯のために格子をはめたもの、ガラスブロックを積んだ透明の壁ともいうべき開口部なしの採光や、人工照明のみに頼る無窓建築物まで出現した。これは、最初は映画館や劇場のような用途や写真のフィルム工場のような特殊目的の工場に限られていたが、やがて、温湿度調整を要する繊維工場や精密機械工場、さらには、商品の保護のため百貨店などの店舗へと無窓化が進んでいった。

　このようなことから、無窓というのは、単に採光だけで考えるのではなく、もっと幅広い観点から、避難、消火活動、接道義務又は排煙、内装材料の制限、主要構造部の規制等について、対策を講じなければならないということとなり、昭和45年に建築基準法の改正が行われたのである。

消防法上の無窓階

消防法上の無窓階についても、同じように避難又は消火活動上の観点から定められた考え方である。

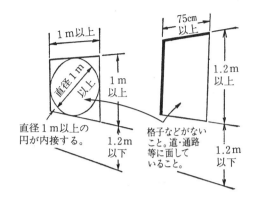
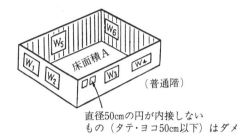

10階以下では上記の窓がさらに2以上必要

$$W_1 + W_2 + W_3 + \cdots\cdots + W_6 \geqq \frac{1}{30} A \quad (床面積)$$
（直径50cm以上の円が内接する開口部の面積の合計）

直径50cmの円が内接しない
もの（タテ・ヨコ50cm以下）はダメ

第39図　無窓階とならないためには

　消防法令上では、居室単位ではなく、階を単位として無窓であるかどうかを判定する。11階以上の階では、直径50cm以上の円が内接することができる開口部がその階の床面積の30分の1以上なければ無窓階となるが、一般に11階以上では安全のため窓を開閉させない設計となっていることが多いので、先ずほとんどが無窓階となる。10階以下の階では、そのような開口部があるだけではなく、それに加えて、直径1m以上の円が内接することができる開口部または幅75cm以上、高さ1.2m以上の開口部が2つ以上設けられていないと無窓階にされてしまう（**第39図参照**）。

　無窓階に対しては、消防法令上次のように特別に厳しい規定を設けてその階の安全を図るようにしている。

(1)　床面積が50m²以上の無窓階には**消火器**又は簡易消火用具を設置しなければならない（消令第10条第1項第五号）。

(2)　床面積が150m²以上（劇場等の別表第1(1)項防火対象物では100m²以上、キャバレー、飲食店等の同表(2)項から(10)項まで、(12)項及び(14)項防火対象物では150m²以上、神社等の同表(11)項防火対象物及びその他事業場の同表(15)項防火対象物では200m²以上）の無窓階には、**屋内消火栓設備**を設けなければならない。耐火建築物又は内装制限した準耐火建築物では、その床面積を2倍に、内装制限した耐火建築物ではその床面積を3倍に読み替えてよい（消令第11条第1項第六号、第2項）。なお、この場合の耐火又は準耐火は、外壁の防火設備を必ずしも義務づけているものではない。

(3)　無窓階にある劇場等の舞台部で、その床面積が300m²以上のもの（無窓階でない場合は500m²以上のもの）、床面積が1,000m²以上の無窓階である別表第1(1)項、(3)項、(5)項イ、(6)項及び(9)項イの防火対象物の階、床面積が1,000m²以上の無窓階である別表第1(2)項及び(4)項の防火対象物の階、別表第1(16)項イに掲げる防火対象物の階のうち、同表(1)項から(4)項まで、(5)項イ、(6)項又は(9)項イに掲げる部分を有する無窓階で当該部分の床面積が1,000m²を超えるものには**スプリンクラー設備**を設けなければならない（11階以上の階には用途を問わずスプリンクラーの設置が義務づけられている。）（消令第12条第1項第二号、第十一号、第十二号）。

(4)　別表第1(2)項イからハまで、(3)項及び(16)項イ（同表(2)項又は(3)項の用途に供される部分が存するものに限る。）で、床面積100m²以上、その他の用途は床面積が300m²以上の無窓階には、**自動火災報知**

設備を設けなければならない（消令第21条第1項第十号及び十一号）。

⑸　収容人員が20人以上の無窓階には、**非常ベル、自動式サイレン又は放送設備**を設けなければならない（消令第24条第2項第二号）。

⑹　**避難器具**の設置基準が厳しくなることがある（消令第25条第1項第四号）。

⑺　無窓階には、すべて**避難口誘導灯及び通路誘導灯**を設けなければならない（消令第26条第1項第一号、第二号）。

⑻　別表第1⑵項、⑷項、⑽項及び⒀項に掲げる防火対象物の無窓階で床面積が1,000m²以上のものには、消防法上の**排煙設備**を設けなければならない（消令第28条第1項第三号）。

　消防法上の無窓階になるだけでも以上のように規定が厳しくなってしまうのだ。このほか建築基準法上の規定も加わってくるから、無窓建築というのはなんと割にあわないものではないか。

〈消防法施行令第10条第1項第五号〉

　無窓階　建築物の地上階のうち、総務省令で定める避難上又は消火活動上有効な開口部を有しない階をいう。

◆総務省令＝消防法施行規則第5条の3

（避難上又は消火活動上有効な開口部を有しない階）

第5条の3　令第10条第1項第五号の総務省令で定める避難上又は消火活動上有効な開口部を有しない階は、11階以上の階にあつては直径50cm以上の円が内接することができる開口部の面積の合計が当該階の床面積の30分の1を超える階（以下「普通階」という。）以外の階、10階以下の階にあつては直径1m以上の円が内接することができる開口部又はその幅及び高さがそれぞれ75cm以上及び1.2m以上の開口部を2以上有する普通階以外の階とする。

2　前項の開口部は、次の各号（11階以上の階の開口部にあつては、第二号を除く。）に適合するものでなければならない。

　一　床面から開口部の下端までの高さは、1.2m以内であること。

　二　開口部は、道又は道に通ずる幅員1m以上の通路その他の空地に面したものであること。

　三　開口部は、格子その他の内部から容易に避難することを妨げる構造を有しないものであり、かつ、外部から開放し、又は容易に破壊することにより進入できるものであること。

　四　開口部は、開口のため常時良好な状態に維持されているものであること。

建築基準法上の無窓の居室

　建築基準法上、無窓の居室とは、「政令で定める窓その他の開口部を有しない居室」のことなのだが、よくよく政令（建基令）を読んでみると「窓その他の開口部を有しない居室」という見出しの条文があちらこちらになんと4条もある。ということは法律（建基法）の中にも4種類もの無窓の居室があるということになる。ややこしいから最初に整理してみる。

　次に順次、建築基準法上の無窓の居室（政令で定める窓その他の開口部を有しない居室）についての政令上の制限について述べることとしよう。

避難・消火の基準

規定内容	建基法	建基令
避難・消火の基準	第35条	第116条の2 （第117条〜第128条の3）
内装不燃化	第35条の2	第128条の3の2 （第128条の5）
主要構造部	第35条の3	第111条
敷地と道路の関係	第43条第3項第三号	第144条の5 （地方公共団体の条例）
（　）内は、窓その他の開口部を有しない居室に対する技術的基準の条文		

避難及び消火の規定の適用

　建築基準法施行令第116条の2では、建築基準法第35条の適用を受ける無窓の居室を規定している。その要件としては採光上有効な部分の開口部が20分の1未満であるか、または排煙上有効な開口部の面積が50分の1未満のものである。これらの規定上で無窓とされる居室を有する建築物に適用される技術上の基準は建築基準法施行令第117条から第128条の3までに規定されているが、その規定が全部適用されるわけではない。

　先ず第一号の方、すなわち採光面積不足（20分の1未満）の居室を有する建築物については、

(1)　直通階段までの歩行距離が制限される。直通階段とは、避難階又は地上まで直通で達する階段（傾斜路でもよい）のことである。歩行距離は他の規定のいずれよりも厳しく、15階以上の階では20m以内、14階以下の階では30m（主要構造部が耐火構造又は不燃材料で造られていて内装が不燃材料又は準不燃材料の場合には、15階以上の階では30m、14階以下では40m）以内とする（建基令第120条）。

(2)　非常用の照明装置を必要とする（建基令第126条の4）。

　第二号の方、すなわち排煙上有効な開口部面積が不足（50分の1未満）の居室を有する建築物については、排煙設備を必要とする（建基令第126条の2）。

〈建築基準法第35条、同法施行令第116条の2〉

（特殊建築物等の避難及び消火に関する技術的基準）

第35条　（中略）、政令で定める窓その他の開口部を有しない居室を有する建築物（中略）については、廊下、階段、出入口その他の避難施設、消火栓、スプリンクラー、貯水槽その他の消火設備、排煙設備、非常用の照明装置及び進入口並びに敷地内の避難上及び消火上必要な通路は、政令で定める技術的基準に従つて、避難上及び消火上支障がないようにしなければならない。

（窓その他の開口部を有しない居室等）

第116条の2　法第35条（中略）の規定により政令で定める窓その他の開口部を有しない居室は、次の各号に該当する窓その他の開口部を有しない居室とする。

　一　面積（第20条の規定により計算した採光に有効な部分の面積に限る。）の合計が、当該居室の床面積の20分の1以上のもの

　二　開放できる部分（天井又は天井から下方80cm以内の距離にある部分に限る。）の面積の合計

が、当該居室の床面積の50分の１以上のもの

2　ふすま、障子その他随時開放することができるもので仕切られた２室は、前項の規定の適用については、１室とみなす。

内装の不燃化　　　無窓建築物の内装は制限を受け、その技術上の基準は、建築基準法施行令第128条の５第５項に規定されている。内装制限上、無窓とされるのは、排煙上有効な開口部が不足（50分の１未満）する居室及び採光面積が不足する温湿度調整を必要とする作業室等である。いずれも居室及び地上に通ずる主たる廊下、階段、通路等の壁及び天井の仕上げを不燃材料又は準不燃材料としなければならない（難燃材料は認められない）。

〈建築基準法第35条の２、同法施行令第128条の３の２〉

（特殊建築物等の内装）

第35条の２　（中略）、政令で定める窓その他の開口部を有しない居室を有する建築物（中略）は、政令で定めるものを除き、政令で定める技術的基準に従つて、その壁及び天井（天井のない場合においては、屋根）の室内に面する部分の仕上げを防火上支障がないようにしなければならない。

（制限を受ける窓その他の開口部を有しない居室）

第128条の３の２　法第35条の２（中略）の規定により政令で定める窓その他の開口部を有しない居室は、次の各項のいずれかに該当するもの（天井の高さが６ｍを超えるものを除く。）とする。

一　床面積が50m²を超える居室で窓その他の開口部の開放できる部分（天井又は天井から下方80cm以内の距離にある部分に限る。）の面積の合計が、当該居室の床面積の50分の１未満のもの

二　法第28条第１項ただし書に規定する温湿度調整を必要とする作業を行う作業室その他用途上やむを得ない居室で同項本文の規定に適合しないもの

（参考）

◆法第28条第１項本文の規定＝居室の採光及び換気規定

主要構造部の制限　　　主要構造部を耐火構造又は不燃材料としなければならない、という意味での無窓の居室は、採光上有効な面積が不足（20分の１未満）する居室と避難上有効な開口部がない居室である。規定上は、この無窓の居室を区画する主要構造部に限定して耐火又は不燃を要求しているが、実際には、その居室だけというわけにはいかないだろうから、結局その建築物全体を耐火又は不燃とするよりほかに対策がなかろう。

劇場、映画館等についてだけ、この規定を免除しているのは、決してこれらの用途に供するものが安全であるからではなく、用途上無窓となるものが多く、全面的に適用することにすれば、耐火又は不燃でなければ建築できないことになってしまう。そうすると建築基準法第27条で、客席の床面積が200m²以上のものは耐火建築物等にしなければならない、という規定を設けた意味がなくなってしまうからだ。もっとも逆に考えれば、客席の床面積が200m²以上のものは、すべて耐火構造になっているのだか

ら、免除するといっても、それ以下の規模の集会場程度のものしか該当しないのだろうけれども。

　第二号の開口部の大きさは、消防法令上の避難上又は消火活動上有効な開口部の大きさと同じである。

〈建築基準法第35条の３、同法施行令第111条〉

（無窓の居室等の主要構造部）

第35条の３　政令で定める窓その他の開口部を有しない居室は、その居室を区画する主要構造部を耐火構造とし、又は不燃材料で造らなければならない。ただし、別表第１(い)欄(1)項に掲げる用途に供するものについては、この限りでない。

（参考）

　◆別表第１(い)欄(1)に掲げる用途＝劇場、映画館、演芸場、観覧場、公会堂、集会場

（窓その他の開口部を有しない居室等）

第111条　法第35条の３（中略）の規定により政令で定める窓その他の開口部を有しない居室は、次の各号のいずれかに該当する窓その他の開口部を有しない居室とする。

　一　面積（第20条の規定により計算した採光に有効な部分の面積に限る。）の合計が、当該居室の床面積の20分の１以上のもの

　二　直接外気に接する避難上有効な構造のもので、かつ、その大きさが直径１ｍ以上の円が内接することができるもの又はその幅及び高さが、それぞれ75cm以上及び1.2m以上のもの

　2　ふすま、障子その他随時開放することができるもので仕切られた２室は、前項の、規定の適用については、１室とみなす。

敷地と道路との関係

　敷地と道路との関係を規制するうえでの無窓の居室は、建築基準法施行令第116条の２に規定する居室とするということであるが、この建築基準法施行令第116条の２というのは避難、消火の規定上、無窓とされた居室である。具体的にいうと、採光上有効な開口部が不足（20分の１未満）する居室と排煙上有効な開口部が不足（50分の１未満）する居室である。

　これらの居室を有する建築物に対する規制は、地方公共団体の条例に委任されているので、それぞれ条例を調べてみないと具体的な基準は判らないことになる。しかし、実際には条例でも、そこまで規定している例は見当らないようだ。

〈建築基準法第43条第３項第三号、建築基準法施行令第144条の６〉

（敷地と道路との関係）

第43条　（第１項略）

　3　地方公共団体は、次の各号のいずれかに該当する建築物について、その用途、規模又は位置の特殊性により、第１項の規定によつては避難又は通行の安全の目的を十分に達成することが困難であると認めるときは、条例で、その敷地が接しなければならない道路の幅員、その敷地が道路に接する部分の長さその他その敷地又は建築物と道路との関係に関して必要な制限を付加することができる。

（中略）

　三　政令で定める窓その他の開口部を有しない居室を有する建築物

（窓その他の開口部を有しない居室）

第144条の6　法第43条第3項第三号の規定により政令で定める窓その他の開口部を有しない居室は、第116条の2に規定するものとする。

非常用の進入口

　建築物の居室からの避難という考え方ではなく、外部からの主として消防隊による建築物内への進入のための開口部が、建築基準法上の"非常用の進入口"である。決して侵入口ではない。3階以上の階に、この非常用の進入口の設置が義務づけられるが、高さが31mを超える階には設置の必要がない。それ以上の高さになると事実上、はしご付消防自動車のはしごを伸ばしても届かないことが多いからである。その代りといっては何だが、高さが31mを超える高層建築物には非常用の昇降機（非常用エレベーター）の設置が義務づけられており、それを消防隊が使用できるようになっている。

　非常用の進入口についての規定のうち、第二号の窓その他の開口部の大きさの基準「直径1m以上の円が内接することができるもの又はその幅及び高さが75cm以上及び1.2m以上のもの」は、消防法上の避難上又は消火活動上有効な開口部の大きさと同じ大きさである。消防法上では、この大きさのものが2箇所以上で、かつ、直径50cm以上の円が内接することができるものの合計が、その階の床面積の30分の1以上でなければ"無窓階"に該当するわけであるが、建築基準法では、壁面（道又は4m以上の幅員の通路等に面する外壁に限る。）10m以内ごとに有効な開口部が設けられていないと、非常用の進入口を設けなければならない、という意味での無窓となる。10m以内ごとに、という意味は、外壁面を任意に10mごとに区分した場合、それぞれに1以上の有効な開口部が存在しておればよく、必ずしも開口部から開口部までの長さが10m以内であることを要しない。

　10m以内ごとに有効な開口部が設けられていない場合には、非常用の進入口を間隔40m以内ごとに設けなければならない。進入口にしても開口部の大きさは同じであるが、奥行1m×長さ4m以上の大きさのバルコニーを設けたり、赤色灯を設けたりしなければならなくなるのが違ってくる。従って、10m以内ごとに有効な開口部を設けさえすれば済むものを、何としてでも無窓にしたい場合には、開口部（進入口）の数は減らすことはできるが、バルコニーや赤色灯を設けなければならないことになる。国土交通省告示で定めている構造基準は、赤色灯については、前面道路の中央部からみて夜間に識別できるような常時点灯して

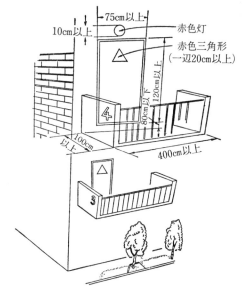

第40図　非常用進入口の構造

いる直径10cm以上の半球形又は球形のもので、停電しても自動的に30分間は点灯できる予備電源が設けられていなければならない。また、表示方法は、一辺が20cmの正三角形を赤色反射塗料で塗って表示することとされている。あちらこちらのビルの窓に、この赤い三角形のマークがつけてあるのを見受けるが、必ずしも非常用の進入口（バルコニー付のもの）にではなく、むしろ非常用の進入口を設けなくてもよい場合の、外壁面10m以内の有効な開口部を表示するために用いられていることがある。これは義務的なものとは言えないが、消火活動を考慮すると大変役立つことであろう。

さて、建築基準法の規定と消防法の規定とをあわせて考えると、この非常用の進入口の規定があるのだから、消防法上の無窓階は事実上なくなってしまうのではないかとも考えられるが、必ずしもそうではない。消防法上では幅75cm×高さ1.2mの開口部は各階2箇所以上必要となるが、非常用進入口は外壁面の長さが40m以下であれば1箇所で済むこともあるし、また、消防法上では、そのほかに内接円が直径50cm以上の開口部がその階の床面積の30分の1を超える、いわゆる普通階でなければならないからである。従って、非常用の進入口が設けられていても、消防法上の無窓階ということも理論的にはあり得ることになる。

なお、3階以上の階であっても、放射性物質等の有害物質、細菌、爆発物等を取扱う階又は拘置所、金庫室、無菌室、冷蔵倉庫等には進入口を設けないことができる。〔平成12年建設省告示1438号〕

また、建築基準法施行令第126条の6第三号では、スタジアムの観覧場など屋外からの消防隊の進入が容易でなく、屋内グラウンド等の部分から消防隊が進入できる場合には、非常用の進入口を設けないことができる。〔平成28年国土交通省告示第786号〕

〈建築基準法施行令第126条の6及び第126条の7〉

第5節　非常用の進入口

（設置）

第126条の6　建築物の高さ31m以下の部分にある3階以上の階（（中略）国土交通大臣が定める（中略）ものを除く。）には、非常用の進入口を設けなければならない。ただし、次の各号のいずれかに該当する場合においては、この限りでない。

一　第129条の13の3の規定に適合するエレベーターを設置している場合

二　道又は道に通ずる幅員4m以上の通路その他の空地に面する各階の外壁面に窓その他の開口部（直径1m以上の円が内接することができるもの又はその幅及び高さが、それぞれ、75cm以上及び1.2m以上のもので、格子その他の屋外からの進入を妨げる構造を有しないものに限る。）を当該壁面の長さ10m以内ごとに設けている場合

三　吹抜きとなつている部分その他の一定の規模以上の空間で国土交通大臣が定めるものを確保し、当該空間から容易に各階に進入することができるよう、通路その他の部分であつて、当該空間との間に壁を有しないことその他の高い開放性を有するものとして、国土交通大臣が定めた構造方法を用いるもの又は国土交通大臣の認定を受けたものを設けている場合

（構造）

第126条の7　前条の非常用の進入口は、次の各号に定める構造としなければならない。

一　進入口は、道又は道に通ずる幅員4m以上の通路その他の空地に面する各階の外壁面に設けること。

二　進入口の間隔は、40m以下であること。

三　進入口の幅、高さ及び下端の床面からの高さが、それぞれ、75cm以上、1.2m以上及び80cm以下であること。

四　進入口は、外部から開放し、又は破壊して室内に進入できる構造とすること。

五　進入口には、奥行き1m以上、長さ4m以上のバルコニーを設けること。

六　進入口又はその近くに、外部から見やすい方法で赤色灯の標識を掲示し、及び非常用の進入口である旨を赤色で表示すること。

七　前各号に定めるもののほか、国土交通大臣が非常用の進入口としての機能を確保するために必要があると認めて定める基準に適合する構造とすること。

◆国土交通大臣が定める基準＝非常用進入口の機能を確保するために必要な構造の基準（昭和45年12月28日建設省告示第1831号）

無窓に対する規定のまとめ

建築基準法や消防法上の無窓に関係のありそうな条文を引っぱり出しては説明を続けてきたが、どうもこのまま説明を終ってしまっては、どうも今一つ良くわからないというような印象を残してしまいそうな気がするのである。そこで、法律の条文の順ではなく、多少なりとも知恵をしぼって、設計をする場合とか審査をする場合のアンチョコになるような形に再編成してみることにする。多少は手前ミソになるかも知れないが、こういう整理の仕方の方が実用的で判りやすいのではないだろうか。

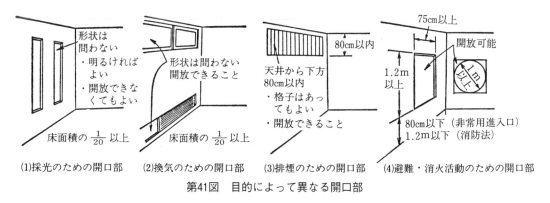

第41図　目的によって異なる開口部

◆**有効採光面積が10分の1～5分の1以上必要であるにもかかわらず不足する居室**

（建基法第28条ただし書、住宅、学校、病院、診療所、寄宿舎、下宿、児童福祉施設等において用途上やむを得ず床面積の10分の1～5分の1の採光上有効な開口部が不足する室）

●居室及び地上に通ずる主たる廊下等の内装を不燃材料又は準不燃材料としなければならない（根拠条文＝建基法第35条の2、建基令第128条の3の2第二号　技術基準＝建基令第128条の5第5項）。

◆**有効採光面積が床面積の20分の1未満の居室**

●非常用の照明装置を設けなければならない（根拠条文＝建基法第35条、建基令第116条の2第1項第一号　技術基準＝建基令第126条の4、第126条の5）。

- 直通階段までの歩行距離を短縮しなければならない（根拠条文＝建基法第35条、建基令第116条の2第1項第一号　技術基準＝建基令第120条第1項）。
- 居室を区画する主要構造部を耐火構造とし又は不燃材料で造らなければならない（根拠条文＝建基法第35条の3、建基令第111条第1項第一号）。
- 条例により敷地と道路との関係について制限されることがある（根拠条文＝建基法第43条第3項第三号、建基令第144条の6、第116条の2第1項第一号）。

◆有効換気面積が床面積の20分の1未満の居室

- 換気設備（自然換気設備、機械換気設備又は空気調和設備）を設けなければならない（根拠条文＝建基法第28条第2項ただし書　技術基準＝建基令第20条の2）。

◆排煙上開放できる部分が床面積の50分の1未満の居室

（開放できる部分は、天井又は天井から下方80cm以内のものに限る）。

- 排煙設備を設けなければならない（根拠条文＝建基法第35条、建基令第116条の2第1項第一号　技術基準＝建基令第126条の2、第126条の3）。
- 居室及び地上に通ずる主たる廊下等の内装を不燃材料又は準不燃材料としなければならない（根拠条文＝建基法第35条の2、建基令第128条の3の2第一号　技術基準＝建基令第128条の5第5項）。
- 条例により敷地と道路との関係について制限されることがある（根拠条文＝建基法第43条第3項第三号、建基令第144条の6、第116条の2第1項第二号）。

◆直接外気に接する避難上有効な開口部が設けられていない居室

（有効な開口部とは、直径1m以上の円が内接できるもの又はその幅及び高さが、それぞれ、75cm以上及び1.2m以上のもの）

- 居室を区画する主要構造部を耐火構造とし又は不燃材料で造らなければならない（根拠条文＝建基法第35条の3、建基令第111条第1項第二号）。

◆非常用の進入口にかわる開口部が不足する場合

（道又は幅員4m以上の通路に面して外壁面に10m以内ごとに消火活動上有効な開口部が設けられていない場合。消火活動上有効な開口部とは、前出の避難上有効な開口部の大きさで、格子その他の屋外からの進入を防げる構造を有しないもの。）

- 非常用の進入口を設けなければならない（根拠条文＝建基法第35条、令第126条の6第二号　技術基準＝建基令第126条の7）。

◆スタジアムの観覧場等で屋外側に非常用の進入口を設置することが難しい場合

- 屋内グラウンド等から各階に容易に進入できるよう、吹抜きとなっている部分及び開放性の高い通路等を適切に設けなければならない。（根拠条文＝建基法第35条、令第126条の6第三号、技術基準＝平成28年国土交通省告示第1438号）

◆消防法上の無窓階である場合

（消防法施行令第10条第1項第五号、消防法施行規則第5条の2、11階以上の階にあっては普通階以外の階、10階以下の階にあっては直径1m以上の円が内接することができる開口部又はその幅及び高

さがそれぞれ75cm以上及び1.2m以上の開口部を2以上有する普通階以外の階を無窓階という。普通階とは直径50cm以上の円が内接することができる開口部の面積の合計がその階の床面積の30分の1を超える階をいう。）

● 消火器具の設置基準が厳しくなる（消令第10条第1項第五号）。

● 屋内消火栓設備の設置基準が厳しくなる（消令第11条第1項第六号、第2項）。

● スプリンクラー設備の設置基準が厳しくなる（消令第12条第1項第二号、第十一号）。

● 自動火災報知設備の設置基準が厳しくなる（消令第21条第1項第十号）。

● 非常警報設備の設置基準が厳しくなる（消令第24条第2項第二号）。

● 避難器具の設置基準が厳しくなることがある（消令第25条第1項第四号）。

● 避難口誘導灯及び通路誘導灯を設けなければならない（消令第26条第1項第一号、第二号）。

● 排煙設備の設置基準が厳しくなる（消令第28条第1項第三号）。

17 避難のための出入口等

　どうも話が後先きとなってしまったが、何も避難等は窓からしなければならないことはないのであって、当然日頃出入りに使用している出入口から避難するにこしたことはない。従って、出入口、廊下、通路等の避難規定をここでまとめて説明することとする。本当はここで階段の規定もまとめて説明したらよいのかも知れないが、階段については、救助袋や緩降機とあわせて後で別に説明することとしたい。

避難規定を適用する建築物

　避難規定の適用は建築基準法第35条に根拠をおくものだから、大規模な建築物とか特殊建築物等に限定される。適用がある建築物は次のとおり（建基令第117条第1項）。

　(1)　階数が3以上の建築物

　(2)　延べ面積が1,000m²を超える建築物

　(3)　法別表第1(い)欄(1)項から(4)項までに掲げる用途に供する特殊建築物

　(4)　採光上有効な開口部が床面積の20分の1未満であるもの

　なお、この避難規定の適用上は、開口部のない耐火構造の床又は壁で区画されている部分又は渡り廊下等で連結する建築物の部分（渡り廊下等が平成28年国土交通省告示第695号に適合する場合に限る。）は別の建築物とみなすこととされている。

劇場等の出口の戸

　劇場等の客席からの出口の戸及び屋外への出口の戸は内開きとしてはならないこととされている。内開きにしておくと避難の方向とは反対の方向に開くこととなるので、群衆が押しよせると開くことができなくなるおそれがあるためである。

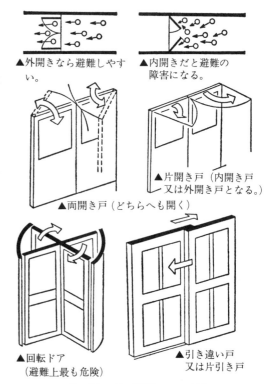

▲外開きなら避難しやすい。　▲内開きだと避難の障害になる。

▲両開き戸（どちらへも開く）　▲片開き戸（内開き戸又は外開き戸となる。）

▲回転ドア（避難上最も危険）　▲引き違い戸又は片引き戸

第42図　扉の開閉による種類

〈建築基準法施行令第118条、第125条第2項〉

（客席からの出口の戸）

第118条　劇場、映画館、演芸場、観覧場、公会堂又は集会場における客席からの出口の戸は、内開きとしてはならない。

（屋外への出口）

第125条　（中略）

2　劇場、映画館、演芸場、観覧場、公会堂又は集会場の客用に供する屋外への出口の戸は、内開きとしてはならない。

〈火災予防条例（例）第40条第二号〉

二　避難口に設ける戸は外開きとし、開放した場合において廊下、階段等の有効幅員を狭めないような構造とすること。ただし、劇場等以外の令別表第1に掲げる防火対象物について避難上支障がないと認められる場合においては、内開き以外の戸とすることができる。

出入口の戸の構造（施錠）

　　　　　　　　　　　出入口の戸は防犯上から施錠しておくべきものであろうが、避難のための出口の戸は屋内から容易に開放できるものでなければならないことが規定されている。しかし、刑務所とか精神科病棟のように法令により人を拘禁する目的で使用される建築物には適用されない。建築基準法施行令第125条の2第2項では、施錠装置の構造及び解錠方法の表示は、国土交通大臣が定めることとされているが、この基準はまだ制定されていない。

〈建築基準法施行令第125条の2〉

（屋外への出口等の施錠装置の構造等）

第125条の2　次の各号に掲げる出口に設ける戸の施錠装置は、当該建築物が法令の規定により人を拘禁する目的に供せられるものである場合を除き、屋内からかぎを用いることなく解錠できるものとし、かつ、当該戸の近くの見やすい場所にその解錠方法を表示しなければならない。

一　屋外に設ける避難階段に屋内から通ずる出口

二　避難階段から屋外に通ずる出口

三　前二号に掲げる出口以外の出口のうち、維持管理上常時鎖錠状態にある出口で、火災その他の非常の場合に避難の用に供すべきもの

2　前項に規定するもののほか、同項の施錠装置の構造及び解錠方法の表示の基準は、国土交通大臣が定める。

◆国土交通大臣が定める基準＝未制定

〈火災予防条例（例）〉

（避難施設の管理）

第40条　令別表第1に掲げる防火対象物の避難口、廊下、階段、避難通路その他避難のために使用する施設は、次に定めるところにより、避難上有効に管理しなければならない。

一　避難のために使用する施設の床面は、避難に際し、つまづき、すべり等を生じないように常に維持すること。

二　避難口に設ける戸は、外開きとし、開放した場合において廊下、階段等の有効幅員を狭めない

ような構造とすること。ただし、劇場等以外の令別表第1に掲げる防火対象物について避難上支障がないと認められる場合においては、内開き以外の戸とすることができる。

三　前号の戸には、施設装置を設けてはならない。ただし、非常時に自動的に解錠できる機能を有するもの又は屋内からかぎ等を用いることなく容易に解錠できる構造であるものにあつては、この限りではない。

物品販売業を営む店舗の出入口

　百貨店やスーパーのように物品販売業を営む店舗については屋外への出口の幅が定められている。また屋上は階とみなされ、避難のための屋上広場の設置が義務づけられている。

　屋上広場を設けたりバルコニーを設けた場合の手すり壁、さく又は金網の高さは、安全上高さを1.1m以上としなければならない（建基令第126条第1項）。

〈建築基準法施行令第125条第3項、第4項及び第126条第2項〉

（屋外への出口）

第125条　（中略）

3　物品販売業を営む店舗の避難階に設ける屋外への出口の幅の合計は、床面積が最大の階における床面積100㎡につき60cmの割合で計算した数値以上としなければならない。

4　前条第3項の規定は、前項の場合に準用する。〔前項の規定の適用に関しては、屋上広場は、階とみなす（建基令第124条第3項）〕

第126条　（中略）

2　建築物の5階以上の階を百貨店の売場の用途に供する場合においては、避難の用に供することができる屋上広場を設けなければならない。

避難用の廊下の幅及び長さ

　廊下には両側に居室がある"中廊下"と片側だけに居室がある"片廊下"の2種類がある。避難のためには利用者も多い出口附近は幅を広く、奥へ行く程利用者が少ないから、順次幅員を狭めるのが合理的だという人もいるが、そこまでやらなくてもよいと思う。大体、避難の方向を一方的に限定するようなことは良いことではなく、どちらへ避難しても安全なように**2方向避難**の原則を確立すべきだと思う。

　廊下の長さは別に規定がないから幾ら長くてもよいことになるが、居室の各部分から避難階段の一に至る歩行距離の制限（建基令第120条）や出口までの歩行距離の制限（建基令第125条第1項）があるので、直通階段や出口の数を増やさなければならないことになる。階段の数は別途説明する。

〈建築基準法施行令第119条〉

（廊下の幅）

第119条 廊下の幅はそれぞれ次の表に掲げる数値以上としなければならない。

廊下の用途 ＼ 廊下の配置	両側に居室がある廊下における場合（単位　m）	その他の廊下における場合（単位　m）
小学校、中学校、義務教育学校、高等学校又は中等教育学校における児童用又は生徒用のもの	2.3	1.8
病院における患者用のもの、共同住宅の住戸もしくは住室の床面積の合計が100m²を超える階における共用のもの又は3室以下の専用のものを除き居室の床面積の合計が200m²（地階にあっては、100m²）を超える階におけるもの	1.6	1.2

避難のための管理　　例えば、劇場等の定員とか客席の配列、キャバレーや百貨店等の避難通路、避難施設や防火設備等をいつでも有効に利用できるようにするための管理については、火災予防条例（例）第5章（第35条から第42条まで）によって市町村が定めることとされている。避難の妨害となるような物件の放置等は、消防法第8条の2の4が適用される他、この条例によって取り締られる。

避難口から道への通路　　避難のための出口又は屋外避難階段の降り口から、道又は公園、広場等避難上安全な空地に通ずることができるように、敷地内には幅1.5m（階数3以下で延べ面積200m²未満の建築物では90cm）以上の通路を設けておかなければならない（建基令第128条）。

18 内装不燃化・防炎

建築物の内装制限と防炎　　建築物の主要構造部である柱、はり、床、壁などを耐火構造にしたり不燃材料を使って建築防火に努めてみても、その内装材に可燃性の材料をフンダンに使用してあれば火災になりやすいわけである。それに最近の建築材料には単に燃えやすいというだけではなくて、燃えるときに有害なガスを発生するものがある。また多量の煙を発生するものがある。もともと火災に煙はつきものではあるが、新建材といわれるものの中には、従来の木造の火災時には見られないような濃い刺戟性の強い煙を出したりして避難や消火活動上、支障を与えるような建築材料も含まれていた。そこで、そのような防火上危険な材料は建築物の内装に使用することを制限してしまおう、というのが建築基準法の**内装制限**の規定（第35条の2）である。本当ならそのような材料を生産することを禁止してしまえば済むものを、とも考えるのだが、建築物の内装以外の何に使用されるのか判らないものまで生産段階から押えてしまうというのは行きすぎである、との反論もあることから、特定の用途とか構造（例えば無窓建築物等）の建築物に限って使用を制限しようとするものだ。逆に言ってそのような特定の建築物の内装は、**不燃材料、準不燃材料又は難燃材料**という防火材料しか使用できないようにしている。

　建築物そのものの構成材料である内装については建築基準法で制限規定を設けているが、一方必ずしも建築物そのものとは言えないもの、たとえば、比較的容易に着脱のできるカーテンとかどん帳については、消防法（第8条の3）で**防炎**の規定を設けている。防炎というのはカーテンなどの繊維製品の防火性能を表現しているもので、全く不燃というのではないが、火を近づけても、こげたり溶けたり縮んだりすることはあるかも知れないがメラメラと燃え上がらないというものだ。炎をあげて燃え上がらないということは、火災の初期段階では極めて重要なことである。建築材料の難燃材料と同じように、不燃ではないが燃えにくいということである。

火災のメカニズム　　火災の発生原因は放火（放火の疑いを含む）に次いでタバコの火が、第2位（令和元年）である。タバコ産業がどうしても頭が上がらないのは、厚生労働省と消防庁であるという。ニコチンの健康に与える影響をやかましく言われて「健康のため吸いすぎに注意しましょう」という注意書きを添えて販売するようになったが、火災対策だけは手を焼いている模様である。

　統計上でも、原因を確かめることができなかった火災も結構多いのだが、本来その不明となるべき原因をタバコに責任を押しかぶせているのではないか、というタバコ愛好者からの反撃もある。しかし、一般的に言って火を使用する場所というのは、かなり限定されているものなのだが、場所を限らず人の行く所これすなわち火気使用場所であるという最も移動性の強い火がタバコの火であり、それが火を十

分消さないまま棄てられたりする可能性もまた大きいのである。

　それかといって、火災の発生原因を実験的に確かめるのもなかなか困難であって、一般には火のついたタバコの吸いがらを紙にくるんで放置すれば、間違いなく発火するだろう、と考えがちだがむしろ発火しない例の方が多かったりするものだ。だから火が着くときの諸条件というものは全く判らないものである。実験的にみて着火例が少なくても可能性まで否定するわけにはいかない。どのような諸条件が競合して火災に到るかも知れないからだ。そんなわけで、火災実験というのもいつも全く同じ結果が得られるというものではなく、一般的に火災の性状を知ることができるというか、観測のできる火災の一例としてとらえるべきであろう。例えば、電気コタツのつけっぱなしから火災になった例があったりするので実験で再現しようとすると、延々5時間たっても6時間たっても、いっこうに火の気があがる様子もなく退屈なことおびただしいものだ。普段は火の廻りが早く消すことばかり専念している消防関係者も、火災実験ではなかなか火が廻らなくてヤキモキしているというのも妙な風景である。

　火災の初期は、火がくすぶる**燻焼段階**であって、可燃物が加熱されることによって分解し可燃性のガスを放出し、放出することによって物質は焦げ始め炭化する。木材では150℃から200℃といわれる。多量の煙を発生し、ときには無炎着火することがある。

　次に**着炎段階**といわれるのは、何かの口火があれば着火するもので、木材では300℃から400℃で着火する。口火なしでも加熱により自然着火に到る。以前行った実験例では、アイロン台にのせたアイロンは2時間25分で、電気コタツ（500ワット）のつけ放しでは4時間46分で発炎した。発炎した炎は室内の最も近い壁の方へ這い、そこから火が立ち上る。カーテンやショージ、フスマなどがあればそれに燃え移っていく。火がどうして近くの壁の方へ走るのか、まるで生きもののように不思議な話だが、これはきっと、気流の関係なのかも知れない。

　室内のような区画された空間では、屋外の芝焼きのように平面的な燃え拡がりをするのとは少し様子が異なる。時間的に段々と拡大するのではなく、火災がある段階に達すると突如として爆発的に火災が進展するものだ。これを"**フラッシュ・オーバー**"という。燃焼により熱せられた空気が天井の下面に堆積し、かつ、火炎によってあおられる結果、天井や壁の上部

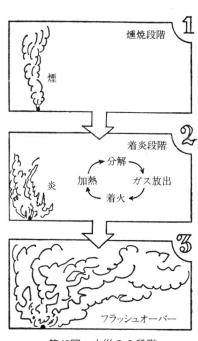

第43図　火災の3段階

の加熱分解、可燃性ガス放出が急激に進み、或る一瞬に爆発的着火現象（フラッシュ・オーバー）が生じて火災は一挙に進展する。木造家屋では着火後3～6分でこのフラッシュ・オーバーがやってくる。瞬間的に800℃前後の温度に達する。何かの実験で取材中の記者がこのフラッシュ・オーバーにやられて髪の毛を焦がしたというので問題となったことがあったが、ベテランの研究員でもウッカリするとやられることがある。床面近くまで炎が降りてくることがあるが、トッサに床に伏せるのが避難のコツだそうである。よく火災中の家屋へ着物やら宝石を取りに戻って事故に逢うことがあるが、見た眼にはま

だ大丈夫のように見えていても、このフラッシュ・オーバーにやられるとひとたまりもない。部屋へ入るときに扉を開けたりすると新鮮な空気が流入して、それが爆発的燃焼の誘因となることもある。この現象はバックドラフトという。

このような火災のメカニズムからいっても、発火源から二次的に燃え移るカーテン類に防炎措置をほどこし、天井や壁上部の不燃化を図ることが防火上重要な効果をもっていることに気がつかれるはずである（特に**天井の不燃化は効果が大きい**。天井の不燃化ができれば内装制限の目的のほとんどは達成できたともいえる。）。室内に可燃物がある限り火災にならないとはいい切れないが、フラッシュ・オーバーを防ぎ、またはその時間を遅らせることにより避難や消火活動を容易にすることはできる。

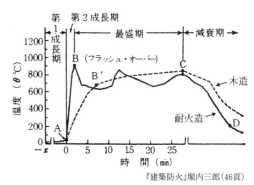

『建築防火』堀内三郎(46頁)

第44図　室内火災の一般的経過

内装の制限を受ける建築物

内装制限の規定も、思ったより複雑であって、これを理解するのには一苦労する。先ず法律の中には政令というのが３箇所もでてくるので、下のカコミでは、混同しないように〔　〕で政令の条文を書いておいた。政令の条文の第128条の３の２というのも長いが、もともと128条と129条の間に条文を追加する必要があって、128条の２、128条の３、128条の４という条を設けたが、その後さらに128条の３と128条の４との間に１条を設ける必要が生じた。そこで第128条の３の２というように、また脚番号を追加していったわけである。

建築基準法第35条の２の規定では、内装の制限を受ける建築物として沢山書きならべてあるが、判りやすく整理すると、**３階建以上のもの、延べ1,000m²以上のもの**は、先ず全部当てはまり、それ以外であっても（それ以下の規模であっても）**特殊建築物、無窓の居室を有するもの、火気を使用する室**は対象となるのである。

〈建築基準法第35条の２〉

（特殊建築物等の内装）

第35条の２　別表第１(い)欄に掲げる用途に供する特殊建築物、階数が３以上である建築物、政令〔令第128条の３の２〕で定める窓その他の開口部を有しない居室を有する建築物、延べ面積が1,000m²をこえる建築物又は建築物の調理室、浴室その他の室でかまど、こんろその他火を使用する設備若しくは器具を設けたものは、政令〔令第128条の４〕で定めるものを除き、政令〔令第128条の５〕で定める技術的基準に従つて、その壁及び天井（天井のない場合においては、屋根）の室内に面する部分の仕上げを防火上支障がないようにしなければならない。

しかし、そのあとで「政令で定めるものを除き」とあるから、適用除外を定めた政令の第128条の４をみれば、内装制限の規定が適用されない建築物が書いてあるはずである。事実適用されないものが書いてあることに間違いないのだが、表現が「……以外のものとする。」となっているので、ここで

チョットまごつくのである。何のことはない、政令では内装の制限をするものを書いているのだが、法律の方で「政令で定めるものに限り」とでも書いてあれば、それで判りやすいものを、法律では「政令で定めるものを除き」と書いてあるため、逆に政令では一たん内装の制限をする建築物を書き、それ以外のものは法律の規定から除く、すなわち内装の制限の規定は適用がない、といっていることになる。いわゆる"否定の否定"という表現方法なんだな。子供が相手を馬鹿だといいたいのを"利口の反対"

という。そうするといわれた子供は"利口の反対の反対だもん"といいかえす。そうすると、その反対の反対の反対とやりかえす。そのうちにわけが判らなくなってしまう。子供の口ゲンカならば判らなくなった、で笑って済ませるが法律の解釈は判らないでは困るし、意味を、反対に読んでしまって不燃化すべきところを、不燃化しなくてもよい、といっては大変なことになるよ。昔、役所の或る部屋に、こんな貼り紙がしてあった。すなわち「関係者以外を除き入室を禁ず」というものだが、これはどうなるのかね。「関係者以外の入室を禁ず」と書くか「関係者を除き入室を禁ず」で良いわけだが、このままでは関係者だけは入ってはいけない、ということになりませんか。

第45図　否定の否定は判りにくい

　次頁に引用した政令の規定は、法律でいう、いわゆる無窓の居室を定義したものである。政令にはこの「窓その他の開口部を有しない居室」の定義が、それぞれの規定の目的に従って4回も出てくるので間違わないようにされたい。詳しくは、先きに説明（121頁）したように、建築基準法施行令第111条、第116条の2、第144条の5と、この第128条の3の2との4箇所である。

　内装不燃化が必要となる無窓の居室は、排煙上の観点から、排煙上有効な開口部（建基令第126条の3第三号の排煙口の規定参照）を有しない居室とか、建築基準法第28条第1項のように学校とか病院の居室で採光上有効な開口部が設けられていないもの、例えば、学校の特殊な実験室とか病院の手術室などが該当する（このほかに無窓工場などもあるのだが、建築基準法上（建基法第28条）居室に採光のための窓等の設置が義務づけられているのは、学校、病院等の特殊建築物と住宅に限られており、工場等は含まれていない。）。

　それでは、無窓の居室を有する建築物はどのような内装制限を受けるかというと、建築基準法施行令第128条の5第5項の規定のように、制限を受けるのは無窓の居室とそこから地上への通路で、その天井及び壁（床面からすべて）を、不燃材料又は準不燃材料としなければならない。従って、難燃材料は使用することができない。

　140頁に引用した条文（建基令第128条の４）が、先に説明した「否定の否定」であるから、内装制限の対象となるのは、この第一号から第三号までの特殊建築物となる。これでみると、別表第１の特殊建築物は全部が対象となっているのではなく、(い)欄の(1)項、(2)項及び(4)項は含まれているが、(3)項の学校等、(5)項の倉庫等及び(6)項のうちスタジオ関係は内装制限の対象に含まれていないことが判る。

　(1)項の用途とは「劇場、映画館、演芸場、観覧場、公会堂、集会場」であって、３階以上の階をその用途に供する場合又は客席の床面積が200m²以上の場合等は耐火建築物等としなければならないこととなっている（建基法第27条）が、ここでは、何も義務的に耐火建築物等とした場合だけではなく任意に耐火建築物等とした場合を含めて対象となる。なお、「耐火建築物等」とは「特定避難時間倒壊を防止できる建築物」のことである（93頁〜96頁参照）。ともかく、耐火建築物等となっていれば、客席の床面積が400m²以上の場合に内装制限を受ける。だから、客席の床面積が200m²以上であって耐火建築物等としなければならないときでも、客席の床面積が400m²未満であれば法律上は内装制限を受けないこととなる。準耐火建築物やその他の建築物（すなわち耐火建築物等以外）では、客席の床面積が100m²以上の場合は内装制限の対象となる（この場合も客席の床面積の限度は200m²までで、それ以上は耐火建築物等としなければならないこととなる。）。

　なお、内装制限では、令第128条の４第１項第一号の表でもわかる通り、耐火建築物、準耐火建築物、その他に区分して対象を規定しているのではなく、主要構造部が耐火構造等であるか準耐火構造であるかによって区分している。これは内装制限では外壁の延焼のおそれのある開口部の性能は直接関係がないため、平成30年の建築基準法改正の施行に併せて見直しが行われたものである。

　また、ここで注意しなければならないのは、(1)項の用途の特殊建築物は無窓建築物となるおそれが強く、第３号の「地階……その他これらに類する居室」に該当するか、又は先に説明した建築基準法施行令第128条の３の２の規定による無窓の居室に該当する例が多いということだ。従って、(1)項の特殊建築物では、二重三重の網がかぶせられているので、どれか一つの規定には引っかからなくても、どこか

で引っかかる可能性があり、余程のことがない限り内装の制限は免れないと理解しておいた方がよい。

(2)項の用途とは「病院、診療所、ホテル、旅館、下宿、共同住宅、寄宿舎、老人福祉施設、児童福祉施設等（建基令第19条第１項参照）で、３階以上の階をこれらの用途に供する建築物（階数３で延べ面積200m²未満のものを除く。）は耐火建築物等とし、２階部分の用途に供する部分（病院及び診療所では２階に患者を収容する場合に限る。）の床面積が300m²以上の場合は、耐火建築物等又は準耐火建築物としなければならないこととされている（建基法第27条）。

内装制限の対象となるのは、耐火建築物等では３階以上の部分の床面積が300m²以上のもの、準耐火建築物では、２階部分の床面積（病院及び診療所では２階に患者を収容する場合に限る。）が300m²以上のもの、その他の建築物では床面積が200m²以上のものとなっている。

ここで注意することは、令第128条の５（後出）の規定では(2)項の特殊建築物に限り耐火建築物等であって床面積100m²（共同住宅の住戸にあっては200m²）ごとに防火区画（床・壁）されており、開口部に防火設備が設けられている場合の居室は、内装制限の対象からはずされていることである。これは主として共同住宅を想定しての特例である。ただし、この特例は、居室のみに限定されているので、通路についてまで内装制限の規定を免除するものではない。従って、廊下等の通路は内装制限の適用を受ける。

(4)項の特殊建築物とは、「百貨店、マーケット、展示場、キャバレー、カフェー、ナイトクラブ、バー、舞踏場、遊技場、公衆浴場、待合室、料理店、飲食店又は物品販売業を営む店舗（床面積が10m²以内のものを除く。）」のことで、３階以上の階をその用途に供するもの（階数３で延べ面積200m²未満のものを除く。）又はその用途に供する部分の床面積が3,000m²以上のものは耐火建築物等とし、２階部分の床面積が500m²以上のものは耐火建築物等又は準耐火建築物としなければならないこととされている。２階の部分の床面積が500m²以上の場合は、耐火建築物等又は準耐火建築物が要求されるが、準耐火建築物とする場合は、すべて内装の制限が適用されることとなる。

内装制限の対象となるのは、壁及び天井（天井のない場合にあっては屋根）の室内に面する部分である。回り縁とか窓台のような部分は対象から除かれる **（第46図参照）**。消防法施行令第11条第２項においても「壁及び天井（天井のない場合にあっては屋根。）の室内に面する部分（回り縁、窓台その他これらに類する部分を除く。）の仕上げを難燃材料でした防火対象物にあっては」というような規定があるが、これは建築基準法の規定と全く同じものである。ただし、消防法においては内装不燃化をせよという規定ではなく、内装不燃化をした場合には、消防用設備等の設置基準の緩和規定を適用して差しあげますといっているに過ぎない。これは建築基準法においてスプリンクラー設備の設置基準は規定していないが、スプリンクラー設備が設けられている場合は、防火区画の規定の緩和措置を適用します、といっているのと同じことである。それぞれ、他の法令の権限をそこなわないように配應されているわけだ。

この建築基準法施行令第128条の５の第１項（建基令第128条の４第１項第一号の特殊建築物の居室）の場合と同条第４項（階数が３以上で延べ面積が500m²を超えるもの等の居室）の場合に限り、壁については「床面からの高さが1.2m以下の部分」は除かれる（消防法上では、このような免除規定は設け

られていない。）。

　一般に、**内装不燃化は、不燃材料と準不燃材料に限られており、難燃材料の使用を認めているのは極く一部のみである。**すなわち、建築基準法施行令第128条の４第１項第一号の表の特殊建築物の居室と同条第２項および第３項の居室（階数が３以上で延べ面積が500m²を超えるもの等）とに限られているのである（ともに壁の床面からの高さが1.2mまでの部分の制限緩和措置のあるもの）。従って、難燃材料が使用を許される例だけを覚えておけば、それ以外はすべて不燃材料又は準不燃材料を使用しなければならないこととなるので、その方が判りやすい。難燃材料の使用が認められている場合でもそれは居室に限られており、その居室から地上に通ずる主たる廊下、階段その他の通路に使用することは認められていない。さらに階段のなかでも避難階段および特別避難階段の内装は、下地とも不燃材料に限られている。「居室から地上に通ずる主たる廊下、階段その他の通路」は慣用句となっているが、自動車車庫等に限り「これから地上に通ずる主たる通路」という具合に表現が異なっている。自動車が通るのだから、廊下とはいわないし、階段もないというわけか。

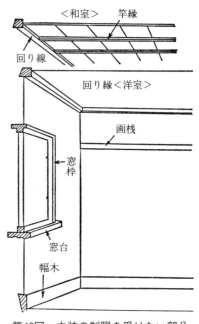

第46図　内装の制限を受けない部分

　また、特別に注意すべきことは、３階以上の階に居室を有する特殊建築物の天井には、やはり難燃材料の使用が禁止されていることである（建基令第128条の５第１項第一号イかっこ書）。

　なお、難燃材料による内装に準ずる仕上げが平成12年建設省告示第1439号に、準不燃材料による内装に準ずる仕上げが平成21年国土交通省告示第225号に定められている。前者は天井に準不燃材料を用いた場合に一定の条件で木材を壁に用いることができるというもの、後者は、こんろ、ストーブ、いろり等を設けた室で、これらの燃焼器具の周囲を不燃材料等で仕上げれば、それ以外の内装は難燃材料や一定の木材等とすることができるというものである。

特殊建築物の内装

〈建築基準法施行令第128条の４第１項〉

（制限を受けない特殊建築物等）

第128条の４　法第35条の２の規定により政令で定める特殊建築物は、次の各号に掲げるもの以外のものとする。

　一　次の表に掲げる特殊建築物

	構造	主要構造部を耐火構造とした建築物又は法第２条第九号の三イに該当する建築物（１時間準耐火基準に適合する	法第２条第九号の三イ又はロのいずれかに該当する建築物（１時間準耐火基準に適合するものを除く。）	その他の建築物

	用途		ものに限る。）		
(1)	法別表第１(い)欄(1)項に掲げる用途	客席の床面積の合計が400m²以上のもの	客席の床面積の合計が100m²以上のもの	客席の床面積の合計が100m²以上のもの
(2)	法別表第１(い)欄(2)項に掲げる用途	当該用途に供する３階以上の部分の床面積の合計が300m²以上のもの	当該用途に供する２階以上の部分（病院又は診療所については、その部分に患者の収容施設がある場合に限る。）の床面積の合計が300m²以上のもの	当該用途に供する部分の床面積の合計が200m²以上のもの
(3)	法別表第１(い)欄(4)項に掲げる用途	当該用途に供する３階以上の部分の床面積の合計が1,000m²以上のもの	当該用途に供する２階以上の部分の床面積の合計が500m²以上のもの	当該用途に供する部分の床面積の合計が200m²以上のもの

二　自動車車庫又は自動車修理工場の用途に供する特殊建築物

三　地階又は地下工作物内に設ける居室その他これらに類する居室で法別表第１(い)欄(1)項、(2)項又は(4)項に掲げる用途に供するものを有する特殊建築物

〈建築基準法施行令第128条の５第１項～第３項〉

（特殊建築物の内装）

第128条の５　前条第１項第一号に掲げる特殊建築物は、当該各用途に供する居室（法別表第１(い)欄(2)項に掲げる用途に供する特殊建築物が主要構造部を耐火構造とした建築物又は法第２条第九号の三イに該当する建築物である場合にあつては、当該用途に供する特殊建築物の部分で床面積の合計100m²（共同住宅の住戸にあつては、200m²）以内ごとに準耐火構造の床若しくは壁又は法第２条第九号の二ロに規定する防火設備で区画されている部分の居室を除く。）の壁（床面からの高さが1.2m以下の部分を除く。第４項において同じ。）及び天井（天井のない場合においては、屋根。以下この条において同じ。）の室内に面する部分（回り縁、窓台その他これらに類する部分を除く。以下この条において同じ。）の仕上げを第一号に掲げる仕上げと、当該各用途に供する居室から地上に通ずる主たる廊下、階段その他の通路の壁及び天井の室内に面する部分の仕上げを第二号に掲げる仕上げとしなければならない。

一　次のイ又はロに掲げる仕上げ

イ　難燃材料（３階以上の階に居室を有する建築物の当該各用途に供する居室の天井の室内に面する部分にあつては、準不燃材料）でしたもの

ロ　イに掲げる仕上げに準ずるものとして国土交通大臣が定める方法により国土交通大臣が定める材料の組合せによつてしたもの

二　次のイ又はロに掲げる仕上げ

イ　準不燃材料でしたもの

ロ　イに掲げる仕上げに準ずるものとして国土交通大臣が定める方法により国土交通大臣が定める材料の組合せによつてしたもの

２　前条第１項第二号に掲げる特殊建築物は、当該各用途に供する部分及びこれから地上に通ずる主たる通路の壁及び天井の室内に面する部分の仕上げを前項第二号に掲げる仕上げとしなければならない。

3　前条第１項第三号に掲げる特殊建築物は、同号に規定する居室及びこれから地上に通ずる主たる廊下、階段その他の通路の壁及び天井の室内に面する部分の仕上げを第１項第二号に掲げる仕上げとしなければならない。

大規模建築物の内装　建築基準法第35条の２では、「階数が３以上である建築物」を内装制限の対象にすると規定しているが、政令ではさらに「階数が３以上であり、かつ、延べ面積が500㎡を超えるもの」に限定している（政令の表現によれば階数が３以上であっても延べ面積が500㎡以下のものは除く、すなわち対象にしない、という意味になっている。）。

一方、法第35条の２では、「延べ面積が1,000㎡を超える建築物」としているが政令ではさらにしぼって「階数が２で延べ面積が1,000㎡を超えるもの又は階数が１で延べ面積が3,000㎡を超えるもの」を規定している。

ただし、いずれも学校等は内装制限の対象としないこととなっている。学校等は法別表第１(い)欄(3)項の特殊建築物であるが、特殊建築物の内装制限で(3)項が対象になっていないというだけではなく、階数又は延べ面積のうえから内装制限を受ける規模となっても適用除外とされるのだ。他の特殊建築物ならば、特殊建築物としては適用を免れても、規模が大きくなると用途に関係なく居室さえあれば内装制限を受けるのに、学校等だけは特別扱いとされている。学校等では通常、夜間使用することが少なく、かつ、クラス単位で規律ある行動をとることが期待できることによるものであろう。消防法令上でも、例えば、避難口誘導灯や通路誘導灯の設置を学校（消令別表第１(7)項の防火対象物）は免除しているのと思想的には同じことであろう。

なお、この「学校等」とは、学校（幼保連携型認定こども園を除く。）、体育館、ボーリング場、スキー場、スケート場、水泳場又はスポーツの練習場のことである（建基令第126条の２第１項第二号）。

この建築物の規模からくる内装制限の場合、居室だけは**難燃材料の使用が認められる**ことと、**壁の床面からの高さが1.2m以下の部分は制限の対象から除かれている**ことに注意すること。注意するといっても、緩和措置なんだから別に居室に難燃材料を使用しなければならないわけではなく、不燃材料を使用すれば防火上好ましいことだし、床面から1.2mの腰壁にも不燃材料を使用することは大いに結構なことである。

ところで、ややこしいのは、建築基準法施行令第128条の５第４項のただし書で31m以下の部分に限定はされているが法別表第１(い)欄(2)項の共同住宅等の特殊建築物は適用除外としていることだ。一体これはどういう意味であろうか。先の記述では、この(2)

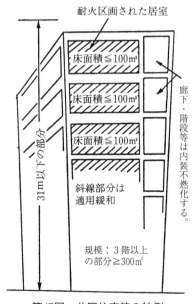

第47図　共同住宅等の特例

耐火区画された居室

床面積≦100㎡

床面積≦100㎡

床面積≦100㎡

斜線部分は
適用緩和

31m以下の部分

廊下・階段等は内装不燃化する。

規模：３階以上の部分≧300㎡

項の特殊建築物は、耐火建築物等であっても（原則として3階以上は耐火建築物等にしなければならないのだが）、3階以上の床面積が300m²以上の場合は内装制限を受けると書いてあったのに。31m以下の部分は内装制限をしないと書くのはどういう意味なのであろうか。

　法令上は、「重複する規定がある場合は、**厳なる規定を適用**する」という原則がある。片方で適用されなくても、もう一方の規定の適用があれば、結局厳しい方の規定の適用がある。この場合は、むしろ特殊建築物の方で厳しい規定であるからこそ安心して、ただし書きの規定が設けられているともいえるのだ。それならば、どうしてこのようなややこしい規定を設けたのであろうか。それは特殊建築物の内装制限の規定（建基令第128条の5第1項）で(2)項の特殊建築物に限り100m²（共同住宅は200m²）以内ごとに耐火区画のあるものは適用除外としているのだが、それをここの規定でまた内装制限してしまっては（厳なる規定が適用されるのだから）意味がなくなってしまうことになる。そこで思い切りよく、31m以下の部分に限って適用除外としてしまったのだ。それでは本当に31m以下の部分は内装制限がいらないかというと、しつこいようだが特殊建築物の方で制限をかけているから、決して丸裸ではないのだ。それよりも、100m²又は200m²以内ごとに区画されていても31mを超える場合にはその部分の内装制限がかかることになるのだ。とにかく、ややこしいが、(2)項の特殊建築物については厳なる規定だけを寄せ集めて書き改めると次のようになるのだろうか。

　「法別表第1(い)欄(2)項に掲げる用途に供する特殊建築物（共同住宅等）で、当該用途に供する3階以上の部分の床面積の合計が300m²以上のものは、当該用途に供する居室の天井の仕上げを不燃材料、準不燃材料で、壁の仕上げを不燃材料、準不燃材料、難燃材料でしなければならない。ただし、31m以下の部分に限り、床面積の合計100m²（共同住宅は200m²）以内ごとに準耐火構造の床若しくは壁又は自動閉鎖の防火戸で区画されている部分の居室を除く。」

　この場合でも主たる通路については緩和措置がなく、通路の内装では不燃材料又は準不燃材料でしなければならないことは、先に述べたとおりである。

〈建築基準法施行令第128条の4第2項、第3項〉
（制限を受けない特殊建築物等）
2　法第35条の2の規定により政令で定める階数が3以上である建築物は、延べ面積が500m²を超えるもの（学校等の用途に供するものを除く。）以外のものとする。
3　法第35条の2の規定により政令で定める延べ面積が1,000m²を超える建築物は、階数が2で延べ面積が1,000m²を超えるもの又は階数が1で延べ面積が3,000m²を超えるもの（学校等の用途に供するものを除く。）以外のものとする。
〈建築基準法施行令第128条の5第4項〉
（特殊建築物の内装）
4　階数が3以上で延べ面積が500m²を超える建築物、階数が2で延べ面積が1,000m²を超える建築物又は階数が1で延べ面積が3,000m²を超える建築物（学校等の用途に供するものを除く。）は、居室（床面積の合計100m²以内ごとに準耐火構造の床若しくは壁又は法第2条第九号の二ロに規定する防火設備で第112条第19項第二号に規定する構造であるもので区画され、かつ、法別表第1(い)欄に掲げる用途に供しない部分の居室で、主要構造部を耐火構造とした建築物又は法第2条第九号の三

イに該当する建築物の高さが31m以下の部分にあるものを除く。）の壁及び天井の室内に面する部分の仕上げを次の各号のいずれかに掲げる仕上げと、居室から地上に通ずる主たる廊下、階段その他の通路の壁及び天井の室内に面する部分の仕上げを第1項第二号に掲げる仕上げとしなければならない。ただし、同表(い)欄(2)項に掲げる用途に供する特殊建築物の高さ31m以下の部分については、この限りでない。

一　難燃材料でしたもの
二　前号に掲げる仕上げに準ずるものとして国土交通大臣が定める方法により国土交通大臣が定める材料の組合せでしたもの

火気使用室の内装

消防法第9条の火災発生のおそれのある設備、器具等に対する規制措置は、市町村条例で火災予防上必要な事項を定められるようになっているが、その例示として、火気使用設備にはかまど、風呂場を、火気使用器具にはこんろ、こたつを挙げている。建築基準法施行令第128条の4第4項で「かまど、こんろ」を例示として用いたのはいかにもセンスが古ぼけているようであるが、たまたま、消防法の例示の最初にあるものを拾っただけのことである。すなわち、或る程度定着性のある設備として"かまど"を、持ち運び自由の器具として"こんろ"を採用したものである。

さて、同項の条文中「主要構造部を耐火構造としたもの」というのを、何故耐火建築物と書かないのかというと、耐火建築物は外壁の開口部で延焼のおそれのある部分に防火設備を設けなければならないが、内装上の規定では開口部の防火設備の有無とはあまり関係ないので、敢えて耐火建築物とは書いてないのだ。

住宅（店舗や事務所との併用住宅を含む。）の用途に供する建築物は階数が2以上のものに限られるので平家建は全部対象外となるほか、2階建以上の場合でも最上階だけは対象外とされている。そのほかの階や住宅以外の用途に供するものについては、すべて調理室、浴室等の火気使用室が内装不燃化の対象となる。壁は床面からすべて対象となり、内装材料は不燃材料又は準不燃材料に限られる。

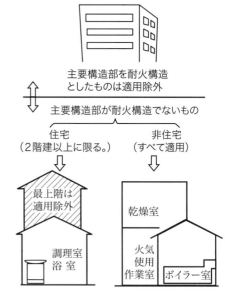

主要構造部を耐火構造
としたものは適用除外

主要構造部が耐火構造でないもの

住宅　　　　　　　　　　非住宅
（2階建以上に限る。）　（すべて適用）

最上階は
適用除外

乾燥室

調理室
浴室

火気
使用
作業室　ボイラー室

第48図　内装制限を受ける調理室等

〈建築基準法施行令第128条の4第4項〉

4　法第35条の2の規定により政令で定める建築物の調理室、浴室その他の室でかまど、こんろその他火を使用する設備又は器具を設けたものは、階数が2以上の住宅（住宅で事務所、店舗その他これらに類する用途を兼ねるものを含む。以下この項において同じ。）の用途に供する建築物（主要構造部を耐火構造としたものを除く。）の最上階以外の階又は住宅の用途に供する建築物以外の建築物（主要構造部を耐火構造としたものを除く。）に存する調理室、浴室、乾燥室、ボイラー室、

作業室その他の室でかまど、こんろ、ストーブ、炉、ボイラー、内燃機関その他火を使用する設備又は器具を設けたもの（次条第６項において「内装の制限を受ける調理室等」という。）以外のものとする。

〈建築基準法施行令第128条の５第６項〉

6　内装の制限を受ける調理室等は、その壁及び天井の室内に面する部分の仕上げを第１項第二号に掲げる仕上げとしなければならない。

先程の火災予防条例（例）では、例えば、第10条（火花を生ずる設備）の第一号では、グラビア印刷機などの設備の位置について「壁、天井及び床の火花を生ずる設備に面する部分の仕上げを準不燃材料でした室内に設けること」というような規定を設けているが、これは火気使用設備の位置等の基準である。すなわち、内装を不燃化せよというのではなく、内装を不燃化した室でなければ設備を設けてはならないというように規定しているのだ（結局は同じことであるが。）。また、壁面等からの間隔についても規定している。建築基準法上、建築基準法施行令第115条に煙突の規定として「煙突は木材その他の可燃材料から15cm以上離して設けること。」というのがあるが、建築基準法で設備の位置の規定が設けられている唯一の例であろう。設備の設置上の基準としては火災予防条例の方が詳しく体系的である。

話は戻るが、建築基準法での内装不燃化の対象には、季節的に使用するストーブ程度のものは含めていない。ポータブルの石油ストーブなら、どの部屋で使うか、ということまでは初めから判らないし、どの部屋でも使う可能性がないわけではないので、余り厳しいことをいうと、日本中の建築物はオール内装不燃化ということになってしまう。それは厳しすぎるのでそこまでは要求していないのだ。

内装制限の適用除外　　内装制限の適用除外については学校や小規模に防火区画された居室などがあることはこれまで説明した通りであるが、このほかに建築基準法施行令第128条の５第７項で、火災時に避難上支障のある高さまで煙・ガスの降下が生じない建築物の部分として令和２年国土交通省告示第251号に定められた次の部分についても、内装制限は適用されないこととされている。

① 床面積500㎡以内で天井の高さが３m以上の居室で、それ以外の部分と間仕切壁又は防火設備（スプリンクラー設備等を設けた場合には、10分間防火設備）で区画されているもの

② 床面積500㎡以内でスプリンクラー設備等及び自動火災報知設備が設置されている避難階又は避難階の直上階にある建築物の部分で、容易に道まで避難することができる屋外への出口等を設けたもの

③ 建築基準法施行令第128条の３の２に規定する無窓の居室、自動車車庫、自動車修理工場の用途に供する部分、地階等の特殊建築物（学校等を除く。）の用途の居室、内装制限が適用される火気使用室以外の建築物の部分で内装仕上げを準不燃材料とし、スプリンクラー設備等を設けたもの

④ スプリンクラー設備等及び排煙設備を設けた建築物の部分

（ただし、①と②については、建築基準法別表第１(い)欄(1)項の用途（劇場等）、病院、診療所（患者の収容施設があるもの）、児童福祉施設等（通所のみ利用以外）の用途に供する部分、建築基準法施行令

第128条の3の2に規定する無窓の居室、自動車車庫、自動車修理工場の用途に供する部分、地階等の特殊建築物（学校を除く）用途の部分、内装制限が適用される火気使用室には適用されず、内装制限が必要となるので注意を要する。）

〈建築基準法施行令第128条の5第7項〉
7　前各項の規定は、火災が発生した場合に避難上支障のある高さまで煙又はガスの降下が生じない建築物の部分として、床面積、天井の高さ並びに消火設備及び排煙設備の設置の状況及び構造を考慮して国土交通大臣が定めるものについては、適用しない。

高層建築物の内装　　高層建築物の11階以上の部分や地下街は、一般の内装制限だけではなく、防火区画の大きさや区画に使用する防火設備の種類によって、制限の程度が変っているので、ここでまとめて説明する。

建築基準法施行令第112条第7項で、11階以上の階は、100m²以内ごとに防火区画をすることが原則となっている。内装制限は、令第128条の4第2項の規定で「階数が3以上で、かつ、延べ面積が500m²を超えるもの」に該当すれば、壁の1.2m以下の部分を除き難燃材料以上の防火材料を使用しなければならない。これを内装を下地とも準不燃材料の防火材料とし、特定防火設備を用いて区画すれば、200m²以内ごとの防火区画で足り（建基令第112条第8項）、内装を下地とも不燃材料とし、特定防火設備を用いて区画すれば、500m²以内ごとの防火区画で足りることとされている（同令第9項）。廊下や階段までは区画しなくてもよいが、それぞれの内装制限は受ける。100m²区画の場合であっても、廊下等の壁は床面まで内装制限を受け、かつ、準不燃以上の防火材料を使用しなければならない。

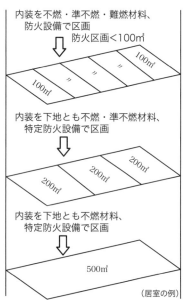

高層建築物や地下街では
内装不燃化の程度によって
防火区画の大きさが定められている。

内装を不燃・準不燃・難燃材料、
防火設備で区画
防火区画＜100m²
↓
100m²　〃　〃　〃　100m²

内装を下地とも不燃・準不燃材料、
特定防火設備で区画
↓
200m²　200m²　200m²

内装を下地とも不燃材料、
特定防火設備で区画
↓
500m²
（居室の例）

第49図　高層建築物・地下街の内装

この規定と関連して、消防法施行令第12条第1項第十二号（スプリンクラー設備に関する基準）では、「別表第1に掲げる防火対象物の11階以上の階（総務省令で定める部分を除く。）」には、スプリンクラー設備を設置するものとされている。スプリンクラー設備が設置されていれば、防火区画の規制については、その部分の床面積の2分の1に相当する床面積は除いてよい（建基令第112条第1項）ことになる。

ところで、「総務省令で定める部分」として消防法施行規則第13条第2項に（スプリンクラー設備を設置することを要しない階の部分等）の規定があるので、本当はその規定と一緒に読まないと十分理解することは困難である。全文を引用すると少し長くなるので、ここでは省略するが、できれば法令集を

読んでもらいたい。要旨は、耐火構造の壁及び床で区画されており、内装は建築基準法の規定と同じように不燃化されており（通路は準不燃以上、その他難燃以上）、100m²以下に区画され（廊下等は除く。）ているものであって、区画開口部面積は各区画毎に 8 m²以内、かつ、その 1 つの開口部面積は 4 m²以内で、その開口部には煙感知型の自動閉鎖防火戸等が設けられていることとされている。この規定は、かなり厳しく、床面積100m²以内というのは緩和規定もないので、実際は共同住宅等でスプリンクラー設備がなじまないもの以外は、スプリンクラーを設置せざるを得ないこととなるのではなかろうか。共同住宅にスプリンクラーがなじまないのではないか、というのは何しろ生活空間であるので子供が室内でボールを投げてヘッドに当てたり、引越で家具を移動させるときにヘッドを飛ばしたりして放水することが予想されるからである。また、住宅での自動放水は家具その他に与える水損が大きくなるおそれも強い。

〈建築基準法施行令第112条第 7 項〜第10項〉

（防火区画）

第112条 （中略）

7 建築物の**11階以上の部分**で、各階の床面積の合計が100m²を超えるものは、第 1 項の規定〔床面積1,500m²以内ごとの防火区画規定〕にかかわらず、床面積の合計100m²以内ごとに耐火構造の床若しくは壁又は法第 2 条第九号の二ロに規定する防火設備で区画しなければならない。

8 前項の建築物の部分で、当該部分の壁（床面からの高さが1.2m以下の部分を除く。次項及び第14項第一号において同じ。）及び天井の室内に面する部分（回り縁、窓台その他これらに類する部分を除く。以下この条において同じ。）の仕上げを準不燃材料でし、かつ、その下地を準不燃材料で造つたものは、特定防火設備以外の法第 2 条第九号の二ロに規定する防火設備で区画する場合を除き、前項の規定にかかわらず、床面積の合計200m²以内ごとに区画すれば足りる。

9 第 7 項の建築物の部分で、当該部分の壁及び天井の室内に面する部分の仕上げを不燃材料でし、かつ、その下地を不燃材料で造つたものは、特定防火設備以外の法第 2 条第九号の二ロに規定する防火設備で区画する場合を除き、同項の規定にかかわらず、床面積の合計500m²以内ごとに区画すれば足りる。

10 前 3 項の規定は、階段室の部分若しくは昇降機の昇降路の部分（当該昇降機の乗降のための乗降ロビーの部分を含む。）、廊下その他壁難の用に供する部分又は床面積200m²以内の共同住宅で、耐火構造の床若しくは壁又は特定防火設備（第 7 項の規定により区画すべき建築物にあつては、法第 2 条第九号の二ロに規定する防火設備を含む。）で区画されたものについては、適用しない。

地下街の内装

地下街では地下道部分は下地とも不燃材料で、各構えについては高層建築物の11階以上の階の防火区画及び内装不燃化と同じ規定が適用される。

〈建築基準法施行令第128条の 3 〉（抄）

（地下街）

第128条の 3 地下街の各構えは、次の各号に該当する地下道に 2 m以上接しなければならない。

（中略）

三　天井及び壁の内面の仕上げを不燃材料でし、かつ、その下地を不燃材料で造つていること。
5　第112条第7項から第11項まで（中略）の規定は、地下街の各構えについて準用する。この場合において、第112条第7項中「建築物の11階以上の部分で、各階の」とあるのは「地下街の各構えの部分で」と、同条第8項及び第10項までの規定中「建築物」とあるのは「地下街の各構え」と（中略）読み替えるものとする。

避難階段・特別避難階段の内装

避難階段及び特別避難階段は、各建築物の内装不燃化の規定とは別に、内装を下地とも不燃材料としなければならないこととされている。

〈建築基準法施行令第123条〉（抄）
（避難階段及び特別避難階段の構造）
第123条　屋内に設ける避難階段は、次の各号に定める構造としなければならない。
　二　階段室の天井（天井のない場合にあつては、屋根。第3項第四号において同じ。）及び壁の室内に面する部分は、仕上げを不燃材料でし、かつ、その下地を不燃材料で造ること。
3　特別避難階段は、次の各号に定める構造としなければならない。
　四　階段室及び附室の天井及び壁の室内に面する部分は、仕上げを不燃材料でし、かつ、その下地を不燃材料で造ること。

消防用設備等の設置の減免

内装を不燃化すると、消防法令上では、消防用設備等の設置基準の緩和措置を受けられる。これは、逆にスプリンクラー設備等を設置すると内装不燃化の規程の緩和措置が受けられるのと同じようなものである。このように消防法と建築基準法は姉妹法そのものであって、両法の規定を相互に関連づけて読むことは大切なことだと思う。

それでは、内装不燃化による設置基準の減免規定を順次説明することとする。

なお、ここで「耐火建築物」と書いてあるのは、「主要構造部を耐火構造とした建築物」のことを意味する。厳密に言えば違うことは既に何度か説明したとおりだが、長ったらしくなるので簡単に書いた。同じようなところは他にも幾つかあるが、お許し頂きたい。

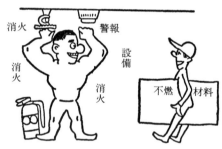

消防用設備が充実すれば内装不燃化は緩和され▲　内装不燃化が充実すれば消防用設備は緩和される。▼

第50図　内装不燃化と消防用設備

消火器具の減免　消火器等の消火器具には、能力単位といって消火能力を示す単位が定められている。消火器にＡ－５と記してあれば能力単位は５ということになる。石油類の消火用である場合は、Ｂ－10というようにＢの方の能力単位を用いる。建築物に設ける消火器具の能力単位は、延べ面積又は床面積を、一定の面積で除して得た数値以上としなければならないこととされている（消則第6条第1項）。

　例えば、平家建1,000m²の耐火建築物の病院では、内装制限の適用はないので、一般には、（1,000m²÷100m²＝10）10能力単位の消火器具が必要であるが、内装不燃化することによって（1,000m²÷200m²＝5）となり5能力単位の消火器具で法的には間に合うことになる。しかし、歩行距離20m以内に設置する規定（消則第6条第6項）があるから、実際にはＡ－５の消火器1本では足りないことが多いであろう。

消火器具の減免

建築物の用途（令別表第1による分類）	一般の場合	内装を不燃化した耐火建築物の場合
(1)項イ〔映画館等〕、(2)項〔キャバレー等〕、(16の2)項〔地下街〕、(16の3)項〔準地下街〕、(17)項〔文化財等〕	50m²	100m²
(1)項ロ〔公会堂等〕、(3)項〔飲食店等〕、(4)項〔百貨店等〕、(5)項〔旅館等〕、(6)項〔病院等〕、(9)項〔公衆浴場等〕、(12)項〔工場〕、(13)項〔車庫等〕、(14)項〔倉庫〕	100m²	200m²
(7)項〔学校〕、(8)項〔図書館等〕、(10)項〔停車場〕、(11)項〔神社等〕、(15)項〔その他の事業所〕	200m²	400m²

〈消防法施行規則第6条〉

（大型消火器以外の消火器具の設置）

第6条（中略）

2　前項の規定の適用については、同項の表中の面積の数値は、主要構造部を耐火構造とし、かつ、壁及び天井（天井のない場合にあつては、屋根）の室内に面する部分（回り縁、窓台その他これらに類する部分を除く。）の仕上げを難燃材料でした防火対象物にあつては、当該数値の2倍の数値とする。

屋内消火栓の減免　屋内消火栓設備を設置しなければならない最小規模を建築物の構造と内装とによって、2倍ないし3倍に緩和することができる。例えば、次の表で判るように、3階以下の料理店は延べ面積が700m²以上になると屋内消火栓の設置を義務づけられるが、耐火建築物とし、かつ、内装を不燃化するとすれば、3倍読みが適用されるから延べ面積2,100m²未満までは屋内消火栓設備を設けなくてもよいことになる。

　なお、消防法施行令第12条第1項第一号〔病院、社会福祉施設等〕(6)項イ(1)及び(2)、(6)項ロ(1)及び(3)並びに(6)項ロ(2)、(4)及び(5)の防火対象物（介助がなければ避難できない者を主として入所させる以外

のものは、延べ面積275m²以上に限る。）） に適用する場合は、2倍（3倍）の数値又は1,000m²に令第12
第2項第三号の二〔特定施設水道連結型スプリンクラー設備の設置部分〕の床面積の合計を加えた数値
のいずれか小さい数値とされている。

屋内消火栓設備の減免

建築物の用途 （令別表第1による分類）	一般の建築物	内装を不燃化した準耐火 建築物又は内装を不燃化 していない耐火建築物	内装を不燃化した 耐火建築物
(1)項〔劇場等〕	500m² (100m²)	1,000m² (200m²)	1,500m² (300m²)
(2)項から(10)項まで、(12)項から(14)項まで〔キャバレー、料理店、百貨店、病院、学校、公衆浴場、停車場、工場、車庫、倉庫等〕	700m² (150m²)	1,400m² (300m²)	2,100m² (450m²)
(11)項、(15)項〔神社等、その他の防火対象物〕	1,000m² (200m²)	2,000m² (400m²)	3,000m² (600m²)
(16の2)項〔地下街〕	150m²	300m²	450m²

注　上の表の中で（　）内は、地階、無窓階又は4階以上の床面積を示し、延べ面積が一定規模に達
　　していなくても、階毎に該当していれば、その階には設置義務が課せられる。なお、上の表の耐火
　　建築物及び準耐火建築物は、外壁の開口部で延焼のおそれのある部分に防火設備が設けられていな
　　い場合を含むものとする。また、(6)項については、前頁を参照されたい。

〈消防法施行令第11条第2項〉（抄）

（屋内消火栓設備に関する基準）

第11条（中略）

2　前項の規定の適用については、同項各号（第五号を除く。）に掲げる防火対象物又はその部分の
　延べ面積又は床面積の数値は、主要構造部（建築基準法第2条第五号に規定する主要構造部をい
　う。以下同じ。）を耐火構造とし、かつ、壁及び天井（天井のない場合にあっては、屋根。以下こ
　の項において同じ。）の室内に面する部分（回り縁、窓台その他これらに類する部分を除く、以下
　この項において同じ。）の仕上げを難燃材料（建築基準法施行令第1条第六号に規定する難燃材料
　をいう。以下この項において同じ。）でした防火対象物にあつては当該数値の3倍の数値（次条
　〔令第12条〕第1項第一号に掲げる防火対象物については前項二号の規定を適用する場合にあって
　は、当該3倍の数値又は1,000m²に同条第2項第三号の二の総務省令で定める部分の床面積の合計
　を加えた数値のうち、いずれか小さい数値）とし、主要構造を耐火構造としたその他の防火対象物
　又は建築基準法第2条第九号の三イ若しくはロのいずれかに該当し、かつ、壁及び天井の室内に面
　する部分の仕上げを難燃材料でした防火対象物にあつては当該数値の2倍の数値（次条〔令第12
　条〕第1項第一号に掲げる防火対象物については前項二号の規定を適用する場合にあっては、当該
　2倍の数値又は1,000m²に同条第2項第三号の二の総務省令で定める部分の床面積の合計を加えた
　数値のうち、いずれか小さい数値）とする。

スプリンクラーの減免

消防法施行令第12条では、スプリンクラー設備を設置しなければなら
ない防火対象物又はその部分を規定しているが、「総務省令で定める部
分を除く。」として設置の減免をすることができるようにしている号がある。それを受けて省令では、
消防法施行規則第13条第2項にその設置を要しない部分等を定めている（地階、無窓階並びに(2)項
〔キャバレー等〕、(4)項〔百貨店等〕及び(5)項ロ〔共同住宅等〕の用途に供する部分は減免されない。）。
スプリンクラー設備の設置を免除できるのは、耐火建築物で耐火構造の壁又は床で区画（10階以下200
m²以内、11階以上100m²以内）され、居室等では難燃以上、主たる廊下等では準不燃以上の防火材料で
内装されたものに限っている。室の場合は、設ける開口部の大きさを1箇所4m²以下、合計8m²以下
に限定しているが、廊下の場合は各室からの出入口が廊下に面して設けられることから、開口部面積の
限定はなく、また区画の大きさの限定もない。ただし、内装は準不燃以上としなければならないから、
難燃材料は使用できない。廊下だけではなく、階段においては途中で細かく防火区画をすることは、か
えって避難上支障があるので、建築基準法施行令第112条第10項では、階段室や昇降機の部分の防火区
画を免除している。それに対して消防法施行令では、単に廊下の防火区画だけしか免除していない。そ
の理由は、消防法施行規則第13条第2項では、**階を単位**として設置の減免規定を設けているために、各
階を通じて階段室の面積を算定する必要がないからである。

近年の小規模社会福祉施設、有床診療所火災を受け、平成25年、平成26年に消防法施行令の改正が行
われた。この改正で、令別表第1(6)項イ、ロ及びハの用途区分が細分化され、避難が困難な入所者を入
所させる施設等には、入所者の要介護等の度合いによって、面積に関係なく又は延べ面積275m²以上の
防火対象物に特定施設水道連結型スプリンクラー設備を含めたスプリンクラー設備の設置が義務づけら
れた。

これに伴い、延焼抑制構造（消則第12条の2第1項、第2項）を有するものはスプリンクラー設備の
設置が免除できることとされた。

また、平成29年6月に住宅宿泊事業法が制定され、11階建て以上の共同住宅の一部住戸が令別表第1
(5)項イに該当する民泊に転用されただけで、住宅として用いられる他の住戸にもスプリンクラー設備を
設置しなければならなくなる場合があるなど、過剰な規制になる可能性が顕在化したため、平成30年6
月に消則第13条第1項に第1号の2が追加され、消防法施行規則第13条第2項に準ずる区画を有するも
のについては、原則として10階以下の部分についてはスプリンクラー設備の設置が免除されるよう措置
された。

〈消防法施行令第12条第1項〉

（**スプリンクラー**設備に関する基準）

第12条　スプリンクラー設備は、次に掲げる防火対象物又はその部分に設置するものとする。

〔以下各号略。第一号、第三号、第四号及び第九号から第十二号までの各号には、（総務省令で定め
る部分を除く。）としてスプリンクラー設備の設置を要しない部分を省令で定めることができるよ
うに委任している。〕

（スプリンクラー設備を設置することを要しない構造）

第12条の２　令第12条第１項第一号及び第九号の総務省令で定める構造は、次の各号に掲げる防火対象物又はその部分の区分に応じ、次の各号に定めるところにより、当該防火対象物又はその部分に設置される区画を有するものとする。

一　令別表第１(6)項イ(1)及び(2)並びにロ、(16)項イ並びに(16の２)項に掲げる防火対象物（同表(16)項イ及び(16の２)項に掲げる防火対象物にあつては、同表(6)項イ(1)若しくは(2)又はロに掲げる防火対象物の用途に供される部分に限る。次号において同じ。）で、基準面積（令第12条第２項第三号の二に規定する床面積の合計をいう。以下この項、第13条第３項、第13条の５第１項及び第13条の６第１項において同じ。）が1,000m²未満のもの　次に定めるところにより設置される区画を有するもののものであること。

　　イ　当該防火対象物又はその部分の居室を準耐火構造（建築基準法第２条第七号の二に規定する準耐火構造をいう。以下同じ。）の壁及び床で区画したものであること。

　　ロ　壁及び天井（天井のない場合にあつては、屋根）の室内に面する部分（回り縁、窓台その他これらに類する部分を除く。）の仕上げを地上に通ずる主たる廊下その他の通路にあつては準不燃材料（建築基準法施行令第１条第五号に規定する準不燃材料をいう。以下同じ。）で、その他の部分にあつては難燃材料でしたものであること。ただし、居室（もつぱら当該施設の職員が使用することとされているものを除く。以下次項において「入居者等の利用に供する居室」という。）が避難階のみに存する防火対象物で、延べ面積が275m²未満のもののうち、次項第二号の規定の例によるものにあつては、この限りでない。

　　ハ　区画する壁及び床の開口部の面積の合計が８m²以下であり、かつ、一の開口部の面積が４m²以下であること。

　　ニ　ハの開口部には、防火戸（廊下と階段とを区画する部分以外の開口部にあつては、防火シャッターを除く。）で、随時開くことができる自動閉鎖装置付きのもの又は次に定める構造のものを設けたものであること。

　　　(イ)　随時閉鎖することができ、かつ、煙感知器（イオン化式スポット型感知器、光電式感知器及び煙複合式スポット型感知器をいう。以下同じ。）の作動と連動して閉鎖すること。

　　　(ロ)　居室から地上に通ずる主たる廊下、階段その他の通路に設けるものにあつては、直接手で開くことができ、かつ、自動的に閉鎖する部分を有し、その部分の幅、高さ及び下端の床面からの高さが、それぞれ、75cm以上、1.8m以上及び15cm以下であること。

　　ホ　区画された部分すべての床の面積が100m²以下であり、かつ、区画された部分すべてが４以上の居室を含まないこと。

二　令別表第１(6)項イ(1)及び(2)並びにロ、(16)項イ並びに(16の２)項に掲げる防火対象物で、基準面積が1,000m²以上のもの　次に定めるところにより設置される区画を有するものであること。

　　イ　当該防火対象物又はその部分の居室を耐火構造の壁及び床で区画したものであること。

　　ロ　壁及び天井（天井のない場合にあつては、屋根）の室内に面する部分（回り縁、窓台その他これらに類する部分を除く。）の仕上げを地上に通ずる主たる廊下その他の通路にあつては準不燃材料で、その他の部分にあつては難燃材料でしたものであること。

　　ハ　区画する壁及び床の開口部の面積の合計が８m²下であり、かつ、一の開口部の面積が４m²以下であること。

ニ　ハの開口部には、建築基準法施行令第112条第1項に規定する特定防火設備である防火戸（以下「特定防火設備である防火戸」という。）（廊下と階段とを区画する部分以外の開口部にあつては、防火シャッターを除く。）で、随時開くことができる自動閉鎖装置付きのもの若しくは次に定める構造のもの又は鉄製網入りガラス入り戸（2以上の異なつた経路により避難することができる部分の出入口以外の開口部で、直接外気に開放されている廊下、階段その他の通路に面し、かつ、その面積の合計が4m²以内のものに設けるものに限る。）を設けたものであること。

　　⑴　随時閉鎖することができ、かつ、煙感知器の作動と連動して閉鎖すること。

　　⑵　居室から地上に通ずる主たる廊下、階段その他の通路に設けるものにあつては、直接手で開くことができ、かつ、自動的に閉鎖する部分を有し、その部分の幅、高さ及び下端の床面からの高さが、それぞれ、75cm以上、1.8m以上及び15cm以下であること。

ホ　区画された部分すべての床の面積が200m²以下であること。

2　前項の規定にかかわらず、令別表第一⑹項イ⑴及び⑵並びにロに掲げる防火対象物のうち、入居者等の利用に供する居室が避難階のみに存するもので、延べ面積が100m²未満のもの（前項第一号に定めるところにより設置される区画を有するものを除く。）においては、令第12条第1項第一号の総務省令で定める構造は、次の各号のいずれかに定めるところによるものとする。

一　前項第一号ロ本文の規定の例によるもの。

二　居室を壁、柱、床及び天井（天井のない場合にあつては、屋根）で区画し、出入口に戸（随時開くことができる自動閉鎖装置付きのものに限る。）を設けたもので、次のイからホまでに適合するもののうち、入居者、入所者又は宿泊者（この号において「入居者等」という。）の避難に要する時間として消防庁長官が定める方法により算定した時間が、火災発生時に確保すべき避難時間として消防庁長官が定める時間を超えないもの。

　　イ　第23条第4項第一号ニに掲げる場所を除き、自動火災報知設備の感知器は、煙感知器であること。

　　ロ　入居者等の利用に供する居室に、火災発生時に当該施設の関係者が屋内及び屋外から容易に開放することができる開口部を設けたものであること。

　　ハ　ロの開口部は、道又は道に通ずる幅員1m以上の通路その他の空地に面したものであること。

　　ニ　ロの開口部は、その幅、高さ及び下端の床面からの高さその他の形状が、入居者等が内部から容易に避難することを妨げるものでないものであること。

　　ホ　入居者等の利用に供する居室から二以上の異なつた避難経路を確保していること。

3　第1項の規定にかかわらず、令別表第1⒃項イに掲げる防火対象物（同表⑸項ロ及び⑹項ロに掲げる防火対象物の用途以外の用途に供される部分が存しないものに限る。）の部分で同表⑹項ロに掲げる防火対象物の用途に供される部分のうち、延べ面積が275m²未満のもの（第1項第一号に定めるところにより設置される区画を有するものを除く。以下この条において「特定住戸部分」という。）においては、令第12条第1項第一号の総務省令で定める構造は、次の各号に定める区画を有するものとする。

一　特定住戸部分の各住戸を準耐火構造の壁及び床で区画したものであること。

二　特定住戸部分の各住戸の主たる出入口が、直接外気に開放され、かつ、当該部分における火災時に生ずる煙を有効に排出することができる廊下に面していること。

三　前号の主たる出入口は、第1項第一号ニの規定による構造を有するものであること。
　　四　壁及び天井（天井のない場合にあつては、屋根）の室内に面する部分（回り縁、窓台その他これらに類する部分を除く。）の仕上げを第二号の廊下に通ずる通路にあつては準不燃材料で、その他の部分にあつては難燃材料でしたものであること。
　　五　第二号の廊下に通ずる通路を消防庁長官が定めるところにより設けたものであること。
　　六　居室及び通路に煙感知器を設けたものであること。
　　七　特定住戸部分の各住戸の床の面積が100㎡以下であること。

（スプリンクラー設備を設置することを要しない階の部分等）
第13条　令第12条第1項第三号の総務省令で定める部分は、次のいずれかにかがける部分とする。
　一　令別表第1⒃項イに掲げる防火対象物のうち、同表⑸項ロ並びに⑹項ロ及びハに掲げる防火対象物（同表⑹項ロ及びハに掲げる防火対象物にあつては、有料老人ホーム、福祉ホーム、老人福祉法（昭和38年法律第133号）第5条の2第6項に規定する認知症対応型老人共同生活援助事業を行う施設又は障害者の日常生活及び社会生活を総合的に支援するための法律（平成17年法律第123号）第5条第15項に規定する共同生活援助を行う施設に限る。以下この項、第28条の2第1項第四号及び同条第2項第三号において同じ。）の用途以外の用途に供される部分が存せず、かつ、次の各号に定めるところにより、同表⑹項ロ及びハに掲げる防火対象物の用途に供される部分に設置される区画を有するものの10階以下の階とする。
　　イ　居室を、準耐火構造の壁及び床（3階以上の階に存する場合にあつては、耐火構造の壁及び床）で区画したものであること。
　　ロ　壁及び天井（天井のない場合にあつては、屋根）の室内に面する部分（回り縁、窓台その他これらに類する部分を除く。）の仕上げを地上に通ずる主たる廊下その他の通路にあつては準不燃材料で、その他の部分にあつては難燃材料でしたものであること。
　　ハ　区画する壁及び床の開口部の面積の合計が8㎡以下であり、かつ、一の開口部の面積が4㎡以下であること。
　　ニ　ハの開口部には、防火戸（3階以上の階に存する場合にあつては、特定防火設備である防火戸）（廊下と階段とを区画する部分以外の部分の開口部にあつては、防火シャッターを除く。）で、随時開くことができる自動閉鎖装置付きのもの若しくは次に定める構造のもの又は鉄製網入りガラス入り戸（2以上の異なつた経路により避難することができる部分の出入口以外の開口部で、直接外気に開放されている廊下、階段その他の通路に面し、かつ、その面積の合計が4㎡以内のものに設けるものに限る。）を設けたものであること。
　　　⑴　随時閉鎖することができ、かつ、煙感知器の作動と連動して閉鎖すること。
　　　⑵　居室から地上に通ずる主たる廊下、階段その他の通路に設けるものにあつては、直接手で開くことができ、かつ、自動的に閉鎖する部分を有し、その部分の幅、高さ及び下端の床面からの高さが、それぞれ、75cm以上、1.8m以上及び15cm以下であること。
　　ホ　区画された部分すべての床の面積が100㎡以下であること。
　一の二　令別表第1⒃項イに掲げる防火対象物のうち、同表⑸項イ及びロ並びに⑹項ロ及びハに掲げる防火対象物の用途以外の用途に供される部分が存せず、かつ、次に定めるところにより、10階以下の階に設置される区画を有するものの10階以下の階（同表⑸項イ並びに⑹項ロ及びハに掲げる防火対象物の用途に供される部分の床面積の合計が3,000㎡以上の防火対象物にあつては、

154

当該部分が存する階並びに同表(5)項イ並びに(6)項ロ及びハに掲げる防火対象物の用途に供される部分が存する階で、当該部分の床面積の合計が、地階又は無窓階にあつては1,000m²以上、4階以上の階にあつては1,500m²以上のものを除く。)

イ　居室を耐火構造の壁及び床で区画したものであること。

ロ　壁及び天井（天井のない場合にあつては、屋根）の室内に面する部分（回り縁、窓台その他これらに類する部分を除く。）の仕上げを地上に通ずる主たる廊下その他の通路にあつては準不燃材料で、その他の部分にあつては難燃材料でしたものであること。

ハ　区画する壁及び床の開口部の面積の合計が8m²以下であり、かつ、一の開口部の面積が4m²以下であること。

ニ　ハの開口部には、特定防火設備である防火戸（廊下と階段とを区画する部分以外の部分の開口部にあつては、防火シャッターを除く。）で、随時開くことができる自動閉鎖装置付きのもの若しくは次に定める構造のもの又は防火戸（防火シャッター以外のものであって、2以上の異なつた経路により避難することができる部分の出入口以外の開口部で、直接外気に開放されている廊下、階段その他の通路に面し、かつ、その面積の合計が4m²以内のものに設けるものに限る。）を設けたものであること。

　(イ)　随時閉鎖することができ、かつ、煙感知器の作動と連動して閉鎖すること。

　(ロ)　居室から地上に通ずる主たる廊下、階段その他の通路に設けるものにあつては、直接手で開くことができ、かつ、自動的に閉鎖する部分を有し、その部分の幅、高さ及び下端の床面からの高さが、それぞれ、75cm以上、1.8m以上及び15cm以下であること。

ホ　令別表第1(5)項イ並びに(6)項ロ及びハに掲げる用途に供する各独立部分（構造上区分された数個の部分の各部分で独立して当該用途に供されることができるものをいう。）の床面積がいずれも100m²以下であること。

二　小規模特定用途複合防火対象物（令別表第1(16)項イに掲げる防火対象物のうち、同表(1)項から(4)項まで、(5)項イ、(6)項又は(9)項イに掲げる防火対象物の用途に供される部分の床面積の合計が当該部分が存する防火対象物の延べ面積の10分の1以下であり、かつ、300m²未満であるものをいう。以下同じ。）の次に掲げる部分以外の部分で10階以下の階に存するもの

イ　令別表第一(6)項イ(1)及び(2)に掲げる防火対象物の用途に供される部分

ロ　令別表第一(6)項ロ(1)及び(3)に掲げる防火対象物の用途に供される部分

ハ　令別表第一(6)項ロ(2)、(4)及び(5)に掲げる防火対象物の用途に供される部分（第13条の3に規定する者を主として入所させるもの以外のものにあつては、床面積が275m²以上のものに限る。）

2　令第12条第1項第三号、第四号及び第十号から第十二号までの総務省令で定める部分は、主要構造部を耐火構造とした防火対象物（令別表第1(2)項、(4)項及び(5)項ロに掲げる防火対象物並びに同表(16)項に掲げる防火対象物で同表(2)項、(4)項又は(5)項ロに掲げる防火対象物の用途に供される部分が存するものを除く。）の階（地階及び無窓階を除く。）の部分で、次に掲げるものとする。

一　耐火構造の壁及び床で区画された部分で、次に該当するもの

イ　壁及び天井（天井のない場合にあつては、屋根）の室内に面する部分（回り縁、窓台その他これらに類する部分を除く。）の仕上げを地上に通ずる主たる廊下その他の通路にあつては準不燃材料で、その他の部分にあつては難燃材料でしたものであること。

ロ　区画する壁及び床の開口部の面積の合計が8m²以下であり、かつ、一の開口部の面積が4

m²以下であること。

ハ　ロの開口部には、特定防火設備である防火戸（廊下と階段とを区画する部分以外の部分の開口部にあつては、防火シャッターを除く。）で、随時開くことができる自動閉鎖装置付のもの若しくは次に定める構造のもの又は鉄製網入りガラス入り戸（2以上の異なつた経路により避難することができる部分の出入口以外の開口部で、直接外気に開放されている廊下、階段その他の通路に面し、かつ、その面積の合計が4m²以内のものに設けるものに限る。）を設けたものであること。

　　(イ)　随時閉鎖することができ、かつ、煙感知器の作動と連動して閉鎖すること。

　　(ロ)　居室から地上に通ずる主たる廊下、階段その他の通路に設けるものにあつては、直接手で開くことができ、かつ、自動的に閉鎖する部分を有し、その部分の幅、高さ及び下端の床面からの高さが、それぞれ、75cm以上、1.8m以上及び15cm以下であること。

ニ　床面積が、防火対象物の10階以下の階にあつては200m²以下、11階以上の階にあつては100m²以下であること。

二　耐火構造の壁及び床で区画された廊下で、前号イ及びハに該当するもの

動力消防ポンプの減免

　　動力消防ポンプ設備は、屋内消火栓設備又は屋外消火栓設備を設置しなければならない防火対象物等に設置することとされている。屋内消火栓設備の場合は、内装不燃化又は主要構造部の耐火性能の程度に応じて設置最小規模の面積を2倍読みまたは3倍読みをしているので、動力消防ポンプ設備の場合もその規定を準用することになる。

〈消防法施行令第20条第2項〉

（動力消防ポンプ設備に関する基準）

第20条　動力消防ポンプ設備は、次の各号に掲げる防火対象物又はその部分について設置するものとする。

一　第11条第1項各号（第四号を除く。）に掲げる防火対象物又はその部分（以下略）

2　第11条第2項の規定は前項第一号に掲げる防火対象物又はその部分について（中略）準用する。

漏電火災警報器の減免

　　漏電火災警報器は、以前は"電気火災警報器"といっていたが、どうもこれでは電気仕掛けの火災警報器すなわち自動火災警報設備と間違われることが多く、電気火災すなわち電気の漏電が原因となる火災の警報器とは判りにくいので名称を改めたものである。

　　この機器の大手メーカーにイースト菌メーカーがあったが、これは酵母を発酵させるのに電気加温をしているが、往々にして漏電する危険があるので、その防止策として警報器の開発に力を入れた結果だという。

　　本題に戻り、鉄網入りの壁、床及び天井では漏電による火災の発生の危険性が大きいので、この漏電火災警報器を設置しなければならないこととされているが、壁（間柱、下地とも）、床（根太、下地と

も）及び天井（野縁、下地とも）を不燃材料または準不燃材料としたものは設置を免除される。

〈消防法施行令第22条〉

（漏電火災警報器に関する基準）

第22条 漏電火災警報器は、次に掲げる防火対象物で、間柱若しくは下地を準不燃材料以外の材料で造つた鉄網入りの壁、根太若しくは下地を準不燃材料以外の材料で造つた鉄網入りの床又は天井野縁若しくは下地を準不燃材料以外の材料で造つた鉄網入りの天井を有するものに設置するものとする。

（以下各号略）

避難器具の減免　避難器具の設置箇数の減免規定には、いろいろの条件が設けられているが、そのうちの一つとして、下記のように内装の不燃化（準不燃以上）がとりあげられている。

〈消防法施行規則第26条第 5 項第一号〉

（避難器具の設置個数の減免）

第26条 （中略）

5　令第25条第 1 項各号に掲げる防火対象物の階が次の各号のいずれかに該当するときには、当該階に避難器具を設置しないことができる。

一　令別表第 1 (1)項から(8)項までに掲げる防火対象物にあつては次のイからへまでに、同表(9)項から(11)項までに掲げる防火対象物にあつては次のイ、ニ、ホ及びへに（中略）該当すること。

イ～ハ　（略）

ニ　壁及び天井（天井のない場合にあつては、屋根）の室内に面する部分（回り縁、窓台その他これらに類するものを除く。）の仕上げを準不燃材料でし、又はスプリンクラー設備が、当該階の主たる用途に供するすべての部分に、令第12条に定める技術上の基準に従い、若しくは当該技術上の基準の例により設けられていること。

ホ～へ　（略）

避難のための歩行距離の減少　避難をする場合に、近くに階段がなく階段までの距離があまり遠いと、これは安全な避難に支障を生じることになる。そこで階数が 3 以上又は延べ面積が1,000m²以上というような大規模建築物とか特殊建築物、無窓建築物では、直通階段までの歩行距離に制限が課されているが、主要構造部が耐火構造又は不燃材料であって、内装を不燃・準不燃材料とした建築物は、その歩行距離が10mだけ緩和される（14階以下の階に限る。）。

〈建築基準法施行令第120条第2項〉

（直通階段の設置）

第120条　（中略）

2　主要構造部が準耐火構造であるか又は不燃材料で造られている建築物の居室で、当該居室及びこれから地上に通ずる主たる廊下・階段その他の通路の壁（床面からの高さが1.2m以下の部分を除く。）及び天井（天井のない場合においては、屋根）の室内に面する部分（回り縁、窓台その他これらに類する部分を除く。）の仕上げを準不燃材料でしたものについては、前項の表の数値〔直通階段までの歩行距離〕に10を加えた数値を同項の表の数値とする。ただし、15階以上の階の居室については、この限りでない。

カーテン等の防炎

建築物の不燃化とあわせて、建築防火上効果の大きいのがカーテン等の防炎措置である。建築物そのものである壁、天井の仕上げと異なり、カーテン等は比較的着脱が自在であるので、どのような物品にまで防炎性能を要求するか、又は繊維製品の防炎処理方法、効力の持続、判別方法等なかなかむずかしい問題がある。

消防法第8条の3も条文中に3度も政令が出てくる。建築基準法第35条の2（特殊建築物等の内装）でも政令が3度も出てきたのと似ている。別に内装とかカーテンの規定では政令を3回も使おうと示しあわせたわけでもないので、偶然の一致であろう。ただ、この規定による政令は一つの条〔消令第4条の3〕であって、その中の項でそれぞれの内容を規定しているから、ややこしいというものの読みやすい方であろう。ただし、政令を読むと、また省令で内容を定めると書いてあるので、やっぱりややこしいのかも知れない。

防炎防火対象物等

防炎性能を有するカーテン等を使用しなければならない義務づけのある防火対象物を**防炎防火対象物**という。このほか工事中の建築物等に使用する工事用シートも防炎性能の義務づけがある。

カーテン等の防炎を要求される防火対象物は、まとめると次のとおりである。なお、高層建築物と地下街は法律で直接指定されているので政令では改めて指定されてはいないのである。

1　高層建築物（高さ31mを超える建築物）

2　地下街（地下の工作物内に設けられた店舗、事務所その他これらに類する施設で、連続して地下道に面して設けられたものと当該地下道とを合せたもの）

3　令別表第1(1)項（イ　劇場等、ロ　公会堂等）

第51図　防炎の対象となるカーテン等

4 同(2)項（イ　キャバレー等、ロ　遊技場等、ハ　性風俗関連特殊営業店舗、ニ　カラオケボックス等）

5 同(3)項（イ　待合、ロ　飲食店）

6 同(4)項（百貨店等）

7 同(5)項イ（旅館等）

8 同(6)項（イ　病院等、ロ　特別養護老人ホーム等、ハ　老人デイサービスセンター等、ニ　幼稚園等）

9 同(9)項イ（蒸気浴場等）

10 同(12)項ロ（映画スタジオ等）

11 同(16)項の複合用途防火対象物で3から10までに掲げる用途に供する防火対象物の部分

12 同（16の3）項（準地下街）

〈消防法第8条の3第1項〉

〔防炎対象物品等〕

第8条の3　高層建築物若しくは地下街又は劇場、キャバレー、旅館、病院その他の政令〔消防法施行令第4条の3第1項、第2項〕で定める防火対象物において使用する防炎対象物品（どん帳、カーテン、展示用合板その他これらに類する物品で政令〔消防法施行令第4条の3第3項〕で定めるものをいう。以下同じ。）は、政令〔消防法施行令第4条の3第4項〕で定める基準以上の防炎性能を有するものでなければならない。

工事用シートの防炎　次に工事用シートの防炎性能を要求される工事中の建築物又は工作物は、消防法施行規則第4条の3第1項の各号列記の建築物等である。政令で除くといっておいて、省令で……以外のものとする、という表現は「否定の否定」というもので、建築基準法の内装の規定でも出てきている。何から何まで内装不燃化とカーテン防炎の規定は似ているようである。また、建築物とは別にプラットホームの上家とか貯蔵槽を規定しているのは、建築物の定義（建基法第2条第1号）で「プラットホームの上家、貯蔵槽その他これらに類する施設を除く。」としているため、改めてここでそれを含むことを明らかにしたものである。一方、工事用シートには、建築基準法上、下記のような規定（建基法第90条等）がある。

建築基準法上は防炎とは規定していないが、帆布は難燃処理をしたものを要求している。帆布とはヨット等の帆に使用するキャンバスのことだが、工事用シートという消防法上の用語の方が判りやすいか。

ついでといっては何だが、工事現場の危害の防止の措置として（火災の防止）を定めた建築基準法施行令第136条の8の規定を紹介しておこう。「建築工事等において火気を使用する場合においては、その場所に不燃材料の囲いを設ける等防火上必要な措置を講じなければならない。」これは建築基準法令上、火災予防についての唯一の規定である。

〈消防法施行令第 4 条の 3 第 1 項、第 2 項〉

（防炎防火対象物の指定等）

第 4 条の 3 法第 8 条の 3 第 1 項の政令で定める防火対象物は、別表第 1 (1)項から(4)項まで、(5)項イ、(6)項、(9)項イ、(12)項ロ及び（16の 3 ）項に掲げる防火対象物（次項において「防炎防火対象物」という。）並びに工事中の建築物その他の工作物（総務省令〔消防法施行規則第 4 条の 3 第 1 項〕で定めるものを除く。）とする。

2 別表第 1 (16)項に掲げる防火対象物の部分で前項の防炎防火対象物の用途のいずれかに該当する用途に供されるものは、同項の規定の適用については、当該用途に供される一の防炎防火対象物とみなす。

〈消防法施行規則第 4 条の 3 第 1 項〉

（防炎性能の基準の数値等）

第 4 条の 3 令第 4 条の 3 第 1 項の総務省令で定めるものは、つぎの各号に掲げるもの以外のものとする。

一 建築物（都市計画区域外のもつぱら住居の用に供するもの及びこれに附属するものを除く。）

二 プラットホームの上屋

三 貯蔵槽

四 化学工業製品製造装置

五 前 2 号に掲げるものに類する工作物

〈建築基準法第90条第 1 項、第 2 項〉

（工事現場の危害の防止）

第90条 建築物の建築、修繕、模様替又は除却のための工事の施工者は、当該工事の施工に伴う地盤の崩落、建築物又は工事用の工作物の倒壊等による危害を防止するために必要な措置を講じなければならない。

2 前項の措置の技術的基準は、政令で定める。

〈建築基準法施行令第136条の 5 第 2 項〉

（落下物に対する防護）

第136条の 5 （中略）

2 建築工事等を行う場合において、建築のための工事をする部分が工事現場の境界線から水平距離が 5 m 以内で、かつ、地盤面から高さが 7 m 以上にあるとき、その他はつり、除却、外壁の修繕等に伴う落下物によつて工事現場の周辺に危害を生ずるおそれがあるときは、国土交通大臣の定める基準に従つて、工事現場の周囲その他危害防止上必要な部分を鉄鋼又は帆布でおおう等落下物による危害を防止するための措置を講じなければならない。

◆国土交通大臣の定める基準＝建築工事現場における落下物による危害を防止するための措置の基準（昭和39年建設省告示第91号）（抄）

建築基準法施行令第136条の 5 第 2 項の規定に基づき、建築工事現場における落下物による危害を防止するための措置の基準を次のように定める。

第 1 工事現場の周囲その他危害防止上必要な部分は、落下物による危害を防止するため鉄網若しくは帆布でおおうか又はこれらと同等以上の効力を有する防護方法を講じなければならない。

第 2 （略）

第 3 第 1 に規定する帆布は、次の各号に該当するものでなければならない。

一　帆布は、難燃処理したものであり、かつ、落下物に対して十分な強度を有すること。

二　帆布を支持する骨組は、構造耐力上安全なものとし、帆布は骨組に緊結すること。

防炎対象物品

　　一定の防炎性能を有していなければならないカーテン等の物品を"防炎対象物品"という。ところが、消防法には、これに似た用語に"防炎物品"というのがある。防炎物品とは、防炎対象物品や、まだ防炎対象物品になってはいない材料、すなわち、まだカーテンになっていない布地等も含め、防炎性能を有しているものをいうのである。高層建築物で使用するカーテン等は、防炎性能を有していなければいけないという義務づけをしているので、すべて防炎対象物品であるが、義務づけをしたからといってすべて直ちに防炎性能を有しているわけではないので、そのなかで防炎性能を有するものだけを防炎物品というのである。法的には高層建築物、地下街及び防炎防火対象物で用いられる防炎対象物品は、すべて防炎物品でなければならないことは当然である。

〈消防法第 8 条の 3〉

　防炎対象物品　どん帳、カーテン、展示用合板その他これらに類する物品で政令〔消防法施行令第 4 条の 3 第 3 項〕で定めるもの（第 1 項）

　防炎物品　防炎対象物品又はその材料で前項の防炎性能を有するもの（第 2 項）

〈消防法施行令第 4 条の 3 第 3 項〉

　法第 8 条の 3 第 1 項の政令で定める物品は、カーテン、布製のブラインド、暗幕、じゅうたん等（じゅうたん、毛せんその他の床敷物で総務省令〔消防法施行規則第 4 条の 3 第 3 項〕で定めるものをいう。）、展示用の合板、どん帳その他舞台において使用する大道具用の合板並びに工事用シートとする。

防炎性能の基準

　　カーテン等の布地が防炎性能を有するかどうかは、試験をしてみないと判らないが、その試験の方法（防炎性能の測定に関する技術上の基準）や、試験結果の合否の判定基準（防炎性能の基準）は、消防法施行令第 4 条の 3 第 4 項、第 5 項に規定してある。政令といっても、事実上は総務省令に再委任している。省令、すなわち消防法施行規則第 4 条の 3（偶然ではあるけれども政令も第 4 条の 3、規則も第 4 条の 3 となっている。）には、合板、じゅうたん等及びそれら以外のものに分けて詳しく試験方法が定められており、試験装置も別図 1 から別図 7 までに図解して示してある。あまり詳しいことは専門的になりすぎるので省略するが、興味のある方は勉強してみられるのもよろしかろう。消防機関でもこの試験装置を備えつけているところもあるので

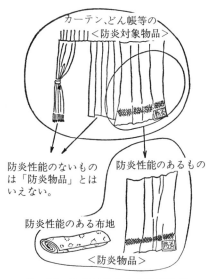

カーテン、どん帳等の
<防炎対象物品>

防炎性能のないものは「防炎物品」とはいえない。

防炎性能のあるもの

防炎性能のある布地

<防炎物品>

第52図　防炎対象商品と防炎物品

161

一度見学するとよく判る。それほどむずかしい試験ではなさそうだ。次つぎにいろいろな繊維を焼くので少しコゲ臭いけれども。

　防炎性能の基準をまとめると次の表のようになる。

　残炎時間とは、着炎後バーナーを取り去ってから炎をあげて燃える状態がやむまでの経過時間をいい、**残じん時間**とは、着炎後バーナーを取り去ってから炎をあげずに燃える状態がやむまでの経過時間をいい、**炭化面積**とは、着炎後燃える状態がやむまでの時間内の炭化面積をいい、**炭化長**とは、同じくそれらの時間内に炭化する長さの最大値をいい、**接炎回数**とは、溶融し尽くすまでに必要な炎を接する回数をいう（消令第4条の3第4項各号）。炭化長と接炎回数については、炎を接した場合に溶融する性状の物品についてのみ試験を行う。溶融しやすいナイロン等の製品では炎を近づけると溶融して穴があき、残炎、残じんともに測定されないことが多いので、別の試験が必要となるものである。

種類　　　　　　　　　　　　　　性能	残炎時間	残じん時間	炭化面積	炭化長	接炎回数
薄手布 （1m²当り450g以下の布）	3秒	5秒	30cm²	20cm	3回
厚手布 （1m²当り450gを超える布）	5秒	20秒	40cm²	20cm	3回
じゅうたん等 （じゅうたん、毛せん、人工芝等）	20秒	—	—	10cm	—
合板 （展示用、又は舞台の大道具用の合板）	10秒	30秒	50cm²	—	—

防炎性のある繊維等

　不燃性であるガラス繊維であれば当然のこと防炎性があるわけであるが、このほかにも繊維そのものに難燃性のあるサランのようなもの（ポリ塩化ビニル、ポリ塩化ビニリデン等）もある。その他の繊維製品はもともと燃えやすいものだから、薬品処理（スプレー、浸漬等）によって防炎性のあるものにする。薬品類はクリーニングによって流されてしまうことが多いから、クリーニング業界と連繋して、クリーニングのたびに防炎性を与えるような仕組みをとっている。薬品は繊維によってなじみやすいものやそうでないもの、または繊維のもつ風合を損うもの、染色と反応してしまうもの等があって、その選択には高度の技術が必要とされる。

　薬品によって防炎性能が与えられるのは、例えば、低温で溶けてガラス状となり、繊維を覆ってしまうものとか、加熱すると不燃性のガスを発生させるものとか、いろいろな仕組みが考

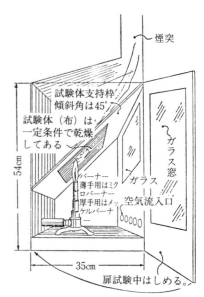

第53図　防炎性能の試験装置をのぞいてみる

162

えられている。

　かつて日本製のスカーフ類が、時々アメリカで防炎性がなく燃えあがりやすいといって輸出をストップされたりしたことがあったが、アメリカでは、とりわけ繊維類の防炎性にやかましいということだ。これは何代目だったか忘れたが、或る大統領の母親が着ていた衣類に着火し、それがもとで亡くなられるというアクシデントがあったため、防炎の研究が特に進んだのだ、ということを聞いたことがある。

防炎規定の遡及適用　　　消防法を改正して初めて防炎規定を設けたときには、施行の日（昭和44年4月1日）以降に設けたカーテン等に限ることとし、附則では「改正規定の施行の際現に使用する物品については適用しない。」こととしていた。ところが、その後、この附則が改正され「改正規定の施行の際現に使用する物品については、昭和48年6月30日までの間、適用しない。」と改められた。附則が改正されるというのも珍しいことではあるが、決してあり得ないことではない。改正の結果、猶予期間は昭和48年の6月までとされたので、少なくも現在では、法改正前から使用していようとしていまいと区別なく、防炎対象物品は防炎性能のあるものを使用しなければならないことになる。カーテン等は建築物の内装と違って着脱は自在であり、それに、その長い間同じものばかり使用しているということもないので時期をみて遡及適用に踏みきったものだろう。

防炎性能等の表示　　　建築物の内装に使用する防火材料である "不燃材料" "準不燃材料" 及び "難燃材料" にしても、またカーテン等の "防炎物品" にしても、一見して防火性能なり防炎性能があるかどうかが判らないと、工事をする側にとっても、検査をする消防や建築関係の行政にたずさわる者にとっても不便である。そりゃひとつずつ試験をするのはそんなに簡単なことではないし、それに大体試験をするというのは燃やしてしまうということであるだけに、そう簡単にはいかない。

　そこで、試験に合格したものには一定の表示をするようにしておけば、お互いに便利であるというので "性能表示" が実施されている。不燃材料であっても、鉄とかコンクリート、れんが等というのは誰にでも判るので改めて表示する必要はないが、表示が必要となるのは、見たり触ったりするだけでは全く見わけがつかないようなもの、特に繊維製品では表示の効果が大きい。

　防炎性能を有するもの、すなわち防炎物品は「その旨の表示を附することができる」こととされている。"附することができる" というのであるから "附さなければならない" というような義務づけではない。しかしながら、別表第1に表示の様式が定められており、防炎物品でない限り、その表示又はそれに紛らわしい表示を附してはいけないことになって

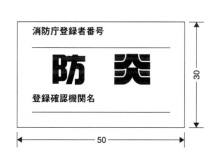

大きさだけでなく色彩もきめられている。

地…白、文字…黒　ただし
「防炎」は赤、注意書き…緑

注意書きは基準に従って下部に記入

例：水洗い可。ドライクリーニング
　　をした場合は要防炎処理。
　　洗濯した場合は要防炎処理。

第54図　防炎物品の表示
　　　　（消防法施行規則別表第1）

いるから、表示をしないと防炎物品ではないと思われたって仕方がないこととなる。従って、表示をしないと損になるわけだ。それだけではなく販売又は販売のための陳列をするには、この表示がないものは、防炎物品として扱うことができなくなってしまうのだから、表示は義務づけられているようなものだ。

　表示については、すでに別の法律によって防炎の表示が附せられることとなっているJIS（日本産業規格）とかJAS（日本農林規格）の表示については適用除外となっている。

　表示のないものを販売し、又は販売のために陳列してはならないのは、消防法第21条の2（消防用機械器具の検定）第4項の「検定対象機械器具等は、（中略）の規定による表示が付されているものでなければ、販売し、又は販売の目的で陳列してはならず……」の規定と同じ趣旨のものである。

　ところで、この検定の条文では「表示が<u>付されて</u>……」となっているのに、前頁の防炎の条文では「表示を<u>附すること</u>が……」などとなっているね。これは間違いではなく、昔は「附す」だったのだが、現在は「付す」になっているためだ。こういう修正は改正のついでに改正条文だけ行う決まりなので、こういう違いが生じることになる（5頁参照のこと）。

　また、防火対策物の関係者が、防炎性能を与えるための処

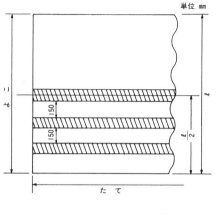

防炎物品の裏面表示▲（消防庁）

（建設省）▼不燃・準不燃・難燃材料の表示

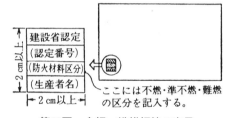

ここには不燃・準不燃・難燃の区分を記入する。

第55図　合板・繊維板等の表示

理をし、または防炎性能を有する旨の表示のある生地等からカーテン等を作製させたときは、防炎カーテン等を使用しなければならないホテル等の側で、その旨の表示をすることが義務づけられている。

　なお、防炎物品である合板については、表面にラベルを貼付するのみでは不十分なところから、裏面に防炎の文字を含む赤色の3本線（裏面が凹凸状であるハードボード類では、文字の記載が困難であるので赤色の3本線のみでよい。）での表示も添えるように指導されているので覚えておくとよい（平成13年3月30日消防予第107号通知「防炎処理及び防災表示の方法等に関する留意事項について」）。

不燃・準不燃・難燃材料の表示

建築基準法上の内装制限の対象となる内装材は、ボードとかシート類のほかブロック等の成形材も含まれているし、湿式、乾式の塗壁材、塗料、壁紙（布地、フィルム）など多くの種類があるが、その防火性能についての表示は必ずしも法令上の根拠を有するものではない。従って、業界指導の形で表示マークを附けるようにしている。1枚1枚の内装材にも、また包装がある場合は、その包装にも表示をすることとしている。これも覚えておくとよい。

〈消防法第8条の3第2項から第5項まで〉

② 防炎対象物品又はその材料で前項の防炎性能を有するもの（以下この条において「防炎物品」という。）には、総務省令で定めるところにより、同項の防炎性能を有するものである旨の表示を附することができる。

◆総務省令＝消防法施行規則第4条の4

（防炎表示等）

第4条の4 法第8条の3第2項の規定により防炎物品に附する防炎性能を有するものである旨の表示（以下この条において「防炎表示」という。）は、次の各号に定めるところにより付することができる。

一 防炎表示を付する者は、消防庁長官の登録を受けた者であること。

二 防炎表示は、別表第1の2の2に定める様式により行なうこと。

三 防炎表示は、縫付、ちょう付、下げ札等の方法により、防炎物品ごとに、見やすい箇所に行なうこと。

別表第1 （略）

③ 何人も、防炎対象物品又はその材料に、前項の規定により表示を附する場合及び工業標準化法その他政令で定める法律の規定により防炎対象物品又はその材料の防炎性能に関する表示で総務省令で定めるもの（以下この条において「指定表示」という。）を附する場合を除くほか、同項の表示又はこれと紛らわしい表示を附してはならない。

◆政令で定める法律＝農林物質の規格化及び品質表示の適正化に関する法律及び家庭用品品質表示法（消防法施行令第4条の4）

④ 防炎対象物品又はその材料は、第2項の表示又は指定表示が附されているものでなければ、防炎物品として販売し、又は販売のために陳列してはならない。

⑤ 第1項の防火対象物の関係者は、当該防火対象物において使用する防炎対象物品について、当該防炎対象物品若しくはその材料に同項の防炎性能を与えるための処理をさせ、又は第2項の表示若しくは指定表示が附されている生地その他の材料からカーテンその他の防炎対象物品を作製させたときは、総務省令で定めるところにより、その旨を明らかにしておかなければならない。

◆総務省令＝消防法施行規則第4条の4第9項

9 法第8条の3第1項の防火対象物の関係者は、同条第5項に規定する防炎性能を与えるための処理又は防炎対象物品の作製を行なわせたときは、防炎物品ごとに、見やすい箇所に、次の各号を掲げる事項を明らかにし、又は当該防炎性能を与えるための処理をし、若しくは防炎対象物品を作製した者をして防炎表示を付させるようにしなければならない。

一 「防炎処理品」又は「防炎作製品」の文字

二 処理をし、又は作製した者の氏名又は名称

三 処理をし、又は作製した年月

内装不燃化・防炎規定一覧

建築物の用途・規模・構造				内 装 制 限 居室等	内 装 制 限 地上に通ずる主たる廊下・階段・通路	カーテン等の防炎（消防法施行令別表第1による防火対象物）	内装制限の根拠条文（建築基準法制限の令）
大規模建築物	階数 1：延べ面積 3000m²超　2：1000m²超　3〜10：500m²　階数11以上は別項参照		（注1）学校等を除く。（注2）主要構造部を耐火構造等で高さ13m以下の部分にあり、100m²以内ごとに防火区画された部分を除く。（注3）左欄(2)の特殊建築物で、高さ31m以下の部分を除く。				第128条の4第2項、第3項　第128条の5第4項

用途	構造	主要構造部を耐火構造等	主要構造部を準耐火構造等	その他の建築物	内装制限 居室等	内装制限 通路	カーテン等の防炎	根拠条文
特殊建築物 (1)	劇場・映画館・演芸場・観覧場・公会堂・集会場	（客席）400m²以上	（客席）100m²以上	（客席）100m²以上	不燃材料　準不燃材料　難燃材料（壁で床面からの高さが1.2m以下の部分は除く。）（3階以上の階に居室を有する特殊建築物の天井にあっては不燃材料又は準不燃材料に限る。）	不燃材料　準不燃材料	(1) イ劇場等 ロ公会堂等	第128条の4第1項　第128条の5第1項
(2)	病院・診療所・ホテル・旅館・下宿・共同住宅・寄宿舎・児童福祉施設等	（3階以上）300m²以上（100m²（共同住宅では200m²）以内ごとに防火区画されたものを除く。）	（2階部分）300m²以上（病院・診療所は2階に患者の収容施設があるものに限る。）	200m²以上			(2) イキャバレー等 ロ遊技場等 ハ風俗営業等 ニカラオケボックス等　(3) イ待合 ロ飲食店　(4) 百貨店等　(5) イ旅館等　(6) イ病院等 ロ老人福祉施設等 ハ老人デーサービスセンター等 ニ幼稚園等	
(4)	百貨店・マーケット・展示場・キャバレー・カフェー・ナイトクラブ・バー・ダンスホール・遊戯場・公衆浴場・待合・料理店・飲食店物品販売店舗	（3階以上）1,000m²以上	（2階以上）500m²以上	200m²以上			(9) イ蒸気浴場等　(12) ロ映画スタジオ等　(16) 複合用途建築物で上の各用途に供する部分　(16の3) 準地下街	

用途区分	内容	居室等	通路	防炎	根拠条文
特殊建築物	上記(1)、(2)、(4)の用途に供するもので地階又は地下工作物内にあるもの	不燃材料　準不燃材料	不燃材料　準不燃材料		第128条の4第1項第三号　第128条の5第3項
	自動車車庫・自動車修理工場		不燃材料　準不燃材料		第128条の4第1項第二号　第128条の5第2項
無窓の居室	排煙上有効な開口部（天井又は天井から80cm以内）が床面積の50分の1以下　採光上有効な開口部（法第28条）が不足するもの	不燃材料　準不燃材料			第128条の3の2　第128条の5第5項
火気使用室（耐火建築物を除く）	住宅：階数が2以上の最上階以外の階（住宅と店舗を併用するものを含む。）　住宅以外：火気使用室全部				第128条の4第4項　第128条の5第6項
階数が11以上のもの	100m²以内に防火区画された部分	不燃材料　準不燃材料　難燃材料※	不燃材料　準不燃材料	高層建築物（高さが31mを超える建築物）	第112条第7項
	200m²以内に防火区画された部分（防火区画には特定防火設備を使用）	不燃材料　準不燃材料（下地共）	不燃材料　準不燃材料（下地共）		第112条第8項
	500m²以内に防火区画された部分（防火区画には特定防火設備を使用）	不燃材料（下地共）	不燃材料（下地共）		第112条第9項
地下街	100m²以内に防火区画された部分	不燃材料　準不燃材料※	〔地下道〕不燃材料（下地共）	地下街（地下の工作物内に設けた店舗、事務所等と地下道）	第128条の3第1項第三号
	200m²以内に防火区画された部分（防火区画には特定防火設備を使用）	不燃材料　準不燃材料（下地共）			第128条の3第5項
	500m²以内に防火区画された部分（防火区画には特定防火設備を使用）	不燃材料（下地共）			

(注)※印は法令上の規定はないが、大規模建築物又は無窓の居室等に該当すると考えられるので、それらの規定を準用した。

19 防火区画

防火区画の考え方　　　大規模な建築物では火災が発生した場合、内部で次々に火災が拡大して大きな被害をもたらすことが多いので、防火壁などを設けて建築物を防火的に区画する必要が生じてくる。木造建築物の防火壁、防火床の規定については、**15　大規模木造建築物の防火措置**の項で詳しく述べたので、ここでは耐火建築物等の防火区画について述べることとする。防火壁、防火床については、建築基準法第26条で1,000m²以内ごとに区画するように規定されているが、耐火建築物又は準耐火建築物については、この限りではないこととされ、その代わりに防火区画の規定が建築基準法施行令第112条に設けられている。

　消防法でも、「防火対象物が開口部のない耐火構造の床又は壁で区画されているときは、その区画された部分は、（中略）、それぞれ別の防火対象物となみす（消令第8条）。」というようにして防火区画の効果を認め、消防用設備等の設置基準の減免を行うことができるようにしている。

一般の防火区画　　　主要構造部を耐火構造又は準耐火構造等とした建築物では、1,500m²以内ごとに防火区画するのが原則となる。区画は1時間準耐火基準に適合する準耐火構造の床、壁、特定防火設備で行う。この場合特定防火設備よりも性能の劣る防火設備で区画することは認められない。劇場の客席・体育館・工場等については事実上区画が困難であり、また区画によってその用途を損うので適用除外となる。階段だのエレベーターの昇降路だのは、竪穴状になってはいるが、それ自身で1,500m²を超えることはなかろう、というので、昔はこのような適用除外規定を設けていなかったが、超高層ビルが出現すると階段だけで1,500m²を超えるものが現われるようになった。例えば、或る階で一つの階段の床面積が50m²とすれば、30階で1,500m²になってしまう。そこで階段や昇降路についても除外規定が必要となった。

　スプリンクラー設備のような自動式消火設備が設けられている部分の床面積は2分の1とみなしてよい。消防法施行令でも、スプリンクラー設備等を設けた場合の減免規定を設けている例は多い（例　消令第10条第3項）。その場合は、「スプリンクラー設備を消防法施行令第12

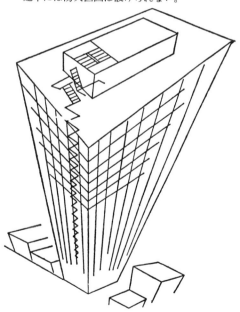

階段室だけで1500㎡をこえても階段の途中には防火区画は設けられない。

第56－1図　階段層だけで1,500m²を超える高層ビル

条に定める技術上の基準に従い、又は当該**技術上の基準の例**により設置したとき」というように基準が明らかにされている。建築基準法上は格別、技術上の基準を定めていないが、当然消防法令上の基準によって設けられたものを指すと考えてよい。

準耐火建築物では、法令上の義務として準耐としたのではなく任意に準耐としたものは、上に述べたように1,500m²ごとの区画で足りるが、特殊建築物（法第27条）とか防火地域、準防火地域の規定（法第61条）によって義務づけられ準耐火建築物等としたものは、さらに細かく防火区画をする必要が生じる。

耐火性能が1時間以上の準耐火構造の建築物やロ準耐のうち不燃構造の準耐火建築物は1,000m²以内ごとに防火区画し（建基令第112条第5項）、耐火性能が1時間未満の準耐火構造の建築物やロ準耐のうち外壁耐火構造の準耐火建築物は500m²以内ごとに防火区画した上で、防火上主要な間仕切壁を準耐火構造とし小屋裏又は天井裏に達するようにしなければならない（同令第112条第4項）。

体育館とか工場の用途に供するものや階段、昇降路等は、そのような区画が困難であろうから区画は免除されるが、この場合、壁や天井の内装を不燃材料又は準不燃材料で仕上げなければならない（同令第112条第6項）。

以上の防火区画の規定をまとめると次の表のようになる。

耐火建築物・準耐火建築物の防火区画（まとめ）

1,500m²防火区画	1　主要構造部を耐火構造等としたもの※1 2　主要構造部を準耐火構造等としたもの※2（任意で準耐火等としたものに限る。）
1,000m²防火区画	1　通常火災終了時間が1時間以上の建築物（建基法第21条第1項） 2　特定避難時間が1時間以上の特殊建築物（建基法第27条第1項） 3　1時間準耐火の準耐火建築物（建基法第27条第3項） 4　1時間準耐火の準耐火建築物（建基法第61条、建基法第67条第1項） 5　不燃構造の準耐火建築物（建基令第109条の3第二号に適合するもの）（建基法第27条第3項、建基法第61条、建基法第67条第1項）
500m²防火区画＋防火上主要な間仕切壁は準耐火構造	1　通常火災終了時間が1時間未満の建築物（建基法第21条第1項） 2　特定避難時間が1時間未満の特殊建築物（建基法第27条第1項） 3　45分準耐火の準耐火建築物（建基法第27条第3項） 4　45分間準耐火の準耐火建築物又はこれと同等以上の延焼防止性能を有するもの（1時間準耐火以外）（建基法第61条、建基法第67条第1項） 5　外壁耐火の準耐火建築物（建基令第109条の3第一号に適合するもの）（建基法第27条第3項、建基法第61条、建基法第67条第1項）

※1　延焼防止時間が耐火建築物同等以上の建築物を含む。
※2　延焼防止時間が準耐火建築物同等以上の建築物を含む。

また、建築基準法施行令第112条第3項は令和元年の改正（令和2年4月1日施行）で新設された規定で、建築物の一部に吹抜きやアトリウム等の大空間がある場合にその大空間を介して建築物のある部分から他の部分へ延焼を生じない場合には、大空間とそれに接する建築物の部分との間に特定防火設備を設けなくてもよいとする緩和規定である。つまり、大空間に接する2以上の建築物の部分相互が一方で火災が発生しても大空間があることにより他の部分に火炎が到達せず、輻射熱による影響が少ないた

め、互いに火災による有害な影響が及ぼされない場合には、大空間の部分が第1項の防火区画の役割を果たしているとみなすというものである。(**第56-2図参照**)

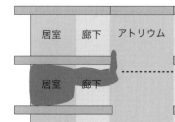
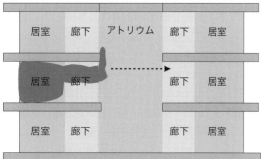

火炎が上階の非火災区域の高さに届かない　　　　水平方向に輻射熱の影響を及ぼさない

第56-2図　特定防火設備で区画されたものとみなす場合

防火上主要な間仕切壁の適用除外

グループホーム等の火災を受け消防法令の見直しが行われ、原則として全ての社会福祉施設等(消令別表第1(6)項ロ)について平成27年4月からスプリンクラー設備の設置が義務づけられた。これに伴い、次のいずれかに該当する場合は、建築基準法令では防火上の間仕切り壁を設けなくてもよいこととされた。(建基令第112条第4項、第114条第2項)

(1)　床面積200m²以下の階又は床面積200m²以内ごとに準耐火構造の壁等で区画した部分に、スプリンクラー設備、水噴霧消火設備、泡消火設備(自動式のもの)等を設けた場合

(2)　居室の床面積の合計が100m²以下の階又は居室の床面積の合計100m²以内ごとに準防火構造の壁等で区画した部分で、各居室に煙感知式の住宅用防災報知設備若しくは自動火災報知設備又は連動型住宅用防災警報器が設けられ、次のイ又はロのいずれかに適合する場合(平成26年国土交通省告示第860号)

イ　各居室から直接屋外への出口、避難上有効なバルコニー又は準耐火構造の壁、床又は防火設備で区画された他の部分(屋外への出口及び避難上有効なバルコニーは、幅員50cm以上の通路その他の空地に面するものに限る。以下「屋外等」。)に避難ができるものであること。

ロ　各居室の出口から屋外等に、歩行距離8m(各居室と通路の内装不燃化の場合は16m)以内で避難でき、かつ、各居室と避難経路とが間仕切壁及び常時閉鎖式の戸(ふすま、障子等を除く。)等で区画されているものであること。

〈建築基準法施行令第112条第1項、第3項から第6項〉

(防火区画)

第112条　主要構造部を耐火構造とした建築物、法第2条第九号の三イ若しくはロのいずれかに該当する建築物又は第136条の2第一号ロ若しくは第二号ロに掲げる基準に適合する建築物で、延べ面積(スプリンクラー設備、水噴霧消火設備、泡消火設備その他これらに類するもので自動式のもの

を設けた部分の床面積の2分の1に相当する床面積を除く。以下この条において同じ。）が1,500m²を超えるものは、床面積の合計（スプリンクラー設備、水噴霧消火設備、泡消火設備その他これらに類するもので自動式のものを設けた部分の床面積の2分の1に相当する床面積を除く。以下この条において同じ。）1,500m²以内ごとに1時間準耐火基準に適合する準耐火構造の床若しくは壁又は特定防火設備（第109条に規定する防火設備であつて、これに通常の火災による火熱が加えられた場合に、加熱開始後1時間当該加熱面以外の面に火炎を出さないものとして、国土交通大臣が定めた構造方法［平成12年建設省告示第1369号］を用いるもの又は国土交通大臣の認定を受けたものをいう。以下同じ。）で区画しなければならない。ただし、次の各号のいずれかに該当する建築物の部分でその用途上やむを得ない場合においては、この限りでない。

一　劇場、映画館、演芸場、観覧場、公会堂又は集会場の客席、体育館、工場その他これらに類する用途に供する建築物の部分

二　階段室の部分等（階段室の部分又は昇降機の昇降路の部分（当該昇降機の乗降のための乗降ロビーの部分を含む。）をいう。第14項において同じ。）で1時間準耐火基準に適合する準耐火構造の床若しくは壁又は特定防火設備で区画されたもの

　　　（略）

3　主要構造部を耐火構造とした建築物の2以上の部分が当該建築物の吹抜きとなつている部分その他の一定の規模以上の空間が確保されている部分（以下この項において「空間部分」という。）に接する場合において、当該2以上の部分の構造が通常の火災時において相互に火熱による防火上有害な影響を及ぼさないものとして国土交通大臣が定めた構造方法［令和2年国土交通省告示第522号］を用いるもの又は国土交通大臣の認定を受けたものである場合においては、当該2以上の部分と当該空間部分とが特定防火設備で区画されているものとみなして、第1項の規定を適用する。

4　法第21条第1項の規定により第109条の5第一号に掲げる基準に適合する建築物（通常火災終了時間が1時間以上であるものを除く。）とした建築物、法第27条第1項の規定により第110条第一号に掲げる基準に適合する特殊建築物（特定避難時間が1時間以上であるものを除く。）とした建築物、法第27条第3項の規定により準耐火建築物（第109条の3第二号に掲げる基準又は1時間準耐火基準（第2項に規定する1時間準耐火基準をいう。以下同じ。）に適合するものを除く。）とした建築物、法第61条の規定により第136条の2第二号に定める基準に適合する建築物（準防火地域内にあるものに限り、第109条の3第二号に掲げる基準又は1時間準耐火基準に適合するものを除く。）とした建築物又は法第67条第1項の規定により準耐火建築物等（第109条の3第二号に掲げる基準又は1時間準耐火基準に適合するものを除く。）とした建築物で、延べ面積が500m²を超えるものについては、第1項の規定にかかわらず、床面積の合計500m²以内ごとに1時間準耐火基準に適合する準耐火構造の床若しくは壁又は特定防火設備で区画し、かつ、防火上主要な間仕切壁（自動スプリンクラー設備等設置部分（床面積が200m²以下の階又は床面積200m²以内ごとに準耐火構造の壁若しくは法第2条第九号の二ロに規定する防火設備で区画されている部分で、スプリンクラー設備、水噴霧消火設備、泡消火設備その他これらに類するもので自動式のものを設けたものをいう。第114条第1項及び第2項において同じ。）その他防火上支障がないものとして国土交通大臣が定める部分の間仕切壁を除く。）を準耐火構造とし、次の各号のいずれかに該当する部分を除き、小屋裏又は天井裏に達せしめなければならない。

一　天井の全部が強化天井（天井のうち、その下方からの通常の火災時の加熱に対してその上方への延焼を有効に防止することができるものとして、国土交通大臣が定めた構造方法を用いるもの

　　又は国土交通大臣の認定を受けたものをいう。次号及び第114条第3項において同じ。）である階

　二　準耐火構造の壁又は法第2条第九号の二ロに規定する防火設備で区画されている部分で、当該部分の天井が強化天井であるもの

5　法第21条第1項の規定により第109条の5第一号に掲げる基準に適合する建築物（通常火災終了時間が1時間以上であるものに限る。）とした建築物、法第27条第1項の規定により第110条第一号に掲げる基準に適合する特殊建築物（特定避難時間が1時間以上であるものに限る。）とした建築物、法第27条第3項の規定により準耐火建築物（第109条の3第二号に掲げる基準又は1時間準耐火基準に適合するものに限る。）とした建築物、法第61条の規定により第136条の2第二号に定める基準に適合する建築物（準防火地域内にあり、かつ、第109条の3第二号に掲げる基準又は1時間準耐火基準に適合するものに限る。）とした建築物又は法第67条第1項の規定により準耐火建築物等（第109条の3第二号に掲げる基準又は1時間準耐火基準に適合するものに限る。）とした建築物で、延べ面積が1,000m²を超えるものについては、第1項の規定にかかわらず、床面積の合計1,000m²以内ごとに1時間準耐火基準に適合する準耐火構造の床若しくは壁又は特定防火設備で区画しなければならない。

6　前2項の規定は、次の各号のいずれかに該当する建築物の部分で、天井（天井のない場合においては、屋根。以下この条において同じ。）及び壁の室内に面する部分の仕上げを準不燃材料でしたものについては、適用しない。

　一　体育館、工場その他これらに類する用途に供する建築物の部分

　二　第1項第二号に掲げる建築物の部分

高層建築物（11階以上）の防火区画

　　高層建築物になると、主要構造部を耐火構造として建築されるであろうから、少なくとも1,500m²以内ごとに防火区画があるはずである。

　しかし、11階以上の階（おそらく高さ31m以上）では、消防活動が著しく困難になることから、被害を最少限にするため、さらに防火区画を細かくする必要がある。31mを超えると普通のはしご車では届かないので、非常用エレベーターを設置するとか、消防法上でもスプリンクラー設備を設けたり（消令第12条第1項第12号）、非常コンセント設備を設けたり（同令第29条の2第1項第1号）といった措置を講じているが、それも同じような考え方からである。

　防火区画の規定は内装制限の規定と密接な関係にあるので、すでに内装不燃化の項で説明したが、要は100m²で区画することを原則とし、そんなに細かく区画したのでは用途上困る場合等は、内装の不燃化と防火区画の水準（特定防火設備以外の防火設備の使用を認めるかどうか）とによって区画の緩和を認めるようにしている。下地とも準不燃以上とし特定防火設備で区画したときは200m²、下地とも不燃材料とし特定防火設備で区画したときは500m²以内の区画で足りる。従って、11階以上では、どのように大きな部屋を作ろうとしても500m²が限度となる（もっとも、この床面積の算定には、スプリンクラー設備等を設けた場合は、床面積の2分の1に相当する床面積を除いてよい（建基令第112条第1項カッコ書）のだから、倍読みできることになるが。）廊下、階段部分等は、やむを得ないので防火区画の適用はしないこととなっている。

〈建築基準法施行令第112条第7項から第10項まで〉

7 建築物の11階以上の部分で、各階の床面積の合計が100m²を超えるものは、第1項の規定にかかわらず、床面積の合計100m²以内ごとに耐火構造の床若しくは壁又は法第2条第九号の二ロに規定する防火設備で区画しなければならない。

8 前項の建築物の部分で、当該部分の壁（床面からの高さが1.2m以下の部分を除く。次項及び第14項第一号において同じ。）及び天井の室内に面する部分（回り縁、窓台その他これらに類する部分を除く。以下この条において同じ。）の仕上げを準不燃材料でし、かつ、その下地を準不燃材料で造ったものは、特定防火設備以外の法第2条第九号の二ロに規定する防火設備で区画する場合を除き、前項の規定にかかわらず、床面積の合計200m²以内ごとに区画すれば足りる。

9 第7項の建築物の部分で、当該部分の壁及び天井の室内に面する部分の仕上げを不燃材料でし、かつ、その下地を不燃材料で造ったものは、特定防火設備以外の法第2条第九号の二ロに規定する防火設備で区画する場合を除き、同項の規定にかかわらず、床面積の合計500m²以内ごとに区画すれば足りる。

10 前3項の規定は、階段室の部分若しくは昇降機の昇降路の部分（当該昇降機の乗降のための乗降ロビーの部分を含む。）、廊下その他避難の用に供する部分又は床面積の合計が200m²以内の共同住宅の住戸で、耐火構造の床若しくは壁又は特定防火設備（第7項の規定により区画すべき建築物にあっては、法第2条第九号の二ロに規定する防火設備）で区画されたものについては、適用しない。

地下街の各構えの防火区画

地下街の各構えについても高層建築物の防火区画規定が準用される（建基令第128条の3第5項）。

この規定だけを読むとそれだけでは意味が十分判らないかも知れないが、このような読み替え規定は、もともと親切な気持ちで設けているものだから、むづかしく考える必要はない。規定の内容としては、高層建築物の11階以上の階の防火区画の場合と同様である。

〈建築物基準法施行令第128条の3〉（抄）

（地下街）

第128条の3 （中略）

5 第112条第7項から第11項まで、第14項、第16項、第17項及び第19項から第21項まで並びに第129条の2の4第1項第七号（第112条第20項に関する部分に限る。）の規定は、地下街の各構えについて準用する。この場合において、第112条第7項中「建築物の11階以上の部分で、各階の」とあるのは「地下街の各構えの部分で」と、同条第8項から第10項までの規定中「建築物」とあるのは「地下街の各構え」と、同条第11項中「主要構造部を準耐火構造とした建築物又は第136条の2第一号ロ若しくは第二号ロに掲げる建築物であって、地階又は3階以上の階に居室を有するもの」とあるのは「地下街の各構え」と、「準耐火構造」とあるのは「耐火構造」と、同条第14項中「該当する建築物」とあるのは「規定する用途に供する地下街の構え」と、同条第16項中「準耐火構造」とあるのは「耐火構造」と、同号中「1時間準耐火基準に適合する準耐火構造」とあるのは「耐火構

造」と、「建築物」とあるのは「地下街の各構え」と読み替えるものとする。

建築物の竪穴の防火区画

　建築物の中で、吹き抜きといわれるような竪穴状の空間は、火災時に煙突のようになって各階に火の廻りを早くするおそれがある。デパート等では中央部に吹き抜きを設けて、ここに大きなデコレーションを飾りつけたりすると、周囲の各階からも眺められて効果も大きいものであるが、防災的にみると決して好ましいものではない。そこで階段、昇降路、配管のためのダクトスペース等、建築物内の竪穴状の部分は、徹底的に防火区画することとされている。例えば、各階の床面積が300m²で5階建の場合は、延べ面積が1,500m²だから、耐火建築物とすれば、延べ面積の大きさだけからは防火区画は必要ないこととなるが、この竪穴区画の規定があるから、階段等の竪穴部分は防火区画しなければならないこととなる。どうも、この条文（建基令第112条第11項）も何となく読みにくい。それは正確を期するためにカッコ書きが多く、その上カッコの中にカッコがあるからだ。そこで、この条文を思いきって簡略化するとどうなるか。「地階又は3階以上の階に居室を有する耐火建築物等の階段部分等は、その他の部分と防火区画しなければならない。」まあこの程度のことではないかな（建基令第112条第11項＝下記参照）。

　防火区画しなければならない竪穴として、階段、昇降路、ダクトスペース（各種の配管スペース）等は確かに竪穴となっているから判るとして、住戸（階数が2以上のもの）が含まれているのは何故であろうか。住戸の内部が2階建となっていれば、当然連絡する階段があろうし場合によると吹き抜き部分

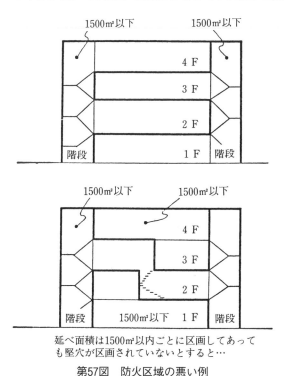

延べ面積は1500m²以内ごとに区画してあっても竪穴が区画されていないとすると…

第57図　防火区域の悪い例

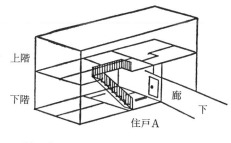

メゾネットは一戸で二つの階を使用する。

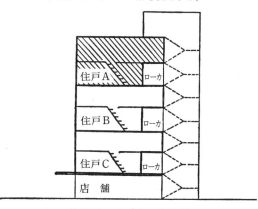

第58図　メゾネットの例

もあるかも知れない。だから一種の竪穴ともいえるではないか、というのが、この竪穴区画の仲間入りをした理由であろう。だが、しつこくいうと住戸の中にある階段も区画しなければならないのだろうか。それは住戸を区画したのだから勘弁しておこう、というのが、ただし書の第二号に共同住宅の住戸が含まれている理由だろう。

この規定の緩和措置としては、階段だけから出入りできる便所や吹きさらしの廊下、バルコニーとは区画を設けなくてもさしつかえないこととしている。また、避難階の直上又は直下だけに通ずる吹抜きや階段は、ホテルのロビー等のデザインとして設計上、採用されることが多いので、これも下地とも不燃材料ならば許されることとしている。防火の面ばかりに気をとられて法律を作っていると、余りにも趣きのある建築物の設計を禁止してしまうことになるので、ここらは気をきかせた規定であるとも言うべきか。法令も四角四面の規定ばかりではなく、こうした実務的な配慮があると生き生きとしてくるものなんでしょうね。

建築基準法施行令第112条第12項及び第13項は、平成30年の建築基準法改正（令和元年6月25日施行）に関連して追加された規定である。

平成30年の改正では法第27条第1項が見直され、階数3以下で延べ面積200m²未満の特殊建築物については耐火建築物等としなくてもよいこととなった。この結果、階数3以下で述べ面積200m²未満の特殊建築物については主要構造部を準耐火構造としなくてもよいこととなり、第11項の規定では竪穴区画は要求されなくなった。

しかし、これらの建築物のうち「法別表第1(い)欄(2)項に掲げる用途（病院、診療所、ホテル、旅館、共同住宅等）については、就寝用途で火災の覚知が遅れやすく、高齢者等が在館しており自力避難が困難な場合があるなど用途上の特性があることから、安全な避難の確保を図るため引き続き竪穴区画が必要であると考え、定められたものである。

第12項では、3階を病院、診療所（患者の収容施設があるもの）、児童福祉施設等（入所者の寝室があるもの）とする階数3以下で延べ面積200m²未満の建築物の竪穴部分を他の部分と間仕切壁又は防火設備（20分間の遮炎性能を有するもの）で区画することを求めている。ただし、居室や倉庫等の部分にスプリンクラー設備等を設ける場合には、防火設備ではなく10分間防火設備（遮炎性能が10分間の防火設備　68頁参照）で区画してもよいこととなっている。

第13項では、3階を第12項の対象となる用途（病院、診療所、児童福祉施設等）以外の法別表第1(い)欄(2)項に掲げる用途（ホテル、旅館、共同住宅、下宿、寄宿舎等）とする3階以下で延べ面積200m²未満の建築物の竪穴部分を他の部分と間仕切壁又は戸で区画することを求めている。

なお、第12項や第13項で区画に用いる間仕切壁や戸については特に仕様は定められていないが、火災時の接炎により直ちに火災が貫通するおそれのあるもの（ふすま、障子、普通板ガラス、厚さ3mm程度の合板等で造られたもの）は不可とされている。

第14項は、旧第9項（現行第11項）の（　）書の内容を新たに項を新設して定めたもの。劇場、映画館、演芸場、観覧場、公会堂、集会場の客席、体育館、工場又は階段室等の部分で、用途上竪穴区画を設けることが困難な場合には内装及び下地を準不燃材料で造ることにより、その部分全体を竪穴区画で

あるとみなすことができるというものである。

　第15項は、火災が発生した場合に避難上支障のある高さまで煙・ガスの降下が生じない建築物の竪穴部分については、第12項と第13項の規定による竪穴区画を求めないこととする規定であるが、大臣が定める具体的な構造方法の基準は未設定となっている。

〈建築基準法施行令第112条第11項から第15項〉

11　主要構造部を準耐火構造とした建築物又は第136条の2第一号ロ若しくは第二号ロに掲げる基準に適合する建築物であつて、地階又は3階以上の階に居室を有するものの竪穴部分（長屋又は共同住宅の住戸でその階数が2以上であるもの、吹抜きとなつている部分、階段の部分（当該部分からのみ人が出入りすることのできる便所、公衆電話所その他これらに類するものを含む。）、昇降機の昇降路の部分、ダクトスペースの部分その他これらに類する部分をいう。以下この条において同じ。）については、当該竪穴部分以外の部分（直接外気に開放されている廊下、バルコニーその他これらに類する部分を除く。次項及び第13項において同じ。）と準耐火構造の床若しくは壁又は法第2条第九号の二ロに規定する防火設備で区画しなければならない。ただし、次の各号のいずれかに該当する竪穴部分については、この限りでない。

　一　避難階からその直上階又は直下階のみに通ずる吹抜きとなつている部分、階段の部分その他これらに類する部分でその壁及び天井の室内に面する部分の仕上げを不燃材料でし、かつ、その下地を不燃材料で造つたもの

　二　階数が3以下で延べ面積が200m²以内の一戸建ての住宅又は長屋若しくは共同住宅の住戸のうちその階数が3以下で、かつ、床面積の合計が200m²以内であるものにおける吹抜きとなつている部分、階段の部分、昇降機の昇降路の部分その他これらに類する部分

12　3階を病院、診療所（患者の収容施設があるものに限る。次項において同じ。）又は児童福祉施設等（入所する者の寝室があるものに限る。同項において同じ。）の用途に供する建築物のうち階数が3で延べ面積が200m²未満のもの（前項に規定する建築物を除く。）の竪穴部分については、当該竪穴部分以外の部分と間仕切壁又は法第2条第九号の二ロに規定する防火設備で区画しなければならない。ただし、居室、倉庫その他これらに類する部分にスプリンクラー設備その他これに類するものを設けた建築物の竪穴部分については、当該防火設備に代えて、10分間防火設備（第109条に規定する防火設備であつて、これに通常の火災による火熱が加えられた場合に、加熱開始後10分間当該加熱面以外の面に火炎を出さないものとして、国土交通大臣が定めた構造方法〔令和2年国土交通省告示第198号〕を用いるもの又は国土交通大臣の認定を受けたものをいう。第19項及び第121条第4項第一号において同じ。）で区画することができる。

13　3階を法別表第一(い)欄(2)項に掲げる用途（病院、診療所又は児童福祉施設等を除く。）に供する建築物のうち階数が3で延べ面積が200m²未満のもの（第11項に規定する建築物を除く。）の竪穴部分については、当該竪穴部分以外の部分と間仕切壁又は戸（ふすま、障子その他これらに類するものを除く。）で区画しなければならない。

14　竪穴部分及びこれに接する他の竪穴部分（いずれも第1項第一号に該当する建築物の部分又は階段室の部分等であるものに限る。）が次に掲げる基準に適合する場合においては、これらの竪穴部分を一の竪穴部分とみなして、前3項の規定を適用する。

　一　当該竪穴部分及び他の竪穴部分の壁及び天井の室内に面する部分の仕上げが準不燃材料でされ、かつ、その下地が準不燃材料で造られたものであること。

複合用途建築物の
防火区画

　　　　　　　建築基準法第27条第1項から第3項の規定により建築物の一部を特定避難時間倒壊等を防止できる建築物、耐火建築物又は準耐火建築物とすることが義務づけられる用途に該当する場合は、その部分と他の部分とを防火区画（異種用途間の防火区画）しなければならないこととされている。区画は1時間準耐火基準に適合する準耐火構造と特定防火設備に限られている。ただし書は令和元年の建築基準法施行令の改正で追加されたもので、以下の要件を満たす場合は異種用途間の防火区画は不要となる。

① 特定用途部分の用途がホテル、旅館、児童福祉施設等（通所利用のもの）、飲食店、物品販売店舗のいずれかであること。

② 特定用途部分が接する他の建築物の部分で同一階にないものとの間を1時間準耐火の準耐火構造の床・壁又は特定防火設備で区画すること。

③ 同一階にある特定用途部分と接する他の建築物の部分の用途は、劇場、映画館、演芸場、観覧場、公会堂、集会場、病院、診療所（患者の収容施設があるもの）、児童福祉施設等（通所利用以外のもの）以外の用途であること。

④ 自動火災報知設備を消防法令に従って設置すること。

〈建築基準法施行令第112条第18項〉
18 建築物の一部が法第27条第1項各号、第2項各号又は第3項各号のいずれかに該当する場合においては、その部分とその他の部分とを1時間準耐火基準に適合する準耐火構造とした床若しくは壁又は特定防火設備で区画しなければならない。ただし、国土交通大臣が定める基準に従い、警報設備を設けることその他これに準ずる措置が講じられている場合においては、この限りでない。

防火区画周辺の仕様

　　　　　　　これまでに防火区画をしなければならない例をいろいろと挙げてきたが、単に面積的に区画されているというだけでなく、その防火区画が有効に建築防火（火災の拡大防止）に役立たなければならない。そのための仕様（工事方法）のポイントとしては、

(1) 防火区画している壁又は床の端部から火が回り込まないように、ひさしとかそで壁を設ける。

(2) 防火区画に設ける防火設備に自動閉鎖装置を設ける。

(3) 防火区画を貫通する配管を不燃材料とし、その周辺をモルタルでつめる。

(4) 防火区画を貫通する換気ダクトには自動閉鎖の
　　ダンパーを設ける。

というような点に配慮をしなければならない。

ということは、往々にして防火区画があったにもか
かわらず火が回ってしまうのは、以上のような防火区
画の周辺の工事等に手ぬかりがあった場合が多いから
だ。

177頁に引用した建築基準法施行令第112条第16項、
第17項、第19項から第21項の条文は、原文だけではな
く大意である。いかがなものであろう。全文正確に書
くよりも、この方が判りやすかろうと思って、内容を
伝えることに重点をおいてみた。正確な条文が必要な
ときは是非法令集を参照されたい。

防火区画の端部の処理方法（建基令第112条第16項）
は、そで壁、ひさし等を突出させたり、一定幅の耐火
構造の壁を設けて、防火区画の効果をより完全なもの
とする規定である。ところが、最近の超高層ビルで

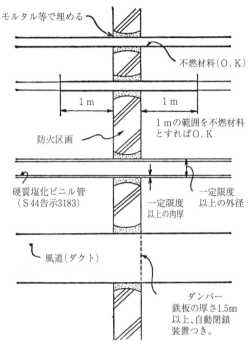

第59図　防火区画を貫通する配管

は、この処理が構法的に困難となりつつある。その理由は、一般の鉄筋コンクリート造のビルは剛構造
といって耐震壁を設け、地震力に対して構造剛度で対抗しようとするが、超高層ビルは構造的には柔構
造という構法をとっている。すなわち、風に対する五重塔の構法で、力に対して力で対抗しようとする
のではなく、力を逃がしてしまう柳に風の戦法である。そこで外壁と床との接合部をこれまでのように
耐火構造（鉄筋コンクリート造）でガッチリと固めてしまうことはできなくなった。外壁と床とをユト
リをもつ構法としながら、しかも、耐火性能を持たせなければならないのだから、高層建築の技術とい
うのは大変なものだ。一般には柔軟性をもたせるためにラスモルタル塗り等で工夫しているようだ。

防火区画の重要性については、これまでも防火壁とか防火設備の項でたびたび述べてきたところだか
ら、ここでは省略する。

防火区画を貫通する各種配管やダクトの周囲をモルタル等で埋めること、この重要性も改めていうま
でもないが、ここでは配管そのものの防火性能についても述べておきたい。鋼管等の不燃材料製のパイ
プであれば安全であるし、また全部不燃材料としなくても防火区画部分から１ｍの範囲内を不燃材料と
すれば、防火的には安全といえる。問題はビニールパイプなどで充分な肉厚のないものや径の大きなも
ので、防火的に危険である。そのため、建設省告示（平成12年建設省告示第1422号「準耐火構造の防火
区画等を貫通する給水管、配電管その他の管の外径を定める件」）では一定の太さ以下の準不燃材料、
難燃材料又は硬質塩化ビニル製のものに限り、その使用を認めている。また、将来の配線増に備えるた
め予備配管を設けておくことがあるが、その場合は管の先端を密閉しておかなければならない。

〈建築基準法施行令第112条第16項及び第17項（大意）〉

（防火区画の端部の処理）

16　防火区画となっている１時間準耐火基準に適合する準耐火構造、耐火構造の床、壁又は特定防火設備、防火設備に接する外壁については、これらに接する部分を含み幅90cm以上の外壁を準耐火構造とするか、または外壁面から50cm以上突出した準耐火構造のひさし、床、そで壁その他これらに類するもので防火上有効にさえぎらなければならない。

17　準耐火構造としなければならない部分に開口部を設ける場合には、その開口部に法第２条第九号のニの口に規定する防火設備を設けなければならない。

〈建築基準法施行令第112条第19項（大意）〉

（防火区画に設ける防火設備）

19　防火区画に設ける防火設備は「常時閉鎖式防火戸」とするか「煙又は熱感知自動閉鎖式防火戸」としなければならない。（**11**　防火設備参照のこと。）

　「常時閉鎖式防火戸」とは、面積が３m²以内の大きさの防火戸で、いつもは閉まっており、直接手で開くことができ、後は自動的に閉鎖するものである。（この防火設備は使用箇所に限定がないので、どこに使用してもよい。）「煙又は熱感知自動閉鎖式防火戸」とは、必要に応じ随時閉鎖することができ、廊下、階段その他の通路に設ける場合は、幅75cm以上、高さ1.8m以上のくぐり戸を設け（くぐり戸の下端は床面から15cm以下）、そのくぐり戸部分は、直接手で開くことができ、かつ、後は自動的に閉鎖するものとする。ただし、その防火設備に近接してその通路に常時閉鎖式防火戸が設けられている場合は、この限りでない。

　さらに火災が発生した場合は煙又は熱により自動的に閉鎖する構造としなければならないが、その自動閉鎖構造には２種類がある。

　⑴　国土交通大臣の定める基準に従って、火災により煙が発生した場合又は火災により温度が急激に上昇した場合のいずれかの場合に、自動的に閉鎖する構造としたもの……一般的な防火区画に使用する。

　⑵　国土交通大臣の定める基準に従って、火災により煙が発生した場合に自動的に閉鎖し、かつ、避難上及び防火上支障のない遮煙性能を有する構造としたもの……階段、昇降機の昇降路（乗降ロビーを含む。）11階以上の廊下部分、竪穴区画又は特殊建築物とその他の部分との区画に使用する。

〈建築基準法施行令第112条第20項（大意）〉

（貫通する給水管等の周辺の埋め戻し）

20　給水管、配電管その他の管が１時間準耐火基準に適合する準耐火構造等の防火区画を貫通する場合においては、その管と準耐火構造等の防火区画との隙間をモルタルその他の不燃材料で埋めなければならない。

〈建築基準法施行令第112条第21項（大意）〉

（貫通する風道に設けるダンパー）

21　換気、暖房又は冷房の設備の風道が準耐火構造等の防火区画を貫通する場合（国土交通大臣が防火上支障がないと認めて指定する場合を除く。）においては、当該風道の準耐火構造等の防火区画を貫通する部分又はこれに近接する部分に次の各号に定める構造のダンパーを設けなければならない。

一　鉄製で鉄板の厚さが1.5mm以上であること。（特定防火設備）

二　火災により煙が発生した場合又に火災により温度が急激に上昇した場合に自動的に閉鎖する構造のもので国土交通大臣の定める基準に適合するものであること。

三　閉鎖した場合に防火上支障のない遮煙性能を有するものであること。

四　前各号に定めるもののほか、国土交通大臣がダンパーとしての機能を確保するために必要があると認めて定める基準に適合する構造とすること。

〈建築基準法施行令第129条の 2 の 4 第 1 項第七号〉（抄）

（給水、排水その他の配管設備の設置及び構造）

第129条の 2 の 4　建築物に設ける給水、排水その他の配管設備の設置及び構造は、次に定めるところによらなければならない。

七　給水管、配電管その他の管が、第112条第20項の準耐火構造の防火区画、第113条第 1 項の防火壁若しくは防火床、第114条第 1 項の界壁、同条第 2 項の間仕切壁又は同条第 3 項若しくは第 4 項の隔壁（以下この号において「防火区画等」という。）を貫通する場合においては、これらの管の構造は、次のイからハまでのいずれかに適合するものとすること。ただし、 1 時間準耐火基準に適合する準耐火構造の床若しくは壁又は特定防火設備で建築物の他の部分と区画されたパイプシャフト、パイプダクトその他これらに類するものの中にある部分については、この限りでない。

イ　給水管、配電管その他の管の貫通する部分及び当該貫通する部分からそれぞれ両側に 1 m以内の距離にある部分を不燃材料で造ること。

ロ　給水管、配電管その他の管の外径が、当該管の用途、材質その他の事項に応じて国土交通大臣が定める数値未満であること。

ハ　防火区画等を貫通する管に通常の火災による火熱が加えられた場合に、加熱開始後20分間（第112条第 1 項若しくは第 4 項から第 6 項まで、同条第 7 項（同条第 8 項の規定により床面積の合計200m²以内ごとに区画する場合又は同条第 9 項の規定により床面積の合計500m²以内ごとに区画する場合に限る。）、同条第10項（同条第 8 項の規定により床面積の合計200m²以内ごとに区画する場合又は同条第 9 項の規定により床面積の合計500m²以内ごとに区画する場合に限る。）若しくは同条第18項の規定による準耐火構造の床若しくは壁又は第113条第 1 項の防火壁若しくは防火床にあっては 1 時間、第114条第 1 項の界壁、同条第 2 項の間仕切壁又は同条第 3 項若しくは第 4 項の隔壁にあっては45分間）防火区画等の加熱側の反対側に火災を出す原因となるき裂その他の損傷を生じないものとして、国土交通大臣の認定を受けたものであること。

防火区画による緩和措置

防火区画が義務とされているわけではないが、防火区画をすることにより、消防法上又は建築基準法上、他の規定の緩和措置を受けられる例があるので 2 ～ 3 例示しておく。このほかにも防火区画を条件として緩和措置を運用上認めるケースは多い。もっとも、別の建築物とみなされると、階段を別々につける必要があるので、必ずしも緩和されるばかりではない。

(1)　建築物（防火対象物）が開口部のない耐火構造の床又は壁で区画されている場合、その部分をそれぞれ別の建築物（防火対象物）とみなす（建基令第117条第 2 項（同令第 5 章第 2 節＝廊下、避

難階段及び出入口の規定の適用について）、消防法施行令第8条（同令第2章第3節＝消防用設備等の設置及び維持の技術上の基準の適用について））。

(2) 建築物が開口部のない準耐火構造の床若しくは壁又は常時閉鎖式若しくは煙感知自動閉鎖式防火設備で区画されている場合、その部分をそれぞれ別の建築物とみなして排煙設備の規定を適用する（建基令第126条の2第2項第一号）。

(3) 準耐火構造の床若しくは壁又は特定防火設備で区画された部分で、その床面積が100m²（共同住宅では200m²）以内のものには、排煙設備を設けないことができる。ただし、建築基準法別表1(い)欄(2)項に掲げる用途に供する特殊建築物〔共同住宅等〕に限る（建基令第126条の2第1項第一号）。

表　防火区画規定一覧

対象建築物	区画面積	区画の構造	根拠条文（建築基準法・同施行令）	適用の除外
大規模木造建築物（耐火又は準耐火以外）	（床面積）1,000m²以内ごと	防火壁（自立する耐火構造の壁）防火床（耐火構造で、これを支える壁、柱、はりも耐火構造）特定防火設備（幅2.5m以下、高さ2.5m以下）	法第26条令第113条	卸売市場の上家又は機械製作工場で主要構造部が不燃材料で造られたもの等で火災発生のおそれの少ないもの、畜舎等で避難上、延焼防止上支障がないものとして国土交通省告示に適合するもの（法第26条ただし書、令第115条の2）
主要構造部を耐火構造等とした建築物、主要構造部を準耐火構造等とした建築物（下記以外のものに限る。）	1,500m²以内ごと	1時間準耐火構造の床、壁、特定防火設備	法第36条令第112条第1項	劇場、映画館、演芸場、観覧場、公会堂又は集会場等の客席、体育館、工場等の用途に供する建築物の部分（令第112条第1項第一号）、1時間準耐火基準に適合する構造の床、壁又は特定防火設備で区画された階段、昇降路（乗降ロビーを含む。）の部分（令第112条第1項第二号）
主要構造部を準耐火建築物等とした建築物（法第27条又は第61条の規定による場合の）準耐火建築物	耐火性能が1時間未満の準耐火構造とすることが義務付けられたもの、外壁耐火（一号ロ準耐）500m²以内ごと	1時間準耐火構造の床、壁、特定防火設備（このほかに防火上主要な間仕切り壁は準耐火構造とする。）	令第112条第4項	体育館、工場等の用途に供する建築物の部分（令第112条第4項第一号）、1時間準耐火基準に適合する準耐火構造の床、壁又は特定防火設備で区画された階段、昇降路（乗降ロビーを含む。）の部分（令第112条第4項第二号）
	耐火性能が1時間以上の準耐火構造とすることが義務付けられたもの、不燃構造（二号ロ準耐）1,000m²以内ごと（令第109条の3参照）	1時間準耐火構造の床、壁、特定防火設備	令第112条第5項	

高層建築物の11階以上の階、地下街の各構えの部分	100m²以内ごと	耐火構造の床、壁、特定防火設備又防火設備	令112条 第7項から第10項まで	耐火構造の床、壁又は特定防火設備（100m²以内に区画した場合は特定防火設備以外の防火戸を含む。）で区画された階段、昇降路（乗降ロビーを含む。）廊下等の部分（令第112条第10項）
	200m²以内ごと	耐火構造の床、壁、特定防火設備 内装は下地とも準不燃以上		
	500m²以内ごと	耐火構造の床、壁、特定防火設備 内装は下地とも準不燃材料		
主要構造部を準耐火構造とした建築物又は防火地域又は準防火地域の耐火建築物又は準耐火建築物と延焼防止時間が同等以上の建築物で地階又は3階以上の階に居室を有するもの メゾネット型の住戸 吹き抜け部分　　}　部分（竪穴部分） 階段、昇降路、ダクト }　とその他の部分の区画【竪穴区画】	準耐火構造の床、壁、防火設備	令第112条第11項	用途上区画することができない部分で、内装を下地とも準不燃材料以上でした場合（令第112条第14項）、避難階の直上階又は直下階のみに通じる吹抜き、階段等の部分で内装を下地とも不燃材料とした場合（令第112条 第11項 第一号）、直接外気に開放されている廊下、バルコニー部分との区画（令第112条第11項カッコ書）、住戸（階数3以下、床面積200m²以内）内の階段、吹抜き部分（令第112条第11項第二号）
3階を病院、診療所、児童福祉施設等とした階数3で延べ面積200m²未満の建築物における竪穴部分とその他の部分の区画【竪穴区画】	間仕切り壁、防火設備（スプリンクラー設備を備えた場合は10分間防火設備）	令第112条第12項	
3階を法別表第1(い)欄(2)項に掲げる用途〔共同住宅等〕（上記用途を除く。）の建築物における竪穴部分とその他の部分の区画【竪穴区画】	間仕切り壁、戸（ふすま、障子等を除く。）	令第112条第13項	
法第27条の規定により特定避難時間倒壊等防止できる建築物、耐火建築物又は準耐火建築物とすることが義務付けられている用途部分とその他の部分【異種用途間区画】	1時間準耐火基準に適合する準耐火耐火構造の床、壁、特定防火設備	令112条第18項	警報設備を設ける等の令和2年国土交通省告示第250号の基準に適合する場合（令第112条第18項ただし書）

（追記）
1　床面積の算定にあたっては、自動式消火設備を設けた部分の床面積の2分の1に相当する面積は除く（令第112条第1項）。
2　防火区画に設ける防火設備は常時閉鎖式又は熱・煙感知自動閉鎖式とする。ただし、竪穴区画、異種用途間区画に設ける防火設備は遮煙性能を有し、常時閉鎖式又は煙感知自動閉鎖式とする（令第112条第19項）。
3　防火区画を貫通する各種パイプダクトの周囲のすきまは、モルタル等で埋める（令第112条第20項）。
4　防火区画を貫通するダクトには、防火ダンパーを設ける（令第112条第21項）。
5　防火区画が外壁と接する部分は幅90cm以上の耐火構造の壁とし、又は50cm以上突出したひさし、そで壁を設ける。その部分に開口部があれば防火設備を設ける（令第112条第16項、第17項）。

**消防法施行令
第8条の区画**

消防法上は、消防法施行令第8条規定に基づく防火区画があって、一般に「令8区画」と呼ばれている。それを次に示す。

> **消防法施行令第8条（通則）**
> 　防火対象物が開口部のない耐火構造の床又は壁で区画されているときは、その区画された部分は、この節【消防用設備等の設置・維持の基準】の規定の適用については、それぞれ別の防火対象物とみなす。

　この規定を読むと判るように、消防法令上のこの防火区画は義務として設けさせるのではなく、消防用設備等の設置上の基準の緩和等のための条件として設けられているもので、その要件は「開口部のない耐火構造の床又は壁で区画されている」ことである。

　消防用設備等の設置基準が、その床面積の大小によって規定されている場合において、この防火区画された部分は別の防火対象物とみなされることから、結果的には緩和措置となることが多い。

20 階段・避難設備

階段と避難設備　建築物の各階を昇降するには**階段**を使用するのが一般的である。しかし、昇降は必ずしも階段でなくてもよい。例えば、**傾斜路**、これは坂道のようなものだから車で上下するには便利である。自動車車庫の場合は、この斜路が普通となるし、病院等では患者用の手押車の利用に便利である。このほか、機械的な設備として**エレベーター**、**エスカレーター**も使用される。これらが日常生活において使用されるものであるのに対して、**避難設備**の方は日常生活において各階の昇降に使用するためのものではなく、火災等の非常時に補助的に活用されるものである。補助的にという意味は、何も火災だからといって階段の使用を中止して全員が避難設備のみに頼らなければならないものではないからである。避難設備の主なものには、救助袋とか緩降機、避難はしご等の避難器具がある。いずれも、いざという場合には人命を救助するのに役立つものであるから、補助的といってみても、決して軽視することのできない重要なものである。非常用という意味では、エレベーターの中に**非常用エレベーター**がある。このエレベーターは、高層建築物等に設けられているが、これも決して非常時だけに運転するというのではなく、平常時には普通に使用していて差支えなく（エレベーターの大きさに規格があるため一般には貨客用に使われていることが多い。）、いざというときに消防隊専用に切替えられればよい。停電になっても使用できるように予備電源が設けられているほか緊急に一階へ呼び戻す装置等が設けられていたりする。大きなビルでの火災で人命の損傷を防ぐには、何といっても排煙等の措置と並んで、とにかく高い所から安全な地上へと避難することに限るのであるから、階段や避難施設は極めて重要な施設である。この重要性は、建築物が立体的な空間である限り変わらないものであろう。

階段の勾配・幅　階段が安全であるかどうかの一つの判定基準に勾配がある。要するに、傾斜度である。ところが、同じ勾配であっても段が細かくついているときと段が大まかについてるときとでは、使いやすさが違う。人間の足の裏の大きさとか、足の上げ下げに適した高さというものが人間工学的に測定できたり、あるいは経験的に知られているので、それを法令でも採用している。階段の勾配を示すには、"蹴上げ"と"踏面"が慣用的に用いられる。回り階段の場合の踏面は、狭い方から30cmの位置で測ることとされている。

　住宅の階段で専用のものは、かなりの急勾配のものを認めているが、いわゆる"はしご段"にあたるもの。従来の間取りだと、約1間（6尺＝1.8m）の長さのスペースで、2階までの高さ約9尺＝2.7mを登りきることができるようになっている。

　屋外階段の幅に限って狭くてもよいように特例を認めているのは、滅多に使用されないという理由からではなく、利用に際して必ず手すりを掴むことができるように配慮したものである。いわゆる高所恐

怖症の人びとにとって、屋外階段は手足もすくむ、といわれているし、それでなくても非常時のパニック心理では、手すりなしでの利用が困難と考えられるからである。15階以上の階への直通階段は、すべて特別避難階段としなければならない（建基令第122条）ので、屋外階段とすることはできない。これも同じように高層建築物の屋外階段は目がくらんで危険なので周囲を耐火構造の壁でおおうこととされているのである。

踊り場の位置と踏幅

階段では、ウッカリ転んだ人が、どこまでも転げ落ちないように、ところどころに踊り場を設けなければならない。ダンスができる程の広さもないのに、どうして踊り場というのか知らないが、昔からそう呼び慣わしている。ヒョットすると英語に語源でもあるのかと思って調べてみたが、英語ではLanding Placeと書いてあった。残念ながらDancing Placeとは言わないそうだ。従って、今だに判らない。その後の調べでは、踊り場で向きを変えるとき、ダンスのターンと似ているから、踊り場としたという説を聞いたことがある。案外そんなものかも知れない。

学校の教室は、一般に天井の高さが3m以上となっているから、学校の階段には踊り場を設けなければならないことになる。他の用途の場合では、一つの階を昇降するのに踊り場なしということもあり得る。

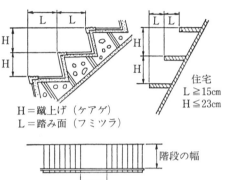

H＝蹴上げ（ケアゲ）
L＝踏み面（フミヅラ）

住宅
L≧15cm
H≦23cm

階段の幅
踏幅
≧1.2m
4m以内（3m以内）
4m以内（3m以内）

踊場の設置とその踏幅

勾配1/8以下滑りにくい材料
8以上
1
傾斜路（ランプ）

第60図　階段の勾配・幅員・踊り場など

踊り場の設置 （建築基準法施行令第24条）	
階段の種類	踊り場の位置
学校の児童用・生徒用、床面積が1,500m²を超える店舗用、劇場・映画館等の客用の階段	高さ3m以内ごとに設置
その他の階段	高さ4m以内ごとに設置

踊り場というのは、結局、階段の途中で一つの段の踏面を長くしたようなもので、その踏面に相当する部分を踏幅という。踊り場の踏幅は、階段の用途等に関係なく1.2m以上としなければならない。ただ単に踊り場の幅といったら、それは階段の幅と同じような意味になる。この踏幅と間違えないように。

階段の途中で急に、蹴上げや踏面を変更すると、これは

忍者落しの
不規則階段

ゲェー！！

第61図　不規則な勾配の階段は危険

184

避難のときに危険である。そういえば、どこかの忍者屋敷を見学したら、階段の途中で、急に１つの段だけ高さが変って高くなっていた。案内の人が、この家の者は真暗闇の中でも何段目で高さが違っているか知っているので、転ぶことはないが、侵入した悪者は、それを知らないから逃げたりするときに、必ずといってよい程、そこで転んでしまうということだ。考えたもんだ。それから長い廊下の途中で急に段が設けられているのも実に危険、段を設けるくらいなら斜路にした方がよい。

階段及び踊り場の勾配・幅（単位　cm）

（建基令第23条、第27条、第128条の３第１項第４号、第129条の９第５項参照）

階　段　の　種　別		階段及びその踊り場の幅	蹴上げの寸法	踏面の寸法
(1)	小学校における児童用の屋内階段	令第23条第１項	140以上	16以下	26以上
		令第23条第４項、特例告示（両側に手すり等）	140以上	18以下	26以上
(2)	中学校・高等学校における生徒用の屋内階段 店舗（床面積が1,500m²を超えるもの）の屋内階段 劇場、映画館、演芸場、観覧場、公会堂、集会場の客用の屋内階段 地下街の地下道に設ける屋内階段	令第23条第１項	140以上	18以下	26以上
		令第23条第４項、特例告示（両側に手すり等）	140以上	20以下	24以上
(3)	直上階の居室の床面積の合計が200m²を超える地上階における屋内階段 居室の床面積の合計が100m²を超える地階・地下工作物内における屋内階段 （令第23条第１項）		120以上	20以下	24以上
(4)	(1)から(3)、(5)、(6)以外の屋内階段	令第23条第１項	75以上	22以下	21以上
		令第23条第４項、特例告示（両側に手すり等）	75以上	23以下	19以上
(5)	住宅の屋内階段（共同住宅における共用のものを除く。）（令第23条第１項）		75以上	23以下	15以上
(6)	階数２以下延べ面積200m²未満の建築物の屋内階段（令第23条第４項、特例告示（両側に手すり、表示等））		75以上	23以下	15以上
(7)	屋外の直通階段（令第120条、第121条）		90以上	(1)から(6)の種別に応じてそれぞれの蹴上げ、踏面の寸法による	
	その他の屋外階段		60以上		
(8)	昇降機機械室用階段、物見塔用階段、その他特殊の用途に専用する階段		適用しない。ただし昇降機機械室用階段の蹴上げは23以下、踏面15以上とする。		

階段の手すり　　　階段や踊り場には必ず手すりを設けなければならない。必ずしも両側に設ける必要はないが、少くとも片側には手すりが要る。手すりのない場合には側壁を設ける

等して安全を確保する。

　実は、平成12年の改正までは、必ずしも手すりの設置を義務づけてはいなかった。それまでは側壁が設けられていなかった場合には、手すりを設けるという逆の発想だった。むしろ、手すりを設けると階段の幅がせまくなるというので、設けないことが多かった。しかし、高齢化社会を迎えて、手すりはなくても幅の広い方が良いのか、多少は幅がせまくなっても手すりのあった方がよいのか、ということになると、ヤッパリ手すりのあった方が安全ということになる。そこで逆転の発想で改正が行われた。

　しかしながら、やはり、手すりを設けると、階段の幅はせまくなる。そこで、政令（建基令第23条第3項）では、測り方について、「手すり等の幅が10cmを限度として、ないものとみなして算定する。」というイキな図らいを行った。すなわち、10cm以下の突出ならば、手すりはないものとみなし、10cm以上の突出でも、突出から10cmを差引いて測定すればよいこととなる。これで幅がせまくなることを気にしないで、手すりを設けることができるようになった。

　階段に沿って、腰かけ式の昇降装置を設ける場合にも（高さが50cm以下ならば、この測定方法を適用できる。）、階段の幅が3mを超えるような広い幅の階段では、安全のため中間にも手すりを設けなければならない。幅が広くても、ウント勾配がゆるいもの（蹴上げ15cm以下、踏面30cm以上）は、中間手すりを省略できる。高さが1m以下の部分は、手すりを設けなくても差支えない（建基令第25条）。

階段に代わる傾斜路　　　　階段の代わりに傾斜路を設けることは、多少延長が長くなることを我慢しさえすれば、坂道のようなものであるから、安全だといえる。勾配は8分の1以下とされているから階高が4mあれば、延長が4×8＝32mも必要となる。病院ではベッドの患者ごと避難に使用できるので傾斜路の効用は大きい。滑ると危ないので、表面はすべりにくい材料で仕上げるとか粗面とするような配慮が必要となる。手すりの設置とか踊り場等の規定は準用される（建基令第26条）。

直通階段　　　　建築物の地上階又は地階のいずれからでもよいが、一つの階段を使って避難を始めた人が間違いなく避難階（直接地上へ出られる出入口がある階）に到達できる階段のことである。5階から降りてきた人が3階までは来たけれども、そこから2階へ降りる階段が目の前に続いていない、というようなことがあってはならないので、この直通階段という考えが必要となってくる。

〈建築基準法施行令第120条〉（抄）
　建築物の避難階以外の階においては、避難階又は地上に通ずる**直通階段**（傾斜路を含む。）を……設けなければならない。
〈消防法施行規則第26条第1項第二号〉
　避難階又は地上に通ずる直通階段（傾斜路を含む。以下「**直通階段**」という。）

避難階段・特別避難階段　　　主要構造部を準耐火構造とした建築物又は特定避難時間倒壊等を防止できる建築物では、地階又は3階以上の階に居室を有する場合、階段の部分とその他の部分とを準耐火構造の床・壁又は防火設備で区画しなければならず（建基令第112条第11項）、防火設備は自動閉鎖等のものとしなければならない（同条第19項）こととされているが、避難階段や特別避難階段は、それよりももっと防火的な安全性を高めたものである。

避難階段の構造　　　防火区画をした直通階段と避難階段とでは、構造的にはかなり類似しているが、避難階段は照明設備とか開口部の制限等の規定が厳しくなっている点が異なる。避難階段は(1)屋内避難階段と(2)屋外避難階段とに区分される。消防法上では建築基準法上の避難階段を引用しているが、屋内避難階段については、さらに制限を厳しくして排煙上有効な開口部を設けているものに限って消防用設備等の緩和措置を認めることとしている。これは避難上、階段室に煙が充満するようなことを防ぐためである。

　屋内避難階段の構造（**第62図参照**）を判りやすくまとめると、階段は耐火構造（鉄筋コンクリート造、鉄造等）とし避難階まで直通させること。階段室は耐火構造の壁で囲み、内装は下地とも不燃材料とする。階段への出入口には"常時閉鎖式防火戸"か"煙感知型自動閉鎖式防火戸"等の防火設備を設けること。ここまでは直通階段に防火区画したものと大差はない。避難階段は、この他採光上有効な開口部か、そのような開口部がないときは照明設備（予備電源付き）を設けることと開口部位置等の制限があることが異なっている。すなわち、出入口以外の開口部は、1m²以内の大きさの防火設備ではめごろし戸（開閉できないもの）であるものとするか、外壁に設ける場合は他の開口部から90cm以上離して設けるか、そのいずれかとしなければならない。

　建築基準法の考え方では、はめごろし戸を用いて煙の侵入を防ぐこととしているようであるし、消防法上避難設備の減免の規定の適用を受けるためには、開放された開口部によって排煙を第一と考えているようである。果してどちらがより実際的であろうか、判断のむずかしいところである。火災時には階段室の出入口が適切に自動閉鎖されて煙が入らないという側に立って考えるか、どんなにしても煙は入るにきまっているのだからその煙を排出することに重点を置いた立場に立つかで考えが違ってくる。これは屋外避難階段の評価にも繋がることで、屋外であれば、とにかく安全度が高いとみるか、それとも、積雪地での危険性（積雪で安全に使用できない、金属性の手すりに触れると凍傷になる、降りてからの避難路が積雪のためふさがれている等。）やら防犯上の問題（避難口を施錠してしまうため、いざというとき役に立たぬ。）または煙対策（外壁がないので煙は充満することはないが、噴出する煙にさらされる。）等の例を挙げて屋外階段は必ずしも安全とはいいきれない、と考えるかである。

　こんなところで下手な冗談をいうべきではないかも知れないが、長靴の穴をふさぐべきか、それとも、穴を完全にふさぐことは困難だから水が入ってくる穴よりも大きな穴を開けて水を出してしまう方がよいか、というようなことかも知れない。——いずれにせよ、建築基準法では避難階段については屋内も屋外も認めているのだから、後は設計者の判断におまかせするより仕方がない。

　屋外避難階段の構造（**第62図参照**）は、耐火構造で避難階まで直通するほか、出入口には屋内避難階

段同様の防火設備を設け、出入口のほか外壁に設ける開口部は、1㎡以内の防火設備ではめごろし戸であるものとするか、階段から2m以上離すことが必要である。

〈建築基準法施行令第123条〉
（避難階段及び特別避難階段の構造）
第123条 屋内に設ける避難階段は、次に定める構造としなければならない。
　一　階段室は、第四号の開口部、第五号の窓又は第六号の出入口の部分を除き、耐火構造の壁で囲むこと。
　二　階段室の天井（天井のない場合にあっては、屋根。第3項第四号において同じ。）及び壁の室内に面する部分は、仕上げを不燃材料でし、かつ、その下地を下燃材料で造ること。
　三　階段室には、窓その他の採光上有効な開口部又は予備電源を有する照明設備を設けること。
　四　階段室の屋外に面する壁に設ける開口部（開口面積が各々1㎡以内で、法第2条第九号の二ロに規定する防火設備ではめごろし戸のあるもの設けられたものを除く。）は、階段室以外の当該建築物の部分に設けた開口部並びに階段室以外の当該建築物の壁及び屋根（耐火構造の壁及び屋根を除く。）から90cm上の距離に設けること。ただし、第112条第16項ただし書に規定する場合〔外壁面から50cm以上突出した耐火構造のひさし、床、そで壁その他これらに類するもので防火上有効にさえぎられている場合〕は、この限りでない。
　五　階段室の屋内に面する壁に窓を設ける場合においては、その面積は、各々1㎡以内とし、かつ、法第2条第九号の二ロに規定する防火設備ではめごろし戸を設けること。
　六　階段に通ずる出入口には、法第2条第九号の二ロに規定する防火設備で第112条第19項第二号に規定する構造であるものを設けること。この場合において、直接手で開くことができ、かつ、自動的に閉鎖する戸又は戸の部分は、避難の方向に開くことができるものとすること。
　七　階段は、耐火構造とし、避難階まで直通すること。
2　屋外に設ける避難階段は、次に定める構造としなければならない。
　一　階段は、その階段に通ずる出入口以外の開口部（開口面積が各々1㎡以内で、法第2条第九号の二ロに規定する防火設備ではめごろし戸のあるものを除く。）から2m以上の距離に設けること。
　二　屋内から階段に通ずる出入口には、前項第六号の防火設備を設けること。
　三　階段は、耐火構造とし、地上まで直通すること。
〈消防法施行規則第26条第2項〉（抄）
2　（略）建築基準法施行令第123条及び第124条に規定する避難階段（屋外に設けるもの及び屋内に設けるもので消防庁長官が定める部分を有するものに限る。）（略）
　　■消防庁長官が定める部分＝屋内避難階段等の部分を定める告示（平成14年11月28日消防庁告示第7号）
　　　階段の各階又は各階の中間の部分ごとに設ける直接外気に開放された排煙上有効な開口部で、次の一及び二に該当するもの
　　一　開口部の開口面積は、2㎡以上であること。
　　二　開口部の上端は、当該階段の部分の天井の高さの位置にあること。ただし、階段の部分の最上部における当該階段の天井の高さの位置に500㎠以上の外気に開放された排煙上有効な換気口がある場合は、この限りでない。

特別避難階段の構造

特別避難階段には、屋内特別避難階段とか屋外避難階段とか、の区別はない。すべて屋内というか階段の周囲は耐火構造の壁で囲まれているものに限られている。

特別避難階段の"特別"という意味は避難上より安全性の高い避難階段ということであろう。それでは、どこが安全なのかというと先ほど避難階段の項で述べたような排煙上の配慮が行きとどいていることであろう。排煙上の配慮としては、排煙設備付きの付室（階段室の前室）を通じて階段室へ出入りするか、外気にさらされたバルコニーへ一たん出てから、改めて階段室へ入る構造として階段室へ煙が入らないようにしていることである。一たんバルコニーへ出てから、どうしても、もう一度階段室へ入るような構造にするか、というとこれがまた先程の屋内、屋外階段の論争になってしまうのだが、屋外では高所恐怖症の人もいることだし、積雪とか防犯とかについて、とやかくいわれることのない屋内に限ることとしたわけだ。屋内では煙の充満というのが最大の欠点であったわけだが、特別避難階段では、付室やバルコニーによって排煙上の措置が充分とられているのだから、その点の心配もいらないことになる。従って、逆に煙が入らず火炎の輻射熱からも守れるように耐火構造の壁で囲うこととされているのだと考えればよい。

避難階段との違いは、今述べた排煙設備付きの付室又はバルコニーを通じて階段室へ出入りすることが最も大きな違いである。そのほか開口部の制限が厳しくなっており、屋外に面する開口部は、延焼のおそれのある部分に設けてはならないことや、階段室に屋内に面する開口部は原則として設けてはならず（付室又はバルコニーに面する部分のはめごろし窓だけは認められる。）、付室やバルコニーには出入口以外の開口部を設けてはならないこととされている。

建築基準法施行令第123条第3項第十二号は、特別避難階段（付室又はバルコニーを含む。）の床面積を、各階の居室の床面積の一定割合だけ設けさせる規定である。この規定の適用は、一応15階以上の階又は地下3階以下の階に限定されているので、高層建築物又は地下建築物対策と考えられる。高い方は15階以上で判るのであるが、地下の場合はチョットややこしい。地下3階、4階、5階というような場合は、数字が増えるのだから、やはり"以上"というべきなのか、地下の下の方へ降りるのだから"以下"といった方がなじむのか、問題がありそうだ。建築基準法では、地下3階以下といっているが、これは下へ降りるのだから以下という考え方の方をとっている。従って、地下3階以下というのは、地下3階を含み、地下4階、5階のことである。

一定割合（劇場等や百貨店等では8％、その他のオフィス等では3％）の特別避難階段をとらせている趣旨は、そこを安全区画と考えて、先ず第1次の避難を試み、必要に応じ階段を使用して本格的な避難に移ることを想定しているためである。何故一度に、しかも一斉に避難を開始しないのか。それは階段の量が不足していて各階から一斉に避難を始めると階段の混雑が激しくて危険になるからである。霞ヶ関ビルでも特別避難階段は2箇所しか設けられていないのである。もっと階段を増すべきではないか。上の方の階から次つぎに避難する人が降りてくれば、途中の階からは、もう割り込む余地がない。そこで、4〜5階ごとに上の方の階からは利用されない専用の階段を設けたらどうだろう。それ位の智恵が働かないのか、建築設計者は。と言いたいのだけれども、そのとおりに設計してみると下階へ移る

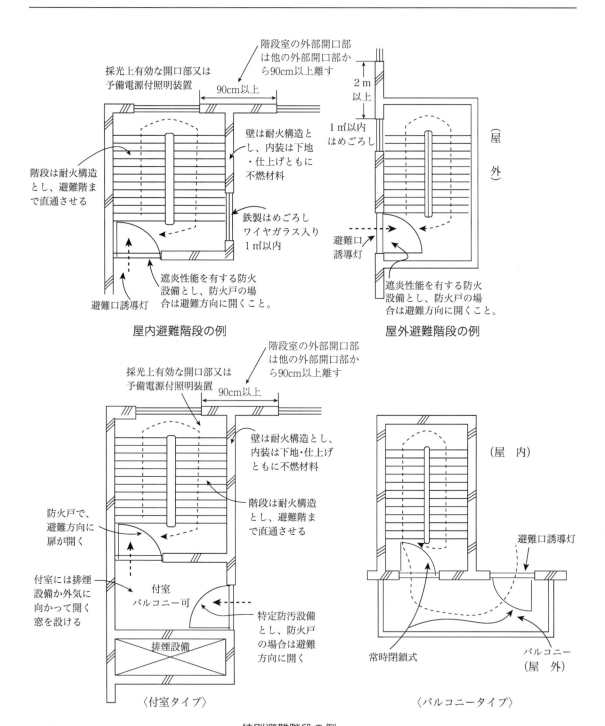

採光上有効な開口部又は
予備電源付照明装置

90cm以上

階段室の外部開口部
は他の外部開口部か
ら90cm以上離す

壁は耐火構造と
し、内装は下地
・仕上げともに
不燃材料

階段は耐火構造
とし、避難階ま
で直通させる

鉄製はめごろし
ワイヤガラス入り
1㎡以内

避難口誘導灯

遮炎性能を有する防火
設備とし、防火戸の場
合は避難方向に開くこと。

屋内避難階段の例

2m
以上

1㎡以内
はめごろし

（屋外）

避難口
誘導灯

遮炎性能を有する防火
設備とし、防火戸の場
合は避難方向に開くこと。

屋外避難階段の例

採光上有効な開口部又は
予備電源付照明装置

90cm以上

階段室の外部開口部
は他の外部開口部か
ら90cm以上離す

壁は耐火構造とし、
内装は下地・仕上げ
ともに不燃材料

階段は耐火構造
とし、避難階ま
で直通させる

防火戸で、
避難方向に
扉が開く

付室には排煙
設備か外気に
向かって開く
窓を設ける

付室
バルコニー可

特定防汚設備
とし、防火戸
の場合は避難
方向に開く

排煙設備

〈付室タイプ〉

（屋内）

避難口誘導灯

常時閉鎖式

バルコニー
（屋外）

〈バルコニータイプ〉

特別避難階段の例

第62図　避難階段・特別避難階段

190

程、階段室の面積が増大していって、そのうちに或る階以下は階段だけの階となってしまうことになる。高くすればする程、下階は階段だらけの、誠に奇妙なビルができあがってしまうことになる。いくら安全のためといっても、これでは全く実用性がなくなってしまう。そこで、避難の方法を考えることによって、階段の数は少なくても安全なビルを設計するという方向にむいているのである。高層ビルには、スプリンクラーとか、防火区画があって、そんなに一ぺんに、5分や10分で燃えてしまうものではないのだから、先ず安全区画へ逃げ込んで、後は順序よく防災センターの指揮によって避難を開始する。そのようなシステムになっているのだ。もちろん、安全のために避難用タラップ（と通常言っている壁付梯子）を外壁のバルコニーに設けて逃げ遅れた人のための設備も用意した方がよいだろう。

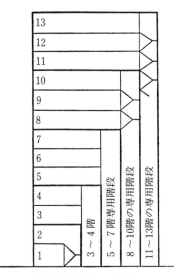

1階は階段ばかりの建物となる。

第63図　どの階からも一斉に避難
　　　　できるようにすると

〈建築基準法施行令第123条第3項〉

3　特別避難階段は、次に定める構造としなければならない。

一　屋内と階段室とは、バルコニー又は付室を通じて連絡すること。

二　屋内と階段室とが付室を通じて連絡する場合において、階段室又は付室の構造が、通常の火災時に生ずる煙が付室を通じて階段室に流入することを有効に防止できるものとして、国土交通大臣が定めた構造方法を用いるもの又は国土交通大臣の認定を受けたものであること。

三　階段室、バルコニー及び付室は、第六号の開口部、第八号の窓又は第十号の出入口の部分（第129条の13の3第3項に規定する非常用エレベーターの乗降ロビーの用に供するバルコニー又は付室にあっては、当該エレベーターの昇降路の出入口の部分を含む。）を除き、耐火構造の壁で囲むこと。

四　階段室及び付室の天井及び壁の室内に面する部分は、仕上げを不燃材料でし、かつ、その下地を不燃材料で造ること。

五　階段室には、付室に面する窓その他の採光上有効な開口部又は予備電源を有する照明設備を設けること。

六　階段室、バルコニー又は付室の屋外に面する壁に設ける開口部（開口面積が各々1m²以内で、法第2条第九号の二ロに規定する防火設備ではめごろし戸のあるものを除く。）は、階段室、バルコニー又は付室以外の当該建築物の部分に設けた開口部並びに階段室、バルコニー又は付室以外の当該建築物の部分の壁及び屋根（耐火構造の壁及び屋根を除く。）から90cm以上の距離にある部分で、延焼のおそれのある部分以外の部分に設けること。ただし、第112条第16項ただし書に規定する場合は、この限りでない。

七　階段室には、バルコニー及び付室に面する部分以外に屋内に面して開口部を設けないこと。

八　階段室のバルコニー又は付室に面する部分に窓を設ける場合においては、はめごろし戸を設けること。

九　バルコニー及び付室には、階段室以外の屋内に面する壁に出入口以外の開口部を設けないこと。

十　屋内からバルコニー又は付室に通ずる出入には第1項第六号の特定防火設備を、バルコニー又は付室から階段室に通ずる出入口には同号の防火設備を設けること。

十一　階段は、耐火構造とし、避難階まで直通すること。

十二　建築物の15階以上の階又は地下3階以下の階に通ずる特別避難階段の15階以上の各階又は地下3階以下の各階における階段室及びこれと屋内とを連絡するバルコニー又は付室の床面積（バルコニーで床面積がないものにあっては、床部分の面積）の合計は、当該階に設ける各居室の床面積に、法別表第1(い)欄(1)項又は(4)項に掲げる用途に供する居室にあっては100分の8、その他の居室にあっては100分の3を乗じたものの合計以上とすること。

階段の設置数　　2階建の住宅を建築したときに階段は必ず設けなければいけないか。階段がなければ不便ではないか。設けるのが当り前ではないか。全くその通りであって、常識的なことだ。常識は別に法令に規定するまでのことはない。住宅に便所がなければ困る。だからといって便所を作れとは法令に書いてない。ところで、住宅調査をしていると本当に便所のない住宅も存在していることがあるのだ。便所なしでどうしているのですか、と聞いてみると、なあに駅が近いから駅の便所を借りてます、というハナシだったな。

　階段なしの住宅でも、便所なしの住宅でも不便というだけのことで、別に違反とはならない。しかし、階段を設ける以上は、規定に適合したものとしなければならないことは、いうまでもない。例えば、はしごを壁に固定したもので昇降しても差支えないし、すべり棒で降りたって構わない。そういうものには階段としての蹴上げとか踏面という考え方がでてこないから、階段の規定の適用はないわけだ。

　住宅ならば不便かどうかで済むが、多数の人びとが使用する大規模な建築物では、階段の設置を任意とするわけにはいかないので、義務的に一定数の階段を設置させなければならない。階段の設置が義務づけられるのは、次の建築物である（建基令第117条）。

⑴　階数が3以上である建築物

⑵　延べ面積が1,000m²を超える建築物

⑶　建基法別表第一(い)欄(1)項から(4)項までに掲げる特殊建築物（劇場、病院、旅館、共同住宅、学校、百貨店、キャバレー等、特殊建築物のほとんど全部）

⑷　採光上有効な開口部が、居室の床面積の20分の1未満である居室を有する階

　階段の設置数を定める基本的な考え方は、避難に際して居室のどのような場所にいても一定の歩行距離（20mから60mの間）以内で直通階段に到達できることである。ところが、これだけでは、設計の方法によって階段が1か所で済む建築物もかなりできることになる。それでは、もしもその階段が使えなくなったときに危険であるので、少くも2以上の階段を設けて2方向避難できるようにしておく必要がある。そのようなことから階段の設置数は、1つは歩行距離の制限によって、1つは2方向避難の原則

によって決められるのである。このほか、数だけでなく階段の幅の合計の規定は、床面積が1,500m²を超える物品販売業を営む店舗についてのみ適用がある。

歩行距離による階段の設置　歩行距離とは、各居室の最も奥の所から直通階段に到達するまでの距離で、居室内においては出入口まで直線に進むものとして測定して差支えない。ところで、少しややこしいのは、メゾネット型の住宅である。メゾネットというのは、以前にも説明したかと思うが、共同住宅で一住戸の階数が2〜3であるもの。各階ごとに直通階段に出られるようになってはいないのが通常で、住戸の中の専用階段を使用して出入口のある階まで達し、そこから廊下へ出て階段に到るようになっている。

　一般には、避難階以外の階ごとに歩行距離の規定を適用するのだが、このメゾネット型の住戸に限って、自分の住戸の中の階段で上下しても差支えないが、それを通算して歩行距離が40m以内であればよいこととしている（建基令第120条第4項）。

　居室及び居室から地上に通ずる廊下、階段等の内装を不燃材料又は準不燃材料とした場合、主要構造部が耐火構造又は不燃材料で造られたものに限り、10mだけ緩和される。一方、15階以上の階については制限が強化される。もともと、15階以上の階は（おそらく高さが31mを超すであろうから）内装は制

直通階段までの歩行距離

（建築基準法施行令第120条第1項から第3項まで）　　　　　　　　　　　　　　　　　　　（単位　m）

居室の主たる用途等	歩行距離		
	主要構造部 ⎰準耐火構造又は⎱不燃材料造のもの		その他の場合
	内装不燃化したもの（※1）	内装不燃化していないもの	
(1) 採光上有効な開口部が床面積の$\frac{1}{20}$未満の居室（令第116条の2第1項第一号の無窓居室）	40m以下（30m以下）※2	30m以下（20m以下）※2	30m以下
(2) 百貨店、マーケット、展示場、キャバレー、カフェー、ナイトクラブ、バー、ダンスホール、遊技場、公衆浴場、待合、料理店、飲食店、物品販売業を営む店舗（床面積10m²超のもの）			
(3) 病院、診療所（患者の収容施設を有するもの）、ホテル、旅館、下宿、共同住宅、寄宿舎、児童福祉施設等〔令第19条第1項、令第115条の3第一号〕	60m以下（50m以下）※2	50m以下（40m以下）※2	40m以下
(4) その他の居室	※3	※3	

※1　内装不燃化したものとは、居室及び廊下・階段の内装（天井及び高さ1.2m以上の壁）を、準不燃材料でしたもの。（第2項）
※2　15階以上の階においては、カッコ内の数値（10m厳しい数値）とする。（第3項）
※3　共同住宅の住戸で、メゾネット型（階数が2又は3）のものは、居室の各部分から、直通階段の1つに至る歩行距離を40m以下とすれば、各階ごとの歩行距離の制限は適用されない。（第4項）

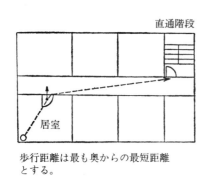

直通階段

居室

歩行距離は最も奥からの最短距離
とする。

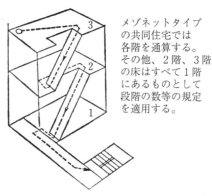

メゾネットタイプ
の共同住宅では
各階を通算する。
その他、2階、3階
の床はすべて1階
にあるものとして
段階の数等の規定
を適用する。

第64図　歩行距離の測り方

限され、主要構造部も耐火構造であるのだから、前記の緩和規定が適用されるだろうと思っていると、歩行距離が10m短縮され、結果として内装の不燃化等をしていても緩和規定は適用されないこととなる。これは高層建築物の避難の安全上やむを得んのでしょうな。

2方向避難のための階段の設置

歩行距離の規定だけでは一か所の直通階段の設置で済む場合であっても、避難の安全を期するため、例えば、居室から廊下へ出て右へ走ろうと左へ逃げようとどちらを選んでも階段があるように、すなわち、2方向避難ができるように、2以上の直通階段を設ける必要がある。

この場合、直通階段の数が2以上あっても場所が有効に配置されていないと意味がない。例えば、建物の右端の方だけに2か所あって左端にないとか、また何も端の方でなくても中央部のみに2か所あって両端にない場合も同じことであるが、いずれも2方向避難とはいえないものである。そこで、階段の分散配置を規定するため、建築基準法では重複区間の制限を行っている。これは、居室のある部分から1つの直通階段に至る歩行動線（歩行のための経路）と、もう1つ別の階段に至るための歩行動線とを比較してみて、重複する部分が、先に定めた歩行距離の2分の1を超えないこととしたものである。各居室から出入口までは当然重複するであろうし、廊下へ出てからでも若干は重複するかも知れない。

しかし、例えば、直通階段までの歩行距離の制限が40mならば、20mまでの重複は認めるが、それ以

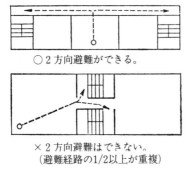

○2方向避難ができる。

×2方向避難はできない。
（避難経路の1/2以上が重複）

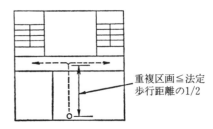

重複区画≦法定
歩行距離の1/2

2方向避難はできるが重複区画が
長い場合は、法定歩行距離の1/2
以内でなければならない。

第65図　2方向避難ができる階段

上の重複、すなわち同じ避難経路をとらなければならないような設計は認めないというように定めたものである。設計上、どうしても重複区間が歩行距離の2分の1を超える場合は、避難上有効なバルコニー等、別の経路で避難することができるようにしなければならない。共同住宅の住戸では玄関を通って階段に至るほか、ベランダから避難ばしごで階下へ降りるとか、隣の住戸のベランダへ移ることができるようにする等である（建基令第121条第3項）。

2以上の直通階段を設置する階

（建基令第121条第1項、第2項）

用　途	主要構造部の構造	準耐火構造 不燃材料造	その他
劇場、映画館、演芸場、観覧場、公会堂、集会場の客席等がある階 床面積が1,500m²を超える物品販売店舗の売場がある階		すべて	すべて
キャバレー、カフェー、ナイトクラブ、バーの客席がある階 個室付浴場業その他の客の性的好奇心に応じてその客と接触する役務を提供する営業を営む施設のある階 ヌードスタジオその他これに類する興業場（劇場、映画館又は演芸場に該当するものを除く。）の用途に供する階 もっぱら異性を同伴する客の休憩の用に供する施設のある階 店舗型電話異性紹介営業その他これに類する営業を営む店舗 〔対象外〕 　以下のものは対象外となる。 ・5階以下の階で居室の床面積が100m²（準耐火構造・不燃材料造では200m²）以下のもの（直通階段を屋外避難階段又は特別避難階段とし、避難上有効なバルコニー等が設けられているものに限る。） ・避難階の直上又は直下の階である5階以下の階で居室の床面積が100m²以下のもの		すべて	すべて
病院、診療所の病室がある階 児童福祉施設等の主用途室がある階		100m²超*	50m²超*
ホテル、旅館、下宿の宿泊室がある階 共同住宅の居室がある階 寄宿舎の寝室がある階		200m²超	100m²超*
6階以上の階で居室を有するもの （その階の居室の床面積が100m²（準耐火構造・不燃材料造では200m²）以下のもの（直通階段を屋外避難階段又は特別避難階段とし、避難上有効なバルコニー等が設けられているものに限る。）		すべて	すべて
5階以下の階で居室を有するもの	避難階の直上階	400m²超	200m²超
	その他の階	200m²超	100m²超

※　階数3以下で延べ面積200m²未満の建築物について、階段部分がそれ以外の部分と間仕切壁及び防火設備等で区画されている場合には、2以上の直通階段の設置規定は適用されない（建基令第121条第4項）。

　前記の表はそれぞれの階における居室の用途、床面積に応じて、2以上の直通階段が必要となる階を示す。

避難階段・特別避難階段の設置　これは階段の数を増すというのではなく、前記により設置する直通階段の構造を次の表の通り避難階段又は特別避難階段とすればよいのである。

・避難段階としなければならなもいの（特別避難階通段としても、もちろん差支えない）	地上5階以上14階以下の階又は地下2階に通ずる直通階段
・特別避難階段としなければならないもの	地上15階以上又は地下3階以下に通ずる直通階段

　前記にかかわらず適用除外となるのは、主要構造部を準耐火構造又は不燃材料造とし、5階以上の階又は地下2階以下の階の床面積の合計が100m²以内であるような場合と、主要構造部を耐火構造とした建築物の地上5階以上の階で床面積100m²以内（共同住宅の住戸にあっては200m²以内）ごとに耐火構造の床、壁、特定防火設備で区画されている場合である（建基令第122条第1項）。

　前者の小規模な場合は別として、後者の防火区画によるものは、共同住宅を意識してのことと思われる。そこで、特定防火設備での区画には、「直接外気に開放されている階段室に通ずる換気のための窓で開口面積が0.2m²以下のものに設けられる法第2条第九号の二ロに規定する防火設備を含む。」という特例措置を設けている（建基令第122条第1項）。

物品販売店舗用の避難階段等　物品販売業を営む店舗の床面積が1,500m²を超えるもの（建基令第121条第1項第二号の規定による。）については、3階以上の階に売場がある場合、各階の売場及び屋上広場に通ずる2以上の直通階段を設けるほか、次のような特別の規定がある（建基令第122条第2項、第3項）。

3階以上の売場に通ずるもの	すべて避難階段とする（もちろん特別避難階段としても差支えない。）
5階以上の売場に通ずるもの	直通階段の少なくとも1以上は特別避難階段とする。
15階以上の売場に通ずるもの	すべて特別避難階段とする。

　5階以上を百貨店の売場とするためには、避難用の屋上広場を設けなければならない（建基令第126条第2項）が、階段の幅の合計の規定では、屋上広場は階とみなされる（同令第124条第3項）。

　さて、物品販売業を営む店舗の避難階段及び特別避難階段の幅の合計は床面積100m²について60cmの割合で計算した数値以上としなければならない（同令第124条第1項第一号）。すなわち、床面積が800m²ならば、800×60／100＝480cmで階段の幅の合計は4.8m以上となる。この場合の床面積とは、その階より上の階（地階にあっては、その階より下の階）で最も床面積が大きな階の面積をとる。

　また階段の幅は充分あっても、階段室への出入口の幅が狭くても困るから、各階ごとにその階の床面積100m²ごとに、地上階では27cm、地階では36cmの割合で計算した数値以上としなければならない（同令第124条第1項第二号）。階段の所要幅よりも若干狭くてもよいこととされているのは、出入口はその階のみから階段室へ入るためのものであるし、階段の方は、その階だけではなく上階からの避難に

も使われるものであるからであろう。

　ついでに、物品販売業を営む店舗の屋外への出入口の幅も、階段の幅と同じように床面積100m²について60cmの割合以上となっている（同令第125条第3項）。

　なお、もっぱら1又は2の地上階から避難階等に通ずる避難階段等の幅、出入口の幅については、1.5倍あるものとみなされる。

避難安全検証法　　　建築物から火災時に如何に安全に地上へ避難することができるか、については建築基準法施行令第5章避難施設等に規定されている。しかし、この第5章等の規定は、廊下の幅、直通階段までの歩行距離等、仕様規定的なところが多く、性能規定化時代には、そぐわない部分があるため、第5章等は従来通りの規定を残すこととする一方、これによらない性能設計の途も設けることを目的に導入されたのが「避難安全検証法」だ。

　避難安全検証法とは煙・ガスが避難上支障のある高さに降下するまでに全員が避難できることを確かめることで次の式のいずれかが成立することを計算により求めることだ。

　避難時間判定法：煙降下時間≧避難時間

　煙高さ判定法　　：避難上支障のある煙高さ≦避難完了時の煙高さ

　この避難安全検証法には検証を行う対象法として区画避難安全検証法、階避難安全検証法、全館避難安全検証法の3つが令第128条の6～第129条の2に規定されており、安全性が検証された場合の適用除外となる関係規定がそれぞれ次頁の表のようになっている。**（第66図参照）**

避難安全検証の考え方

(1) 区画された部分からの避難
どの居室から出火しても安全に区画された部分から避難できることの検証

(2) 火災階からの避難
どの室にいても安全にその階からの避難ができることの検証

(3) どの居室、どの階からの出火に対してもその上階にいる人達全員が安全に避難できることの検証

これらは、すべて発生する煙の拡大と避難に要する時間との競争である。

(3) 出火階より上階の避難

(1) 火災室からの避難

(2) 火災階からの避難

第66図　避難安全検証法（令第128条の6・令第129条・第129条の2）

避難安全検証法により適用除外となる規定

条項（改正後）			区画避難（第128条の6）	階避難（第129条）	全館避難（第129条の2）
第112条	第7項	高層区画			○
	第11項	竪穴区画			○
	第12・13項	竪穴区画			○
	第18項	異種用途区画			○
第119条		廊下の幅		○	○
第120条		直通階段への歩行距離		○	○
第123条	第1項第一号	屋内避難階段の階段室の構造			○
	第1項第六号	屋内避難階段の階段に通ずる出入口の構造			○
	第2項第二号	屋外避難階段の階段に通ずる出入口の構造			○
	第3項第一号	特別避難階段の付室の設置		○	○
	第3項第二号	特別避難階段の付室の構造		○	○
	第3項第三号	特別避難階段の階段室、付室等の構造			○
	第3項第十号	特別避難階段の付室・階段室に通ずる出入口の構造		○（※2）	○
	第3項第十二号	特別避難階段の付室の面積		○	○
第124条	第1項第一号	物販店舗の避難階段の幅			○
	第1項第二号	物販店舗の避難階段への出入口の幅		○	○
第125条	第1項	階段から屋外への出口への歩行距離			○
	第3項	物販店舗の屋外への出口の幅			○
第126条の2		排煙設備の設置	○	○	○
第126条の3		排煙設備の構造	○	○	○
第128条の5（※1）		内装制限	○	○	○

（○は適用除外を表す）

※1　第2項（自動車車庫等の特殊建築物）、第6項（調理室等）、第7項（適用除外）、階段に係る部分を除く。
※2　屋内からバルコニー又は付室に通ずる出入口に係る部分に限る。

避難設備の設置　　　　避難設備とは、「火災が発生した場合において避難のために用いる機械器具または設備（消防法施行令第7条第4項）」であって、“避難器具”と“誘導灯”とに大別される。この避難器具は、建築基準法の規定による階段以外の方法によっても避難できるように「すべり台、避難はしご、救助袋、緩降機、避難橋その他の避難器具」の設置を義務づけるものである。もとより建築基準法による階段の設置規定も厳重なものであって、何もその規定に欠陥があるのを補うのではなく、ことが人命に関するものであるから念には念を入れて避難器具の設置規定を併用しているのである。過去の幾多の火災事例では、必ずしも階段で避難しきれなかった人びとが避難器具の活用で無事避難できたことがあるし、また消防隊のはしご車等で救助されたというような事例は多い。

避難器具のいろいろ　　　　実際の火災になると、救助を求める人びとが、窓から助けを求めて叫び、窓枠にしがみつき、やがて力つきて転落したり、なかにはシーツを繋いで、それをロープ代りにし、避難しようと試みるものもある。近頃ではテレビでそんな情景を写し出したり

すると、せめて一本の満足なロープでもあれば、と見ている方でもイライラしたりする。

そこで、火災の直後などには街の発明家（？）がいろいろのアイデアを寄せてくる。なかには開発され実用化されるものもあろうが、とてもモノにならないものが多いということだ。発明家の方では、人命救助の貴重なアイデアだと信じきっているらしく、なかには何故早く私のアイデアを採用しないのか、とせまってくる人もある。

特許庁あたりでも、その辺の整理に大変らしい。子供がパラシュートを真似て、コーモリ傘を開いて飛び降りるのと余り変らないのがあったり、ゴンドラに乗ってジェットコースターのようにラセン状のレールを滑り降りるものであったり（スピードの調整方法はどうするのか、一度誰かが降りたら、その後はどうするのか等々）、または複雑すぎて発明者以外には使えそうもないもの等、アイデアが豊富な割には実用化できないものが多いらしい。

面白いアイデアだが実用化できないものが多い。

第67図　避難器具の珍アイデア

消防法では、余り奇妙な器具が取付けられて、イザというときに使いものにならなかったとあっては困るので、簡便で確実な器具に限って設置を認めることとしている。現在認められているものは、(1)避難ロープ、(2)すべり棒、(3)すべり台、(4)避難橋、(5)避難用タラップ、(6)避難はしご、(7)緩降機、(8)救助袋の8種類だけである。ロープのような簡素なものから緩降機とか救助袋のように避難のための専門の機械器具までがあるが、いづれも取扱いには特別の知識を必要とせず、機構が簡便であるので故障することは余りなく、確実に避難に役立つものばかりである。以下、それぞれの器具の特色などについて述べてみる。

・避難ロープ——ロープが切れないように、太さとか強度が要求されるのは当然だが、取付部分がシッカリしていないといけない。2

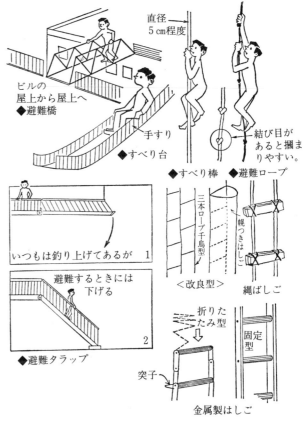

第68－1図　避難器具のいろいろ（その1）

階から降りるのに使える程度、ロープにつかまって滑り降りると手の皮がむける程痛い。ところどころに結び目を作っておくと滑らずにつかまれるという。

・すべり棒——直径5cm程度の鋼管がにぎりやすい。ロープよりは降りやすいが、濡れていると滑りやすくて危険。屋外に設けると錆びるので適切でない。屋内にあっても床に穴を明けることとなるので防火区画の点からみて問題がある。

・すべり台——勾配がウンとゆるくなれば、傾斜路になるが、これは或る程度の勾配があって滑り降りるもの。途中から転落しないように手すりを設ける。幼稚園の幼児でも比較的安全に使用できる。スピードが出すぎないように勾配に気をつける。また各階ごとに乗りつぐようにすれば10階までの高さに使用できる。

・避難橋——どこのビルにでも使用できるわけではないが、すぐ近くに同じような高さのビルがあるというような条件であれば屋上から屋上へと移ることができるように設ける橋。十分な強度が必要となる。お互いにビル管理上の問題があって常時は、はずしておく等の方法を取ることが多い。

・避難用タラップ——タラップというのは、船のタラップを思いだしてもらえばよい。不要のときは釣り上げておき、使用するときに降すと階段になる。

・避難はしご——ロープ製のものや金属製のものがある。ロープ製のものはユラユラと揺れるし、力を入れようがないので慣れないと昇降はなかなか困難である。サーカスでも縄ばしごをサッサと昇降するようでなければ一人前とはいえないといわれるが、昇降のコツは足の方に力を入れず腕の力で懸垂をするようにして昇降するのだという。ロープを3本にして揺れにくくした改良型もある。それに較べると、金属製のはしごの方が安定性がある。壁に固定して用いるものと、細かく折りたたんで格納し、イザというときにそれをサッと釣り下げて使用するものとがある。金属製避難はしごは、日本消防検定協会の検定の対象となっている（消令第37条第11号）ので、検定に合格し、その旨を表示したものでなければ販売したり請負工事に使用することはできない。

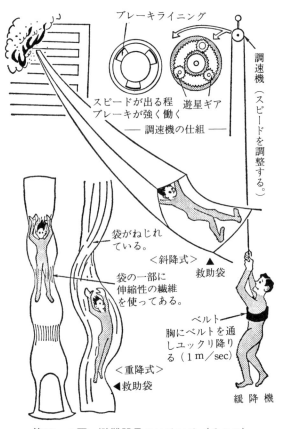

ブレーキライニング

調速機（スピードを調整する。）

スピードが出る程ブレーキが強く働く

遊星ギア

—— 調速機の仕組 ——

袋がねじれている。

袋の一部に伸縮性の繊維を使ってある。

＜斜降式＞　▲救助袋

ベルト
胸にベルトを通しユックリ降りる（1m／sec）

＜重降式＞
◀救助袋

緩降機

第68－2図　避難器具のいろいろ（その2）

・緩降機——ロープの端の環になっているベルトに胸を通してぶら下がると、避難者の自重で毎秒1m位のスピードで降下する。スピードを殺すための調速機が、この緩降機の生命で、遊星ギア（遊びのギアが入っていると回転するときエンジンブレーキのように余りスピードが出ない仕組み）方式や回転の遠心力で自動式にブレーキがかかるような方式を利用して調速する。これも検定の対象になっている。軽量でもあり、高さが変わっても適宜使用できる長所があるので、ロープウェイの避難器具としても活用されている。左右交互に利用できるよう"つるべ式"となっている。

・救助袋——避難訓練等でなじみのあるもので長い袋の中を滑り降りる。斜めに滑り降りる"斜降式"と、垂直に降りる"垂直式"とがある。垂直に降りるというのは場所をとらないという意味で優れている。斜降式の場合、電線、積雪その他で設置が困難となることがあるし、下部の固定が必要となるが、垂直式ではそのような心配もない。しかし、すべり台のような斜降式と異なって、スピードをうまくコントロールする必要があるものもある。伸縮繊維を用いて途中をしぼったり、袋をねじっておいて一度に落下しないような工夫をしている。

避難器具設置の適応性　　避難器具は、避難階及び11階以上の階を除いて設置することとされている（消令第25条）。避難階に設置する必要がないのは当然であるが、11階以上の階になると、おそらくは31m以上の高さになろうし、器具使用上の安全性が問題となるため設置の義務づけはない。義務づけはないが、バルコニーと組合せた金属製固定はしごのような十分安全なものを設置することは構わないと考えられる（31m以上のビルになると、非常用エレベーターの設置が義務づけられたり、他の規定が厳しくなったりしている。）。

　避難器具は設置場所により、例えば、地階からは登って避難するのであるから滑り降りる滑り台のようなものは適さないとか、高層階からの避難にはより安全性の高いものを選ぶというような選択が必要となるし、また同じ高さの階からでも、病院とか幼稚園等の用途によっては適応する器具を選択しなければいけない。そこで、消防法施行令第25条第2項では、防火対象物の用途及び階に応じて使用できる避難器具を限定している（次表において○印は適応性のあるもの）。

(1)　別表第1(6)項の防火対象物（病院、福祉施設、幼稚園等）

種類＼階	地階	1階（避難階）	2階	3階	4階、5階	6階～10階	11階以上
避難はしご	○	（不要）	○	—	—	—	（不要）
避難用タラップ	○		○	—	—	—	
すべり台	—		○	○	○	○	
緩降機	—		○	○	○	—	
避難橋	—		○	○	○	○	
救助袋	—		○	○	○	○	

(2) 別表第1(5)項の防火対象物（旅館、ホテル、寄宿舎等）

種類 ＼ 階	地階	1階 (避難階)	2階	3階	4階、5階	6階～10階	11階以上
避難はしご	○	(不要)	○	○	○	○	(不要)
避難用タラップ	○		○	○	—	—	
す べ り 台	—		○	○	○	○	
す べ り 棒 避 難 ロ ー プ	—		○	—	—	—	
緩 降 機	—		○	○	○	—	
避 難 橋	—		○	○	○	○	
救 助 袋	—		○	○	○	○	

(3) 別表第1の次の防火対象物(1)項（劇場、公会堂等）、(2)項（キャバレー、遊技場等）、(3)項（待合、飲食店等）、(4)項（百貨店等）、(7)項（小学校等）、(8)項（図書館等）、(9)項（公衆浴場等）、(10)項（停車場等）、(11)項（神社等）

種類 ＼ 階	地階	1階 (避難階)	2階	3階	4階、5階	6階～10階	11階以上
避 難 は し ご	○	(不要)	○	○	○	○	(不要)
避難用タラップ	○		○	○	—	—	
す べ り 台	—		○	○	○	○	
す べ り 棒 避 難 ロ ー プ	—		○	—	—	—	
緩 降 機	—		○	○	○	○	
避 難 橋	—		○	○	○	○	
救 助 袋	—		○	○	○	○	

(4) 別表第1(12)項（工場、映画スタジオ等）及び(15)項（その他の事業場）の防火対象物

種類 ＼ 階	地階	1階 (避難階)	2階	3階	4階、5階	6階～10階	11階以上
避 難 は し ご	○	(不要)	(不要)	○	○	○	(不要)
避難用タラップ	○			○	—	—	
す べ り 台	—			○	○	○	
緩 降 機	—			○	○	○	
避 難 橋	—			○	○	○	
救 助 袋	—			○	○	○	

(5) 前各号に掲げるもののほか、３階以上の階で収容人員が10人以上でありながら直通階段が一つしか設けられていないもの（いわゆるペンシルビルとかいわれる細長いビルで、建築基準法上は直通階段が１カ所であっても差支えないもの、避難上の安全性を確保する意味で追加された。）

種類＼階	地階	1階 (避難階)	2階	3階	4階、5階	6階〜10階	11階以上
避難はしご	(不要)	(不要)	○	○	○	○	(不要)
避難用タラップ			○	○	―	―	
すべり台			○	○	○	○	
すべり棒 避難ロープ			○	―	―	―	
緩降機			○	○	○	○	
避難橋			○	○	○	○	
救助袋			○	○	○	○	

　これらの避難器具の適応性は、○印のついたものならばいずれでも差支えない、というのであって、すべてを設置する必要があるわけではない。また、最後の表(5)にあるようにペンシルビルの場合は、もともと敷地がせまい等の理由で細長いビルしか建てられず、階段も１つしかないのであろうから、そのような敷地条件に適応するものを、さらに選択する必要があろう。例えば、敷地が狭いのであれば、すべり台等の設置は無理で、隣のビルへ避難する避難橋とか、場所をとらない緩降機などが、より適切であろう。

避難器具の設置数　　避難器具は、避難のために人が使用するためのものであるから、それぞれの階ごとに収容人員に応じて設置するのが本来である。**収容人員**とは「当該防火対象物に出入し、勤務し、又は居住する者の数（以下「収容人員」という。）」と規定され、その算定方法は総務省令で定めるものによることとされている（消令第１条の２第４項）。具体的な算定方法は、消防法施行規則第１条の３に防火対象物の区分毎に定められているが、例えば小学校では「教職員の数と児童の数とを合算して算定する。」というように実人員を基本とし、オフィスビル等のように人員の確定しない用途のものにあっては床面積３m²に１人の割合で、劇場の立見席のように混雑が予想される場合は0.2m²に１人の割合で算定することとされている。

　具体的な避難器具の設置数は、先に述べた適応性の区分による各項の防火対象物に応じて次のように定められている。

(1) 令別表第１(6)項の防火対象物の地階又は２階以上10階以下の階で収容人員が20人以上の階（下階を他の用途に供する複合用途防火対象物の場合は危険があるので10人以上を収容する階）にあっては、収容人員100人またはその端数ごとに１個の避難器具を設ける。

(2) 令別表第１(5)項の防火対象物の地階又は２階以上10階以下の階で収容人員30人以上の階（前項と同様な複合用途防火対象物の場合は10人以上を収容する階）にあっては、収容人員100人またはそ

の端数ごとに１個の避難器具を設ける。

(3)　令別表第１(1)項から(4)項まで、(7)項から(11)項までの防火対象物の地階または２階以上10階以下の階（主要構造部を耐火構造とした建築物の２階を除く。）で収容人員50人以上の階にあっては、収容人員200人またはその端数ごとに１個の避難器具を設ける。

(4)　令別表第１(12)項及び(15)項の防火対象物の地階又は３階以上10階以下の階で、収容人員150人以上（地階又は無窓階にあっては100人以上）の階にあっては、収容人員300人またはその端数ごとに１個の避難器具を設ける。

(5)　直通階段が１しか設けられていない防火対象物の３階以上の階（令別表第１(2)項又は(3)項の防火対象物では２階以上の階）で収容人員10人以上の階にあっては、収容人員100人またはその端数ごとに１個の避難器具を設ける。

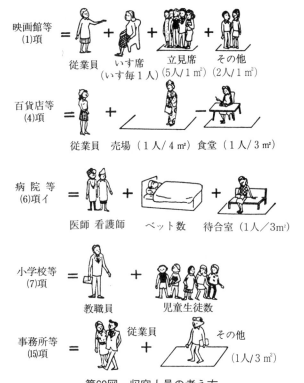

第69図　収容人員の考え方

このように避難器具の設置数についての基準が定められているが、「ただし、当該防火対象物の位置、構造又は設備の状況により避難上支障がないと認められるときは、総務省令で定めるところにより、その設置個数を減少し、又は避難器具を設置しないことができる（消令第25条第２項第一号ただし書）。」という規定がある。これは避難階段の不足を補う意味もあって設ける器具である以上、避難器具１個を設けるよりも、例えば、屋外避難階段が設けられた方がより効果的であって、むしろそれを奨励するための規定であるといえる。従って、逆説的な表現かも知れないがこの減免規定に適合するような建築設計が望まれるのであろう。

避難器具設置数の減免　　次のような場合は、避難器具の設置数を減免することができる（消則第26条）。

(1)　建築基準法上の避難階段又は特別避難階段が２以上設けられている耐火建築物では、避難器具の設置数を２分の１としてよい。すなわち、100人につき１個というのは200人に１個というように読み替えて適用できる。

(2)　建築基準法上の直通階段を、屋外避難階段、排煙上有効な開口部（開口部の上端が天井の位置にある２㎡以上の大きさのもの）を有する屋内避難階段又は特別避難階段とした場合は、それらの階段の数だけ設置数を減ずることができる（排煙上有効な開口部については、昭和48年６月１日消

防庁告示第10号「屋内避難階段等の部分を定める告示」参照のこと。）。

この場合、前項の規定と合せて適用することができる。例えば、オフィスビル（(15)項の防火対象物）で地階又は無窓階でないときは、収容人員300人について１個の避難器具が必要となる。従って、収容人員が500人の階の場合は500÷300＝1.67→2　２個の避難器具が必要となる。しかし、耐火建築物であって、排煙上有効な開口部を有する屋内避難階段を２個設けた場合には、先ず設置個数は読み替えにより１個設ければ差支えないこととなり、しかも、屋内避難階段に排煙上有効な開口部が設けられているから、その数（２個）を減じてもよいこととなる。すなわち、設置する必要はないこととなる。しかし、屋内避難階段が排煙上有効な開口部を有しないものであるときは、(1)により設置個数を１個に減ずることはできても、(2)の適用はないから、避難器具の数は１個必要となる。

(3)　耐火建築物で相互に連絡できる渡り廊下が設けられている階では、渡り廊下の設けられた階の避難器具の数を２個減じてもよい。渡り廊下が２以上設けられている場合は、渡り廊下の数の２倍の個数を減じてよい。

ただし、その渡り廊下は、耐火構造又は鉄骨造で渡り廊下の両端に自動閉鎖式の特定防火設備（防火シャッターはだめ）が設けられており、避難、通行及び運搬以外の用に供しないものに限られている。

(4)　耐火建築物の屋上広場（有効面積100m²以上）に避難橋を設け、屋上広場へ通ずる避難階段又は特別避難階段が２以上設けられているとき、屋上広場の直下階では、避難橋の数の２倍の個数を減じてもよい。

(5)　次の階では避難器具は設置しなくてもよい。

・令別表第１(1)項から(8)項までの防火対象物では、主要構造部を耐火構造とし、準不燃材料以上の防火材料で内装制限した建築物で、避難器具を設けなければならない最小収容人員（オフィスビルの普通階では150人）ごとに開口部に防火戸を設ける耐火構造の床又は壁で防火区画され、直通階段は避難階段又は特別避難階段とし、それらが２方向避難できる位置に設けられているか避難上有効なバルコニー等が設けられているもの。

・令別表第１(9)項から(11)項までの防火対象物では、主要構造部を耐火構造とし、準不燃材料以上の防火材料で内装を不燃化した建築物で、直通階段は避難階段又は特別避難階段とし、それらが２方向避難できる位置に設けられているか避難上有効なバルコニー等が設けられている（前号の別表第１(1)項から(8)項までの防火対象物の緩和措置と比較すると防火区画の必要がないだけ緩和されている。）。

・令別表第１(12)項又は(15)項の防火対象物では、主要構造部を耐火構造とした建築物で、直通階段を避難階段又は特別避難階段とし、それらが２方向避難できる位置に設けられているか避難上有効なバルコニー等が設けられているもの（前記各２号と比較して、内装不燃化が緩和されていることになる。）。

・主要構造部を耐火構造とした建築物で、各居室の外気に面する部分にバルコニー等が避難上有効に

設けられており、そのバルコニーから地上に通ずる階段その他の避難のための設備又は器具が設けられているもの（他の建築物に通ずる設備又は器具であってもよい。）。ただし、令別表第1⑸項又は⑹項の防火対象物では、バルコニーであるものに限り、かつ、バルコニーから地上に通ずる屋外階段が設けられているものに限る。

・主要構造部を耐火構造とした建築物で、その階の収容人員が30人以下であり、直通階段が、屋外避難階段、排煙上有効な開口部を有する屋内避難階段、特別避難階段であって、居室又は住戸から廊下を通らず直接それらの階段に通じており、開口部には特定防火設備（防火シャッターはだめ。）で自動閉鎖装置付きのもの又は煙感知器連動で閉鎖し建築基準法で定らめれている大きさのくぐり戸が設けられているもの。

・主要構造部を耐火構造とした建築物の屋上広場の直下階で、屋上広場の面積が1,500m²以上あり、屋上広場から避難階又は地上に通ずる直通階段を、屋外避難階段、排煙上有効な開口部を有する屋内避難階段又は特別避難階段としたもの。

また、小規模特定用途複合防火対象物（令別表第1⑯項イに掲げる防火対象物のうち特定防火対象物の用途に供される部分の床面積の合計が当該部分が存する防火対象物の延べ面積の10分の1以下であり、かつ、300m²未満であるもの）については、小規模なマンションの一部が福祉施設や宿泊施設の用途に用いられることを想定したものであるため、他の特定用途が相当程度入り込んでいない限り、2以上の直通階段が設置されていれば避難器具は不要である。

このように、避難器具については、避難階段や建築物の構造によって、設置数を減少したり、または免除によって設置しなくてもよいこととする減免規定が多く設けられている。従って、避難器具よりも、もっと有効な避難施設である避難上安全な階段等を設けるようにしたいものである。

避難器具の設置基準

避難器具は、避難に際して容易に接近できる場所にある開口部に、常時取り付けておくか、又は必要に応じてすみやかに取り付けられるような状態にしておくことが必要である。ただし、もともと階段等の配置の不備を補うものであるから、階段等から適当に離れた距離に設けなければ意味がない（消令第25条第2項第二号、第三号）。

また、避難器具を設置する開口部は、相互に同一垂直線上の位置にないこととされている。これは、避難しようとしているところへ上階から避難者が降りてくるというようなことがあると危険であるので、位置を各階ごとに少しづつずらしておくのである。ただし、避難上支障のないものはこの限りでない（消則第27条第1項二号）。

第70図　避難器具は階段から離れた位置に

避難器具の使用法が判らないため使用できないと困るので、設置場所（格納場所）には見やすい個所に避難器具の**使用法を記した標識**を設けることとされている（消則第27条第1項三号）。使用法については、本当に避難を要するような場合には、おそらく読んでいるひまなどあろうはずはない。大阪の千日デパートビルの火災の場合だったか、折角救助袋を降しながら使用法が判らなかったのか、救助袋の外側にしがみついて降りた人があったりした。そんなことでは安全に避難することは困難である。従って、使用法を表示するのは平常から人びとの眼にふれるようにしておいて、使用法を普及することにも大きな意味があるのではなかろうか。避難器具メーカーなり設置者の方では、設置すれば足りるというのではなく、防火管理者とタイアップして、その使用法の普及徹底や訓練の実施に努める事が重要である。

各避難器具ごとの設置及び維持に関する技術上の基準の概要は次のとおりである（消則第27条第1項第四号から第十号まで）。

- **すべり棒及び避難ロープ**——長さは地盤面等までに達する長さとし、建築物の構造上堅固な部分に取付ける。
- **すべり台**——建築物の構造上堅固な部分にボルト締め、溶接等により堅固に取付けるとともに、転落防止、安全な降下速度が得られるような措置を講じ避難上支障がないようにする。
- **避難はしご**——固定はしごとつり下げはしごとがある。4階以上の階に設ける固定はしごは、金属製固定はしごに限られている。4階以上の階に設けるつり下げはしごは、金属製とし、バルコニー等に避難器具用ハッチを用いて取り付ける。バルコニー等に直下階の降下口と同一垂直線上にないように交互に設ける。固定はしご、つり下げはしごとも、横さんは壁から10cm以上離れるように（つり下げはしごでは突子を設けて10cmの間隔をとる。）し、建築物の堅固な部分に堅固に取り付ける。
- **緩降機**——ロープの長さは取付位置から地盤面等に達する長さとし、降下の際、ひさしその他の部分と接触してロープが損傷しないようにする。取付け方法は前記と同様である。
- **救助袋**——長さは避難上支障がなく、かつ、安全な降下速度を保つことができる長さとすること。取付け方法は他と同じ。

避難器具の国家検定等

避難器具中、"金属製避難はしご"及び"緩降機"については、**国家検定**が実施されている（消令第37条第十一号及び第十二号）。その技術上の規格は、「金属製避難はしごの技術上の規格を定める省令」及び「緩降機の技術上の規格を定める省令」に詳細にわたって定められている。従って、これらの避難器具は、これらの規定に適合している旨の型式承認を得たうえ、一つひとつの製品が承認を得た型式と同一であるかどうかの個別検定を受けなければならない。個別検定に合格したものは、その旨の表示を附することとされ、その表示のないものは販売、販売の目的での陳列、請負工事においての使用は禁止される（消防法第21条の2、第21条の9）。また、法令の規定により設置しなければならない場合は、検定合格品でなければならない（消令第30条）。

また、"金属製避難はしご（固定式のものに限る。）、救助袋、緩降機"については、**消防設備士**（第５類の甲種消防設備士）でなければ、工事又は整備を行うことができない（消防法第17条の５、消令第36条の２、消則第33条の３）こととされているので、設置工事は必ず消防設備士に行わせなければならない。

　それから、もう一つ注意しなければならないのは、避難器具は、消防法第17条の２の５〔既存防火対象の特例〕の除外規定により、既存防火対象物にあっても、遡及規定が働き、**すべての設置の義務**があることである。消防法には、このような遡及の対象となるものが多いので気をつけなければいけない。遡及適用となるものは、消令第34条に列記してあるものと、消防法第17条の２のカッコ書に例示されている消火器、避難器具とである（特定防火対象物では全消防用設備が遡及適用となる。）。

21 非常用エレベーター

非常用エレベーターの設置　エレベーターは、停電になると停止してしまうだけではなく、階の途中で停ると、真暗な密室に乗客を閉じ込めてしまうことになるので、一般に、火災時の避難に使用することは危険である。従って、避難には決してエレベーターを使わず、階段から避難するように指導されている。

かつて、池袋の西武デパートの火災では、幸い休館日であったが、作業中の人達が館内におり、火災の発生とともにエレベーターで避難しようとしたところ、途中で停止してしまった。せまりくる火炎の中で、かごから上部のマンホールを通って脱出し、ロープをよじ登ってみたが力つきて命を落してしまった、ということがあった。中には女子高校生数名が、附近の火災をビルの屋上から眺めようとエレベーターに乗ったところ、消火活動上の理由から電源を切ったため停電となり、火事を見るどころではなく動かないエレベーターの中で泣いていたとか、階段で逃げれば間に合ったかも知れないのをエレベーターを待っていたためか、エレベーター前で多くの老従業員が死亡していた淡路島のマッチ工場火災とかの例もある。一般に、火災時には、はしご車を延ばしたりするため附近の電源を切ってしまうこともあるので、エレベーターの利用は危険となる。

しかし、高さが31mを超す高層建築物では、はしご車も届かないし、避難器具の設置も危険である。早期消火が必要であるが、消防隊が装備をして高層階に到達するのに階段を駆け上っていたのでは間に合わない。そのようなことから高層建築物の安全性を高めるために、非常用エレベーターの設置が義務づけられた。

第71図　火災時の避難はエレベーターを使わないで階段から

高さ31mを超える建築物には、原則として非常用の昇降機を設置しなければならないが、政令で定めるものについては、設置が**免除**されている。すなわち、高さ31mを超える部分が階段室等であるもの、超える部分の各階の床面積の合計が500m²以下という小規模のもの、超える部分の階数が4以下の主要構造部を耐火構造とした建築物で100m²以内ごとに防火区画されている場合又は不燃物倉庫のように火災の発生のおそれの少ない構造のものの4種類が

政令で指定されている。高さが31mを超える建築物は、ほとんどが耐火建築物等であろうと考えられる（建築基準法第27条の特殊建築物であるか、または同法第61条の規定の適用を受ける防火又は準防火地域内の建築物であることが多いため。）が、必ずしも、耐火建築物等でなければならないことはない。そこで、建築基準法施行令第129条の13の2第三号では主要構造部が耐火構造であることを条件としているし、第四号では主要構造部が不燃材料で造られたもの等に限っている。一般的には、木造建築物が高さ16mで制限されているのだから（建基法第21条）、不燃材料以外の構造で高さ31m以上の建築物が建てられることは極めて稀であろう。法律というのは、こういう妙な所で親切というか、厳密というか、そういう所があるものだが、高さ31m以上の建築物の主要構造部を不燃材料又は耐火構造としなければならないという規定がない以上、止むを得ないのではなかろうか。

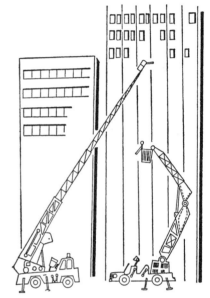

第72図　31mを超える高層ビルには、
はしご車もとどかない

　非常用の昇降機はエレベーターとし、"非常用エレベーター"と呼ぶことが規定されている（建基令第129条の13の3第1項、第2項）が、昇降機の定義の中にはエレベーターのほかにエスカレーターもあるので、エスカレーターは除きエレベーターに限ることとしたものであろう。

　非常用エレベーターの**設置数**は、高さ31mを超える部分の床面積が最大の階の床面積に応じて、その床面積が1,500m²以下ならば1基、1,500m²を超える場合は3,000m²以内を増すごとに1基を追加するものとする。すなわち、4,500m²以内ならば2基、7,500m²以内ならば3基という具合に数を増加させる。2基以上の非常用エレベーターを設ける場合は、避難上及び消火上有効な間隔を保って配置することとされている（建基令第129条の13の3第2項）。

〈建築基準法第34条第2項〉
　2　高さ31mを超える建築物（政令で定めるものを除く。）には、非常用の昇降機を設けなければならない。

〈建築基準法施行令第129条の13の2〉
（非常用の昇降機の設置を要しない建築物）
第129条の13の2　法第34条第2項の規定により政令で定める建築物は、次の各号のいずれかに該当するものとする。
　一　高さ31mを超える部分を階段室、昇降機その他の建築設備の機械室、装飾塔、物見塔、屋窓その他これらに類する用途に供する建築物
　二　高さ31mを超える部分の各階の床面積の合計が500m²以下の建築物
　三　高さ31mを超える部分の階数が4以下の主要構造部を耐火構造とした建築物で、当該部分が床面積の合計100m²以内ごとに耐火構造の床若しくは壁又は特定防火設備でその構造が第112条第

19項第一号イ、ロ及びニに掲げる要件を満たすもの〔常時閉鎖又は火災時自動閉鎖〕として、国土交通大臣が定めた構造方法を用いるもの又は国土交通大臣の認定を受けたもの（廊下に面する窓で開口面積が１㎡以内のものに設けられる法第２条第九号の二ロに規定する防火設備を含む。）で区画されているもの

四　高さ31mを超える部分を機械製作工場、不燃性の物品を保管する倉庫その他これらに類する用途に供する建築物で主要構造部が不燃材料で造られたものその他これと同等以上に火災の発生のおそれの少ない構造のもの

非常用エレベーターの構造

非常用エレベーターもエレベーターの一つであるから、次の規定に適合するものでなければならない。すなわち、建築基準法施行令第129条の４（エレベーターの構造上主要な部分）、第129条の５（エレベーターの荷重）、第129条の６（エレベーターのかごの構造）、第129条の７（エレベーターの昇降路の構造）、第129条の８（エレベーターの駆動装置及び制御器）、第129条の９（エレベーターの機械室）、第129条の10（エレベーターの安全装置）の規定に適合しなければならない。

そのほか、非常用エレベーター独自の規定（建基令第129条の13の３）が適用される。

非常用エレベーターの乗降ロビーには、屋内消火栓、連結送水管の放水口、非常コンセント設備等の消防用設備等を設置できるようにすることが義務づけられてはいるが、必ずしもロビーに設置せよとは規定していない。これは、消防戦術上、ロビーにそれらの消火設備等を設けた方が安全区画内で準備をしたりするのに好都合とする意見と、実際消火にあたる場合、内部に消火栓を設け、扉を開けて進むとホース等が扉を閉めるのを妨げ、安全区画内に火炎や煙が入る原因となるのでロビーには消火栓を設けない方が良いとする意見とがあるため、どちらとも規定していないのである。消火栓等が安全区画の外にあれば活用が困難であるとも言えるし、それかと言って、内部にあっても必ず外へ出なければ使用できないものでもあるし、決着をつけるのは困難な問題である（**第82-１図参照**）。

非常用エレベーターのかご、出入口の寸法等を定めているのは、JIS A4301（エレベーターのかご及び昇降路の寸法）で、その中のE-17-COに関する部分が該当する。それによると、積載荷重は1,150kg、最大定員は17人、かご内のり寸法は、間口1,800mm、奥行き1,500mm、高さ2,300mm、昇降路の最小寸法は間口2,400mm、奥行2,350mm、有効出入口は幅1,000mm、高さ2,100mmとなっている。なお、この日本産業規格にはE-9-2Sという９人乗りの規格もあるが、建築基準法上では採用されていない。

（注） E-17-COのEは、非常用（Emergency）の略、17は17人乗りを示し、COは扉の開き方でセンター・オープンという両開き型式を示す。センターオープンの方が扉の開閉は短時間で済む。

E-9-2Sはエレベーター９人乗りの２枚扉片引き（Two Slide）を示す。

この17人乗りの大きさを決めるに際しては、いろいろのタイプの模型のエレベーターを実物で作り、各種装備の消防隊が出入りしてみて最も適切なものを選び出したものだ。これによると、完全装備の消防隊員８名とその隊員の所持するホース、発電機等の装備を一度に積み込むことができるほか、高層建築物の消火に欠かすことのできない高発泡消火装置を装備した消防隊員４名を一度に運ぶことができる

（第74図参照）。この高発泡消火装置は、放水による消火と異なり水損が少なく、しかも、泡の充満により排煙効果もあるので、高層建築物や地下街消火には最も適した消火法であるとされている。ノズル付近で発泡原液を混入し、それを網の目に吹きつけたりすることにより大量の発泡を得る。話は違うが、高層建築物にはスプリンクラー設備が設置されているが、これが実際に消火のために大量の放水をしたとすれば、下階の水損は如何なものであろうか、気になる話である。

"中央管理室"とは、いわゆる防災センターのことで、「当該建築物、同一敷地内の他の建築物又は1団地内の他の建築物の内にある管理事務所、守衛所その他常時当該建築物を管理する者が勤務する場所で避難階又はその直上階若しくは直下階に設けたもの（建基令第20条の2第二号）。」と規定されている。非常用エレベーターのかごを呼び戻す装置の作動、かご内との連絡電話装置の設置ができるほか、防災関係の機器の制御や作動状況の情報の集中管理を行う室である（中央管理室については**25. 中央管理室・防災センター**参照）。

非常用エレベーター

日本産業規格 — 建築 — 非常用エレベーター — 17人乗り — センター・オープン（扉の開閉）

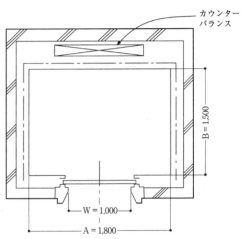

第73図　ＪＩＳによる非常用エレベーターの大きさ

〈建築基準法施行令第129条の13の３〉

（非常用の昇降機の設置及び構造）

3　乗降ロビーは、次に定める構造としなければならない。

一　各階（屋内と連絡する乗降ロビーを設けることが構造上著しく困難である階で次のイからホまでのいずれかに該当するもの及び避難階を除く。）において屋内と連絡すること。

　イ　当該階及びその直上階（当該階が、地階である場合にあっては当該階及びその直下階、最上階又は地階の最下階である場合にあっては、当該階）が次の(1)又は(2)のいずれかに該当し、かつ、当該階の直下階（当該階が地階である場合にあっては、その直上階）において乗降ロビーが設けられている階

　　(1)　階段室、昇降機その他の建築設備の機械室その他これらに類する用途に供する階

　　(2)　その主要構造部が不燃材料で造られた建築物その他これと同等以上に火災の発生のおそれの少ない構造の建築物の階で、機械製作工場、不燃性の物品を保管する倉庫その他これらに類する用途に供するもの

　ロ　当該階以上の階の床面積の合計が500m²以下の階

　ハ　避難階の直上階又は直下階

　ニ　その主要構造部が不燃材料で造られた建築物の地階（他の非常用エレベーターの乗降ロビーが設けられているものに限る。）で居室を有しないもの

ホ　当該階の床面積に応じ、次の表に定める数の他の非常用エレベーターの乗降ロビーが屋内と連絡している階

	当該階の床面積	当該階の乗降ロビーが屋内と連絡している他の非常用エレベーターの数
(1)	1,500m²以下の場合	1
(2)	1,500m²を超える場合	3,000m²以内を増すごとに(1)の数に1を加えた数

二　バルコニーを設けること。

三　出入口（特別避難階段の階段室に通ずる出入口及び昇降路の出入口を除く。）には、第123条第1項第六号に規定する構造の特定防火設備を設けること。

四　窓若しくは排煙設備又は出入口を除き、耐火構造の床及び壁で囲むこと。

五　天井及び壁の室内に面する部分は、仕上げを不燃材料でし、かつ、その下地を不燃材料で造ること。

六　予備電源を有する照明設備を設けること。

七　床面積は、非常用エレベーター1基について10m²以上とすること。

八　屋内消火栓、連結送水管の放水口、非常コンセント設備等の消火設備を設置できるものとすること。

九　乗降ロビーには、見やすい方法で、積載量及び最大定員のほか、非常用エレベーターである旨、避難階における避難経路その他避難上必要な事項を明示した標識を掲示し、かつ、非常の用に供している場合においてその旨を明示することができる表示灯その他これに類するものを設けること。

4　非常用エレベーターの昇降路は、非常用エレベーター2基以内ごとに、乗降ロビーに通ずる出入口及び機械室に通ずる主索、電源その他のものの周囲を除き、耐火構造の床及び壁で囲まなければならない。

5　避難階においては、非常用エレベーターの昇降路の出入口（第3項に規定する構造の乗降ロビーを設けた場合には、その出入口）から屋外への出口（道又は道に通ずる幅員4m以上の通路、空地その他これらに類するものに接している部分に限る。）の一に至る歩行距離は、30m以下としなければならない。

6　非常用エレベーターの籠及びその出入口の寸法並びに籠の積載量は、国土交通大臣の指定する日本産業規格に定める数値以上としなければならない。

　◆国土交通大臣の指定する日本産業規格＝非常用エレベーターの籠及びその出入口の寸法並びに籠の積載荷重の数値を定める日本産業規格（昭和46年建設省告示第112号）＝（JIS A4301）

7　非常用エレベーターには、籠を呼び戻す装置（各階の乗降ロビー及び非常用エレベーターの籠内に設けられた通常の制御装置の機能を停止させ、籠を避難階又はその直上階若しくは直下階に呼び戻す装置をいう。）を設け、かつ、当該装置の作動は、避難階又はその直上階若しくは直下階の乗降ロビー及び中央管理室において行なうことができるものとしなければならない。

8　非常用エレベーターには、籠内と中央管理室とを連絡する電話装置を設けなければならない。

9　非常用エレベーターには、第129条の8第2項第二号及び第129条の10第3項第二号に掲げる装置の機能を停止させ、籠の戸を開いたまま籠を昇降させることができる装置を設けなければならな

い。

10　非常用エレベーターには、予備電源を設けなければならない。

11　非常用エレベーターの籠の定格速度は、60m以上としなければならない。

12　第2項から前項までの規定によるほか、非常用エレベーターの構造は、その機能を確保するために必要があるものとして国土交通大臣が定めた構造方法を用いるものとしなければならない。

13　第3項第二号の規定は、非常用エレベーターの昇降路又は乗降ロビーの構造が、通常の火災時に生ずる煙が乗降ロビーを通じて昇降路に流入することを有効に防止できるものとして、国土交通大臣が定めた構造方法を用いるもの又は国土交通大臣の認定を受けたものである場合においては、適用しない。

非常用エレベーターの設置緩和

既存の高層建築物で、非常用エレベーター関係の規定に適合しないものに政令で定める一定範囲内の増改築（増築部分が高さ31mを超えずその床面積が基準時の延べ面積の1／2以下である場合等）を行う場合は、遡及適用の緩和措置が設けられており、非常用エレベーターを適法に改造することなく、若干の増改築が可能となる（建基令第137条の6）。

消防隊による活用

非常用エレベーターは、もちろん平常時においても使用して差支えないものであるが、災害時には消防隊が専用することができる。そのために使用中のエレベーターも呼び戻すことができるようになっているし、かごを開いたまま昇降させる装置等も設けられている。また平常時では、大きすぎるようなかごも設けているわけであるし、何よりも、大きな特色は停電時にも使用できるだけの予備電源が設けられていることである。

これらの投資は、高層建築物における必要最小限の防災投資であるといえるかも知れない。しかし、投資することに目的があるわけではなく、それらが有効に活用されてこそ投資の目的を達成することになるのであるから、消防隊は、これらを効果的に活

非常用エレベーターにはどれだけ乗れるか

◀　1．17人乗り（平常用）

▶　2．消防隊員8名＋ホース8人分、発電機、投光機

3．消防隊員4名＋高発砲装置　▶

第74図　非常用エレベーターにはどれだけ乗れるか

用できるように絶えず訓練する必要があろう。同様に、消火活動上必要な施設である"連結散水設備"、"連結送水管"及び"非常コンセント設備"についても有効な活用が望まれるのである。

〈**建築基準法施行令第137条の 6** 〉

（非常用の昇降機関係）

第137条の 6　法第 3 条第 2 項〔適用の除外〕の規定により法第34条第 2 項〔非常用昇降機の設置〕の規定の適用を受けない高さ31ｍを超える建築物について法第86条の 7 〔既存建築物に対する制限の緩和〕第 1 項の規定により政令で定める範囲は、増築及び改築については、次の各号に定めるところによる。

一　増築に係る部分の建築物の高さが31ｍを超えず、かつ、増築に係る部分の床面積の合計が基準時における延べ面積の 2 分の 1 を超えないこと。

二　改築に係る部分の床面積の合計が基準時における延べ面積の 5 分の 1 を超えず、かつ、改築に係る部分の建築物の高さが基準時における当該部分の高さを超えないこと。

22 誘導灯・非常照明装置

**誘導灯・誘導標識及び
非常照明装置**

「誘導灯」及び「誘導標識」は、消防法上の避難設備の一種であるし、「非常照明装置」は、建築基準法上の建築設備であるが、ともに非常時の避難に役立つものであることに変りはない。「誘導灯」と「誘導標識」との違いは、誘導灯は緑地に白文字（通路誘導灯にあっては白地に緑文字）でピクトグラフ（絵文字）などを表示した灯火であるのに対して、誘導標識とは灯火なしの表示盤であるから明るいときは役立つかも知れないが、夜間停電時等には役立つとは思われない。なお、平成21年に、光のエネルギーを一旦吸収して光の照射が終わっても、その後長時間にわたり発光を継続するという蓄光式誘導標識が消防法令上認められた。

消防法上の誘導灯が非常口の位置を知らせることを主目的としているのに対して、建築基準法上の非常照明装置（正式には「非常用の照明装置」）は停電時等において居室内に必要最小限の照度を確保するための照明装置であって、心理的な動揺を押えて避難するためのものである。このように若干の違いはあるにせよ、同じような場合に同じような目的で使用されるものであるだけに、両設備は関連性の深いものであるといえる。

誘導標識

誘導標識については、照明装置なしのものであるから、始めに説明を済ませてしまうことにする。すなわち、誘導標識とは、「避難口である旨又は避難の方向を明示した緑色の標識（消令第26条第2項第5号）」であって、消防法施行令別表第1⑴項から⒃項までの防火対象物、個人住宅以外のすべての建築物に設置の義務がある。また設置が容易であるから、既存建築物といえどもすべて遡及して適用がある。ただし、避難口が容易に見通せる場合とか、誘導灯が設けられた場合等には設置しないことができる。

誘導標識は、「誘導灯及び誘導標識の基準（平成11年消防庁告示第2号）」による

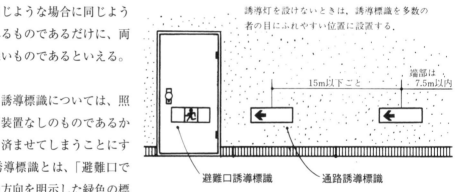

誘導灯を設けないときは、誘導標識を多数の
者の目にふれやすい位置に設置する.

15m以下ごと　　　端部は
7.5m以内

避難口誘導標識　　　通路誘導標識

12cm
以上
36cm以上
10cm
以上
30cm以上

上：避難口に設ける誘導標識
下：廊下又は通路に設ける誘導標識
第75図　誘導標識の設置方法

と、緑地に白のシンボル又は文字で避難口であることを示し、廊下又は通路に設けるものにあっては、30cm以上×10cm以上の大きさの白色板に緑色で避難の方向を示すシンボル等を記したものである。

設置基準は、消防法施行規則第28条の3第5項に示されており、階段、廊下（間隔は15m以下及び各曲り角）に設置するなどとされている。

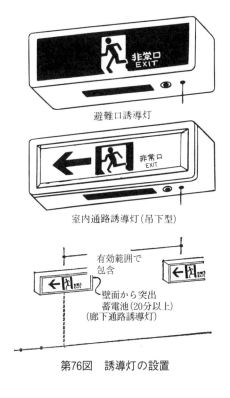

避難口誘導灯

室内通路誘導灯（吊下型）

第76図　誘導灯の設置

誘導灯　誘導灯には大きく分けて "避難口誘導灯"、"通路誘導灯" 及び "客席誘導灯" の3種類がある。

避難口誘導灯は、避難口である旨を表示した緑色灯（文字は白抜き）で、避難口の上部に設けられる。

通路誘導灯は、廊下、階段、通路その他避難設備が設けられている場所の照度を避難上有効に保つ白色灯で、避難の方向を示す緑色の表示が記されたものである。

客席誘導灯は、消防法施行令別表第1(1)項の防火対象物、すなわち、映画館、劇場等の客席部分に設けられる誘導灯で、客席の通路の床面を0.2ルックス以上に保つものである。

避難口誘導灯及び通路誘導灯は、防災上の立場にたっていえば、全部の建築物に設置すべきものであるが、一応、法的には義務づけのない建築物（誘導標識は必要）は、10階以下の地上階で、かつ、無窓階でない次の建築物である。すなわち、消防法施行令別表第1(5)項ロ〔共同住宅等〕、(7)項〔学校〕、(8)項〔図書館等〕、(10)項〔停車場等〕、(11)項〔神社等〕、(12)項〔工場、スタジオ等〕、(13)項〔車庫等〕、(14)項〔倉庫〕、(15)項〔事務所等〕、(16)項ロの複合用途防火対象物である。

このほか、部分的に設置を免除されるのは、避難口誘導灯については、居室内から避難口が明らかに見通しできて、歩行距離が10m以内（避難階では20m以内）であるもの（ただし、地階、無窓階は除く。）、通路誘導灯については、主要な避難口が明らかに見通しできて歩行距離が30mないし40m以内のもの（詳しくは消則第28条の2第2項参照）である。

誘導灯の構造や性能については、「誘導灯及び誘導標識の基準（平成11年消防庁告示第2号）」に詳しく規定されており、市販の器具は、この基準に従って作製されたものと考えることができる。

誘導灯も以前は単に大きさだけで大形、中形及び小形の3種類に区分され、かつ、その設置場所によって使用する形が一律に定められていたものだが、この世界にも性能規定化の波が押し寄せて来たのか、平成11年の改正で、表示面の明るさ（単位カンデラ）と表示面のタテ方向の寸法との組合せで、次のようにA級、B級及びC級に区分されることとなった。なお、表示面の明るさとは「常用電源により点灯しているときの表示面の平均輝度と表示面の面積との積」をいう（消則第28条の3第1項）。

区　　分		表示面の縦寸法（メートル）	表示面の明るさ（カンデラ）
避難口誘導灯	A級	0.4以上	50以上
	B級	0.2以上0.4未満	10以上
	C級	0.1以上0.2未満	1.5以上
通路誘導灯	A級	0.4以上	60以上
	B級	0.2以上0.4未満	13以上
	C級	0.1以上0.2未満	5 以上

従って、誘導灯の有効範囲は、次のように定められている。なお、この他に計算により、その有効範囲を求めることも認められている。

区　　分			距離（メートル）
避難口誘導灯	A級	避難の方向を示すシンボルのないもの	60
		避難の方向を示すシンボルのあるもの	40
	B級	避難の方向を示すシンボルのないもの	30
		避難の方向を示すシンボルのあるもの	20
	C級		15
通路誘導灯	A級		20
	B級		15
	C級		10

避難口誘導灯は、避難口（避難階段の出入口等）の上部又はその直近の場所に設ける。通路誘導灯は、避難口に至る廊下又は通路に設けるが、先ず曲り角には必ず設け、そこから誘導灯相互にそれぞれの有効範囲内に包含するように（有効範囲が途切れることのないように）設置する。階段又は傾斜路に設ける通路誘導灯は、路面又は踊り場の中心線の照度が１ルクスを保つように設ける。

誘導灯も**遡及適用**されるので、既存建築物であると否とを問わず適用がある（器具の国家検定や消防設備士による設置等の規定は設けられていないが、日本照明工業会に認定制度がある。）。

非常照明装置　建築基準法上の「非常用の照明装置」は、避難口の位置や避難の方向を示す消防法上の誘導灯と異なり、停電時に最低限の照度（１ルクス）を確保するための面的な予備照明装置と考えてよい。１ルクスというのは、新聞の大見出し程度ならば何とか読める程度の明るさである。

非常用の照明装置を設置しなければならない建築物を列記すると次のようになる（建基令第126条の4）。

(1) 階数が３以上で延べ面積が500m²以上の建築物又は階数が１もしくは２であっても延べ面積が1,000m²を超える建築物（住戸、学校等を除く。）

(2) 採光上有効な開口面積が床面積の20分の1未満の居室を有する建築物（無窓の居室及びそこから屋外への通路に限る。）

(3) 劇場、映画館、演芸場、観覧場、公会堂、集会場、病院（病室を除く。）、診療所、ホテル、旅館、下宿（宿泊室を除く。）、共同住宅（住戸を除く。）、寄宿舎（寝室を除く。）、児童福祉施設等（建基令第19条第1項参照）、博物館、美術館、図書館、百貨店、マーケット、展示場、キャバレー、カフェー、ナイトクラブ、バー、ダンスホール、遊戯場、公衆浴場、待合、料理店、飲食店、床面積10m²以上の物品販売店舗

以上の建築物の居室及びそこから地上に通ずる廊下、階段、通路等で通常照明を必要とする部分に非常用照明装置を設置する。

このほか、地下街の地下道においても全く同基準の非常用の照明装置の設置が義務づけられている（建基令第128条の3第1項第六号及び昭和44年建設省告示第1730号「地下街の各構えの接する地下道に設ける非常用の照明設備、排煙設備及び排水設備の構造方法を定める件」）。

〈建築基準法施行令第4節　非常用の照明装置〉

（設置）

第126条の4　法別表第1（い）欄(1)項から(4)項までに掲げる用途に供する特殊建築物の居室、階数が3以上で延べ面積が500m²を超える建築物の居室、第116条の2第1項第一号に該当する窓その他の開口部を有しない居室又は延べ面積が1,000m²を超える建築物の居室及びこれらの居室から地上に通ずる廊下、階段その他の通路（採光上有効に直接外気に開放された通路を除く。）並びにこれらに類する建築物の部分で照明装置の設置を通常要する部分には、非常用の照明装置を設けなければならない。ただし、次の各号のいずれに該当する建築物又は建築物の部分については、この限りではない。

一　一戸建の住宅又は長屋若しくは共同住宅の住戸

二　病院の病室、下宿の宿泊室又は寄宿舎の寝室その他これらに類する居室

三　学校等

四　避難階又は避難階の直上階若しくは直下階の居室で避難上支障がないものその他これらに類するものとして国土交通大臣が定めるもの

一方、緩和措置として、避難階、その直上階又は直下階においては採光上有効な開口部が居室の床面積の20分の1以上である場合の居室で次の(1)又は(2)に該当する場合、緩和措置（設置しなくてもよい。）が認められている（建基令第126条の4第四号）。

(1) 避難階に存する居室等にあっては、当該居室等の各部分から屋外への出口の1に至る歩行距離が30m以下であり、かつ、避難上支障がないこと。

(2) 避難階の直下階又は直上階に存する居室等にあっては、当然居室等から避難階における屋外への出口又は建築基準法施行令第123条第2項に規定する屋外に設ける避難階段に通ずる出入口に至る歩行距離が20m以下であり、かつ、避難上支障がないこと。

また、床面積30m²以下の居室で、地上への出口があるか居室から地上に通ずる部分に非常用照明装

置が設けられているなど非常時の避難に支障がない居室にも非常用の照明装置は設置しなくてもよい。

これらの措置の根拠は、平成12年建設省告示第1411号「非常用の照明装置を設けることを要しない避難階又は避難階の直上階若しくは直下階の居室で避難上支障がないものその他これらに類するものを定める件」によるもの。

建築基準法上の非常照明の基準からみて言えることは、床面において１ルクスという照度であれば、消防法上の階段に設ける通路誘導灯（１ルクス）も満足するということである。従って、建築基準法上の非常照明を設ければ、消防法上の階段に設ける通路誘導灯については改めて別に設けることなく、消防法上の誘導灯も設置したことになる、ということである（消則第28条の２第２項第五号）。もちろん、避難口誘導灯や廊下、通路に設ける通路誘導灯まではカバーできないので別途設置する必要がある。

また１ルクスの照度は床の水平面について要求されていること、蛍光灯は周囲の温度が高くなると照度が落ちる（22度で100％とすると140度の温度では46％に低下する。）ことから、常温下で２ルクスが必要である。また、最近普及してきたLEDランプも同様に２ルクスが必要である。白熱電球は温度低下による影響はないが、電圧低下による減光がある（90Ｖに低下すると光束は66％に低下する。）こと等に注意しなければならない。

ここでもう１つ注意しなければならないのは、建築基準法の規定は、遡及適用ではないので既存建築物（昭和45年12月31日以前）については適用されていない。しかし、消防法上の誘導灯は遡及適用であるので現存建築物にはすべて適用される。従って、建築基準法上の非常照明は設置されていないが、消防法上の誘導灯は設置義務がある事例が多いことである。消防法の規定は充分存在意義があるのである。

〈建築基準法施行令第126条の５〉

（構造）

第126条の５ 　前条の非常用の照明装置は、次の各号のいずれかに定める構造としなければならない。

一　次に定める構造とすること。

イ　照明は、直接照明とし、床面において１ルクス以上の照度を確保することができるものとすること。

ロ　照明器具の構造は、火災時において温度が上昇した場合であっても著しく光度が低下しないものとして国土交通大臣が定めた構造方法を用いるものとすること。

ハ　予備電源を設けること。

ニ　イからハまでに定めるもののほか、非常の場合の照明を確保するために必要があるものとして国土交通大臣が定めた構造方法を用いるものとすること。

二　火災時において、停電した場合に自動的に点灯し、かつ、避難するまでの間に、当該建築物の室内の温度が上昇した場合にあっても床面において１ルクス以上の照度を確保することができるものとして、国土交通大臣の認定を受けたものとすること。

照明装置の光源　　　　消防法上の誘導灯については、「光源は、非常電源に切り替えられた場合において、即時点灯性を有するものであること（平成11消防庁告示第２号）。」が要求

される。

　そのようなことから、建築基準法でも照明器具については次のように規定している（昭45建設省告示第1830号）。

〈非常用の照明装置の構造方法を定める件〉
（昭和54年建設省告示第1830号）

第1　照明器具

一　照明器具は、耐熱性及び即時点灯性を有するものとして、次のイ又はロに掲げるものとしなければならない。

　　イ　白熱灯（そのソケットの特性がセラミックス、フェノール樹脂、不飽和ポリエステル樹脂、芳香族ポリエステル樹脂、ポリフェニレンサルファイド樹脂、ポリブチレンテレフタレート樹脂であるものに限る。）

　　ロ　蛍光灯（即時点灯回路に接続していないスターター型蛍光ランプを除き、そのソケットの材料がフェノール樹脂、ポリアミド樹脂、ポリカーボネート樹脂、ポリフェニレンサルファイド樹脂、ポリブチレンテレフタレート樹脂、ポリプロピレン樹脂、メラミン樹脂、メラミンフェノール樹脂又はユリア樹脂であるものに限る。）

　　ハ　LEDランプ（次の(1)又は(2)に掲げるものに限る。）

　　(1)　日本産業規格C8159-1（一般照明用GX16t-5口金付直管LEDランプ－第一部：安全仕様）-2013に規定するGX16t-5口金付直管LEDランプを用いるもの（そのソケットの材料がフェノール樹脂、ポリアミド樹脂、ポリカーボネート樹脂、ポリフェニレンサルファイド樹脂、ポリブチレンテレフタレート樹脂、ポリプロピレン樹脂、メラミン樹脂、メラミンフェノール樹脂又はユリア樹脂であるものに限る。）

　　(2)　日本産業規格C8154（一般照明用LEDモジュール－安全仕様）-2015に規定するLEDモジュールで難燃材料で覆われたものを用い、かつ、口金を有しないもの（その接続端子部（当該LEDモジュールの受け口をいう。第三号ロにおいて同じ。）の材料がセラミックス、銅、銅合金、フェノール樹脂、不飽和ポリエステル樹脂、芳香族ポリエステル樹脂、ポリアミド樹脂、ポリカーボネート樹脂、ポリフェニレンサルファイド樹脂、ポリフタルアミド樹脂、ポリブチレンテレフタレート樹脂、ポリプロピレン樹脂、メラミン樹脂、メラミンフェノール樹脂又はユリア樹脂であるものに限る。）

二　照明器具内の電線（次号ロに掲げる電線を除く。）は、二種ビニル絶縁電線、架橋ポリエチレン絶縁電線、けい素ゴム絶縁電線又はふっ素樹脂絶縁電線としなければならない。

三　照明器具内に予備電源を有し、かつ、差込みプラグにより常用の電源に接続するもの（ハにおいて「予備電源内蔵コンセント型照明器具」という。）である場合は、次のイからハまでに掲げるものとしなければならない。

　　イ　差込みプラグを壁等に固定されたコンセントに直接接続し、かつ、コンセントから容易に抜けない措置を講じること。

　　ロ　ソケット（第一号ハ(2)に掲げるLEDランプにあっては、接続端子部）から差込みプラグまでの電線は、前号に規定する電線その他これらと同等以上の耐熱性を有するものとすること。

　　ハ　予備電源内蔵コンセント型照明器具である旨を表示すること。

四　照明器具（照明カバーその他照明器具に附属するものを含む。）のうち主要な部分は、難燃材料で造り、又は覆うこと。

誘導灯の「内部の配線は、確実に保護されており、電源に接続する端子又は口出線を有すること（消防庁告示。）」とされており、建設省告示では「照明器具内の電線は、二種ビニール絶縁電線、架橋ポリエチレン絶縁電線、けい素ゴム絶縁電線又はふっ素樹脂絶縁電線としなければならない。」と詳細に規定している。

電源から器具までの電気配線は、電気工作物に係る法令の規定によるほか、防火上の措置として、(1)耐火構造の主要構造部に埋設する　(2)下地とも不燃材料で仕上げした天井裏へ鋼製電線管を用いて行う　(3)準耐火構造の壁、防火戸で区画されたダクトスペース内に行う　(4)裸導体バスダクト又は耐火バスダクトを用いる　(5)ＭＩケーブルを用いる等により配線を行う必要がある。

また、電気配線については次のように定めている。

> ◆昭和54年建設省告示第1830号
> **第2　電気配線**
> 一　電気配線は、他の電気回路（電源又は消防法施行令第７条第４項第二号に規定する誘導灯に接続する部分を除く。）に接続しないものとし、かつ、その途中に一般の者が、容易に電源を遮断することのできる開閉器を設けてはならない。
> 二　照明器具の口出線と電気配線は、直接接続するものとし、その途中にコンセント、スイッチその他これらに類するものを設けてはならない。
> 三　電気配線は、耐火構造の主要構造部に埋設した配線、次のイからニまでの一に該当する配線又はこれらと同等以上の防火措置を講じたものとしなければならない。
> 　イ　下地を不燃材料で造り、かつ、仕上げを不燃材料でした天井の裏面に鋼製電線管を用いて行う配線
> 　ロ　準耐火構造の床若しくは壁又は建築基準法第２条第九号の二ロに規定する防火設備で区画されたダクトスペースその他これらに類する部分に行う配線
> 　ハ　裸導体バスダクト又は耐火バスダクトを用いて行う配線
> 　ニ　ＭＩケーブルを用いて行う配線
> 四　電線は、600Ｖ二種ビニル絶縁電線その他これと同等以上の耐熱性を有するものとしなければならない。
> 五　照明器具内に予備電源を有する場合は、電気配線の途中にスイッチを設けてはならない。この場合において、前各号の規定は適用しない。

電源は、常用電源については、建設省告示では「蓄電池又は交流低圧屋内幹線によるものとし、その開閉器には非常用の照明装置用である旨を表示しなければならない。」と規定し、消防法施行規則では第24条（自動火災報知設備に関する基準の細目）第三号の規定を準用して「電源は、蓄電池又は交流低圧屋内幹線で、電源までの配線の途中で他の配線を分岐させずにとること。開閉器には、誘導灯用のものである旨を表示すること。」としている。いずれも同じような内容を有するものである。

消防法にいう「非常電源」と建築基準法にいう「予備電源」は同意義に用いられており、その詳細については後で項を改めて説明してみたいが、誘導灯又は非常照明についてのみ簡単に説明すると、いずれも即時点灯という意味から、蓄電池設備に限ることとしている。これは自動火災報知設備についても

言えることである。若干の差異としては、消防法の誘導灯では20分間以上の作動ができる容量を要求しているのに対して、建築基準法では30分以上の作動ができる容量を要求している点である。

ただし、消防法施行規則第28条の3第4項第十号によると、基本的には非常電源は、蓄電池設備によるものとし、その容量を誘導灯を有効に20分間作動できる容量以上とすること、としているものの、その他に消防庁長官が定める場合には、その容量を60分間作動できる容量以上を必要としている。そのため、「20分間を超える時間における作動に係る容量にあっては、直交変換装置を有する蓄電池設備、自家発電設備又は燃料電池設備によるものを含む。」こととしている。

また、最近では、消防庁長官が定める60分間作動できる容量以上の一部の誘導灯について、蓄光式誘導標識を代替えとすることが認められている。

一方、建設省告示においても、基本としては蓄電池（容量30分間）としているが、停電時に直ちに蓄電池により点灯する場合には、蓄電池と自家用発電池と組合せても差支えないこととしている。なお、この告示は、非常用の照明装置の予備電源にかかるものである。

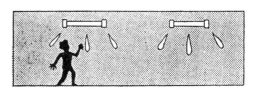

突如、停電になるとマックラ

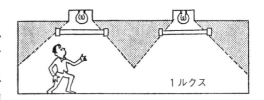

1ルクス

すぐ非常用照明が点灯して
最低限の明るさは確保できる。

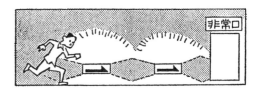

誘導灯を頼りに避難口へ

第77図　非常照明と誘導灯の役割

◆昭和45年建設省告示第183号
第3　電源
一　常用電源は、蓄電池又は交流低圧屋内幹線によるものとし、その開閉器には非常用の照明装置である旨を表示しなければならない。ただし、照明器具内に予備電源を有する場合は、この限りでない。
二　予備電源は、常用の電源が断たれた場合に自動的に切り替えられて接続され、かつ、常用の電源が復活した場合に自動的に切り替えられて復帰するものとしなければならない。
三　予備電源は、自動充電装置又は時限充電装置を有する蓄電池（開放型のものにあっては、予備電源室その他これらに類する場所に定置されたもので、かつ、減液警報装置を有するものに限る。以下この号において同じ。）又は蓄電池と自家用発電装置を組み合わせたもの（常用の電源が断たれた場合に直ちに蓄電池により非常用の照明装置を点灯させるものに限る。）で、充電を行うことなく30分間継続して非常用の照明装置を点灯させることができるものその他これらに類するものによるものとし、その開閉器には非常用照明装置である旨を表示しなければならない。

（非常用電源については、**26　非常用電源・予備電源**を参照のこと。）

非常用の進入口の赤色灯　非常用の進入口については、すでに述べたが、進入口を示す赤色灯については、予備電源を設ける等、非常用の照明装置と類似した技術基準を設けているので、ここであわせて基準を示すこととする。

〈建築基準法施行令第126条の7〉（抄）

（構造）

第126条の7　前条の非常用の進入口は、次の各号に定める構造としなければならない。

六　進入口又はその近くに、外部から見やすい方法で赤色灯の標識を掲示し、及び非常用の進入口である旨を赤色で表示すること。

七　前各号に定めるもののほか、国土交通大臣が非常用の進入口としての機能を確保するために必要があると認めて定める基準に適合する構造とすること。

◆非常用の進入口の機能を確保するために必要な構造の基準（昭和45年建設省告示第1831号）（抄）

第1　非常用の進入口又はその近くに掲示する赤色灯は、次の各号に適合しなければならない。

一　常時点燈（フリッカー状態を含む。以下同じ。）している構造とし、かつ、一般の者が容易に電源を遮断することができる開閉器を設けないこと。

二　自動充電装置又は時限充電装置を有する蓄電池（充電を行なうことなく30分間継続して点燈させることができる容量以上のものに限る。）その他これに類するものを用い、かつ、常用の電源が断たれた場合に自動的に切り替えられて接続される予備電源を設けること。

（以下略）

23 排煙設備

排煙設備とは　排煙設備についての規定は、消防法にも建築基準法にもあるので、果たして"消防用設備等"であるのか"建築設備"であるのか、それもよく判らないし、どちらの規定に従って設ければよいのか、それともそれぞれの規定に基づいて2種類の排煙設備を設けなければならないのだろうか。そのような疑問が生じる。

　建築基準法では、建築物の定義の中で「建築設備を含むものとする。」としており、建築設備の定義では、「建築設備　建築物に設ける電気、ガス、給水、排水、換気、暖房、冷房、消火、**排煙**若しくは汚物処理の設備又は煙突、昇降機若しくは避雷針をいう。」とされている。従って、排煙設備は建築設備の一つであることが判る。

　それでは消防法上の排煙設備がどのような位置づけにあるかといえば、消防法第17条の「消火活動上必要な施設」とされている。その種類としては、消防法施行令第7条第6項に「消火活動上必要な施設は、**排煙設備**、連結散水設備、連結送水管、非常コンセント設備及び無線通信補助設備とする。」ということで、排煙設備は消火活動上必要な施設として位置づけられている。

　このようなことから、建築基準法の方では一般的な避難等を対象とした排煙設備であるといえるし、消防法では消防隊が消火活動をするうえで必要な施設として考えているものであることが判る。従って、いずれか一方の規定さえ守れば済むというものではなく、それぞれの規定に従って、重複部分はその厳なる規定によって規制されることになる。もっとも、火災によって発生する煙は、避難のためにも消火活動を行ううえでも障害となるものであって、そのような煙を排出するための排煙設備は、避難のために障害となる煙だけを排出するものでもなく、消火活動上障害となる煙だけを排出するものでもないことは明らかである。従って、法律上の目的はどうであれ、煙を排出するものであれば、避難のためにも、消火活動のためにも役立つものである。

排煙設備の設置が必要な建築物　建築基準法施行令第126条の2及び消防法施行令第28条第1項に、排煙設備の設置が義務づけられている建築物（防火対象物）が規定されている。それをあわせて一つの表にまとめてみると次のようになる。

　ここで**"防煙壁"**とは、「間仕切壁、天井面から50cm以上下方に突出した垂れ壁その他これらと同等以上に煙の流動を妨げる効力のあるもので不燃材料で造り又は覆われたもの」と定義されている。発生した煙が直ちに他の部屋等へ流動しないようにするものであるが、このような防煙壁を設け、防煙壁によって床面積が100m²以内ごとに区画されている場合には、排煙設備の設置が免除されることがある。

排煙設備の設置が義務づけられている建築物（防火対象物）

1　延べ面積が500m²を超える次の特殊建築物

　(1)　劇場、映画館、演芸場、観覧場、公会堂、集会場

　　（上記の特殊建築物の舞台部で床面積が500m²を超えるもの——消令第28条第1項第二号）

　(2)　病院、診療所、ホテル、旅館、下宿、共同住宅、寄宿舎、児童福祉施設等（建基令第19条第1項、令第115条の3第一号参照、幼保連携型認定こども園が含まれることに注意。）

　　（上記の建築物のうち、準耐火構造の床・壁又は法第2条第九号の二ロの防火設備で床面積100m²以内ごと（共同住宅の住戸にあっては200m²以内ごと）に防火区画されたものを除く。建基令第126条の2第1項第一号）

　(3)　博物館、美術館、図書館

　(4)　百貨店、マーケット、展示場、キャバレー、カフェー、ナイトクラブ、バー、ダンスホール、遊技場、公衆浴場、待合、料理店、飲食店、床面積が10m²をこえる物品販売店舗

2　階数が3以上で延べ面積が500m²を超える建築物（高さ31m以下の部分にある居室で、床面積100m²以内ごとに防煙壁によって区画されたものを除く。）

3　排煙上有効な開口部（天井又は天井から下方80cm以内の距離にある開放できる部分）の面積の合計が、床面積の50分の1未満の居室

　（消令第28条では、別表第1(2)項〔キャバレー等〕、(4)項〔百貨店等〕、(10)項〔停車場等〕及び(13)項〔駐車場、格納庫等〕の地階又は無窓階で、床面積が1,000m²以上のもの、(16の2)項〔地下街〕で延べ面積が1,000m²以上のものを指定している。）

4　延べ面積が1,000m²を超える建築物の居室で、その床面積が200m²を超えるもの（高さ31m以下の部分にある居室で、床面積100m²以内ごとに防煙壁によって区画されたものを除く。）

排煙設備の設置の免除

　　建築基準法上、排煙設備の設置義務がある建築物でも、次の場合は設置しないことができる（建基令第126条の2第1項第一号から第五号まで）。

1　準耐火構造の床、壁又は防火設備で床面積100m²（共同住宅にあっては200m²）以内ごとに区画した病院、ホテル、共同住宅等（法別表第1(い)欄2項の特殊建築物）

2　学校（幼保連携型認定こども園を除く。）、体育館、ボーリング場、スキー場、スケート場、水泳場又はスポーツの練習場（防煙区画等の有無にかかわらずすべて）

3　階段部分、昇降機の昇降路部分（乗降ロビーを含む。）その他これらに類する建築物の部分

4　機械製作工場、不燃性の物品を保管する倉庫その他これらに類する用途に供する建築物で主要構造部が不燃材料で造られたものその他これらと同等以上に火災の発生のおそれの少ない構造のもの

5　火災が発生した場合に避難上支障のある高さまで煙又はガスの降下が生じない建築物の部分として、天井の高さ、壁及び天井の仕上げに用いる材料の種類等を考慮して国土交通大臣が定めるもの

　一方、消防法施行令では「排煙上有効な窓その他の開口部があるときは、同項の規定にかかわらず、総務省令で定めるところにより、排煙設備を設置しないことができる（消令第28条第3項）。」としており、消防法施行規則第29条（排煙設備の設置を要しない防火対象物の部分）においては、常時開放され

ており、直接外気に設する開口部の面積が、次に掲げるもの以上であることとしている（消則第30条第六号ロ及びハ）。

ロ　直接外気に接する排煙口から排煙する防煙区画にあっては、当該排煙口の面積の合計は、次の表の左欄に掲げる防煙区画の区分に応じ、同表の右欄に掲げる面積以上であること。

防煙区画の区分	面　　積
消火活動拠点	2 m²（特別避難階段の附室と非常用エレベーターの乗降ロビーを兼用するものにあっては、3 m²）
消火活動拠点以外の部分	当該防煙区画の床面積の50分の1となる面積

ハ　消火活動拠点の給気は、消火活動上必要な量の空気を供給することができる性能の給気機又は面積の合計が1 m²（特別避難階段の付室と非常用エレベーターの乗降ロビーを兼用するものにあっては、1.5m²）以上の直接外気に接する給気口により行うこと。

その他水噴霧消火設備（移動式を除く。）を設けた室においても排煙設備の設置を要しない。

防火区画された建築物等の取扱い

建築物が開口部のない準耐火構造の床、壁又は防火設備で区画されている場合は、それぞれ別の建築物とみなして排煙設備の規定を適用することができる（建基令第126条の2第2項第一号）。また、アトリウム等の大空間がある建築物で、建築物の2以上の部分がアトリウム等があることにより火災時に相互に煙、ガスによる避難上有害な

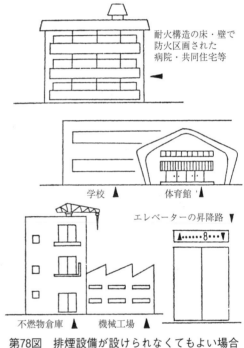

第78図　排煙設備が設けられなくてもよい場合

影響を及ぼさない場合にも、別の建築物とみなして排煙設備の規定を適用することができる（建基令第126条の2第2項第二号、令和2年国土交通省告示第663号。この規定は令和2年4月より施行された新設の規定。）。なお、消防法施行令第8条においては、防火対象物が開口部のない耐火構造の床又は壁で区画されているときは、区画された部分をそれぞれ別の防火対象物とみなすこととされている。

〈建築基準法施行令第126条の2第2項〉
2　次に掲げる建築物の部分は、この節の規定の適用については、それぞれ別の建築物とみなす。
　一　建築物が開口部のない準耐火構造の床若しくは壁又は法第2条第九号の二ロに規定する防火設備でその構造が第112条第19項第一号イ及びロ並びに第二号ロに掲げる要件を満たすものとして、国土交通大臣が定めた構造方法〔昭和48年建設省告示第2564号〕を用いるもの若しくは国土交通

大臣の認定を受けたもので区画されている場合における当該区画された部分

二　建築物の２以上の部分の構造が通常の火災時において相互に煙又はガスによる避難上有害な影
　響を及ぼさないものとして国土交通大臣が定めた構造方法を用いるものである場合における当該
　部分

排煙設備の技術基準

排煙設備の構造についての技術上の基準は、やはり建築基準法令上にも、消防法令上にも設けられているが、内容的には建築基準法の方が詳しいので、そちらを中心に、消防法上の基準も織り交ぜて説明してみたい。

　建築基準法施行令第126条の３は第一号から第十一号までにわたって構造基準を定めているが、第十二号で「前各号に定めるもののほか、火災時に生じる煙を有効に排出することができるものとして国土交通大臣が定めた構造方法を用いるものとすること。」とされ、建設省告示〔火災時に生ずる煙を有効に排出することができる排煙設備の構造方法（昭和45年建設省告示第1829号）〕が定められている。

　また、第２項は、送風機を設けた排煙設備で、〔通常の火災時に生ずる煙を有効に排出することができる特

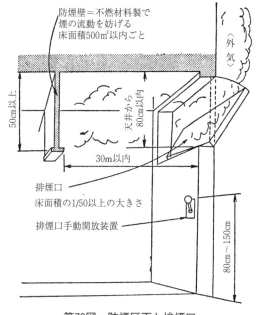

第79図　防煙区画と排煙口

防煙壁＝不燃材料製で煙の流動を妨げる床面積500㎡以内ごと

50cm以上

天井から80cm以内

30m以内

排煙口床面積の1/50以上の大きさ

排煙口手動開放装置

80cm～150cm

〈外気〉

殊な構造の排煙設備の構造方法（平成12年建設省告示第1437号）〕が定められている。一方、消防法令上では、消防法施行令第28条第２項及び技術的細目として消防法施行規則第30条に基準が定められている。

　また、消防法でも平成15年の改正で性能化規定が導入され、通常用いられる排煙設備に代えて用いることができる設備として「加圧防排煙設備の設置及び維持に関する基準（平成21年消防庁告示第16号）」が定められている。

　建築基準法上の排煙設備は、必ずしも**排煙機**によるものだけでなく、**自然排煙**による排煙口を認めているところに大きな特色がある。煙は前にも述べたように、火災により高温になると、600度で約２倍、900度で約３倍と膨張し、これが高い気圧となって激しく噴出することになる。この煙を他の部屋へ流出させない（そのためには防煙区画をする）ようにし、各区画ごとに適切な排煙口を設けさせることとしたものである。具体的には、排煙設備の技術基準は次のとおりである。

⑴　建築物の床面積が500㎡以内となるように防煙壁で区画する。区画された部分は「防煙区画部分」という。

⑵　防煙区画部分ごとに、排煙口を設ける。

　　排煙口は、防煙区画部分の床面積の50分の１以上の開口面積を有し、かつ、各防煙区画部分のど

228

こからも水平距離30m以内となるように設置すること。

(3) 排煙口の位置は、天井又は天井から80cm以内の壁の上部に設ける。もっとも防煙壁のたけが80cm以下であるときは、（防煙壁のたけは最小50cmであるため）最も短かい防煙壁のたけ以内の位置とする。

(4) 排煙口は、直接外気に接するようにするか、又は排煙風道によって有効に排煙できるようにする。排煙口、風道その他煙に接する部分は、不燃材料で造る（排煙設備の風道は、煙の熱及び成分によりその機能に支障を生ずるおそれのない材料で造ること。──消令第28条第2項第三号）。

(5) 排煙口は、手動開放装置を設け、手で操作する部分は、壁に設ける場合は、その高さを床面から80cm以上、1.5m以下の位置に、天井からつり下

A～G：防煙区画部分
排煙機は2以上の防煙区画部分を受け持つため、最大のE（90m²）について 90m²×2 m²/m²＝180m²の能力が必要

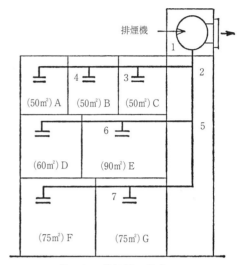

第80図　排煙機の能力

げて設ける場合は、床面からおおむね1.8m程度の位置に設ける。また、その使用方法をわかりやすく表示する。

(6) 開放装置には、手動開放装置以外の装置、例えば煙感知器と連動する自動開放装置を付加してもよく、また遠いところで操作するリモートコントロール方式（遠隔操作方式）による開放装置を付加しても構わない。しかし、普段から開けっ放しにしておくのではなく、いつもは閉鎖されているものとし、また、煙を排出するために開放したとき、激しい煙の気流で閉じてしまうことのないような構造とすること（排煙設備には、手動起動装置又は火災の発生を感知した場合に作動する自動起動装置を設けること。──消令第28条第2項第二号）。

(7) 排煙風道は、建築基準法施行令第115条第1項第三号に定める構造、すなわち、小屋裏、天井裏等にある部分は金属以外の不燃材料で覆い、木材その他の可燃材料から15cm以上離して設けることとすること。防煙壁を貫通するときは、風道と防煙壁とのすきまをモルタル等で埋めること。防火区画等を貫通するときは、建築基準法施行令第112条第20項の規定によって、やはり同様の措置が必要である。また同条第21項には、換気、暖房又は冷房の設備の風道が防火区画を貫通する場合には、防火区画の近くにダンパーを設け、火煙が建築物の他の部分へ噴出することを防ぐようにしている。しかし、排煙のための風道には、ダンパーの設置を義務づけているとは読み難い。一方、消防法令上は、排煙設備の「風道が耐火構造の壁又は床を貫通する箇所その他延焼の防止上必要な箇所にダンパーを設ける場合にあっては、次に定めるところによること。

(イ) 外部から容易に開閉することができること。

(ロ) 防火上有効な構造を有するものであること。

㈡　火災により風道内部の温度が著しく上昇したとき以外は、閉鎖しないこと。この場合において、自動閉鎖装置を設けたダンパーの閉鎖する温度は、280℃以上とすること。

㈡　消火活動拠点に設ける排煙口又は給気口に接続する風道には、自動閉鎖装置を設けたダンパーを設置しないこと。」

とされており、ここらが建築・消防両法令の規定の微妙な食い違いのようなものだが、これはどう考えたらよいだろうか。排煙という以上、煙とともに火炎も噴出するであろう。従って、最初から延焼のおそれのあるような構造の風道であっては困るわけで、一たん火災による排煙の用に供し始めてから、急に今度は延焼のおそれがあるからストップといっても、そうは上手に調整できるものではなかろう。そこで消防法令では、作動温度を280℃以上としたり、また、消火活動拠点に設ける風道には自動閉鎖のダンパーは設けないようにしている。

⑻　排煙設備の能力については「防火対象物又はその部分の用途、構造又は規模に応じ、火災が発生した場合に生ずる煙を有効に排除することができるものであること。」と消防法施行令第28条第2項第一号には、抽象的に規定されているが、もともと、消防法上の排煙設備は排煙機によることを原則としているかにみえる。建築基準法上は排煙口を認めているのだから必ずしも排煙機による必要はないのだが、排煙口の能力が不足する場合には排煙機を設けることとしている。すなわち、防煙区画部分の床面積に対して排煙口の開口面積が50分の1未満の場合は、排煙機を設けることとしている。また、排煙口の開口面積は50分の1以上であっても、排煙口が直接外気に接しない場合、すなわち、風道を通じて排煙するものである場合においても排煙機を必要とする。

⑼　排煙機の能力の具体的数値としては、毎分120m³以上で、かつ、防煙区画部分の床面積1m²につき1m³以上の空気を排出する能力を有するものとすること。排煙機のなかには2以上の防煙区画部分の排煙を受け持つものもあろうが、その場合は、最も大きな防煙区画部分の床面積1m²について2m³以上の能力のものとする。なお排煙機は、どれか1つの排煙口を開放すると直ちに自動的に作動するようになっていなければならない。

　この排煙機の能力は、かなり厳しいものであるので過大ではないかという批判も耳

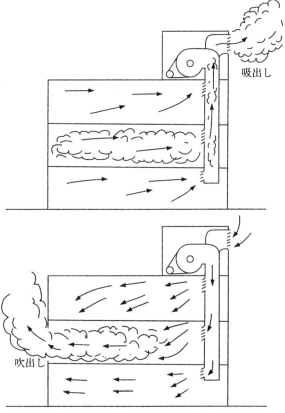

第81図　特殊な排煙設備（令第126条の3の第2項）

にするが、実際の排煙を有効に行うには、どうしてもこれだけは必要になるのである。

　もっとも、煙を有効に排出するというのは容易なことではなく、消防車の１種に排煙車というのがあるが、これもそれ程効果的に活用されるかどうかというと、若干の疑問なしとはしない。だいたい、煙を吸い出すということ自体が能率的な発想であるとは思われない。台所に充満したサンマの煙を排出するのに吸い出すのが効果的か、それとも新鮮な空気を流入させ吹き出した方が煙を追い出して効果的であるかは経験的に判ることである。しかし、これを実際の火災に応用するとなると容易ではない。

　もともと、火災時の煙は、高温により膨張して気圧は高くなっているものだが、更に気圧を高めて排煙効果を高めるには、例えば、煙発生室の近くの窓だけが開口されていて他は閉鎖されているというような状態で煙を追い出すしかないが、実際の火災時にそのような巧みなコントロールが期待できるであろうか。

　また、新鮮な空気の送付が、燃焼をますます激しくするのではなかろうか。

　しかし、直接火源に対して送風するのではなく、単なる煙の充満に対しては、サクション（吸い出し）よりも、ブローによる吹き出しの方が効果的であろう。従って、例えば地下街の地下道のように直下に火源がなく、避難路の確保が最も必要なようなケースでは、果して吸い出しと吹き出しのどちらの方が役立つであろうか。煙を排出するために一度地下道の方へ煙を吸い出すことは避難路の視野を悪くしないだろうか。逆に煙が地下道へ流れ出るのを防ぐだけではなく煙を封鎖してしまうように気圧を高めることができないだろうか。このように目的は１つであっても、それを解決するのに全く相反する方法論が登場することがある。例えば、日本では「オツリ」の計算とは“引き算”であるが、外国では、買った品物にオツリを加えて受けとった紙幣の額に達するようにする、すなわち“たし算”であることのように。

　このようなことから、平成12年の性能規定化に際し、国土交通大臣は、特殊な構造の排煙設備として、この給気方式による排煙設備の基準を定めている（平成12年建設省告示第1437号）。また、消防法上でも平成21年に排煙設備に代えて用いることができる防火安全性能を有する消防用設備等（平成21年総務省令第88号）として、加圧防排煙設備の設置及び維持に関する技術上の基準（平成21年消防庁告示第16号）が定められている。

⑽　排煙設備には非常電源を附置すること（消令第28条第２項第四号）。非常電源は消防法施行規則第12条第１項第四号（屋内消火栓設備の非常電源）の規定に準じて設けること（消則第30条第八号）。

　一方、建築基準法では、「電源を必要とする排煙設備には、予備電源を設けること（建基令第126条の３第１項第十号）。」とされている。非常電源、予備電源のいずれも同じようなものであるが、これについては改めて述べることとする。

⑾　非常用エレベーターの設置が必要な高さが31ｍを超える高層建築物又は各構えの床面積の合計が1,000㎡を超える地下街においては、排煙設備の制御及び作動状態の監視は、中央管理室で行うことができるようにすること。

　中央管理室とは、前に述べたようにいわゆる防災センターのことで、「当該建築物、同一敷地内

の他の建築物又は１団地内の他の建築物の内にある管理事務所、守衛所その他常時当該建築物を管理する者が勤務する場所で避難階又はその直上階若しくは直下階に設けたもの（建基令第20条の２第二号）」をいう。中央管理室の機能等については、また別に**25. 中央管理室**において述べることとする。

排煙設備の特例　　　建築基準法では旧第38条において「予想しない特殊の建築材料又は構造方法を用いる建築物については、建設大臣がその建築材料又は構造方法がこれらの規定によるものと同等以上の効力があると認める場合においては適用しない。」と規定していた。この規定に基づいて建設大臣は、排煙設備について４件の告示を示していたが、平成12年の性能規定化の折に、それらをまとめて、１つの告示（平成12年建設省告示第1436号）とし、その件名も「火災が発生した場合に避難上支障のある高さまで煙又はガスの降下が生じない建築物の部分を定める件」とした。

その内容は、次のようなものである。

（その１）　各防煙区画毎に常時開放された排煙口が設けられ、（排煙口が直接外気に接しないとか、床面積の50分の１以上の排煙口がとれないとかの理由で）排煙機を設ける場合には手動始動装置を設けたもの——排煙口の常時閉鎖、手動開放装置の設置、中央管理室における制御等の規定の適用が免除される。

（その２）　劇場、映画館、演芸場、観覧場、公会堂又は集会場の客席、体育館、工場その他これらに類する建築物の部分（体育館、機械製造工場等は排煙設備の設置が免除されている。）で、天井（天井がなければ屋根）の高さが３ｍ以上あり、天井、壁は不燃材料又は準不燃材料で仕上げされ、防煙区画が設けられているもの。排煙機の能力は毎分500m³以上かつ防煙区画部分の床面積（２以上の防煙区画に係るものにあっては、それらの床面積の合計）１m²について１m³以上の空気排出能力を有すること——500m²以内の防煙区画、排煙機の能力の規定の適用が免除される。

（その３）　天井の高さが３ｍ以上の建築物では排煙口が天井の高さの２分の１以上で、かつ、2.1ｍ以上の壁に設けられ、防煙壁の下端より上方に設けられた排煙上有効な構造の排煙口——天井から下方80cm以内に排煙口を設置する規定の適用が免除される。

（その４）　次に掲げる建築物又はその部分については排煙設備の設置が免除される。

（1）　住宅（階数２以下、延べ面積200m²以下のもの）又は長屋（延べ面積200m²以下のもの）の居室で、居室の床面積の20分の１以上の換気上有効な窓その他の開口部を有するもの

（2）　避難階又は避難階の直上階にある特殊建築物以外の用途の部分、又は児童福祉施設等（入所する者の使用するものを除く。）、博物館、美術館、図書館の用途部分で、その主たる用途に供する各居室に屋外の出口等が設けられたもの（これらの建築物の部分以外の部分が排煙設備の設置が不要とされている部分に該当する場合又はこれらの建築物の部分とそれ以外の部分とを防火防煙区画した場合に限る。）

（3）　不燃性ガス消火設備又は粉末消火設備を設けた危険物の貯蔵場若しくは処理場、自動車車庫、通信機械室、繊維工場等

(4) 高さが31m以下の建築物（地階に設ける劇場等は除く。）の次の部分

　イ　居室にあっては、床面積が100m²以内で壁及び天井の仕上げを下地とも不燃材料でしたもの又は床面積100m²以内ごとに耐火構造の床、壁、令第2条第九号の二ロの防火設備（常時閉鎖式等のもの）で区画され壁及び天井の仕上げを準不燃材料でしたもの

　ロ　居室以外の室では、床面積が100m²未満で防煙壁により区画されたもの又は内装を準不燃材料以上とし屋内に面する開口部には戸もしくは扉（居室又は避難路等に面する部分は常時閉鎖式等の防火設備）を設けたもの

(5) 高さ31mを超える部分にある床面積が100m²以下の室で、耐火構造等により防火区画され内装を準不燃材料としたもの

特別避難階段等の排煙設備

　特別避難階段に設ける付室及び非常用エレベーターの乗降ロビーには、排煙設備等の設置についての基準があるので、ここであわせて説明することとする。

　特別避難階段は、バルコニー又は付室を通じて屋内と連絡するようになっている。これはいうまでもなく煙対策であって、このような方法で特別避難階段内に煙が入ってくることを防いでいるのである。バルコニーは外壁に設けるものであるから、煙は外気に排出されてしまうが、付室の場合は屋内に設けるものであるだけに、その排煙対策が必要となる。非常用エレベーターの乗降ロビーも特別避難階段の付室と全く同じような効果を持つものであって、両者を兼ねることも認められている。国土交通大臣が定めた構造方法には「外気に向かって開けることのできる窓」と「排煙設備」とがあり、そのいずれかの構造方法に従って、窓又は排煙設備を設ければよいのである。

◆特別避難階段の階段室又は付室の構造方法を定める件（平成28年建設省告示第696号）

◆非常用エレベーターの昇降路又は乗降ロビーの構造方法を定める件（平成28年建設省告示第697号）

（内容）両告示は共通点が多いのであわせて説明することとする。

　この告示においては、付室、乗降ロビーに次の5種類の防煙対策のいずれかを講じることを定めている。

(1) 付室、乗降ロビーに「外気に向かって開くことができる窓」を設けること。

　「外気に向かって開けることのできる窓」は、開口面積が2m²以上で、付室、乗降ロビーの上部（天井又は壁の上部（天井高の$\frac{1}{2}$以上の部分））に設けたものとする、常時開放としてもよいが、常時閉鎖のものには、手動開放装置（床面から0.8m以上1.5m以下）を設けておく、

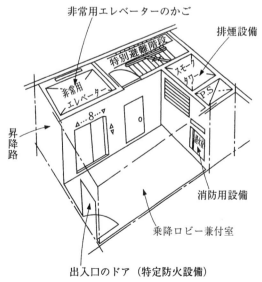

第82-1図　出入り口のドア（特定防火設備）

開口部は不燃材料で造る等の措置が必要。

(2) 付室、乗降ロビーに「最上部を直接外気に開放する排煙風道による排煙設備」を設けること。

最上部を直接外気に開放した排煙風道（断面積 6 m² 以上、付室と乗降ロビーと兼用する場合 9 m² 以上）に通じる排煙口を設けその開口面積は 4 m²（兼用する場合は 6 m²）以上とするとともに、換気風道（断面積 2 m² 以上、兼用する場合 3 m² 以上）に直結する給気口（開口面積 1 m²、兼用する場合は1.5m²以上）を設ける等の措置が必要。

(3) 付室、乗降ロビーに「排煙機による排煙設備」を設けること。

基本的には通常の機械排煙設備と同じだが、排煙機の排出能力は 1 秒間に 4 m³（付室と乗降ロビーと兼用する場合は 6 m³）以上とする必要がある。

(4) 付室、乗降ロビーに「送風機を設けた排煙設備」を設けること。

この排煙設備の構造は平成12年国土交通省告示第1437号第一号又は第二号の基準に適合するものとする。

(5) 付室、乗降ロビーへの煙の流入を有効に防止することができる「加圧防煙設備」を設けること**（第82－2図参照）**。

これは付室に送風機による給気設備を設けて給気し、付室の空気圧を廊下などの付室に通じる室よりも高めることによって、付室への煙の侵入を防止しようとするもの。付室には送風機を設けた通気口を設ける、付室と隣接室との間には所要の開口面積等を有する遮煙開口部を設け、隣接室又は隣接室に連絡する一般室には所要の構造の空気逃し口を設ける等の措置が必要となる。

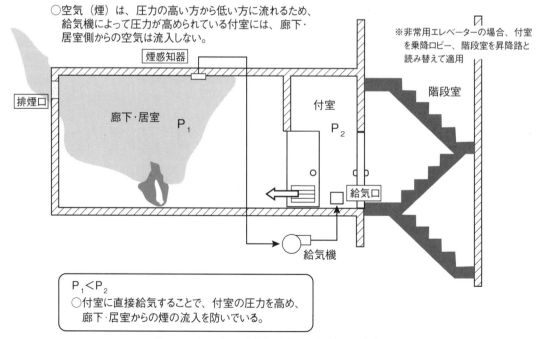

第82－2図　加圧防排煙設備の例（付室給気）

〈建築基準法施行令第123条第3項第一号〉

3　特別避難階段は、次の各号に定める構造としなければならない。

一　屋内と階段室とは、バルコニー又は付室を通じて連絡すること。

二　屋内と階段室とが付室を通じて連絡する場合において、階段室又は付室の構造が、通常の火災時に生ずる煙が付室を通じて階段室に流入することを有効に防止できるものとして、国土交通大臣が定めた構造方法を用いるもの又は国土交通大臣の認定を受けたものであること。

（略）

〈建築基準法施行令第129条の13の3第3項第二号〉

3　乗降ロビーは、次に定める構造としなければならない。

（略）

二　バルコニーを設けること。

（略）

13　第3項第二号の規定は、非常用エレベーターの昇降路又は乗降ロビーの構造が、通常の火災時に生ずる煙が乗降ロビーを通じて昇降路に流入することを有効に防止できるものとして、国土交通大臣が定めた構造方法を用いるもの又は国土交通大臣の認定を受けたものである場合においては、適用しない。

地下街の地下道に設ける排煙設備

　　地下街の各構えが接しなければならない地下道の排煙設備については、また若干異なる基準が設けられている。

　　基準が一般の建築物の排煙設備と異なる点は、防煙区画部分の大きさが、床面積300m²以内ごと（一般建築物では500m²以内ごと）と縮小されていること、防煙壁のたけが下方80cm（一般建築物では50cm）以上と強化されていること及び排煙機の能力が毎秒5m³（2以上の防煙区画部分に係る場合には、10m³）以上の室内空気を排出できるものと強化されている点である。その他の技術基準については一般建築物の場合と変りはない。

（注）排煙機の能力が、一般建築物では毎分で表わされているのに対して地下街の排煙設備では毎秒で表わされていることに注意。地下街の毎秒5m³は毎分300m³に相当する。

〈建築基準法施行令第128条の3第1項第六号〉（抄）

（地下街）

第128条の3　地下街の各構えは、次の各号に該当する地下道に2m以上接しなければならない。（中略）

六　非常用の照明設備、排煙設備及び排水設備で国土交通大臣が定めた構造方法を用いるものを設けていること。

◆地下街の各構えの接する地下道に設ける非常用の照明設備、排煙設備及び排水設備の構造方法を定める件（昭和44年5月1日建設省告示第1730号）

24 煙突・火気使用設備

煙　突　　　排煙設備について述べたついでに煙突についても触れておこう。煙突と排煙設備との基本的な相違点は、煙突はもともと意識的に使用される火気の排煙を主目的としているのに対して、排煙設備は火災によって発生する煙を排出することにある。従って、煙突は火気使用設備に直結して排煙する設備であるといえる。

　煙突についての基準は、**防火上**のものと**構造上**のものとがある。構造上のものとは、煙突は細長く屋上や屋根から突出しているので地震その他の原因で倒壊しやすく、その災害を防ぐため一定の基準を設けているものである。

　煙突には、**建築物の建築設備**として設けられるもの（建基法第2条第一号及び第三号参照）と独立した**工作物**としての煙突がある。工作物としての煙突中、高さが6mを超えるもの（ストーブの煙突を除く。）は建築基準法第88条（工作物への準用）第1項の規定により建築基準法施行令第138条（工作物の指定）第1項第一号により指定され、建築物に準じた手続等の規定の準用がある。

建築物に設ける煙突

　　　　　建築物に設ける煙突の規定は、ストーブ等の火気使用設備に設けるものとボイラーの煙突とに分けて考えることができる。

　屋根又は軒から60cm以上突出させるのは防火上の配慮から規定されたものである。一方、消防法令上では、消防法第9条の規定に基づいて火を使用する設備の位置、構造及び管理の基準等について市町村条例で規制をすることができるように定められている。この市町村条例は、**火災予防条例（例）**が定められており、それに準拠して制定されることが多い。

　一方、ボイラーに設ける煙突については、建築基準法施行令第115条第1項第七号の規定の適用があ

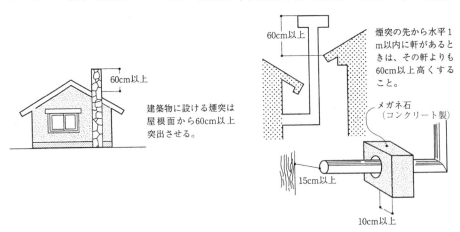

第83図　建築物に設ける煙突

る。

　詳しいことは、国土交通大臣の定める基準（昭和56年建設省告示第1112号）に定められているが、それによると、煙突の高さは15m以上（重油、軽油、燈油、コークス又はガスを使用するボイラーにあっては、9ｍ以上）とすることとされている。ただし、特殊の装置の設置、周囲の状況等により、防火上支障のない場合は、これ以下でもよい。このほか、煙突の有効断面積、燃料消費量等によって算出される高さの基準の適用もある。

　さて、このボイラーの煙突の高さの規定は、防火上や構造上のものというよりは、燃料の完全なる燃焼を確保するために必要な高さの規定であるといえる。なお、この高さの規定は、独立した工作物としての煙突にも適用される。

〈建築基準法施行令第115条〉（抄）

（建築物に設ける煙突）

第115条　建築物に設ける煙突は、次に定める構造としなければならない。

一　煙突の屋上突出部は、屋根面から垂直距離を60cm以上とすること。

二　煙突の高さは、その先端からの水平距離１ｍ以内に建築物がある場合で、その建築物に軒がある場合においては、その建築物の軒から60cm以上高くすること。

三　煙突は、次のイ又はロのいずれかに適合するものとすること。

　イ　次に掲げる基準に適合するものであること。

　　(1)　煙突の小屋裏、天井裏、床裏等にある部分は、煙突の上又は周囲にたまるほこりを煙突内の廃ガスその他の生成物の熱により燃焼させないものとして国土交通大臣が定めた構造方法を用いるものとすること。

　　(2)　煙突は、建築物の部分である木材その他の可燃材料から15cm以上離して設けること。ただし、厚さが10cm以上の金属以外の不燃材料で造り、又は覆う部分その他当該可燃材料を煙突内の廃ガスその他の生成物の熱により燃焼させないものとして国土交通大臣が定めた構造方法を用いる部分は、この限りでない。

　ロ　その周囲にある建築物の部分（小屋裏、天井裏、床裏等にある部分にあっては、煙突の上又は周囲にたまるほこりを含む。）を煙突内の廃ガスその他の生成物の熱により燃焼させないものとして、国土交通大臣の認定を受けたものであること。

　　◆国土交通大臣が定める構造＝平成16年国土交通省告示第1168号（建基令第115条第１項第三号イ(2)に係るものは未制定）

四　壁付暖炉のれんが造、石造又はコンクリートブロック造の煙突（屋内にある部分に限る。）には、その内部に陶管の煙道を差し込み、又はセメントモルタルを塗ること。

五　壁付暖炉の煙突における煙道の屈曲が120度以内の場合においては、その屈曲部に掃除口を設けること。

六　煙突の廃ガスその他の生成物により、腐食又は腐朽のおそれのある部分には、腐食若しくは腐朽しにくい材料を用いるか、又は有効なさび止め若しくは防腐のための措置を講ずること。

七　ボイラーの煙突は、前各号に定めるもののほか、煙道接続口の中心から頂部までの高さがボイラーの燃料消費量（国土交通大臣が経済産業大臣の意見を聴いて定めるものとする。）に応じて国土交通大臣の定める基準に適合し、かつ、防火上必要があるものとして国土交通大臣が定めた

構造方法を用いるものであること。

◆国土交通大臣の定める基準及び構造方法＝昭和56年建設省告示第1112号

2　前項第一号から第三号の規定は、廃ガスその他の生成物の温度が低いことその他の理由により防火上支障がないものとして国土交通大臣が定める基準に適合する場合においては、適用しない。

◆国土交通大臣が定める基準＝昭和56年建設省告示第1098号

独立した工作物としての煙突

高さが6mを超える独立煙突は、指定工作物として建築基準法の規定の準用を受ける。主な準用規定は、確認申請、検査、違反措置等の手続規定と構造強度、避雷設備（高さ20mを超える煙突には避雷針を設ける。）等の規定である（建基令第139条参照）。

煙突は、地震時における破壊に対して安全な構造でなければならない。経験上、地震によって煙突は折れることがあっても、どういうわけか転倒する事例は少ない。或る地震による煙突の被害例では、最先端から一定の距離に折損箇所が集中したことがある。例えば、高さが30mでも、20mでも、先端から5mの位置で煙突が被害を受けたのである。煙突のように、構造力学的には最も簡素な形状の構造物でさえも、力学的な完全な解明は、なかなか難しい。煙突は火熱を受けてコンクリート部分がもろくなりやすいので、鉄筋に対するかぶり厚さを5cm以上（一般の柱では3cm以上）とするほか、一般にはフックなしで使用できる異形鉄筋を用いても、煙突の場合は常にフックを設けなければならない（建基令第73条第1項第二号）というような規定を設けて安全性を高めている。

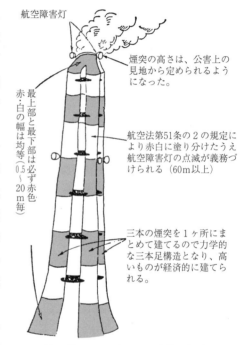

航空障害灯

煙突の高さは、公害上の見地から定められるようになった。

航空法第51条の2の規定により赤白に塗り分けたうえ航空障害灯の点滅が義務づけられる（60m以上）

三本の煙突を1ヶ所にまとめて建てるので力学的な三本足構造となり、高いものが経済的に建てられる。

最上部と最下部は必ず赤色

赤・白の幅は均等（0.5〜20m毎）

第84図　コンビナート地帯の煙突

〈建築基準法施行令第139条〉（抄）

第139条（前略）

一　次に掲げる基準に適合する構造方法又はこれと同等以上に煙突の崩落及び倒壊を防止することができるものとして国土交通大臣が定めた構造方法を用いること。

イ　高さが16mを超える煙突は、鉄筋コンクリート造、鉄骨鉄筋コンクリート造又は鋼造とし、支線を要しない構造とすること。

ロ　鉄筋コンクリート造の煙突は、鉄筋に対するコンクリートのかぶり厚さを5cm以上とすること。

ハ　陶管、コンクリート管その他これらに類する管で造られた煙突は、次に定めるところによること。

　　⑴　管と管とをセメントモルタルで接合すること。

　　⑵　高さが10m以下のものにあつては、その煙突を支えることができる支枠又は支枠及び支線を設けて、これに緊結すること。

　　⑶　高さが10mを超えるものにあつては、その煙突を支えることができる鋼製の支枠を設けて、これに緊結すること。

　ニ　組積造又は無筋コンクリート造の煙突は、その崩落を防ぐことができる鋼材の支枠を設けること。

　ホ　煙突の支線の端部にあつては、鉄筋コンクリート造のくいその他腐食するおそれのない建築物若しくは工作物又は有効なさび止め若しくは防腐の措置を講じたくいに緊結すること。

二　次項から第4項までにおいて準用する規定（第7章の8の規定を除く。）に適合する構造方法を用いること。

三　高さが60mを超える煙突にあつては、その用いる構造方法が、荷重及び外力によつて煙突の各部分に連続的に生ずる力及び変形を把握することその他の国土交通大臣が定める基準に従つた構造計算によつて安全性が確かめられたものとして国土交通大臣の認定を受けたものであること。

四　高さが60m以下の煙突にあつては、その用いる構造方法が、次のイ又はロのいずれかに適合すること。

　イ　国土交通大臣が定める基準に従つた構造計算によつて確かめられる安全性を有すること。

　ロ　前号の国土交通大臣が定める基準に従つた構造計算によつて安全性が確かめられたものとして国土交通大臣の認定を受けたものであること。

2　煙突については、第115条第1項第六号及び第七号、第5章の4第3節並びに第7章の8の規定を準用する。

　　（略）

火気使用設備　　火気を使用する設備や器具の構造等の規制については、消防法第9条により、市町村が条例で定めることとしている。

　この第9条では、「火を使用する**設備**」と「火を使用する**器具**」とに区別して規制することとしている。設備というのは通常、屋内の一定の位置に設置されるもので、その例示として、「かまど、風呂場」が挙げられている。一方、器具というのは、特定の場所に設置するのではなく、必要に応じて持ち運びができるもので、その例示としては「こんろ、こたつ」が挙げられている。

　「その使用に際し、火災の発生のおそれのある設備（器具）」とは、直接、火気を使用するわけではないが、使用中に火災を発生させるおそれのある変電設備などの電気設備、水素ガスを充てんする気球、静電気の発生により火花が散りやすいグラビア印刷機等の設備や電気アイロン等の器具があり、これらも火気を使用する設備や器具とあわせて規制の対象になっている。

　設備の規制の対象は「位置、構造及び管理」であり、器具については「取扱」のみが規制の対象となっている。

　なお、この条文の読み方としては、設備及び器具の規制の他「その他火の使用に関し火災の予防のため必要な事項」も市町村条例による規制の対象とできるようになっている。すなわち、映画館の客席で

の喫煙を禁止するとか、溶接等の作業中の防火管理についての注意規定等を設けることができる。

　条例は、通常「○○市（町・村）火災予防条例」という形で制定される。消防庁では、その制定に際し条例（例）を設けて指導している。条例（例）も昭和36年に定めたものを近頃では平成14年においても、全面的見直し改正を行って、現代のエネルギー消費にマッチした内容のものに改められている。

　また、この条例の基準は、消防法施行令第5条【設備の位置、構造及び管理】及び第5条の2【器具の取扱い】に示されており、それに基づき「条例の制定に関する基準を定める省令【平成14年総務省令第24号】」も制定されている。上記の条例（例）は、当然にこの基準に適合したものである。

〈消防法第9条〉

〔火を使用する設備・器具等に対する規制〕

第9条　かまど、風呂場その他火を使用する設備又はその使用に際し、火災の発生のおそれのある設備の位置、構造及び管理、こんろ、こたつその他火を使用する器具又はその使用に際し、火災の発生のおそれのある器具の取扱いその他火の使用に関し火災の予防のために必要な事項は、政令（消令第5条、第5条の2）で定める基準に従い市町村条例でこれを定める。

　設備の管理とか器具の取扱いは、使用方法であって、例えば、炉又はかまどの管理については「周囲は、常に、整理及び清掃に努めるとともに、燃料その他の可燃物をみだりに放置しないこと」とか、電熱器具については「通電した状態でみだりに放置しないこと。安全装置は、みだりに取りはずし、又はその器具に不適合なものと取り替えないこと。」というような規定であって、建築法規との関係は全くないといってもよい。

　そこで、建築法規との関係といえば、設備の構造及び位置の基準であろう。例えば、ストーブ等の煙突の構造については、建築基準法施行令第115条第1項第一号から第三号に規定があり、壁付暖炉の煙突については同条同項第四号及び第五号に、ボイラーの煙突については同じく第七号に規定が設けられている。このほか、危険物施設や高圧ガス、労働安全衛生上からのボイラー規制との競合問題等がある。

　建築基準法の**内装不燃化**の規定との関係では、条例（例）は建築物の内装不燃化を義務づけるのではなく、例えば「液体燃料を使用する炉又はかまどのうち屋内に設けるものにあっては、壁及び天井の炉又はかまどに面する部分の仕上げを準不燃材料でした室内に設けること。」というように規定し、あくまでも設備の位置の規制として、内装不燃化された室でなければ設備を設けてはいけないとしているのである。結果的には内装不燃化が促進されるわけで結構なことであるが、もしも違反状態を是正させることとなった場合には、内装の不燃化の違反ではなく、設備の位置の違反として取り扱うべきであろう（法令上は位置の違反であっても、内装が是正されれば、位置の違反も解消される。従って、違反状態を解消しなければならない立場からは、設備を取り除くか、内装を不燃化するかについては、選択の自由がある。）。

　これはスプリンクラー設備を設けた場所に防火区画の緩和を認める建築基準法の規定と類似するも

で、違反があっても建築基準法上はスプリンクラーの設置を命ずることはできず、防火区画についての違反を追求することとなるのである。

　違反状態を是正する命令が発せられた場合、必ずしもその命令どおりにしなくても、別の方法で違反が解消されるという事例は他にもないわけではない。例えば、建蔽率違反の場合、命令としては一部の建築物の除却を命ずるべきであろうが、建築物は除却せずに、隣地の一部を買収したりして、自己の敷地を拡大することによって、結果的には、建蔽率違反を解消してしまうケースがある。しかし、建築行政庁としては、民事的な措置を必要とする隣地の買収を命ずる法的根拠はないので、そのような命令を発するわけにはいかない。

　条例（例）によって位置、構造及び管理の基準が定められている設備を参考に掲げれば次のとおりである。

　炉（第3条）、ふろがま（第3条の2）、温風暖房機（第3条の3）、厨房設備（第3条の4）、ボイラー（第4条）、ストーブ（第5条）、壁付暖炉（第6条）、乾燥設備（第7条）、サウナ設備（第7条の2）、簡易湯沸設備（第8条）、給湯湯沸設備（第8条の2）、燃料電池発電設備（第8条の3）、堀ごたつ及びいろり（第9条）、ヒートポンプ冷暖房機（第9条の2）、火花を生ずる設備（第10条）、放電加工機（第10条の2）、変電設備（第11条）、急速充電設備（第11条の2）、内燃機関を原動力とする発電設備（第12条）、蓄電池設備（第13条）、ネオン管灯設備（第14条）、舞台装置等の電気設備（第15条）、避雷設備（第16条）、水素ガスを充てんする気球（第17条）及び火を使用する設備に附属する煙突（第17条の2）。

　いずれも、規制内容については正確には各市町村の火災予防条例に従うこととなるが、条例（例）に従って制定されるケースが多いので、条例（例）によってもその概要は知ることができる。

〈火災予防条例（例）〉（抄）

第3条の2（ふろがま）

　ふろがまの構造は、次に掲げる基準によらなければならない。

　一　かま内にすすが付着しにくく、かつ、目詰まりしにくい構造とすること。

　二　気体燃料又は液体燃料を使用するふろがまには、空だきをした場合に自動的に燃焼を停止できる装置を設けること。

2　前項に規定するもののほか、ふろがまの位置、構造及び管理の基準については、前条の規定を準用する。

（準用される前条の規定の一部）

　二　可燃物が落下し、又は接触するおそれのない位置に設けること。

　四　階段、避難口等の附近で避難の支障となる位置に設けないこと。

　五　燃焼に必要な空気を取り入れることができ、かつ、有効な換気を行うことができる位置に設けること。

　七　使用に際し火災の発生のおそれのある部分を不燃材料で作ること。

　八　地震その他の振動又は衝撃により容易に転倒し、亀裂し、又は破損しない構造とすること。

　九　表面温度が過度に上昇しない構造とすること。

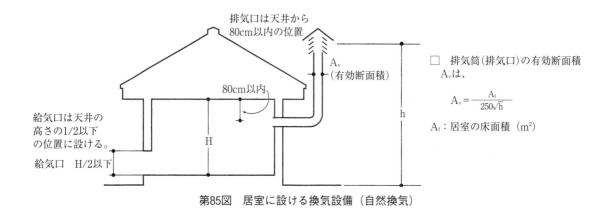

第85図　居室に設ける換気設備（自然換気）

火気使用室の換気設備

　　　　　　　衛生上の観点から、居室には床面積の20分の1以上の割合で換気のための窓その他の開口部が必要とされ、それが不足する場合は換気設備を設けなければならないこととされている（建基法第28条第2項）**（第85図参照）**。しかし、映画館の客席等では開口部の有無にかかわらず常に換気設備の設置が義務づけられている。

　このほか、火気使用設備又は器具を設ける室においては**換気設備**を設けなければならないこととされている。これは、燃焼に伴う廃ガスが室内に充満するだけではなく、酸素が足りなくなって不完全燃焼を生じ一酸化炭素中毒を起すような例が増えてきたためである。古来、わが国の住宅等は、ふすま、障子によって囲まれていたので部屋を閉めきっていても、どこからともなくスキマ風が入ってくるような状態であって、酸素不足からくる不完全燃焼とか中毒死というようなことは、あまり考えられなかったが、アルミサッシの普及により、全く気密性の高い部屋が出現し、その危険性が高まってきたので設けられた規定である。或る湖畔の別荘で5人が中毒死した事件では、始めは原因がよく判らず怪奇事件といわれたが、結局は風呂がまの不完全燃焼による中毒死であることが判ったことがある。特にガス器具の使用には注意する必要がある。一昔前には、どんなに戸締りをよくしても、毎朝配達される新聞がはさみ込めるだけのスキマは必ずあったものだがね。

〈**建築基準法第28条第3項**〉（抄）

3　（前略）　建築物の調理室、浴室その他の室でかまど、こんろその他火を使用する設備若しくは器具を設けたもの（政令〔令第20条の3第1項〕で定めるものを除く。）には、政令〔令第20条の3第2項〕で定める技術的基準に従って、換気設備を設けなければならない。

〈**建築基準法施行令第20条の3**〉（抄）

第20条の3　法第28条第3項の規定により政令で定める室は、次の各号に掲げるものとする。

　一　火を使用する設備又は器具で直接屋外から空気を取り入れ、かつ、廃ガスその他の生成物を直接屋外に排出する構造を有するものその他室内の空気を汚染するおそれがないもの（以下この項及び次項において「密閉式燃焼器具等」という。）以外の火を使用する設備又は器具を設けていない室

　二　床面積の合計が100m²以内の住宅又は住戸に設けられた調理室（発熱量の合計が12kw以下の火を使用する設備又は器具を設けたものに限る。）で、当該調理室の床面積の10分の1（0.8m²未

満のときは、0.8m²とする。）以上の有効開口面積を有する窓その他の開口部を換気上有効に設けたもの

三　発熱量の合計が6kw以下の火を使用する設備又は器具を設けた室（調理室を除く。）で換気上有効な開口部を設けたもの

2　建築物の調理室、浴室、その他の室でかまど、こんろその他火を使用する設備又は器具を設けたもの（前項に規定するものを除く。）に設ける換気設備は、次に定める構造としなければならない。
（各号　略）

◆換気設備の構造方法を定める件（昭和45年12月28日建設省告示第1826号）

25 中央管理室・防災センター

中央管理室とは

いわゆる防災センターのことである。必ずしも防災関係に限定することはないのだが、主として防災関係の各種設備や機器の集中制御を行うための室である。人間に例えていうならば、頭脳に相当するところである。前から自動車が来るのを発見すると視神経が頭脳へ信号を送り、頭脳はそれを判断して左右へ寄るように命令を発する。自動火災報知設備が火災を発見して受信機へ信号を送ると中央管理室ではそれを判断して消火活動に入るとか119番へ通報する。同じようなことである。昔、といっても1億年から2億年前の中生代の頃、恐竜は体内に2箇所の脳髄を持っていた。頭部と、もう1つは腰部である。あまりにも巨体のため1つの脳では間に合わなかったのか、全く不思議なことではあるが2つの脳で1つの体を動かしていた。巨体に発達しすぎて自然界に適応しなくなったのが、この種の恐竜類の絶滅の原因ではなかっただろうかという説もある。

　恐竜とまではいかなくても、大きなビルで防災関係の機器の管理がバラバラであれば、それは指揮命令系統が分裂した"現代の恐竜"となってしまう。警報、通信、消火、避難、消防活動等についての防災機器の制御及び作動状態の監視は、1箇所で集中管理することによってこそ効果的に、かつ、有機的な活用を図ることができる。

　"制御及び作動状態の監視"とは、コントロール及びフィードバックの訳語である。すなわち、打ち上げたロケットを遠隔操作（リモート・コントロール）するのが、コントロール系である。ところで遠隔操作されつつあるロケットが命令どおり正しい軌道を進んでいるかどうか、それを確めるためにロケットからは、時々刻々その位置等を通報してくる、これがフィードバック系である。フィードバックされた情報の分析により、また新しい制御すなわちコントロールが行われる。コントロール、フィードバックそのいずれかが欠けても、ロケットは安全な運行を期し難い。

　予防担当が、消火器の設置を指導する。消火器の設置は、単に設置すればよいのではなく火災による被害の軽減を図るという目的のための手段である。従って、実際の火災によって消火器がどのように消火に役立ったかを確めなければ、目的が達せられたかどうかの確認ができないことになる。現場からの報告というフィードバックが大切である。それらのデータを積み重ねたうえで消火器の改良とか設置基準の改正が図られることになる。

　中央管理室とは、管理事務所とか守衛所のように常時その建

コントロール（制御）系で命令を発すると、フィードバック（回答）系で応答がある。

センターでは命令ともに作動状態の監視ができる。

第86図　コントロールとフィードバック

築物の管理者が勤務している場所であって、その設置階は避難階かその直上階又は直下階に限定される。避難階とは通常であれば1階のことであるから、直上階、直下階とは2階又は地下1階ということになる。従って、地下2階の電気室や機械室に設けたのでは不適合である。高層建築物そのものに設置することは当然差支えないが、同一敷地内や1団地内の他の建築物に設けることも許される。

〈建築基準法施行令第20条の2第二号〉
中央管理室　（前略）……当該建築物、同一敷地内の他の建築物又は一団地内の他の建築物の内にある管理事務所、守衛所その他常時当該建築物を管理する者が勤務する場所で避難階又はその直上階若しくは直下階に設けたもの……（後略）

中央管理室の設置

高さが31mを超える高層建築物とか地下街のように、一たん火災が発生すると大きな被害をもたらすおそれがある建築物にあっては、中央管理室の設置が義務づけられることになる。

高さが31mを超える建築物は、消防法第8条の2の"高層建築物"の定義と全く同じものであるが、政令で定めるものは除くこととされている。すなわち、31mを超える部分が小規模で火災発生のおそれの少ないもの、被害を最小限度にとどめることのできる構造のもの等を除いているのである。

地下街についても、消防法第8条の2に定義が設けられているが、消防法では地下道までを含むこととしているのに対して、建築基準法では地下道部分を含まないで、地下街の各構えだけの規模を採り上げ、床面積が1,000m²を超えるものを対象として中央管理室を設けさせることとしている。

〈建築基準法施行令第20条の2第二号〉
中央管理室の設置を要する建築物
　法第34条第2項に規定する建築物〔高さ31mをこえる建築物〕又は各構えの床面積の合計が1,000m²を超える地下街に……（後略）。
〈建築基準法第34条第2項〉
2　高さ31mを超える建築物（政令〔令第129条の13の2〕で定めるものを除く）には、……（後略）。
〈建築基準法施行令第129条の13の2〉
（非常用の昇降機の設置を要しない建築物）
第129条の13の2　法第34条第2項の規定により政令で定める建築物は、次の各号のいずれかに該当するものとする。
一　高さ31mを超える部分を階段室、昇降機その他の建築設備の機械室、装飾塔、物見塔、屋窓その他これらに類する用途に供する建築物
二　高さ31mを超える部分の各階の床面積の合計が500m²以下の建築物
三　高さ31mを超える部分の階数が4以下の主要構造物部を耐火構造とした建築物で、当該部分が床面積の合計100m²以内ごとに耐火構造の床若しくは壁又は特定防火設備でその構造が第112条第19項第一号イ、ロ及びニに掲げる要件を満たすものとして、国土交通大臣が定めた構造方法を

用いるもの又は国土交通大臣の認定を受けたもの（廊下に面する窓で開口面積が1m²以内のものに設けられる法第2条第九号の二ロに規定する防火設備を含む。）で区画されているもの

四　高さ31mを超える部分を機械製作工場、不燃性の物品を保管する倉庫その他これらに類する用途に供する建築物で主要構造部が不燃材料で造られたものその他これと同等以上に火災の発生のおそれの少ない構造のもの

中央管理室の機能

　中央管理室には、主として各種の防災機器の制御及び作動状態の監視部分を集めて、集中管理することになるが、法令上の規定に基づいて設置しなければならないものに下記のような設備がある。もちろん、これらの設備以外の制御・監視設備を中央管理室に設けても構わないし、また、必要に応じてむしろ集中管理をすることが好ましいのである。

　中央管理室にはどのような設備を設けなければならないか。そのために設けられている規定を引用するとカコミのようになる。随分と法令の引用が多いが、逆に考えると中央管理室の設計のためには、これだけの条文を調べなければならないことにもなる。そんな意味からは、このように関係条文を並べてみるのも、意義のないことではない。タテ割りに眺めている法令をヨコ割りに眺めてみることになるので、法令の勉強の方法の1つであろう。

　さて、中央管理室が設けられた場合、そこに集中管理される設備をもう一度整理してみると次のようになる。

(1)　機械換気設備及び中央管理方式の空気調和設備

(2)　排煙設備

(3)　非常用エレベーターの籠の呼び戻し装置

(4)　非常用エレベーターの籠内と連絡する電話装置

第87図　中央管理室の機能

〈建築基準法施行令第20条の2第二号〉（抄）

　二　法第34条第2項に規定する建築物又は各構えの床面積の合計が1,000m²を超える地下街に設ける**機械換気設備**（一の居室その他の建築物の部分のみに係るものを除く。）及び中央管理方式の空気調和設備の制御及び作動状態の監視は、（中略）**中央管理室**において行うことができるものであること。

〈建築基準法施行令第126条の3第十一号〉

　十一　法第34条第2項に規定する建築物又は各構えの床面積の合計が1,000m²を超える地下街にお

ける排煙設備の制御及び作動状態の監視は、**中央管理室**において行うことができるものとすること。

〈建築基準法施行令第129条の13の3第7項及び第8項〉

第129条の13の3　法第34条第2項の規定による非常用の昇降機は、エレベーターとし、（中略）、この条に定めるところによらなければならない。

7　非常用エレベーターには、**籠を呼び戻す装置**（各階の乗降ロビー及び非常用エレベーターの籠内に設けられた通常の制御装置の機能を停止させ、籠を避難階又はその直上階若しくは直下階に呼び戻す装置をいう。）を設け、かつ、当該装置の作動は、避難階又はその直上階若しくは直下階の乗降ロビー及び**中央管理室**において行うことができるものとしなければならない。

8　非常用エレベーターには、籠内と**中央管理室**とを連絡する**電話装置**を設けなければならない。

消防法上の防災センター等

一方、消防法令上では「防災センター等」という考え方がある。もちろん、これには建築基準法上の中央管理室も含まれるが、多少幅が広い。この防災センター等の定義は、消防法施行規則第12条第1項第八号に規定されているので、それを次に掲げる。すなわち、「防災センター、中央管理室（建基令第20条の2第二号に規定するものをいう。）、守衛室その他これらに類する場所（常時人がいる場所に限る。）」を防災センター等と呼んでいる。さらに、この**防災センター**とは、「総合操作盤その他これに類する設備により、防火対象物の消防用設備等又は特殊消防用設備等その他これらに類する防災のための設備を管理する場所」をいうものである。

この定義中の**総合操作盤**とは、「消防用設備等又は特殊消防用設備等の監視、操作等を行うため必要な機能を有する設備」をいうものとされ、その基準は平成16年消防庁告示第7号「総合操作盤の基準」に示されている。また、設置方法についても、平成16年消防庁告示第8号「総合操作盤の設置方法」に示されている。

なお、次に示す建築物（防火対象物）に設置される消防用設備等の監視及び操作は、防災センター等に設けた総合操作盤において行うものとしている（消則第12条第1項第八号）。

〈消防法施行規則第12条第1項第八号〉（総合操作盤の設置）

イ　令別表第1(1)項から⒃項までに掲げる防火対象物で、次のいずれかに該当するもの

　⑴　延べ面積が5万m²以上の防火対象物

　㋺　地階を除く階段が15以上で、かつ、延べ面積が3万m²以上の防火対象物

ロ　延べ面積が1,000m²以上の地下街

ハ　次に掲げる防火対象物のうち、消防長又は消防署長が火災予防上必要があると認めて指定するもの

　⑴　地階を除く階数が11以上で、かつ、延べ面積が1万m²以上の防火対象物

　㋺　地階を除く階数が5以上で、かつ、延べ面積が2万m²以上の防火対象物

　㋩　地階の床面積の合計が5千m²以上の防火対象物

また、消防用設備等の種類ごとの設置基準にも、その旨（消則第12条第1項第八号の準用）の規定が設けられている。以下、それを掲げる。

⑴　屋内消火栓設備の総合操作盤（消則第12条第1項第八号）

⑵　スプリンクラー設備の総合操作盤（消則第14条第1項第十二号）

⑶　水噴霧消火設備の総合操作盤（消則第16条第3項第六号）

⑷　泡消火設備の総合操作盤（消則第18条第4項第十五号）

⑸　不活性ガス消火設備の総合操作盤（消則第19条第5項第二十三号）

⑹　ハロゲン化物消火設備の総合操作盤（消則第20条第4項第十七号）

⑺　粉末消火設備の総合操作盤（消則第21条第4項第十九号）

⑻　屋外消火栓設備の総合操作盤（消則第22条第1項第十一号）

⑼　自動火災報知設備の総合操作盤（消則第24条第1項第九号）

⑽　ガス漏れ火災警報設備の総合操作盤（消則第24条の2の3第十号）

⑾　漏電火災警報器の音響装置（消則第24条の3第三号イ）

⑿　消防機関へ通報する火災報知設備（消則第25条第2項第一号）

⒀　非常警報設備の総合操作盤（消則第25条の2第2項第六号）

⒁　誘導灯の総合操作盤（消則第28条の3第4項第十二号）

⒂　排煙設備の総合操作盤（消則第30条第1項第十号）

⒃　連結散水設備の総合操作盤（消則第30条の3第1項第五号）

⒄　連結送水管の総合操作盤（消則第31条第1項第九号）

⒅　非常コンセント設備の総合操作盤（消則第31条の2第十号）

⒆　無線通信補助設備の総合操作盤（消則第31条の2の2第九号）

26 非常電源・予備電源

もしも停電になったなら　電気は我々の生活にとって、あまりにも便利なエネルギーであるのでスッカリ電気に頼りきってしまっている状態である。もしも、停電になったとしたら、昼間であっても相当の影響がでるはずであるし、夜間に至っても停電が引き続いたとするとその混乱は図りしれないものがある。かつて、アメリカのニューヨークでこの大停電があったときは、他国の諜略活動があったのではなかろうか、と真剣に議論されるような有様である。

　平常時であっても、相当の混乱が予想されるのに、火災等の非常時に電気が停ったら、考えてみるだけでも恐ろしいことである。それなのに、よく火災発生時に電気を切ってしまったということを聞く。

何か勘違いしている結果であろう。漏電とかモーター等の過熱とかをトッサに考えてしまって電気を切ってしまった方がよいと判断するのであろうか。それとも、消火作業での放水が高圧線に触れて感電事故を起すことを防ごうとするのであろうか。ともかく、火災の初期に電気を切ってしまうというのは、取りかえしのつかない過ちをおかすことになる。もしも、世間でそのような誤っている常識が広まっているとすれば、速やかに改めなければならないものと考える。大阪の千日デパートビルの火災のときも、確か管理者はあわてて電気を切っている。受電を遮断する必要があったので……と供述しているが、その判断は何であったろうか。先ず出火階の電気を切ったというが、それが消火活動を困難にはしなかっただろうか。後で全館の電源を切っているが、それが避難を更に混乱させなかっただろうか。

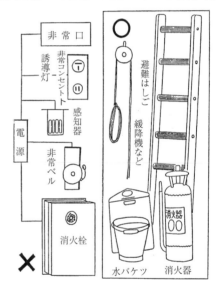

第88図　電気なしで使える消防用設備は？

　停電が与える影響は照明だけではない。消防用設備等の作動が、ほとんど電気に頼っている以上消火活動にも大きな影響を与えるであろう。電気なしで使える消防用設備等にはどんなものがあるだろうか。水バケツ、消火器、そんなものかな。まあ避難器具も電気を使わない方に入るかな。それ以外のものは総て電気のお世話になっている訳だ。しかし、火災の時に役立てようとして設置しているのに、実際の火災では停電で使えなかったとしたら一体何のために設置してきたのか、わけが判らなくなってしまう。

　そのようなことのないように、非常時においても電源を確保しようというのが、非常電源であり、予備電源なのである。消防法令では「非常電源」といい、建築基準法では「予備電源」というが、表現が違うだけで、全く同じことである。

一口に非常電源といっても、その内容は若干異なる。それ程大きな容量を必要としない放送関係など
の弱電系統のものと、大きなエレベーターを動かすための大容量の強電関係のものとでは、対策が異なる
るであろうし、停電時に瞬間的に電源が切り替る必要のある誘導・照明関係や瞬時たりとも休ませるこ
とのできない警報関係の電源もあるし、先きに述べたエレベーターの電源のように大容量が必要となる
ため、自家発電装置を始動させなければならないが、そうなると瞬時に……というわけにはいかず、始
動してから充分な電力を供給するのには数分を要するものがある。

　瞬間的に電源が切り替って継続的に電力を供給するためには蓄電池が主として用いられ、若干の時間
的余裕は許されるが、とにかく大きな容量の電力を必要とするものには自家発電装置などが適するわけ
だ。

　また非常電源を確保するだけではなく、電源からの電線にも耐火耐熱電線を使用したり、または電線
を耐熱保護することも重要である。燃えやすくまたは火熱によって溶けやすい材料で被覆された電線で
は、いかに電源が確保されていても、火災時にショートしたりして溶断してしまうおそれがある。

建築基準法上の予備電源

　建築基準法上、予備電源の設置を義務づけている例には次のような
ものがある。

（建基令＝建築基準法施行令）

(1)　照明設備
　　・非常用の照明装置（建基令第126条の5第一号ハ、昭和45年建設省告示第1830号第3第二号、第三
　　　号）
　　・特別避難階段の階段室（建基令第123条第3項第五号）
　　・地下街の地下道（建基令第128条の3第1項第六号、昭和44年建設省告示第1730号第1第二号、第
　　　2第九号）
　　・非常用の進入口の赤色灯（建基令第126条の7第七号、昭和45年建設省告示第1831号第1第二号）
　　・非常用エレベーターの乗降ロビー（建基令第129条の13の3第3項第六号）

(2)　排煙設備
　　・排煙設備（建基令第126条の3第十号、昭和45年建設省告示第1829号第四号）
　　・特別避難階段の付室（建基令第123条第3項第二号、平成28年国土交通省告示第696号第二号ト、
　　　チ、第三号ハ、第五号ニ）
　　・地下街の地下道（建基令第128条の3第1項第六号、昭和44年建設省告示第1730号第2第九号）
　　・非常用エレベーターの乗降ロビー（建基令第129条の13の3第13項、平成28年国土交通省告示第697
　　　号）

(3)　排水設備
　　・地下街の地下道（建基令第128条の3第1項第六号、昭和44年建設省告示第1730号第3第四号）

(4)　エレベーターの動力
　　・非常用エレベーター（建基令第129条の13の3第10項）

　次に予備電源の内容として最も代表的な基準である排煙設備の予備電源を例として示せば次のとおりである。

　「電源を必要とする排煙設備の予備電源は、自動充電装置又は時限充電装置を有する蓄電池（充電を行うことなく30分間継続して排煙設備を作動させることができる容量以上で、かつ、開放型の蓄電池にあっては、減液警報装置を有するものに限る。）、自家用発電装置その他これらに類するもので、かつ、常用の電源が断たれた場合に自動的に切り替えられて接続されるものとすること。」（昭和45年建設省告示第1829号第四号）この技術基準に従うものとしては、地下街の地下道の排水設備及び非常用の照明設備がある。

　非常用の照明装置については、自家用発電装置と蓄電池との組合せによることができるものとされているが、停電時には直ちに蓄電池によって点灯するものに限られる。非常用の進入口に設ける赤色灯の予備電源は、蓄電池に限られる。このほか、いささか蛇足的ではあるが、非常用の照明装置の場合には、常用の電源が断たれた場合に自動的に切り替えられて接続するだけではなく「常用の電源が復旧した場合に自動的に切り替えられて復帰するもの」としなければならないこと、開放型の蓄電池にあっては予備電源室等に定置されたものに限られること及び開閉器には非常用の照明装置用である旨を表示しなければならないことが附加されている。

　一方、特別避難階段の付室及び非常用エレベーターの乗降ロビーに設ける照明設備の予備電源については格別の基準が設けられていないが、これは非常用の照明装置の基準に準じて設けるべきであろうと考えられる。同様に非常用エレベーターの動力についても基準が設けられていないが、これは自家用発電装置に頼らざるを得ないものと考えられる。技術基準の詳細については後で述べる。

消防法上の非常電源

　　　　　　同じように消防法上の非常電源を要求している規定を拾ってみると次のようになる。

（消令＝消防法施行令、消則＝消防法施行規則）

(1)　消火設備

　　・屋内消火栓設備（消令第11条第 3 項第一号ヘ、第二号イ(7)、同ロ(7)、消則第12条第 1 項第四号イ）

　　・スプリンクラー設備（消令第12条第 2 項第七号、消則第14条第 1 項第六号の二）

　　・水噴霧消火設備（消令第14条第六号、消則第16条第 3 項第二号）

　　・泡消火設備（消令第15条第七号、消則第18条第 4 項第十三号）

　　・不活性ガス消火設備（消令第16条第七号、消則第19条第 5 項第二十号及び第二十四号）

　　・ハロゲン化物消火設備（消令第17条第六号、消則第20条第 4 項第十五号）

　　・粉末消火設備（消令第18条第六号、消則第21条第 4 項第十七号及び第二十号）

　　・屋外消火栓設備（消令第19条第 3 項第六号、消則第22条第六号）

(2)　警報設備

　　・自動火災報知設備（消令第21条第 2 項第四号、消則第24条の 2 第四号）

　　・ガス漏れ火災警報設備（消令第21条の 2 第 2 項第四号、消則第24条の 2 の 3 第 1 項第七号）

・非常警報設備（消令第24条第4項第三号、消則第25条の2第2項第五号）

(3) 避難設備

・誘導灯（消令第26条第2項第四号、消則第28条の3第4項第十号）

(4) 消火活動上必要な施設

・排煙設備（消令第28条第2項第四号、消則第30条第八号）

・連結送水管の加圧送水装置（消令第29条第2項第四号ロ、消則第31条第七号）

・非常コンセント設備（消令第29条の2第2項第三号、消則第31条の2第八号）

・無線通信補助設備の増幅器（消則第31条の2の2第七号ロ）

また非常電源の技術基準については次の告示がある。

・自家発電設備の基準（昭和48年消防庁告示第1号）

・蓄電池設備の基準（昭和48年消防庁告示第2号）

・キュービクル式非常電源専用受電設備の基準（昭和50年消防庁告示第7号）

・耐火電線の基準（平成9年消防庁告示第10号）

・耐熱電線の基準（平成9年消防庁告示第11号）

・燃料電池設備の基準（平成18年消防庁告示第8号）

屋内消火栓型非常電源

屋内消火栓型の非常電源とは、また妙な名前をつけてしまったが、消防法施行令の順番では一番最初に非常電源の設置を義務づけているのが、この屋内消火栓の条であり、従って、その技術的基準の細目として消防法施行規則でも最初に非常電源が現われるものだから、そこに詳しい規定が設けられているのである。そのようなわけだから、一応このように名付けておくこととする。

屋内消火栓の非常電源は、(1)**非常電源専用受電設備** (2)**自家発電設備** (3)**蓄電池設備**及び(4)**燃料電池設備**の四種類が認められている。ただし、「特定防火対象物」で延べ面積が1,000m²以上のものにあっては非常電源専用受電設備によることは許されず、確実さに富む自家発電設備、蓄電池設備又は燃料電池設備によらなければならないこととされている。非常電源専用受電設備が何故頼りにならないかというと、もともとは、電力会社の電気をアテにしているわけで、ある系

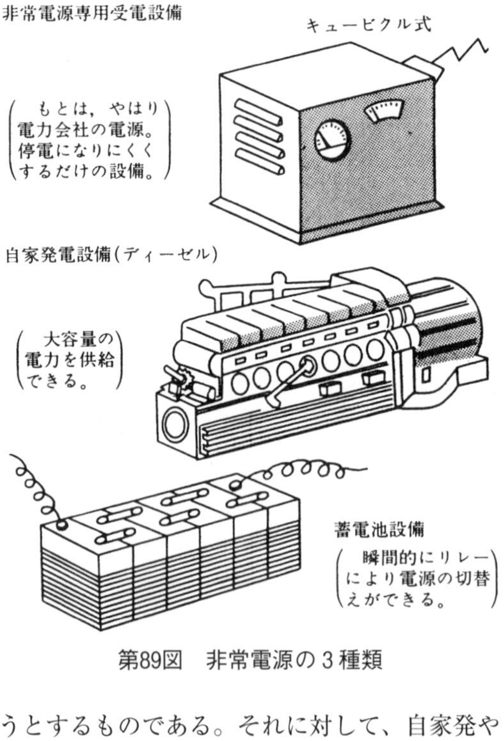

第89図　非常電源の3種類

統からの電気が停電となっても別の系統から電力をとろうとするものである。それに対して、自家発や蓄電池は自ら起電装置を有しているのだから、より確実といえるわけだ。

252

ところで、その**特定防火対象物**というのは、消防法第17条の２第２項第四号に規定されているもので、消防法施行令別表第１の防火対象物でいえば、「⑴項から⑷項まで、⑸項イ、⑹項、⑼項イ、⒃項イ、（16の２）項及び（16の３）項」に該当するものである（消令第34条の４）。

屋内消火栓の非常電源の技術基準、すなわち消防法施行令第11条第３項第一号への規定の例により非常電源を設けなければならないこととされているのは、スプリンクラー設備、水噴霧消火設備、泡消火設備、屋外消火栓設備、排煙設備及び非常コンセント設備の各設備である。

非常電源専用受電設備　以前（昭和44年の省令改正前）においては、非常電源は、他の電気回路の開閉器によって遮断されないように設けさえすればよいこととされていたが、非常電源は専用の受電設備から受電しなければならないことに改められた（もちろん、自家発電設備や蓄電池設備によることは差支えないが。）。それでは、専用の受電設備というのはどのような

ものかというと、電力会社からの電力を受電することには変りはなくても、例えば、Ａ変電所がダメになってもＢ変電所から電気をとる（ネットワーク方式）とか、さらに他の変電所からもとれる（ループ方式）ような配線としたり、そこまでしなくても、自分のビルの中の電気工作物（自家用電気工作物）として、非常電源を必要とする設備だけのための専用の変電器を設けてそこから受電するとか、さらに専用とまではいかなくても、主な変電器の二次側（変電器によって電圧を低下させた側）から直接、非常電源のための専用の開閉器から受電する設備のことである。このようにして電気回路を別にしておけば、他の回路が停電になった場合でも非常電源から受電している回路だけは、電気を供給することができることが多いという理屈だが、東日本大震災のときの東北地方や震災後の計画停電のような場合には役立たない。市役所や消防署の非常電源に使っていないだろうね。いずれにしろ、このためには、不必要な開閉器は設けないようにしなければならないし（非常電源を使用する設備の操作又は保守のために設ける開閉器だけは設けても止むを得ないが。）、また、電源から設備までの間の配線についても耐熱保護をする等の措置が必要になる。

具体的な配電例は**第90図**に示すので参考とされた

1. ネットワーク方式又はループ方式による受電例

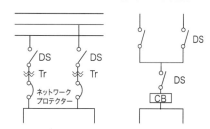

2. 高圧（3300V）受電による配電の例

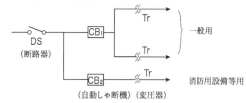

3. 主変電器の二次側から直接専用回路による受電するもの

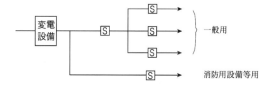

4. 一般低圧（100V）より、受電するもの（変電設備不要）

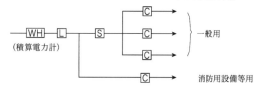

L：リミッター　C：開閉器　S：開閉器（自動しゃ断器付）

第90図　非常電源専用受電設備の配電例

い。

　規定中で、「キュービクル式非常電源専用受電設備」というのは、一つの鋼板製の箱の中に受電設備、変電設備その他の機器が収納されているもので、専用のものの他、他の電源の受変電設備も一緒に（不燃材料で区画されて）収納されている共用のものがある。

　内部は、JIS C 4620（キュービクル式高圧受電設備）に適合したものとなっている。詳しくは、「キュービクル式非常電源専用受電設備の基準（昭和50年消防庁告示第7号）」を参照のこと。

　低圧で受電する場合には、変圧器を用いる必要がないので、分電盤が防火上のポイントとなる。この分電盤については「配電盤及び分電盤の基準（平成9年消防庁告示第2号）」がある。いづれも第1種と第2種とがあり、第1種は840℃30分間という耐火試験に合格したもの、第2種は280℃30分間という耐火試験に合格したものとなっている。一般には第1種を用いることとされているが、不燃専用室等に設ける場合には第2種を用いることもできる。

　非常電源回路の配線に用いる電線等については追って別に述べることとする。

非常電源専用受電設備

〈消防法施行規則第12条第1項第四号イ〉

イ　非常電源専用受電設備は、次の(イ)から(ト)までに定めるところによること。

　(イ)　点検に便利で、かつ、火災等の災害による被害を受けるおそれが少ない箇所に設けること。

　(ロ)　他の電気回路の開閉器又は遮断器によって遮断されないこと。

　(ハ)　開閉器には屋内消火栓設備用である旨を表示すること。

　(ニ)　高圧又は特別高圧で受電する非常電源専用受電設備にあっては、不燃材料（建築基準法第2条第九号に規定する不燃材料をいう。以下同じ。）で造られた壁、柱、床及び天井（天井のない場合にあっては、屋根）で区画され、かつ、窓及び出入口に防火戸（建築基準法第2条第九号の二ロに規定する防火設備であるものに限る。以下同じ。）を設けた専用の室に設けること。ただし、次の(1)又は(2)に該当する場合は、この限りでない。

　　(1)　消防庁長官が定める基準に適合するキュービクル式非常電源専用受電設備で不燃材料で区画された変電設備室、発電設備室、機械室、ポンプ室その他これらに類する室又は屋外若しくは建築物の屋上に設ける場合

　　(2)　屋外又は主要構造部を耐火構造とした建築物の屋上に設ける場合において、隣接する建築物若しくは工作物（以下「建築物等」という。）から3m以上の距離を有するとき又は当該受電設備から3m未満の範囲の隣接する建築物等の部分が不燃材料で造られ、かつ、当該建築物等の開口部に防火戸その他の防火設備が設けられているとき

　(ホ)　低圧で受電する非常電源専用受電設備の配電盤又は分電盤は、消防庁長官が定める基準に適合する第1種配電盤又は第1種分電盤を用いること。ただし、次の(1)又は(2)に掲げる場所に設ける場合には、第1種配電盤又は第1種分電盤以外の配電盤又は分電盤を、次の(3)に掲げる場所に設ける場合には、消防庁長官が定める基準に適合する第2種配電盤又は第2種分電盤を用いることができる。

　　(1)　不燃材料で造られた壁、柱、床及び天井（天井のない場合にあっては、屋根）で区画され、かつ、窓及び出入口に防火戸を設けた専用の室

　　(2)　屋外又は主要構造部を耐火構造とした建築物の屋上（隣接する建築物等から3m以上の距離

　　を有する場合又は当該受電設備から３ｍ未満の範囲の隣接する建築物等の部分が不燃材料で造
　　られ、かつ、当該建築物等の開口部に防火戸が設けられている場合に限る。）

　(3)　不燃材料で区画された変電設備室、機械室（火災の発生のおそれのある設備又は機器が設置
　　　されているものを除く。）、ポンプ室その他これらに類する室

　(ヘ)　キュービクル式非常電源専用受電設備は、当該受電設備の前面に１ｍ以上の幅の空地を有し、
　　かつ、他のキュービクル式以外の自家発電設備若しくはキュービクル式以外の蓄電池設備又は建
　　築物等（当該受電設備を屋外に設ける場合に限る。）から１ｍ以上離れているものであること。

　(ト)　非常電源専用受電設備（キュービクル式のものを除く。）は、操作面の前面に１ｍ（操作面が
　　相互に面する場合にあっては、1.2ｍ）以上の幅の空地を有すること。

自家発電設備　　　　自家発電設備による非常電源は、電力会社からの電力の供給に頼らずに自己独自
の電源を有することになるから、信頼性が高く、しかも容量の大きい電力を供給す
ることができるので、例えば、非常用エレベーターの電力供給等に適する。しかし、停電時に自動的に
切替えができたとしても、直ちに大きな容量の電流を供給できるものではなく若干の時間を要する。消
防庁の基準では電圧を確立するまでの所要時間を40秒以内であることとしているが、この程度の時間で
あれば瞬時とはいえないまでも相当に早い電力供給といえるのではないだろうか。いうまでもなく、自
家発電設備というのは主としてディーゼルによる内燃機関によって発電機を作動させて発電するもので
あるから、ディーゼルエンジンの駆動が本格化するまで若干の時間が必要となるのである。自家発電設
備は大きな容量の電力を供給できるといっても、常用電源回路のすべてに電力を供給する程の容量を確
保することとなると、これまた大変であるので、自家発電によって電力の供給される回路はやはり限定
しなければならず、そのような回路の切り離しは停電時に自動的に行われるようにしておくことが大切
である。

　自家発電設備にもキュービクル式というのがある。これも１つの箱の中に内燃機関、発電機、燃料タ
ンク及びこれらの付属装置を収納したもので、このほかに運転に必要な制御装置、保安装置等までを収
納したものもある。

　このほか告示で、「自家発電設備の基準（昭和48年消防庁告示第１号）」が定められているので、この
基準に適合した設備としなければいけない。それによると、自家発電設備は定格負荷で１時間以上連続
して運転ができるものでなければならないこととされている。

　屋内消火栓設備の非常電源のように、結局は加圧送水装置（ポンプ）を駆動させるためのものである
場合、一度自家発によって電気をおこし、その電気でポンプを廻さなくても、いっそのこと自家発に用
いるエンジンで直接ポンプを廻したら一体どうなるのか、それでも実際に消火栓から放水できるのであ
れば差支えないのではないかとの考えもある。そのようなケースの場合は、例の消防法施行令第32条の
規定を活用して「基準による場合と同等以上の効力があると認める」こととしてもさしつかえないとさ
れている（昭和50年６月16日消防安第65号各県消防主管部長あて通知）。なお、その場合は、内燃機関
を自家発電設備の設置の例に準じて防火上安全に設置しなければいけない。

蓄電池設備

蓄電池は容量の大きな電力の供給という点になると不向きであるが、瞬時に電力を供給できるという点では信頼に足る非常電源である。瞬時にというのは常用電源が停電したときは自動的に蓄電池に切り替えられ、停電復旧時には自動的に蓄電池から常用電源に切り替えられるリレーを設けておくからである。蓄電池については平常時に常に充電されていなければ役に立たないので、充電装置が重要である。建築基準法の予備電源においても充電装置については、自動充電装置（電圧が低下すると自動的に充電されるもの）又は時限充電装置（一定時間毎に充電されるもの）を有するものに限ることとし、さらに開放型の蓄電池においては減液警報装置の設置を義務づけている。これは蓄電池が自己放電によって蓄電量

この1セルで
公称電圧は2ボルト

鉛蓄電池

$$Pb + 2H_2SO_4 + PbO_2 -$$
充電 ⇕ 放電
$$PbSO_4 + 2H_2O + PbSO_4$$

耐久 約10年
充電時間 約10時間

過放電すると電池がダメになってしまう。充電時に酸素や水素が発生する。硫酸液が気泡によって飛散することがある。減益には注意。従って、キメの細かい保守が必要となる。

アルカリ蓄電池

$$2Ni(OH)_3 + Cd$$
充電 ⇕ 放電
$$2Ni(OH)_2 + Cd(OH)_2$$

一般には「ニカド」「カドニカ」と呼ばれる。
耐久 約15年～10年
充電時間 約3～5時間

1セルの公称電圧は1.2ボルト
過充電をしたり、過放電をしても電池の性能に影響がでない。
腐食性のガスも出ない。
従って、保守が楽である。

（焼結式）

第91図　据置型鉛蓄電池とアルカリ蓄電池

を失うものであること（もちろん非常電源として使用されて放電することもあるわけだが）を考えての対策であるし、電槽内の液が蒸発等によって失われることによって蓄電池の起電能力を低下させることがあるから、液が一定量以上減った場合は音をたてて警報を発する装置が設けられているのである。もっとも、密閉型といわれるニッケル・カドミューム蓄電池では補液の必要がないので警報装置の必要はない。

蓄電池にもキュービクル式があって、1つの箱の内に蓄電池を収納してあるもので、充電装置や過電流遮断器等も同じ箱に収納してあるものもある。

このほか告示で、「蓄電池設備の基準（昭和48年消防庁告示第2号）」が定められている。ここでは、蓄電池として、鉛蓄電池、アルカリ蓄電池（**第91図参照**）、リチウムイオン蓄電池、ナトリウム・硫黄電池及びレドックスフロー電池が定められているが、鉛蓄電池の場合、自動車用の蓄電池は性能、耐用年数から認められていない。

また、蓄電池の容量については、建築基準法では「充電を行うことなく30分間継続して」使用できるものとしているが、消防庁告示では「容量は、最低許容電圧（蓄電池の性能を保持するために最低限必要な電圧をいう。）になるまで放電した後24時間充電し、その後充電を行うことなく消防用設備等を当該消防用設備等ごとに定められた時間以上有効に監視、制御、作動等をすることができるものであること。」と詳しく規定されている。

蓄電池設備

〈消防法施行規則第12条第1項第四号ハ〉

ハ 蓄電池設備は、イ（㈤及び㈦を除く。）及びロ㈠の規定の例によるほか、次の㈠から㈣までに定めるところによること。

　㈠ 常用電源が停電したときは、自動的に常用電源から非常電源に切り替えられるものであること。

　㈡ 交直変換装置を有しない蓄電池設備にあっては、常用電源が停電した後、常用電源が復旧したときは、自動的に非常電源から常用電源に切り替えられるものであること。

　㈢ キュービクル式以外の蓄電池設備にあっては、次の⑴から⑸までに定めるところによること。

　　⑴ 蓄電池設備は、設置する室の壁から0.1m以上離れているものであること。

　　⑵ 蓄電池設備を同一の室に2以上設ける場合には、蓄電池設備の相互の間は、0.6m（架台等を設けることによりそれらの高さが1.6mを超える場合にあっては、1.0m）以上離れていること。

　　⑶ 蓄電池設備は、水が侵入し、又は浸透するおそれのない場所に設けること。

　　⑷ 蓄電池設備を設置する室には屋外に通ずる有効な換気設備を設けること。

　　⑸ 充電装置と蓄電池とを同一の室に設ける場合は、充電装置を鋼製の箱に収納するとともに、当該箱の前面に1m以上の幅の空地を有すること。

　㈣ 消防庁長官が定める基準に適合するものであること。

燃料電池設備　近頃、良く耳にすることがある新しいタイプの電池である。電池といっても、蓄電池のように電力を蓄積しておいて、必要に応じて放出するというのではなく、どちらかというと、一種の発電システムのようなものだ。たとえば、天然ガスの中から水素だけを抽出して電気化学的に反応させ（判りやすくいうと水素を燃やして）、電気エネルギーに変換して取り出すものである。この方式が注目されるのは、水素を燃やしても、二酸化炭素を放出せず、地球環境的には無害と言える水（H_2O）のみを排出するからである。すなわち、「地球に優しい」エネルギーであると言える。その点、21世紀における新しいエネルギーの供給源として注目を浴びているのである。

　従って、消防用設備の非常電源として活用しない手はない。そこで、消防関係法令としては、平成17年の改正で、非常電源の一つとして導入したものである。近頃は、燃料電池を動力とする自動車の開発も進んで、実用化され、市販もされるようになった。消防用設備の非常電源としての利用は、今のところ、それ程多くはないであろうが、将来的には期待できるエネルギー源と言える。

燃料電池設備

〈消防法施行規則第12条第1項第四号ニ〉

ニ　燃料電池設備は、イ（㈩及び㈢を除く。）並びにロ(イ)及び(ロ)の規定の例によるほか、次の(イ)及び(ロ)に定めるところによること。

(イ)　キュービクル式のものであること。

(ロ)　消防庁長官が定める基準に適合するものであること。

　なお、この規定に基づく「燃料電池設備の基準（平成18年3月29日消防庁告示第8号）」が定められている。その基準によると、「常用電源が停電してから、電圧確立及び投入までの所要時間は、40秒以内であること。電力を常時供給する燃料電池設備の構造及び性能は、電力を常時供給するための燃料の供給が絶たれたときに、自動的に非常電源用の燃料が供給されるものであること。」等が規定されている。

不活性ガス消火設備型の非常電源　不活性ガス消火設備、ハロゲン化物消火設備及び粉末消火設備の3種類に設ける非常電源は、消防法施行規則第19条（不活性ガス消火設備に関する基準）第5項第二十号の規定の例によるものとされている。この規準によると「非常電源は、自家発電設備、蓄電池設備又は燃料電池設備によるものとし、その容量を当該設備を有効に1時間作動できる容量以上とする。」こととされている。そのほかは屋内消火栓型の非常電源でよいことになる。この違いを改めて言うならば、屋内消火栓では（特定防火対象物で延べ1,000㎡以上のもの以外にあっては）認められていた専用受電設備が認められないこと、従って、自家発電、蓄電池又は燃料電池によらなければならないが、その容量は屋内消火栓設備では「30分間以上作動できる」容量とされていたのを「1時間以上作動できる」容量としなければならない点である。

**自動火災報知設備型の
非常電源**

　　　　　　　自動火災報知設備及び非常警報設備に設ける非常電源は、消防法施行
規則第24条（自動火災報知設備に関する基準の細目）第四号の規定の例
によるものとされている。この規定によると、非常電源は蓄電池設備と
するものとし、その容量は、当該設備を有効に10分間作動できる容量以上であることとされている。ガス漏れ火災警報設備も同様であるが、2回線を10分間有効に作動させ、かつ、同時に他の回線を10分間監視状態にすることができる容量以上が必要とされる。また、ガス漏れ火災警報設備では、蓄電池の容量により、自家発電設備と併用することもできる。なお、延べ1,000m²以上の特定防火対象物ではないものでは、専用受電設備によることも認められる。これは自火報（自動火災報知設備のこと。専門家はこういう略称で呼ぶことがある。）の火災予防における効果が著しいことから、かなり小規模の建築物にも設置を義務づけているが、これらにすべて蓄電池設備の非常電源を要求するのは、ややきつすぎるとの判断があることと、火災報知設備の受信機、これはすべて検定の対象とされているのだが、その規格には「常用電源に交流電源を用いる場合は、停電時には自動的に予備電源に切り替えられ、停電復旧時には自動的に予備電源に切り替えられる予備電源を有し、かつ、予備電源の良否の試験ができること。」として予備電源が確保されることとなっているからだ。この予備電源とは建築基準法上の予備電源（実質的には消防法上の非常電源と同じ。）と用語は一緒でも内容的には異なり、むしろ非常電源に切り替わるまでの間隙を埋めるための予備的性格の電源で、もちろん小型の蓄電池が使用される。

誘導灯の非常電源

　　　　　　　誘導灯の非常電源は消防法施行規則第28条の3第4項第十号に規定されているが、それによると、「非常電源は、蓄電池設備によるものとし、その容量を誘導灯を有効に20分間作動できる容量以上（一部の誘導灯では60分間の容量が必要であるが、20分間を超える時間については自家発電設備又は燃料電池設備でもよい。）」とするほか、自火報の蓄電池による非常電源の規定に準ずる、いい直せば屋内消火栓設備の場合の蓄電池の規定にまでさかのぼって準ずることとなる。また、非常電源の容量を60分間必要とする誘導灯について、蓄光式誘導標識で補完することが認められている。

　　誘導灯には「誘導灯及び誘導標識の基準（平成11年消防庁告示第12号）」があって、その第4　構造及び性能の(4)に、「誘導灯に内蔵する蓄電池設備は、密閉型蓄電池であって、時限充電又は自動充電を行うことができるものであること。」とされている。誘導灯では、蓄電池内蔵型のものが多く用いられるので、改めて基準にも規定を設けたものである。

連結送水管の非常電源

　　　　　　　連結送水管にどうして非常電源が必要になるかといえば、それは高さ70m超の建築物においては送水圧力が不足するため、途中階においてブースターポンプで加圧をする必要があるからである。原則的には、屋内消火栓設備と同様の非常電源とするが、その容量は「加圧送水装置を有効に2時間以上作動できる」ものとしなければならない。

非常電源とその適応性（○適合、△条件付適合、×不適合）

種　　　別	非常電源専用受電設備 (1,000m²以上の特定防火対象物は不可)	自家発電設備	蓄電池設備	燃料電池設備	容　量	同じタイプの非常電源を使用する設備
(1) 屋内消火栓型	△	○	○	○	30分	スプリンクラー設備、水噴霧消火設備、泡消火設備、屋外消火栓設備、排煙設備、非常コンセント設備
(2) 不活性ガス消火設備	×	○	○	○	1時間	ハロゲン化物消火設備、粉末消火設備
(3) 自動火災報知設備型	△	×	○	×	10分	非常警報設備
(4) ガス漏れ火災報知設備型	×	△	○	×	2回線10分	
(5) 誘導灯型	×	×	○	×	20分 (一部では1時間)	
(6) 連結送水管型	△	○	○	○	2時間	
(7) 無線通信補助設備型	×	×	○	×	30分	
(8) 建築基準法による排煙設備型	×	○	○	○	30分	排水設備、照明設備（地下道）
(9) 非常用照明装置型	×	×	○	×	30分	非常用進入口の赤色灯など

（注）非常用エレベーターの予備電源については、細部規定はないが、自家発電設備によるものと考えられる。

無線通信補助設備の非常電源　この非常電源は誘導灯の場合と同じように蓄電池設備によるが、「その容量を無線通信補助設備を有効に30分間以上作動できる容量」としなければならないこととされている。

非常電源からの配線・電線　停電を予測して非常電源を設けるのであるが、消防用設備等の場合は火災によって常用電源が断たれた場合における非常電源としての意味が強いので、それぞれの消防用設備等までの配線又は電線に耐熱保護を加える等の配慮が必要となってくる。例えば、建築基準法上では、排煙設備における構造基準（昭和45年建設省告示第1829号）において、電線は「600V2種ビニル電線又はこれと同等以上の耐熱性を有するもの」とすることとされている。

　当然に、このような特殊な電線を用い、かつ、特殊な配線を行えば、一般の回路の配線工事よりも割高となることは否定できないが、それ以上に工事費が嵩むこととなるのは、一般の回路と全く別の回路とするからである。例えば、5階の照明等の回路は5階の内で共通のものとして差支えないだろうが、屋内消火栓の表示灯は非常電源を必要とするとすれば、その電源は一般の回路からとることができず、そのために全く別の配線を非常電源から持ってこなければならないからである。すなわち、電源が異な

るのであるから、それぞれの電源
から全く別の回路で配線をしなけ
ればならない。そのための工事費
増、これがなかなかバカにならな
いのである。

　消防法でも、同じように配線、
電線等についての耐熱保護につい
て規定している。「電気工作物に
係る法令の規定」とは、具体的に
「電気設備に関する技術基準を定
める省令」等をいう。この省令は
昔「電気工作物規定」といったの
で、年配の人は今でもそのように
言う人がいる。しかし、なんとな
くその方が呼びやすそうではない
か。建築基準法では、第32条（電
気設備）に一括して同様の規定が
設けられている。

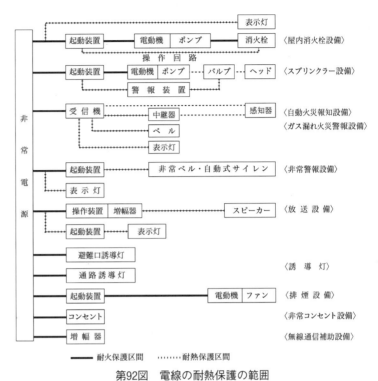

第92図　電線の耐熱保護の範囲

　使用電線は、両法とも同じもので、配線は、耐火構造の主要構造部に埋設する等の耐熱保護をするか
ＭＩケーブルを使用する。消防庁長官が定める基準に適合する電線とは「耐火電線の基準（平成９年消
防庁告示第10号）」に適合する電線のことである。この電線は建築物の耐火構造の試験方法に準じて30
分耐火（最高温度840℃）の加熱に耐えるものである。従って、裸配線とすることができる。

　消防用設備等においては、耐熱保護に２つのランクを設け、非常電源から主要電動機、ポンプまでは
消則第12条第４号のような保護（コンクリート埋設、耐火電線使用等）を必要とするが、操作回路とか
表示ランプについては、使用初期において確実に操作又は点灯すれば足りるものであり、消火栓の放水
中常に必要とするわけではない。そこで、いささか耐熱保護の程度を落してもよかろうというので（こ
れより工事費は相当低減できるであろう。）、金属管工事等で差支えないこととし、消防庁長官の定める
基準すなわち「耐熱電線の基準（平成９年消防庁告示第11号）」に適合する電線でも差支えないことと
されている。耐熱電線は耐火電線（30分耐火）と異なり、380℃の加熱炉で15分間の加熱試験に合格す
るものとされている。この電線も裸配線とすることができる。

　このような耐火区間と耐熱区間の別は、各消防用設備ごとに（第92図）のとおりである。

〈消防法施行規則第12条第１項第四号ホ〉
　ホ　配線は、電気工作物に係る法令の規定によるほか、他の回路による障害を受けることのないよう
　　　な措置を講ずるとともに、次の(イ)から(ハ)までに定めるところによること。
　(イ)　600Ｖ２種ビニル絶縁電線又はこれと同等以上の耐熱性を有する電線を使用すること。

㈨　電線は、耐火構造とした主要構造部に埋設することその他これと同等以上の耐熱効果のある方法により保護すること。ただし、ＭＩケーブル又は消防庁長官が定める基準に適合する電線〔耐火電線〕を使用する場合は、この限りでない。

　㈨　開閉器、過電流保護器その他の配線機器は、耐熱効果のある方法で保護すること。

〈消防法施行規則第12条第 1 項第五号〉

5　操作回路又は第三号ロの灯火〔赤色表示灯〕の回路の配線は、電気工作物に係る法令の規定によるほか、次のイ及びロに定めるところによること。

　イ　600Ｖ 2 種ビニル絶縁電線又はこれと同等以上の耐熱性を有する電線を使用すること。

　ロ　金属管工事、可とう電線管工事、金属ダクト工事又はケーブル工事（不燃性のダクトに布設するものに限る。）により設けること。ただし、消防庁長官が定める基準に適合する電線〔耐熱電線〕を使用する場合は、この限りでない。

27 危険物施設

危険物とは　消防関係者にとって、"危険物"といえばすぐに消防法別表第1にあるような第1類から第6類までの危険物を思い出されることであろう。ところが、法律が変れば、例えば、建築基準法上では危険物といっても、もう少し幅が広く火薬類とか高圧ガスまでを含むこととなるのである。

　世間では、このような法律に基づく危険物だけではなく、もっと幅の広いものを危険物としてとらえていることがある。例えば、地震対策上では、ラジウムだのイリジュウムだのという放射性物質だって危険物の一種かも知れないし、青酸カリのような劇毒物だってやはりそうかも知れないし、毒ガスもある。これらの物質が震災時に飛散したりすることがあると人体に思わぬ被害をもたらすことになりかねない。また動物園のオリに入っているライオンやトラ、それに毒蛇なども、もしも震災でオリが壊れて逃げ出すようなことにでもなれば果してどうなるであろうか。それに眼には見えない病原菌だって恐ろしい存在で、チフス菌とか赤痢菌が飛散でもしたら大変なことになる。

　このように、一口に危険物といっても幅広く、防災の観点から考えてみることも必要かも知れない。いわゆる水平思考とかいわれる考え方で、いつもの常識的な枠内だけにとらわれない柔軟な発想が大切である。

　かつて、アイデア社長で有名なR社の入社試験に次のような問題が出たという。すなわち、「もし仮りに地球の回転速度が、今の2分の1になったら、この世の中にどのような現象が生じるだろうか。思いつくままに列記せよ。」というもの。こうなると、受験勉強などは全然役に立ちそうもない。柔軟で新鮮な発想だけが頼りとなる。例えば、1日が48時間となるのだから、1日の食事は6回になる（これは食いしん坊）、夜が長くなるので思う存分麻雀ができる（遊び人）というような具合にである。1日に時計が4回廻るから午前午后だけでは区別がなくなるとか、30日を1ケ月としたままにしておくと1年は6ケ月か、月給は2倍もらえることになろうか、3交替勤務の消防は6交替になるのかな………、こんな具合に次から次へと想像をたくましくしていくわけだ。まあタアイもないお遊びにしか過ぎないか

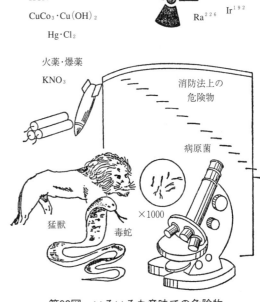

放射性物質

劇物・毒物
KCN
$CuCo_3 \cdot Cu(OH)_2$
$Hg \cdot Cl_2$

核物質
U^{238}
Ra^{226}　Ir^{192}

火薬・爆薬
KNO_3

消防法上の危険物

病原菌

×1000

猛獣　　毒蛇

第93図　いろいろな意味での危険物

も知れないが、アイデアを豊かにする効果はあろう。

消防法上の危険物　さて、本題に戻り、消防法上の危険物について掲げてみる。
第1類から第6類までの危険物の主な性状は次のとおりである。

第1類の危険物　不燃性（可燃性のものもある。）であるが、加熱、衝撃、摩擦などにより酸素を放出し、可燃物と混合していたりすると爆発の危険がある。強い酸化剤である。〔酸化性固体〕

第2類の危険物　低温でも着火しやすい可燃物で、燃焼によって有毒ガスを発生したり又は激しい熱を発生したりする。〔可燃性固体〕

第3類の危険物　水を掛けると発火したり、発熱したり又は可燃性ガスを発生する厄介な物質、自然発火する物質も含む。〔自然発火性物質及び禁水性物質〕

第4類の危険物　石油類のような可燃性の液体で着火すると激しい熱を発生する。また蒸気を発生しやすいが、この蒸気は引火性が強く危険である。危険物中、圧倒的な割合を占めるのが、この第4類の危険物である。〔引火性液体〕

第5類の危険物　可燃性であると同時に、酸素をその物質自身に所有しているため、一たん燃焼が始まると極めて燃焼速度が速く、爆発的に燃える。〔自己反応性物質〕

第6類の危険物　それ自身が燃えるのではないが、酸化剤であるので可燃物を燃焼させる危険があり、水を注ぐと発熱したりするおそれがある。〔酸化性液体〕

なお、第4類の危険物中、石油類の分類は、次による。

（第1石油類）アセトン、ガソリン等1気圧において引火点が21度未満のもの

（第2石油類）灯油、軽油等1気圧において引火点が21度以上70度未満のもの

（第3石油類）重油、クレオソート油等1気圧において引火点が70度以上200度未満のもの

（第4石油類）ギヤー油、シリンダー油等1気圧において引火点が200度以上250度未満のもの

〈消防法第2条第7項〉（定義）
　危険物とは、別表第1の品名欄に掲げる物品で、同表に定める区分に応じ同表の性質欄に掲げる性状を有するものをいう。
〈消防法別表第1〉

		1　塩素酸塩類
		2　過塩素酸塩類
		3　無機過酸化物
		4　亜塩素酸塩類
		5　臭素酸塩類
第1類	酸化性固体	6　硝酸塩類
		7　よう素酸塩類
		8　過マンガン酸塩類
		9　重クロム酸塩類
		10　その他のもので政令で定めるもの

		11	前各号に掲げるもののいずれかを含有するもの
第2類	可燃性固体	1	硫化りん
		2	赤りん
		3	硫黄
		4	鉄粉
		5	金属粉
		6	マグネシウム
		7	その他のもので政令で定めるもの
		8	前各号に掲げるもののいずれかを含有するもの
		9	引火性固体
第3類	自然発火性物質及び禁水性物質	1	カリウム
		2	ナトリウム
		3	アルキルアルミニウム
		4	アルキルリチウム
		5	黄りん
		6	アルカリ金属（カリウム及びナトリウムを除く。）及びアルカリ土類金属
		7	有機金属化合物（アルキルアルミニウム及びアルキルリチウムを除く。）
		8	金属の水素化物
		9	金属のりん化物
		10	カルシウム又はアルミニウムの炭化物
		11	その他のもので政令で定めるもの
		12	前各号に掲げるもののいずれかを含有するもの
第4類	引火性液体	1	特殊引火物
		2	第1石油類
		3	アルコール類
		4	第2石油類
		5	第3石油類
		6	第4石油類
		7	動植物油類
第5類	自己反応性物質	1	有機過酸化物
		2	硝酸エステル類
		3	ニトロ化合物
		4	ニトロソ化合物
		5	アゾ化合物
		6	ジアゾ化合物
		7	ヒドラジンの誘導体
		8	ヒドロキシルアミン
		9	ヒドロキシルアミン塩類

		10	その他のもので政令で定めるもの
		11	前各号に掲げるもののいずれかを含有するもの
第6類	酸化性液体	1	過塩素酸
		2	過酸化水素
		3	硝酸
		4	その他のもので政令で定めるもの
		5	前各号に掲げるもののいずれかを含有するもの

建築基準法上の危険物

建築基準法上の危険物についての規定は、2箇所ある。第27条第3項第二号において、危険物を貯蔵・処理する建築物の構造（耐火建築物等）を規定している場合と、第48条の用途地域制による建築物の用途規制（危険物施設の立地制限）を行っている場合とである。

それでは、建築基準法上の"危険物"についてハッキリとした定義があるかというと、法律上では廻りくどい表現をとっていて実は判りにくいのである（結論的にいうと、建築基準法施行令第116条に表として整理されているので、それを見れば判りやすくなっているが。）。

参考のために法律上の表現から追いかけてみる。法第27条第3項第二号には「別表第2(と)項第四号に規定する危険物」と書いてあるので別表第2を調べてみる。(と)項第四号には「(る)項第一号(1)から(3)まで、(11)又は(12)の物品（(ぬ)項第四号及び(る)項第二号において「**危険物**」という。）」と記されている。ここで始めて"危険物"の定義が現れたのである。しかし、これだけではまだ十分明確になったとはいいがたい。(る)項とは準工業地域内に建築してはならない建築物の欄のことであるが、そこに掲げられている物品（すなわち危険物であるもの）は次のとおりである。

(1) 火薬類取締法の火薬類（玩具煙火を除く。）

(2) 消防法第2条第7項に規定する危険物
〔消防法別表第一〕

(3) マッチ

(11) 可燃性ガス

(12) 圧縮ガス又は液化ガス

これらの物品が建築基準法上の危険物となるわけだ。

このように、消防法上の危険物と比べて建築基準法上の危険物には、火薬類とか圧縮ガス等が含まれてお

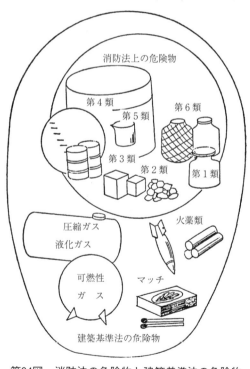

第94図　消防法の危険物と建築基準法の危険物

り、定義上の幅は広範囲となっている。消防法上の危険物に火薬類等が含まれていない理由としては、火薬類については「火薬類取締法」、圧縮ガス又は液化ガスについては「高圧ガス保安法」及び「液化石油ガスの保安の確保及び取引きの適正化に関する法律」があって、それぞれの法律において災害を防止する技術的基準を設けていることによる。これに対して建築基準法は、危険物そのものの取り扱いによる一次災害防止措置を目的としているのではなく、二次災害を防止するための建築規制や都市計画的な土地利用規制を目的としているので、危険物等の取扱い規制法規の別にとらわれないで指定しているのである。

　ついでのことだから、蛇足を綴ると、危険物の数量に建築基準法施行令では、例えば、「五十」、「三百」、「二千」を用いているが、危険物の規制に関する政令の別表では「五〇」、「三〇〇」、「二、〇〇〇」を用いている。参考まで。

　建築基準法上の危険物は、このように1つの表になっていないので、消防法別表第1に比して判りにくく、チョットまごつくのであるが、うまいことに建築基準法施行令第116条（危険物の数量）にまとめて一覧表にしているので、一般にはこの表を活用するとよい。

〈建築基準法第27条第3項第二号〉

第27条（抄）

3　次の各号の1に該当する特殊建築物は、耐火建築物又は準耐火建築物（略）としなければならない。

一　（略）

二　別表第2(と)項第四号に規定する危険物（略）の貯蔵場又は処理場の用途に供するもの（貯蔵又は処理に係る危険物の数量が政令〔建基令第116条〕で定める限度を超えないものを除く。）

〈建築基準法施行令第116条〉

（危険物の数量）

第116条　法第27条第3項第二号の規定により政令で定める危険物の数量の限度は、次の表に定めるところによるものとする。

危険物品の種類		数　量	
		常時貯蔵する場合	製造所又は他の事業を営む工場において処理する場合
火薬類 （玩具煙火を除く。）	火薬	20トン	10トン
	爆薬	20トン	5トン
	工業雷管及び電気雷管	300万個	50万個
	銃用雷管	1,000万個	500万個
	信号雷管	300万個	50万個
	実包	1,000万個	5万個
	空包	1,000万個	5万個
	信管及び火管	10万個	5万個
	導爆線	500km	500km
	導火線	2,500km	500km

電気導火線		7万個	5万個
信号炎管及び信号火箭		2トン	2トン
煙火		2トン	2トン
その他の火薬又は爆薬を使用した火工品		当該火工品の原料をなす火薬又は爆薬の数量に応じて、火薬又は爆薬の数量のそれぞれの限度による。	
消防法第2条第7項に規定する危険物		危険物の規制に関する政令別表第3の類別欄に掲げる類、同表の品名欄に掲げる品名及び同表の性質欄に掲げる性状に応じ、それぞれ同表の指定数量欄に定める数量の10倍の数量	危険物の規制に関する政令別表第3の類別欄に掲げる類、同表の品名欄に掲げる品名及び同表の性質欄に掲げる性状に応じ、それぞれ同表の指定数量欄に定める数量の10倍の数量
マッチ		300マッチトン	300マッチトン
可燃性ガス		700m³	2万m³
圧縮ガス		7,000m³	20万m³
液化ガス		70トン	2,000トン

この表において、可燃性ガス及び圧縮ガスの容積の数値は、温度が0度で圧力が1気圧の状態に換算した数値とする。

2　土木工事又はその他の事業に一時的に使用するためにその事業中臨時に貯蔵する危険物の数量の限度及び支燃性又は不燃性の圧縮ガス又は液化ガスの数量の限度は、無制限とする。

3　第1項の表に掲げる危険物の2種類以上を同一の建築物に貯蔵しようとする場合においては、第1項に規定する危険物の数量の限度は、それぞれ当該各欄の危険物の数量の限度の数値で貯蔵しようとする危険物の数値を除し、それらの商を加えた数値が1である場合とする。

危険物施設の構造　危険物の貯蔵又は処理の用に供する建築物は、建築基準法上の特殊建築物に該当し、構造上の制限が課せられる。しかし、すべての危険物施設に対してではなく貯蔵又は処理に係る危険物の数量が一定限度以上のものに限られる。また、限度数量も、常時貯蔵する場合と製造所又は他の事業を営む工場において処理する場合とによって、異なる値を採用している。これらの数量を超えて貯蔵し又は処理する場合には、建築物を耐火建築物又は準耐火建築物としなければならないこととなる。

建築基準法施行令第116条の表の数量の単位で**マッチトン**とは「マッチ包装用木箱（1.35尺×2.15尺×1.65尺）3箱に納められたマッチの容量をいい、この木箱1箇に並型マッチにして2,400箇が納められる（昭和27年3月13日付通達）。」ものである。

また、建築基準法の運用については、「LPガスは液化ガスに該当する（昭和38年12月5日付通達）。」、「可燃性ガスは、可燃性ガスのうち液化ガス又は圧縮ガスに該当しない"その他の可燃性ガス"をいう（昭和38年12月5日付通達）。」、「製造所より搬入し、他のボンベに詰替える作業は処理に該当する（昭和33年5月2日付通達）。」の例規がある。

危険物の処理数量の算定について、建築基準法上では、「当該工場の作業場等において取り扱う危険物の瞬間における最大停滞量（作業場内の機械、管、貯蔵場等の中に存置することのできる危険物の最大数量）による（昭和28年7月14日付通達）。」ものとしている。これは、消防法上の指定数量以上の取扱いの算定基準が1日である、すなわち、1日間の危険物の取扱い数量が指定数量以上となった場合を指定数量以上の危険物を取扱ったこととするという、考え方とは著しく異なるものである。消防法第10条の「指定数量以上の危険物は、製造所、貯蔵所及び取扱所以外の場所でこれを取扱ってはならない。」の解釈としては、昭和40年4月15日付通達で、「製造所又は取扱所において1日に製造され又は取り扱われる終末製品（危険物）の最大数量による。ただし、取り扱われる原材料（危険物）の指定数量の倍数が終末製品の倍数より大きい場合は、原材料の数量により、循環装置により危険物を循環させて取り扱う場合には、製造所又は取扱所のタンク、配管等一連の施設内の瞬間最大停滞量による。」ものとしているからである。もともと、消防法上の指定数量と建築基準法上の限度数量とは同一ではないし、さらに建築基準法では貯蔵の場合と、処理の場合とで限度数量が異なっているような事を考えれば、ことさら解釈が違っていることを問題視するには当らないかも知れないが。

なお、建築基準法においても、第1石油類から第4石油類までの区分は、消防法別表第1の区分に従うものである。

2種類以上の危険物を貯蔵する場合の数量の限度の算定は、消防法第10条第2項の規定「品名を異にする2以上の危険物を同一の場所で貯蔵し、又は取り扱う場合において、当該貯蔵又は取扱いに係る危険物の品名ごとの数量をそれぞれの指定数量で除し、その商の和が1以上となるときは、当該場所は、指定数量以上の危険物を貯蔵し、又は取り扱っているものとみなす。」と全く同様である。

建築基準法上の例で説明すると、第1石油類1,600ℓと第3石油類5,000ℓの常時貯蔵の場合は、

$$\frac{1,600}{2,000} + \frac{5,000}{20,000} = 0.80 + 0.25 = 1.05 > 1.00$$

従って、耐火建築物又は準耐建築物としなければならない。次に、アルコール1,000ℓとガソリン（第1石油類）1,000ℓの貯蔵の場合では、

$$\frac{1,000}{4,000} + \frac{1,000}{2,000} = 0.25 + 0.50 = 0.75 < 1.00$$

建築構造上の規制はないことになる。

都市計画上の立地制限

危険物施設は、それ自身の防災上の構造又は設備の規定を強化することの他、都市計画的にみて、例えば、住宅街の近くに大きな石油タンクを建設したり、コンビナート工場を建築したりすることは都市防災上決して好ましくないので、立地の点からも規制をする必要がある。

都市計画上の立地規制は、都市計画法に基づいて行われるものであるので、都市計画区域内に限って適用され、都市計画区域外の場合には適用がない。また、都市計画区域内であっても、土地利用計画が定まっておらず、従って、用途地域の指定がない場合には規制の根拠を欠くこととなる。

一般に、都市計画区域は、無秩序な市街化を防止し、計画的な市街化を図るため「市街化区域」と「市街化調整区域」とに区域区分される。この都市計画のことを"線引き"という。線を引いて両区域の区分を行うからである。**市街化区域**は、すでに市街地を形成している区域及びおおむね10年以内に優先的かつ計画的に市街化を図るべき区域とし、**市街化調整区域**は、市街化を抑制すべき区域とする（都市計画法第7条）。市街化区域内については用途地域が定められ、市街化調整区域については原則として用途地域は定められない。用途地域には、第1種低層住居専用地域、第2種低層住居専用地域、第1種中高層住居専用地域、第2種中高層住居専用地域、第1種住居地域、第2種住居地域、準住居地域、田園住居地域、近隣商業地域、商業地域、準工業地域、工業地域及び工業専用地域の13種類がある。この用途地域の都市計画を定めることを一般に"色塗り"と呼んでいる。13種類の用途地域

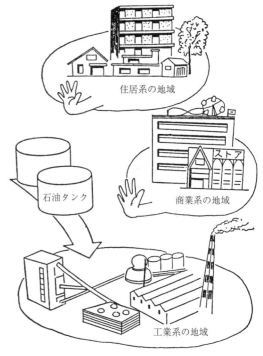

第95図　都市計画による危険物施設の規制

は、色彩によって区分するようにしているからである。住居系は黄〜緑系統、商業系は赤系統、工業系は青系統で表示されることとなっている。また、線引きが終了していない都市計画区域内の一部に用途地域の指定がある場合もある。各用途地域の内容は次のとおりである。

〈都市計画法第9条〉
第9条　第1種低層住居専用地域は、低層住宅に係る良好な住居の環境を保護するため定める地域とする。

2　第2種低層住居専用地域は、主として低層住宅に係る良好な住居の環境を保護するため定める地域とする。

3　第1種中高層住居専用地域は、中高層住宅に係る良好な住居の環境を保護するため定める地域とする。

4　第2種中高層住居専用地域は、主として中高層住宅に係る良好な住居の環境を保護するため定める地域とする。

5　第1種住居地域は、住居の環境を保護するため定める地域とする。

6　第2種住居地域は、主として住居の環境を保護するため定める地域とする。

7　準住居地域は、道路の沿道としての地域の特性にふさわしい業務の利便の増進を図りつつ、これと調和した住居の環境を保護するため定める地域とする。

8　田園住居地域は、農業の利便の増進を図りつつ、これと調和した低層住宅に係る良好な住居の環境を保護するため定める地域とする。

9　近隣商業地域は、近隣の住居地の住民に対する日用品の供給を行なうことを主たる内容とする商業その他の業務の利便を増進するため定める地域とする。

> 10 商業地域は、主として商業その他の業務の利便を増進するため定める地域とする。
>
> 11 準工業地域は、主として環境の悪化をもたらすおそれのない工業の利便を増進するため定める地域とする。
>
> 12 工業地域は、主として工業の利便を増進するため定める地域とする。
>
> 13 工業専用地域は、工業の利便を増進するため定める地域とする。
>
> （略）

　以上の用途地域の種類に従って、危険物施設（危険物の貯蔵又は処理に係る数量）の制限が行われる。まず都市計画法によって、開発行為（宅地開発）の段階から立地規制が行われ、次いで建築の段階で、建築物については建築確認でチェックし、その他の工作物（製造施設、貯蔵施設等）については、確認の準用規定が設けられている。

　昭和43年の全面改正によって制定された都市計画法では、開発行為（宅地造成）の許可制度をとり入れた。これは建築工事は建築確認によってチェックされるが、それを更に一歩進めて、宅地開発の段階から都市計画的にチェックをして乱開発やスプロールを防止しようとするものである。

　"開発行為" とは「主として建築物の建築又は特定工作物の建設の用に供する目的で行う土地の区画形質の変更（都市計画法第4条第12項）」をいうもので、判りやすくいえば、宅地開発のことである。ここで注意をしなければならないのは、単に建築物だけではなく、建築物とはいえない工作物の一部（特定工作物）を建設するための用地の造成も含んでいることである。建築物の定義では、石油タンク等の貯蔵槽が除外されていたことを思い出せば、このように工作物を含めている意味がお判りになることと思う。

　"特定工作物" には、第1種特定工作物と第2種特定工作物とがある。第1種の方は「コンクリートプラントその他周辺の環境の悪化をもたらすおそれがある工作物で政令で定めるもの」をいい、第2種の方は「ゴルフコースその他大規模な工作物で政令で定めるもの」となっている。いずれも、宅地造成に伴う災害防止上の観点からの規制と、良好な市街地形成のための水準向上の基準とが課せられる。

　第1種特定工作物は、環境保全の立場から、都市計画による土地利用計画に基づいて立地規制が行われる。第1種特定工作物の定義中には、政令（都市計画法施行令第1条第1項第三号）の指定による危険物施設が含まれる。同条文の表現を引用すると「危険物

第96図　規制施設は、敷地造成の段階から
チェックを受ける

（建築基準法施行令第116条第1項〔危険物の数量〕の表の危険物品の種類の欄に掲げる危険物をいう。）の貯蔵又は処理に供する工作物」ということになる。この条文からみても、危険物は本来であれば建築基準法別表第2（と）項第四号の危険物といっても差支えないものを、表現がややっこしくて判りにくいためであろうか、危険物を整理して一覧表にした建築基準法施行令第116条の表の危険物というようにして、少しでも判りやすくするように努めていることが感じられる。この場合、次のような危険物施設は規制の対象から除かれることとなっている。

- ・石油パイプライン事業法の事業用施設（同法第5条第2項第二号）
- ・港湾法の保管施設及び船舶役務用施設（同法第2条第5項第八号及び第八号の二）
- ・漁港漁場整備法の補給施設（同法第3条第二号ホ）
- ・航空法による公共の用に供する飛行場に建設される航空機給油施設
- ・電気事業法の電気事業の用に供する電気工作物（同法第2条第1項第十六号及び第十八号）
- ・ガス事業法のガス工作物（同法第2条第13項）

　従って、危険物施設が建築物又は第1種特定工作物に該当する場合は、敷地の造成の段階から都市計画法による規制を受けることとなる。具体的には、次のような区域に応じた規模以上の開発行為が開発許可の対象となる。

- ・市街化区域内においては、1,000㎡以上のもの（都道府県等が300㎡まで引き下げることができる。）
- ・市街化調整区域内においてはすべて
- ・未線引都市計画区域（市街化区域及び市街化調整区域の区別がない都市計画区域）内においては、3,000㎡以上（都道府県等が300㎡まで引き下げることができる。）

　許可基準の詳細については、ここでは省略するが、「申請に係る開発区域内の土地について、用途地域（中略）が定められているときは、予定建築物等の用途がこれに適合していること（都市計画法第33条第1項第一号）」が許可の要件の一つとなる。従って、用途地域の制限に適合しない用途のものは、宅地開発の段階で締め出しをくうことになる。

建築確認によるチェック　　実際に、建築物を建築し又は特定工作物を建設する場合には、建築確認によるチェックを受ける。建築物については建築基準法第6条の規定に基づいて建築確認が行われるが、工作物については同法第88条の準用規定に基づいて確認が行われる。すなわち、同条第2項には、「製造施設、貯蔵施設（中略）等の工作物で政令（建基令第138条第3項）で指定するもの」については確認が必要である旨が規定されている。しかしながら、現在のところ、危険物施設は指定されていない。それでも危険物施設そのものは工作物であっても、同一敷地内に建築物が存在すれば実際は確認が必要となる。都市計画法上の開発許可では、「主として」と規定されているので、建築物が存在しても危険物施設の方が占める比重が大きければ、第1種特定工作物としての開発許可となるが、建築確認では、少しでも建築物が存在すれば、その建築物は建築物としての確認が必要となるからである。

用途地域による数量制限　さて、建築基準法施行令には、もう一つの危険物関係の表がある。それは第130条の9（危険物の貯蔵又は処理に供する建築物）の表で、用途地域による危険物の数量制限を規定したものである。

　さて、この表の用途地域は3区分しかされていないが、都市計画法上の用途地域は13種類もあった筈である。それでは、この表に記されていない用途地域の場合は、どのように考えたらよいのだろうか。結論からいうと、「準住居地域」の欄には「第2種中高層住居専用地域、第1種住居地域、第2種住居地域」を、「商業地域」の欄には「近隣商業地域」をあてはめて読んでよい。「工業地域」と「工業専用地域」については、危険物の貯蔵及び処理についての数量制限はないから、無制限である。ついでだが、都市計画上の用途地域が定められていない場合（市街化調整区域等）も危険物の貯蔵及び処理についての数量的制限はないと考えてよい。

　ところで、「第1種低層住居専用地域から第1種中高層住居専用地域まで及び田園住居地域」の説明だけが後廻しとなったが、「第1種低層住居専用地域から第1種中高層住居専用地域まで及び田園住居地域」の規定だけは、建基法別表第2に「建築することができる建築物」として建築物の種類を定めているから、それらの建築物以外の建築はダメなのである。他の用途地域では、「建築してはならない建築物」を規定していることと比較すればこれらの用途地域では、規制の方法が異なるのである。それでは、例えば、第1種低層住居専用地域内では、危険物の貯蔵・処理は全くできないのであろうか。第1種低層住居専用地域内に建築することができる建築物の第十号に「十　前各号に附属するもの（政令で定めるものを除く。）」という規定がある。そこで、政令（第130条の5）を調べてみると、第1種低層住居専用地域内、第2種低層住居専用地域内又は田園住居地域内に建築してはならない附属建築物として「五　法別表第2(と)項第四号に掲げるもの」という規定がある。この(と)項第四号というのは、準住居地域内の建築制限で「危険物の貯蔵又は処理に供するもので政令で定めるもの」という規定である。このことから、第1種低層住居専用地域等では、危険物の貯蔵または処理に供する専用建築物の建築は、たとえその数量が少なくてもダメ、附属建築物ならば一定数量以下のものに限り認められることになる。

　第2種中高層住居専用地域から第2種住居地域までの制限が、危険物関係については「準住居地域」の制限と同じであるのは、法別表第2(に)欄で「第2種中高層住居専用地域内に建築してはならない建築物」の第1号で「……(と)項第四号……に掲げるもの」すなわち準住居地域内で建築することができない危険物の貯蔵又は処理に供する建築物を引いているためである。「近隣商業地域」の制限が「商業地域」の制限と同じであるのも、同じような理由によるものである。

〈建築基準法施行令第130条の9〉

（危険物の貯蔵又は処理に供する建築物）

第130条の9　法別表第2(と)項第四号、(ぬ)項第四号及び(る)項第二号（法第87条第2項又は第3項において法第48条第7項、第10項及び第11項の規定を準用する場合を含む。）の規定により政令で定める危険物の貯蔵又は処理に供する建築物は、次の表に定める数量を超える危険物（同表に数量の定めのない場合にあってはその数量を問わないものとし、圧縮ガス又は液化ガスを燃料電池又は内燃機関の燃料として用いる自動車にこれらのガスを充てんするための設備（安全上及び防火上支障が

ないものとして国土交通大臣が定める基準に適合するものに限る。）により貯蔵し、又は処理される圧縮ガス及び液化ガス、地下貯蔵槽により貯蔵される第１石油類（消防法別表第１の備考12に規定する第１石油類をいう。以下この項において同じ。）、アルコール類（同表の備考13に規定するアルコール類をいう。）、第２石油類（同表の備考14に規定する第２石油類をいう。以下この項において同じ。）、第３石油類（同表の備考15に規定する第３石油類をいう。以下この項において同じ。）及び第４石油類（同表の備考16に規定する第４石油類をいう。以下この項において同じ。）並びに国土交通大臣が安全上及び防火上支障がない構造と認めて指定する蓄電池により貯蔵される硫黄及びナトリウムを除く。）の貯蔵又は処理に供する建築物とする。

危険物　　　　　　　　　　用途地域		準住居地域〔第１種・第２種住居、第２種中高層住専地域を含む〕	商業地域〔近隣商業地域を含む〕	準工業地域
(1)	火薬類（玩具煙火を除く。）			
	火薬	20kg	50kg	20トン
	爆薬		25kg	10トン
	工業雷管、電気雷管及び信号雷管		1万個	250万個
	銃用雷管	3万個	10万個	2,500万個
	実包及び空包	2,000個	3万個	1,000万個
	信管及び火管		3万個	50万個
	導爆線		1.5km	500km
	導火線	1km	5km	2,500km
	電気導火線		3万個	10万個
	信号炎管、信号火箭及び煙火	25kg	2トン	
	その他の火薬又は爆薬を使用した火工品	当該火工品の原料をなす火薬又は爆薬の数量に応じて、火薬又は爆薬の数量のそれぞれの限度による。		
(2)	マッチ、圧縮ガス、液化ガス又は可燃性ガス	A／20	A／10	A／2
	第１石油類、第２石油類、第３石油類又は第４石油類	A／2（危険物の規制に関する政令第２条第一号に規定する屋内貯蔵所のうち位置、構造及び設備について国土交通大臣が定める基準〔平5建告1439〕に適合するもの（以下この表	A（特定屋内貯蔵所、第１種販売取扱所又は危険物の規制に関する政令第３条第二号ロに規定する第２種販売取扱所（以下この表において「第２種販売取扱所」という。）に	

(3)		において「特定屋内貯蔵所」という。）又は同令第3条第二号イに規定する第1種販売取扱所（以下この表において「第1種販売取扱所」という。）にあっては、3A／2）	あっては、3A）	5A
(4)	(1)～(3)までに掲げる危険物以外のもの	A／10（特定屋内貯蔵所又は第1種販売取扱所にあっては、3A／10）	A／5（特定屋内貯蔵所又は第1種販売取扱所にあっては、3A／5）	2A（特定屋内貯蔵所、第1種販売取扱所又は第2種販売取扱所にあっては、5A）

この表において、Aは、(2)に掲げるものについては第116条第1項の表中「常時貯蔵する場合」の欄に掲げる数量、(3)及び(4)に掲げるものについては同項の表中「製造所又は他の事業を営む工場において処理する場合」の欄に掲げる数量を表わすものとする。

2　第116条第2項及び第3項の規定は、前項の場合に準用する。ただし、同条第3項の規定については、準住居地域又は商業地域における前項の表の(1)に掲げる危険物の貯蔵に関しては、この限りでない。

　ところで、消防法上の危険物の大部分は、第4類の危険物であり、かつ、石油類である。そのようなことから、石油類についての規制内容を理解すれば危険物規制は、ほぼ間にあうといっても良い程である。そこで、石油類についての規制を整理してみると277頁の表のようになる。なお、石油類及びアルコール類については、地下貯蔵槽（地下タンク貯蔵所）によって貯蔵する場合には、用途地域の数量制限に特例規定があって、石油類及びアルコール類については、その数量は問わない、すなわち、無制限とされている。これは、地下貯蔵槽の安全性が確かめられているからである（第1種低層住居専用地域等においては、地下貯蔵槽としても原則禁止であることに変りはない。）。

用途地域制限の例外許可　　　　　　　それぞれの用途地域の種類に従って建築物の規制が行われるのであるが、この規制にも例外がないわけではない。ただし書きによる例外許可の制度が認められているからである。しかし、この例外許可は単なる規制の緩和措置と考えるべきではない。その理由の1つとして、単一の用途地域の指定が、相当広域の面積にわたって行なわれることがあるからである。例えば、第1種低層住居専用地域が将来の住宅地として広域に指定されることがあるが、実際に住宅地が造成されると集会場とか、日用品の店舗などが必要となる。ところが、第1種低層住専ではこれらの用途の建築は原則として禁止されているのである。それでは、全くこれらの施設は建築すべきではないのかといえば、そうではなく、場所を選定して建築するべきであるという考えに

275

立っているのである。ところで、将来認めるのな
らば、最初からその立地すべき位置だけ建築可能
な用途地域に指定しておけばよいではないか、と
いう反論もあろう。だが、住宅地の開発計画がま
だ確定していない山林などの状態で、施設の配置
までを予測することが困難であるから無理な話で
あろう。従って、最初から例外許可を前提とした
用途地域の指定が行われることもあり得る。一
方、できるだけ厳しい用途地域の指定をして環境
の保全を図りつつ、必要に応じて条件つきで例外
許可をしていくというような戦略に基づいて指定
されることもあり得る。

　各用途地域ごとの許可の要件は次のとおりであ
る（建基法第48条第1項から第12項までのただし
書き）。

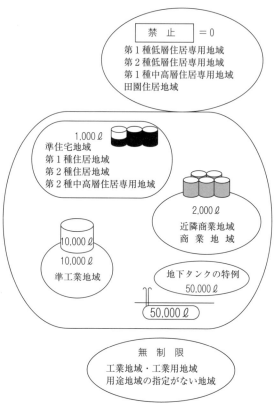

第97図　用途地域による数量規制〈ガソリンの例〉

・第1種低層住居専用地域——第1種低層住居専
　　　　用地域における良好な住居の環境を害
　　　　するおそれがないと認め、又は公益上
　　　　やむを得ないと認める場合

・第2種低層住居専用地域——第2種低層住居専用地域における良好な住居の環境を害するおそれがな
　　　　いと認め、又は公益上やむを得ないと認める場合

・第1種中高層住居専用地域——第1種中高層住居専用地域における良好な住居の環境を害するおそれ
　　　　がないと認め、又は公益上やむを得ないと認める場合

・第2種中高層住居専用地域——第2種中高層住居専用地域における良好な住居の環境を害するおそれ
　　　　がないと認め、又は公益上やむを得ないと認める場合

・第1種住居地域——第1種住居地域における良好な住居の環境を害するおそれがないと認め、又は公
　　　　益上やむを得ないと認める場合

・第2種住居地域——第2種住居地域における良好な住居の環境を害するおそれがないと認め、又は公
　　　　益上やむを得ないと認める場合

・準住居地域——準住居地域における良好な住居の環境を害するおそれがないと認め、又は公益上やむ
　　　　を得ないと認める場合

・田園住居地域——農業の利便及び田園住居地域における良好な住居の環境を害するおそれがないと認
　　　　め、又は公益上やむを得ないと認める場合

・近隣商業地域——近隣の住宅地の住民に対する日用品の供給を行うことを主たる内容とする商業その
　　　　他の業務の利便及び当該住宅地の環境を害するおそれがないと認め、又は公益上やむを得な

石油類の規制一覧　（単位ℓ）

危険物	消防法別表による指定数量（消防法第9条の3）	耐火建築物又は準耐火建築物としなければならない場合の数量の制限（建築基準法第27条、建築基準法施行令第116条）		用途地域内において、危険物の貯蔵又は処理に供する建築物の危険物の数量の限度（建築基準法第48条、法別表第二⒯項第四号、⒤項第四号及び⒭項第二号、建築基準法施行令第130条の5第五号）				地下貯蔵槽による特例（1住専以外の用途地域の緩和規定）
		常時貯蔵する場合	製造所又は他の事業を営む工場において処理する場合	・第2種中高層住居専用地域 ・第1種住居地域 ・第2種住居地域 ・準住居地域	・商業地域 ・近隣商業地域	・準工業地域	・工業地域 ・工業専用地域 ・用途地域の指定がない都市計画区域	
第1石油類（アセトン、ガソリン類）	200	2,000	2,000	1,000	2,000	10,000	無制限	無制限
第2石油類（灯油、軽油）等	1,000	10,000	10,000	5,000	10,000	50,000	無制限	無制限
第3石油類（重油、クレオソート油等）	2,000	20,000	20,000	10,000	20,000	100,000	無制限	無制限
第4石油類（ギヤー油、シリンダー油等）	6,000	60,000	60,000	30,000	60,000	300,000	無制限	無制限

（左欄外縦書き：（非溶性）石油類）

　　　いと認める場合

・商業地域——商業の利便を害するおそれがないと認め、又は公益上やむを得ないと認める場合

・準工業地域——安全上若しくは防火上の危険の度若しくは衛生上の有害の度が低いと認め、又は公益上やむを得ないと認める場合

・工業地域——工業の利便上又は公益上必要と認める場合

・工業専用地域——工業の利便を害するおそれがないと認め、又は公益上やむを得ないと認める場合

　以上の特例の許可は、特定行政庁（知事又は建築主事をおく市町村長）が行うが、その場合「あらかじめ、その許可に利害関係を有する者の出頭を求めて公開による意見の聴取を行い、かつ、建築審査会の同意を得なければならない（建基法第48条第15項）。」こととされている。意見の聴取を行う場合には「許可をしようとする建築物の建築の計画並びに聴聞の期日及び

許可申請

利害関係者の
公開聴問会

消防長の同意

建築審査会の同意

知事又は市長の
許可（不許可）

第98図　例外許可の場合の手続き

場所を期日の３日前までに公告（同法第48条第17項）」して行う。建築審査会は、法律、経済、建築、都市計画、公衆衛生又は行政に関しすぐれた経験と知識を有し、公共の福祉に関し公正な判断をすることができる５人以上の委員によって構成され（同法第79条）、建築基準法上の同意、審査請求に対する裁決、諮問に応じて重要事項の調査審議及び建議を行う機関である（同法第78条）。

　この許可についても、建築確認と同様に、事前に**消防長又は消防署長の同意**を得なければならないこととされている（建基法第93条第１項、消防法第７条第１項）。

既存建築物に対する制限の緩和

　用途地域関係についても、用途地域の指定前又は指定の変更前から存在する建築物で、指定又は変更前には規定に適合していたものについては、建築基準法第86条の７（既存の建築物に対する制限の緩和）の規定により、一定の範囲内について増改築をすることが認められている。耐火建築物等としなければならない構造規定についても同様の緩和措置がある。

　耐火建築物等としなければならない構造規定については、全国適用の規定であるので、建築基準法施行時（昭和25年11月23日）が基準時となる。従って、それ以前から存在するものについてのみ、この制限の緩和が働くことになる。現在では、そのような古い建築物も少ないだろうから、まず、適用の余地がほとんどないとみられる。

　しかし、用途地域関係については、指定のないところに追加して指定することや、指定の変更ということもチョイチョイあり得る。特に昭和43年の都市計画法の全面改正の折りには、用途地域の種類も増え、指定も全面見直しがあったので、こちらの方の緩和措置の適用は充分考えられることである。しかし、この緩和措置の適用は条件が厳しくなっている。まず対象となるのは指定又は指定の変更前は適法だったものに限られ、従前から違反であったものには緩和措置は適用されない。指定等により始めて不適合となったときを「基準時」とする。増改築は基準時の敷地内に限られ、建蔽率、容積率に違反しない範囲であり、かつ、1.2倍すなわち20％増しまでが限度となる。全体の床面積が20％増しであるとともに、危険物の貯蔵等に係る部分の床面積も20％増しまでが限度となる。また、危険物の貯蔵等にかかる容量についても20％増しが限度となる。昔はこの限度が50％増しまでは認められていたものだが、昭和45年の政令改正で20％増しまでダウンされ、緩和措置の適用も厳しくなってきたものである。具体的な適用は、新用途地域の指定発効日からである（政令附則第３項）。

〈建築基準法施行令第137条の４及び第137条の７〉
（耐火建築物等としなければならない特殊建築物関係）
第137条の４　法第３条第２項の規定により法第27条の規定の適用を受けない特殊建築物について法第86条の７第１項の規定により政令で定める範囲は、増築（劇場の客席、病院の病室、学校の教室その他の当該特殊建築物の主たる用途に供する部分以外の部分に係るものに限る。）及び改築については、工事の着手が基準時以後である増築及び改築に係る部分の床面積の合計が50m²を超えないこととする。
（用途地域等関係）

第137条の7　法第3条第2項の規定により法第48条第1項から第14項までの規定の適用を受けない建築物について法第86条の7第1項の規定により政令で定める範囲は、増築及び改築については、次の各号に定めるところによる。
一　増築又は改築が基準時における敷地内におけるものであり、かつ、増築又は改築後における延べ面積及び建築面積が基準時における敷地面積に対してそれぞれ法第52条第1項、第2項及び第7項並びに法第53条の規定並びに法第68条の2第1項の規定に基づく条例の第136条の2の5第1項第二号及び第三号の制限を定めた規定に適合すること。
二　増築後の床面積の合計は、基準時における床面積の合計の1.2倍を超えないこと。
三　増築後の法第48条第1項から第14項までの規定に適合しない用途に供する建築物の部分の床面積の合計は、基準時におけるその部分の床面積の合計の1.2倍を超えないこと。
四　法第48条第1項から第14項までの規定に適合しない事由が原動機の出力、機械の台数又は容器等の容量による場合においては、増築後のそれらの出力、台数又は容量の合計は、基準時におけるそれらの出力、台数又は容量の合計の1.2倍を超えないこと。
五　用途の変更（第137条の19第2項に規定する範囲内のものを除く。）を伴わないこと。

消防法による危険物施設の種類

消防法の規定によると指定数量以上の危険物を貯蔵したりする場所は、市町村長（消防本部及び消防署を設置していない市町村の区域では都道府県知事）の許可を受けた「危険物施設」でなければならない。2以上の市町村にわたって設けられる移送取扱所（パイプライン）にあっては都道府県知事が、2以上の都道府県にわたって設けられる移送取扱所にあっては総務大臣が許可権者となる（消防法第11条）。

危険物施設には、大別して、(1)**製造所**、(2)**貯蔵所**、(3)**取扱所**の3種類がある。貯蔵については貯蔵所のみに限定されているが、取扱い（移し替え、消費等）については、製造所、貯蔵所又は取扱所のいずれにおいても行うことができる（消防法第10条第1項）。ただし、許可の場合には、危険物の種類、数量等が指定されているので、それに適合した範囲内のものでなければならない。同一の場所で各種の危険物の貯蔵、取扱いをする場合は、指定数量の按分比で判断する。例えば、ガソリンを石油缶6本（18ℓ×6＝108ℓ）と灯油をドラム缶4本（200ℓ×4＝800ℓ）の場合は、それぞれの指定数量で除してその

第99図　危険物施設のうち建築物であるものと建築物でないもの

279

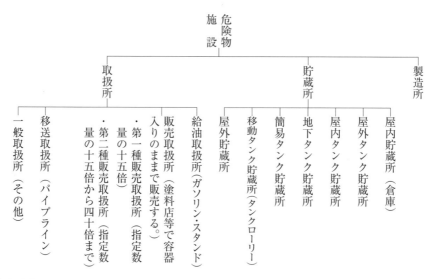

商の和を求めると、

$$\frac{108}{200} + \frac{800}{1,000} = 0.54 + 0.80 = 1.34 > 1.0$$

　その答は1より大きくなるので危険物施設としての許可が必要となる（消防法第10条第2項）。

　危険物施設を分類すると上のようになる（危険物の規制に関する政令第2条及第3条）。なお、今後「危険物の規制に関する政令」は長いので「危政令」と省略し、「危険物の規制に関する規則」は「危規則」と省略させていただくことにする。

　これらの施設のうち特に建築物と密接な関係のあるものは、製造所の一部、貯蔵所では屋内貯蔵所、屋内タンク貯蔵所、取扱所では給油取扱所、販売取扱所及び一般取扱所の一部である。これらの施設は消防法上の規制を受けるほか、建築物として（貯蔵又は取扱い数量にもよるが）建築基準法上の構造規制（建築基準法第27条）及び用途地域制による立地規制（建基法第48条）を受ける。また、危険物施設が屋外タンク等であっても、それらに附属する建築物は用途規制を受ける。

危険物施設に対する規制　　危険物施設を設置する場合には市町村長等の許可が必要であることはすでに述べたが、その施設の一部を変更する場合にも許可を要する（消防法第11条）。設備を変更しないで危険物の種類や数量を変更する場合や用途を廃止する場合には、いずれも市町村長等にその旨を届出する必要がある（消防法第11条の4、第12条の6）。許可または変更許可を受けた危険物施設が完成した場合は、「完成検査」を受けて合格した後でなければ使用することはできない（消防法第11条第5項）。また、タンクの場合は完成検査前に水張検査または水圧検査（圧力タンクの場合等）を受けて漏洩しないこと等を確めなければならない（危政令第8条の2）。検査合格すると「完成検査済証」が交付される。

　10日間以内の期間に限って、仮に危険物の貯蔵または取扱いをする場合は、消防長または消防署長の承認を受けなければならない（消防法第10条第1項ただし書）。

　市町村長等は、危険物施設において、危険物の貯蔵・取扱いが法令で定められている技術上の基準に適合していない場合には、関係者に対して基準を守るように命令をすることができ（消防法第11条の5）、危険物施設そのものの位置・構造・設備が法令の技術上の基準に適合しない場合は、関係者に対して、その修理、改造、移転の措置を命ずることができる（消防法第12条第2項）。さらに、無許可変更、完成検査前の使用、命令違反等の場合には、期間を定めて使用停止命令を出すことができる（消防法第12条の2）。また、無許可施設に対しては、貯蔵または取扱いに係る危険物の除去その他災害防止のため必要な措置命令をすることができる（消防法第16条の6）。

　また、市町村長等は、危険物の貯蔵の取扱いによる火災の防止のため必要な場合には、資料提出、報告要求、立入検査、質問または危険物の疑いのある物品等の収去（試験のための必要最少限度に限られる。）等を行い、または消防担当職員に行わせることができる（消防法第16条の5）。

　これら消防法令の規定が適用除外となる場合がある。それは、「航空機、船舶、鉄道及び軌道による危険物の貯蔵、運搬、詰替その他の取扱い」については、他の法令による規制措置が講じられているためである（消防法第16条の9）。

危険物施設の位置・構造・設備　　危険物施設の位置・構造・設備の技術上の基準は危険物の規制に関する政令第9条から第23条までに定められており、関係者は常にその基準に適合するように義務づけられている（消防法第12条）。以下各施設ごとにその基準の概要を示すこととする。

◆**製造所**（危政令第9条）

　保安距離——住宅にあっては10m以上、学校、病院、劇場等にあっては30m以上、文化財にあっては50m以上、その他高圧ガス、高圧電線との保安距離についても規定がある。防火上有効な塀を設けることによる緩和措置がある。

　保有空地（敷地内）——指定数量の10倍以下は3m以上、10倍を超える場合は5m以上の空地を必要とする。

　建築物の構造——地階を設けない。柱、壁、床、はり、階段を不燃材料で造り、外壁で延焼のおそれのある部分は耐火構造とする。屋根は、金属板その他の軽量の不燃材料でふく。窓、出入口には防火設備を設ける。採光、照明及び換気の設備を設ける。床は不浸透質のものとし勾配をつける。指定数量の10倍以上の危険物を取扱う場合には避雷設備を設ける等。

　タンクの構造——タンクの位置により、屋外の場合には屋外タンク貯蔵所の、屋内の場合には屋内タンク貯蔵所の、地下の場合には地下タンク貯蔵所の規定を適用する。配管は金属製で耐圧性のあるものを使用する。

◆**屋内貯蔵所**（危政令第10条）

　保安距離——製造所に同じ。

　保有空地——指定数量に応じて次のとおり。

指定数量 ＼ 構造	耐火構造 （壁、柱、床）	上 記 以 外
1～5倍	—	0.5m以上
5～10倍	1 m以上	1.5m以上
10～20倍	2 m以上	3 m以上
20～50倍	3 m以上	5 m以上
50～200倍	5 m以上	10m以上
200倍以上	10m以上	15m以上

建築物の構造——貯蔵倉庫は、独立した占用の建築物とし、床面積は1,000m²を限度とする。軒の高さは6 m未満（第2類、第4類の貯蔵倉庫では20m未満）とする。壁、柱、床は、耐火構造とし、はりは不燃材料とする。ただし、指定数量の10倍以下の危険物等の場合は、壁（延焼のおそれのある部分を除く。）、柱及び床を耐火構造とせず単に不燃材料とすることができ

る。屋根は金属板等の軽量な不燃材料でふき、かつ、天井は設けない。出入口は防火設備を設ける。採光、換気の設備を設け、指定数量の10倍以上の危険物の貯蔵倉庫には避雷針を設ける。その他、危険物の種類、数量によっては規制の緩和あるいは強化の措置がとられることがある。

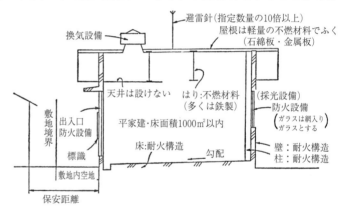

第100図　屋内貯蔵所の設計例

◆**屋外タンク貯蔵所**（危政令第11条）

保安距離——製造所に同じ。引火性液体の貯蔵タンクにおいてはタンクの高さ又は径による規制がある。

保有空地——指定数量に応じて次のとおり。

指 定 数 量	空 地 幅
1～　500倍	3 m以上
500～1,000倍	5 m以上
1,000～2,000倍	9 m以上
2,000～3,000倍	12m以上
3,000～4,000倍	15m以上
4,000倍以上	15m以上であって、かつ、最大 径又は高さの大なるもの以上

　　タンクの構造——厚さ3.2mm以上の鋼板で気密に作り、液体の危険物を貯蔵するものにあっては、水張試験または水圧試験（最大常用圧力の1.5倍の圧力を10分間加える。）を行う。地震、風圧に耐える。支柱は耐火性能を有する。さびどめ塗装をする。蒸気放出孔、通気管、自動計量装置、標識等を設ける。ポンプ室は壁、床、柱、はりを不燃材料で造る。屋根は石綿板等の軽量の不燃材料でふく。出入口、窓は防火設備を設ける。指定数量の10倍以上のタンクには避雷設備を設ける。石油類等の液体の危険物を貯蔵する屋外タンクの周囲には防油堤を設ける。

◆**屋内タンク貯蔵所**（危政令第12条）

　　危険物数量の制限——屋内タンク貯蔵所は、屋内に設けたタンクにおいて指定数量の40倍以下、かつ、2万ℓ以下（第4石油類及び動植物油類にあっては指定数量の40倍以下であれば2万ℓを超えてもよい。）の危険物を貯蔵するものである。保安距離、保有空地の規定は設けられていない。

　　建築物の構造——平家建のタンク専用室内にタンクを設ける。タンクと壁の間またはタンク相互に0.5m以上の間隔を保って設ける。タンク専用室は壁、柱、床を耐火構造で、はり、屋根は不燃材料で作り天井は設けない。ただし、引火点が70℃以上の第4類危険物のタンク専用室では壁（延焼のおそれのある外壁を除く。）、柱及び床を不燃材料とすることができる。床は不浸透質とし勾配をつけ、しきいの高さは0.2m以上とする。窓、出入口には防火設備を設ける。専用室には採光、換気、排出の設備を設ける。

◆**地下タンク貯蔵所**（危政令第13条）

　　地下タンク貯蔵所については、地下に設けられるタンクであって、保安距離、保有空地についての規定はない。ただし、地下タンクは地盤面下に設けられたタンク室内に設けることとされている。石油類等第4類の危険物の地下タンクにあっては、平成17年まで地下鉄、地下トンネルから10m以内の場所その他総務省令で定める場所〔地下街、地下建物内の場所から10m以内〕に設けられないとの規定があった。所定の構造の二重殻タンクは、タンク室内に設ける必要はない。

　　タンク室——タンク室内部は地下タンクより0.1m以上の間隔を有し、かつ、タンクの頂部は地盤面から0.6m以上の余裕を必要とする。タンクを2以上設けるときは、その間隙を1m以上とする。タンクの周囲には乾燥砂をつめる。壁、床およびふたは0.3m以上の厚さの鉄筋コンクリート造とし防水措置を講じる。又は、二重殻タンク構造、漏れ防止構造とする。

　　タンクの構造——厚さ3.2mm以上の鋼板製とし、圧力タンクにあっては常用圧力の1.5倍の圧力で、その他の場合にあっては単なる水張検査ではなく（1cm²当り）70kPaの圧力を10分間加えた水圧試験を行う。配管はタンクの頂部に設ける。

◆**簡易タンク貯蔵所**（危政令第14条）

　　簡易タンク貯蔵所とは、容量600ℓ以下の小型タンクで通常屋外の架台等に固定して設置される。周囲に1m以上の空地を要する。屋内に設けるときはタンク専用室内に設置する。その場合には、専用室の構造、設備については屋内タンク貯蔵所のタンク専用室とほぼ同様の規則を受ける。ただし、専用室

の壁とタンクの間隔は0.5m以上とする。タンクは厚さ3.2mm以上の鋼板で作り、（1cm²当り）70kPaの圧力を10分間加えた水圧試験を行う。

◆移動タンク貯蔵所（危政令第15条）

　移動タンク貯蔵所とは、いわゆるタンクローリーのことである。その常置場所は、屋外の防火上安全な場所又は壁、床、はり及び屋根を耐火構造または不燃材料とした建築物の1階とする。タンクの容量は3万ℓ以下とし、かつ、内部を4,000ℓ以下ごとに間仕切りを設ける。タンクの構造については、地下タンク等の場合と同様の規制を受ける。

◆屋外貯蔵所（危政令第16条）

　屋外貯蔵所とは、いわゆる野積みの貯蔵所で、排水のよい屋外に設け周囲をさく等で区画する。保安距離は製造所と同様の規制を受ける。さくの外側には危険物の量に応じて次の保有空地を必要とする。

　屋外貯蔵所に貯蔵できる危険物は、硫黄、引火性固体、引火点が0℃以上の第1石油類、アルコール類、第2石油類、第3石油類、第4石油類、動植物性油類の危険物に限り貯蔵することができる（危険物政令第2条第7号）。

指 定 数 量	空 地 の 幅
1～ 10倍	3m以上
10～ 20倍	6m以上
20～ 50倍	10m以上
50～200倍	20m以上
200倍超	30m以上

◆給油取扱所（危政令第17条）

　給油取扱所とは、いわゆるガソリン・スタンドのことで、「固定した給油設備によって自動車等の燃料タンクに直接給油するため危険物を取扱う」場所である。屋外に設けられるものと建築物内に設けられるものとがある。

　屋外給油取扱所は、道路に面して設け、自動車の出入する側を除き、周囲には高さ2mの耐火構造のへいを設ける。給油のため間口10m×奥行6m以上の空地を設け、空地は勾配を有するコンクリート舗装とし、周囲よりも高くし、排水溝、油分離設備を設ける。タンクは容量3万ℓ以下の地下タンクとする。固定給油設備は道路から4m、建築物または隣地から2m以上（建築物でも窓のない壁の場合は1m以上）離して設ける。

　取扱所に設けることができる建築物の用途は省令で制限されている。建築物は耐火構造または不燃構造とし窓等には防火設備を設ける。

　屋内給油取扱所は、耐火建築物の1階に設け、他の部分とは開口部のない耐火構造の床、壁で区画し、自動車の出入りする側と通風避難のため、あわせて2方向には壁を設けてはならないこととされている。また、床には油蒸気（ベイパー）の滞留するようなくぼみ等は設けないようにする。

◆販売取扱所（危政令第18条）

　販売取扱所とは、店舗において容器入りのままで販売するため危険物を取扱う場所であって、指定数量の15倍以下を取扱うものを第1種、15倍から40倍までを取扱うものを第2種として区分する。販売取扱所は建築物の1階に設け、壁、上階の床または屋根を耐火構造とし、天井、はりを不燃材料とし、窓等には防火設備を設ける。また、そこに設けられる配合室は6m²から10m²の大きさとし窓のない壁で区画する等の規制がかかる。第1種販売取扱所に対して第2種販売取扱所になると危険物の取扱量が多くなるだけに規制が厳しくなっている。

◆移送取扱所（危政令第18条の2）

　移送取扱所とは、「配管及びポンプ並びにこれらに付属する設備（危険物を運搬する船舶から陸上への危険物の移送については、配管及びこれに附属する設備）によって危険物の移送の取扱いを行う取扱所」をいう。ただし、「当該危険物の移送が当該取扱所に係る施設（配管を除く。）の敷地及びこれとともに一団の土地を形成する事業所の用に供する土地内にとどまる構造を有するものを除く。」こととされている。一般には、石油パイプライン事業法にいう、「石油パイプライン（導管及びその他の工作物による石油の輸送を行う総体）」が代表的なもので、技術基準もこの石油パイプラインの技術上の基準に準じて定められる。

◆一般取扱所（危政令第19条）

　前記以外の取扱所をいい、製造所と同じ規制を受ける。

　危険物施設には、危険物の品名、数量に応じて必要な消火設備（危険物の種類に応じてその消火に適応するもの）を設け、また指定数量の10倍以上の危険物施設には自動火災報知設備等を設けなければならない。これらの設備で国家検定が実施されているものは、検定品の使用が義務づけられる。

◆映写室の構造（危政令第39条）

　消防法第15条では「常時映画を上映する建築物その他の工作物に設けられた映写室で緩燃性でない映画を映写するもの」に対して構造上、設備上の規制を加えている。近頃のフイルムは、すべて緩燃性であるが、古い映画フイルムは激しく燃え上がる性質を有しており、映写室から出火するケースがたびたびあった。そんなことから、映写室の構造は、興業場法でもなく建築基準法でもなく消防法上の規定により規制されている。近頃のように緩燃性のものが使わ

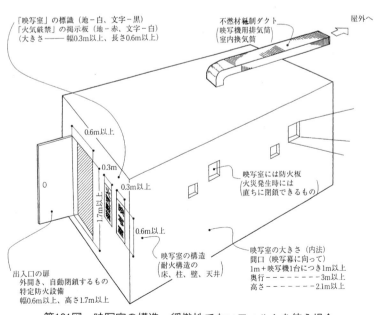

第101図　映写室の構造、緩燃性でないフィルムを使う場合

れるのであれば、この規定は実質的な意義があるのかというと、たまにはリバイバルものの上映も考えられようから規定に適合するようにしておくのがよろしかろう。

　映写室の壁、床、柱及び天井は耐火構造とし、間口は1mに映写機1台について1mを加えた長さ以上とし、奥行は3m以上、天井は2.1m以上とする、出入口は0.6m×1.7m以上とし外開き自動閉鎖の特定防火設備を設ける。消火設備を設ける等の規制がある。

消防法の規制と 建築基準法の規制との関係

　　　　　　　　　　　　消防法上の危険物施設に対する規制で、建築物に関するものは、当然に特別法的性格を有する消防法の規制の方が優先する。従って、両法の規定が互いに矛盾しない限り、いずれの規定にも適合するようにしなければならないが、例えば、建築基準法では「耐火建築物又は準耐火建築物」としなければならないというような選択を認める極めて大味な規定であるのに対して、消防法上で細部にわたって規定されている場合は、消防法すなわち危険物の規制に関する政令等の基準に従うべきなのである。

　そもそも、消防法上の危険物施設の規定は指定数量以上の危険物の貯蔵・取扱いをする場合に適用されるが、建築基準法上の構造規定は指定数量の10倍、100倍という数量以上のものから適用されるものである。従って、その数量に満たない間は消防法のみの規定の適用を受けるが、建築基準法上の危険物施設としての構造規定の適用を受ける数量以上の場合は、両法の規定の適用を受けることとなる。

　屋内貯蔵所の例で説明すると、危険物政令では、平家建とすること、軒高は6m未満とすること等の規定が設けられており、延焼のおそれのある部分であろうとそれ以外の部分であろうと、窓及び出入口には防火設備を設けなければならないこととされている。これらの規定は建築基準法では特別にそこまでは規定されていないが、消防法上必要な規制が設けられているのである。「窓又は出入口にガラスを用いる場合は、網入ガラスとすること。」という規定は、危政令では特にガラスが網入りでない場合の防火上の危険等を配慮して、防火設備のうち特に網入ガラスの使用を義務づけているのである。ところで、主要構造部の規定の比較であるが、建築基準法上では耐火・準耐のいずれでもよいとされている場合、屋根を鉄筋コンクリートとすれば、建築基準法限りでは適法となるが、消防法上は適合しない場合がでてくるのである。すなわち、屋内貯蔵所の場合では、「壁、柱及び床を耐火構造とし、かつ、はりを不燃材料で造る」ことのほか、「屋根を不燃材料で造るとともに、金属板その他の軽量な不燃材料でふき、かつ、天井を設けないこと。」とされている。建築基準法上では、いわゆるイ準耐すなわち外壁耐火構造の準耐と似ているが屋根の耐火構造を敢えて認めないのだから、必ずしも同一ではない。消防法上このような特殊な構造を要求しているのは、爆発その他の事故が生じたとき、外壁、柱を耐火構造として周辺に被害を生じないように配慮するとともに屋根は軽量の不燃材料としておき、爆風等は上空へ抜けるように配慮しているものだ。通常20m以上の高さの工作物に必要な避雷設備を、平家建であっても指定数量の10倍以上の危険物を貯蔵する場合には設けなければならないとの規定を設けているものも安全上の配慮をさらに充実したものである。このように消防法上の規定は専門的な立場からの所要の規制を行っているのである。

**少量危険物に対する
条例の規制**

指定数量未満の危険物及び指定可燃物の貯蔵及び取扱いの技術上の基準は、市町村条例で定めることとされている（消防法第9条の3）。この指定可燃物というのは、「わら製品、木毛その他の物品で火災が発生した場合にその拡大が速やかであり、又は消火の活動が著しく困難となるもの」として、危険物政令別表第4に規定された物品をいう。

さて、条例の規定であるから各市町村毎に異っても差支えはないのであるが、消防庁では「火災予防条例（例）」を定めて水準の統一を図っている。その条例（例）第46条によると、指定数量の5分の1以上指定数量未満の危険物を貯蔵し、又は取扱おうとする者は、あらかじめ、その旨を消防長（消防署長）に届出なければならないこととされている。ただし、個人の住居における場合は指定数量の2分の1以上と緩和されている。また、指定可燃物については、指定数量の5倍以上（合成樹脂等では指定数量以上）は同様の届出が必要となる。例えば灯油（第2石油類）の指定数量は1,000ℓであるから、その5分の1である200ℓ未満（石油缶（18ℓ入り）ならば11本程度）ならば運搬を除き特別の規制はかからないが、それ以上1,000ℓまでは消防長に届出をしたうえ、条例の規定に従って、貯蔵、取扱いしなければならなくなる（個人住宅での貯蔵等は500ℓまでは届出不要とされている。）。1,000ℓを超せば、指定数量以上となり、消防法上の危険物施設として許可を要するようになるのは前に述べたとおりである。

（注）危険物の運搬についての技術基準は、危険物の数量に関係なく適用がある（消防法第16条、危政令第28条〜第30条）。

条例（例）第31条の13の2によれば、「指定数量の5分の1以上指定数量未満の危険物」を屋内において貯蔵し、又は取扱う場合には「壁、柱、床及び天井は、不燃材料で造られ、又は覆われた」室内において行うこと。「窓及び出入口には防火戸を設けること。」等の規定が設けられている。

危険物施設の数

令和2年消防白書によると危険物施設の数は、全国で約39万3千件に達している。その内訳は次のとおり。

危険物施設数（令和3年3月31日現在　消防白書）

製造所……………………5,045		**取扱所**………………119,500	
貯蔵所………………268,074			
（内訳）		（内訳）	
屋内貯蔵所 …………49,590		給油取扱所 …………57,497	
屋外タンク貯蔵所 ……58,225		第1種販売取扱所………1,028	
屋内タンク貯蔵所………9,837		第2種販売取扱所 ………469	
地下タンク貯蔵所 ……74,938		移送取扱所………………1,048	
簡易タンク貯蔵所 ………908		一般取扱所 …………59,458	
移動タンク貯蔵所 ……64,965			
屋外貯蔵所………………9,611		**合計**………………392,619	

28 消防用設備等

消防用設備等とは　　消防法上、建築物（防火対象物）に設置するように規定している消防用設備には、建築物と一体となっている、いわゆる建築設備の一つである屋内消火栓とかスプリンクラー設備のようなものと、建築設備とは言えない、水バケツとか消火器などとがある。しかし、消防法上では、それらを区別せず建築設備であろうとなかろうと火災を予防するうえで必要な設備や器具をひとくくりにして、それが有機的に効果的に活用されるような構成となっている。

　消防法にいう消防用設備等を目的、効果等に応じて大別すると、「警報設備」、「消火設備」、「避難設備」、「消防用水」及び「消火活動上必要な施設」と分類することができる。消防法施行令第7条の規定によると、「消火設備、警報設備及び避難設備」という順序になっており、消火が第1、消火が成功しなかったら警報、それに基づいて避難というような組立てとなっているような気がしてならないので（これは私の個人的な受けとり方に過ぎないと思うが）、敢えて警報設備を先きに書いてみたわけだ。

　警報設備は、火災の発生を報知する機械器具または設備である。火災は放置しておくと時間の経過とともに拡大していくものであるから、その被害を軽減するためにはできる限り早い時期に発見して対策を講じなければならない。火災発見の方法としては、巡視とかガードマンによって人が火を見て（視覚）、においをかいで（嗅覚）、あるいはパチパチと燃える音を聞いて（聴覚）発見することもできるが、人があらゆる場所を常に監視し続けるわけにもいかない。そこで、これを省力化、情報化の方向に進め機械化することによって設備を設け、建築物のすみずみまで火災発見のための神経をいきわたらせておくことが最も大切な手段となる。次いで、火災を発見したならば、人々に早くそれを知らせるというのも情報の伝達という点で極めて重要なことである。例えば、押しボタンの操作により、あるいは自動的に非常ベルやサイレンを鳴らして、館内の人びとに火災の発生を報知する。人びとはそのような情報伝達によって火災の発生を知り、ある者は消火作業に従事し、ある者は避難者を誘導し、または自ら避難し、またある者は消防機関へ通報することができる。人びとがこのような行動を起すための意志決定をするための前提として情報の伝達がなによりも大切である。情報も単に早くベルが鳴るというような方法であれば、「どこで火災が発生したのか、それで現在の状況は」というような

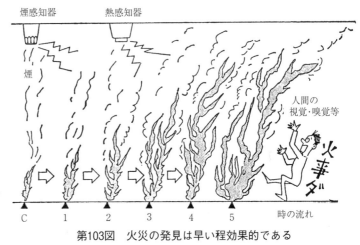

第103図　火災の発見は早い程効果的である

詳細が明確に伝わらない。そこで、放送設備のような精度の高い情報伝達手段が効果的となってくる。ベルが鳴ることによって火災の発生（ときには誤報もあるのだが）を知ることはできるが、それが直ちに現在の業務を放棄してでも退避する必要がある程のさしせまった状況であるのか、単に倉庫の一隅で出火したがボヤで済んでしまったのか、そこらが正確に判れば人びとの行動に大きな影響を与えるであろう。現に高層建築物の特別避難階段にしてみても、収容人員のすべてがそこに殺到したとするならば、決して物理的に十分であるとはいえないだ

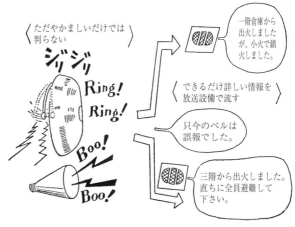

第104図　できる限り精度の高い情報の伝達を

ろうけれども、そこは情報としての価値の高い放送設備によって誘導されるであろうということを考慮に入れれば、パニックの発生は防ぐことが可能となろう。このように、建築基準法の規定と消防法の規定とは極めて密接な関係にあることが判るのである。

　消火設備とは、水その他の消火剤を使用して消火を行う機械器具または設備である。消火器とか水バケツのような消火用具または動力消防ポンプのような設備は、建築物に設置するといっても建築物そのものの一部とはなり得ないものであるが、屋内消火栓やスプリンクラー設備のように建築物本体の一部を構成しているものもある。建築基準法の規定によると、建築設備の定義（建築基準法第2条第三号）には、「建築物に設ける消火の設備」が含まれているし、建築設備は建築物の一部である（同条第二号）とされている。同法第35条の規定によると、特殊建築物等の避難および消火に関する基準として「……**消火栓、スプリンクラー、貯水槽その他の消火設備**……は、政令で定める技術的基準に従って、避難上及び消火上支障がないようにしなければならない。」こととされている。しかしながら、建築基準法施行令には事実上消火設備の技術上の基準については何も規定をしておらず、消防法の消火設備等の技術上の基準にすべて委ねた形となっており、事実そのような形で運用されてきている。

　消火設備は、基本的には火を消してしまうことを目的とはしているが、火災の規模によって消防隊が現場へ到着するまでの間その火勢を押え、または他への延焼を防止する役割も持っている。消防隊自身も到着後、ホースから放水するまでの間に消火栓を活用することもあるし、またそれによって、消火を終えてしまう例だってある。消火というのはその目的からいうと財物の保護にある。物を燃やして灰にしてしまうのを防ぐという考え方である。その点、避難設備が人命及び身体を保護するという目的を持っていることに対比的に考えられる。火が早く消えれば煙も出なくなるし燃え広がることもない。そうすれば、結果的に財物の保護になるし、人命の保護にもなるというのが、一般的には考えやすい理論であって消防法が先きに述べたように、消火、警報、避難の順に設備を掲げているのも、そのような理由によるものかも知れない。ところが、最近は人命が何ものにもまして尊重される時代であるから、場合によっては多少は物を燃やしてしまっても差支えないが、何としても人命の損失だけは防止しなけれ

ばならないというような考え方に
変ってきている。失くなった物は
再び買うことはできるが、人命は
金銭に代えがたいからである。

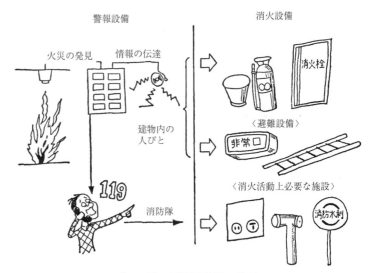

第105図　消防用設備の役割

　避難設備は、そのような人命、
身体の保護を直接の目的としたも
のであるだけに、注目に値する設
備である。その詳細については既
に述べたことでもあるので省略す
るが、この設備の位置づけについ
てのみ述べてみよう。避難設備は
火災時にすべての人が使用するも
のかというと、必ずしもそうでは
ない。多くの人は、いつも使いなれた階段を通って地上へ避難するであろう。その限りでは階段が避難
の主役をつとめることとなろう。しかしながら、極く一部の人びとが避難に遅れ階段には煙が充満して
しまったというような状況を想定すれば、それらの人びとを救助するためには避難設備が主役となる。
避難設備はこのように一部の人びとを対象とするものであるが、人命にかかわることでもあるので、先
ず安全なもの、次いで落ちつきを欠くことの多い避難時に使用するものであるから、使用に簡便なもの
が望まれるのである（屋上から隣りのビルへ「避難橋」を使用して数十人の社員が無事避難したように
大量避難ができる場合もある。）。

　消防用水は、消防のために使用する水を貯えておくものであるが、流水であっても差支えない。建築
基準法には「貯水槽その他の消火設備」という条文上の規定はあるが、具体的に技術的基準を設けてい
るわけではない。消防用水は一般には水道の水を公設の消火栓からとって使用するが、震災時のように
断水の予想される場合に備えて防火水槽等に一定の水量を貯えておくことが望まれる。

　消火活動上必要な施設とは、これまでに挙げた設備等が主として建物の利用者等のいわゆる関係者の
使用を前提としたものであったのに対して、先ほどの消防用水とともに消防隊の消火活動に利便を与え
ることに主眼を置いて設置されるものである。いうならば、消防隊に対するサービスとして設置するこ
とになるが、一般的なサービスとしてではなく、それを設置した建築物のみがサービスを受けることに
なるのである。そのようなわけで、連結送水管とか非常コンセント設備にしても一般の人びとが直接利
用することにはならない。スプリンクラー設備に附置される双口形送水口にしても消火活動上必要な施
設には含まれていないけれども、実態としては消防ポンプ自動車による活用を目的としている。排煙設
備については、これも既に述べたように消火活動上の排煙と避難上の排煙とは何も区別できるものでは
ないので、両方の技術基準（実際は建築基準法上の技術基準が具体的であるが）に適合する排煙設備を
１つ設ければ、建築基準法上も消防法上も適法となる場合も多い。その他、消防法の規定にはないが、
建築基準法の規定による非常用進入口や非常用エレベーターの施設も消防隊による消火活動上の活用を

目的としたものである。

　以上の消防用設備等を消防法上の区分に従って分類すると、下記のようになる（消防法第17条、消防法施行令第7条）。

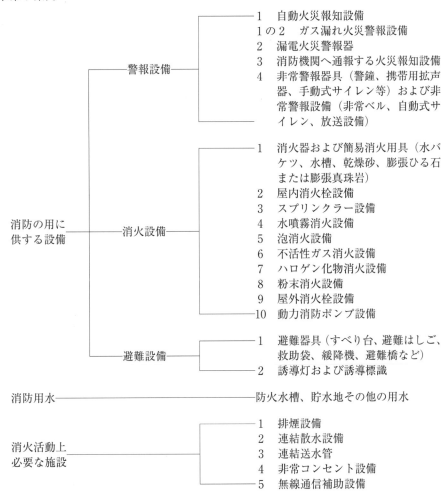

警報設備
1　自動火災報知設備
1の2　ガス漏れ火災警報設備
2　漏電火災警報器
3　消防機関へ通報する火災報知設備
4　非常警報器具（警鐘、携帯用拡声器、手動式サイレン等）および非常警報設備（非常ベル、自動式サイレン、放送設備）

消火設備
1　消火器および簡易消火用具（水バケツ、水槽、乾燥砂、膨張ひる石または膨張真珠岩）
2　屋内消火栓設備
3　スプリンクラー設備
4　水噴霧消火設備
5　泡消火設備
6　不活性ガス消火設備
7　ハロゲン化物消火設備
8　粉末消火設備
9　屋外消火栓設備
10　動力消防ポンプ設備

避難設備
1　避難器具（すべり台、避難はしご、救助袋、緩降機、避難橋など）
2　誘導灯および誘導標識

消防用水————防火水槽、貯水地その他の用水

消火活動上必要な施設
1　排煙設備
2　連結散水設備
3　連結送水管
4　非常コンセント設備
5　無線通信補助設備

消防用設備等の設置維持　　これらの消防用設備等は、建築物の用途・規模・構造等に応じて、それぞれ消防法令で定める技術上の基準に基づいて設置するとともに、それを適法状態に維持することが義務づけられている（消防法第17条）。

　消防用設備等は設置さえすれば、それで火災が防げるというものではなく、火災時に有効にそれらの設備等が作動し、または活用されてこそ設置した意味があるのである。だから設置に目的があるわけではなく、活用に目的があるのであって、設置することはそのための手段に過ぎない。これは防火設備とか排煙設備など建築基準法上の設備についても同様である。

　法令上、設置を義務づけるだけではなく維持についてまでも明確な義務づけをしているのは、このような理由によるものであろう。建築基準法でも「……建築設備を常時適法な状態に維持するよう努めな

ければならない（第8条）。」と規定している。さて、この維持とは単に設置したものを除却はしないまでも放置されてあるというような消極的な状態のことではなく、積極的に設備、器具が良好な状態に点検、整備されていなければならない。設置した当時は比較的関心も深いが、やがては忘れられてしまうということが多いものである。火災がなく、それらの設備を使用することもなく時が過ぎるということは、それ自体結構なことであるが、そうかといって、いつ火災が発生するかも知れないのだから、常に役立つように点検、整備を続けることが大切である。防火管理制度もそのために活用されるべきで、「消防の用に供する設備、消防用水又は消火活動上必要な施設の点検及び整備（消防法第8条）」は防火管理者の行うべき業務とされている。ただし、設備の一部については消防設備士でなければ整備を行うことができないものもあるし、また定期に消防設備士等に点検させたうえ、その結果を報告しなければならないことがあるので注意を要する。

　ここで、消防用設備等の設置及び維持についての法令の規定のあらましを述べると、先ず、消防用設備等を設置する工事に着手する場合、それが甲種消防設備士でなければ工事をしてならないときは10日前までに消防長に届け出をし（消防法第17条の14）、設置が完了したならば、その旨を4日以内に消防長に届け出て検査を受ける（消防法第17条の3の2、消防法施行規則第31条の3）。検査の結果が適合と認められれば「検査済証」が交付される。

　設置された消防用設備等は、その種類及び点検内容に応じて、毎年決められた回数だけの点検をして、その結果を記録し定期に消防長に報告しなければならない（消防法第17条の3の3）。その場合、特定防火対象物で延べ面積が1,000m²を超えるもの等では、消防設備士又は一定の資格者に点検させなければならない（消防法第17条の3の3、消防法施行令第36条、消防法施行規則第31条の6）。消防長は、消防用設備等が技術基準に従って設置されておらず又は維持されていないと認めるときは必要な措置命令を発することができる（消防法第17条の4）。

```
                ┌ 防火対象物（物）
                │   建築基準法による防火規定       ┌ 機器の検定又は自主表示（物）
                │   消防法による消防用設備    ┤  ・消火設備（物の保護）
                │                            │  ・避難設備（人の保護）
   火災予防 ┤                            └ 消防設備士による工事等（人）
                │
                │ 防火管理者（人）
                └   消防計画の作成
                    消防訓練等の実施
                    消防用設備の点検・整備
                    火気使用の監督
                    収容人員の管理
```

第106図　火災予防上の人と物の対策

消防長等の認定による特例

　建築基準法や消防法などは技術的な内容をもつ法令であり、一応現行の技術水準を念頭において定められているが、或る程度将来の技術の発展を予想しておかなければならず、また現実にそのような技術が出現した場合、現行の規定に無理にあてはめることは、ふさわしくない場合もある。一方、消防法のように防火という目的からみると火

災の危険というものは、同じ用途で同じ規模であれば全く同じであるかというと、そうとは言えないことがあり、それを同じ規定をあてはめること自体が不合理ではないかというケースもあり得る。そこで、そのようなケースを想定して消防法施行令第32条には、その救済規定を設けている。

〈消防法施行令第32条〉
第32条　この節の規定は、消防用設備等について、消防長又は消防署長が、防火対象物の位置、構造又は設備の状況から判断して、この節の規定による消防用設備等の基準によらなくとも、火災の発生又は延焼のおそれが著しく少なく、かつ、火災等の災害による被害を最小限度に止めることができると認めるときにおいては、適用しない。

この第32条により、不燃性物品のみを収納する倉庫、金属加工工場、ジュース工場等では消火関係の設備を省略できるし、金庫室とか自動温度調節装置のある冷凍室などでは、自動火災警報設備の感知器を設けないことができるというような実例がある。

特殊な設備等の特例　　消防法も平成16年6月より性能規定化された。すなわち、従来の仕様規定（材料・寸法等を具体的に示して規制する手法）のみではなく、その同等以上の性能を有すると認められる特殊な消防用設備等をも用いることができることとなった。

この場合、消防用設備等に必要とされる性能とは「火災の拡大を初期に抑制する性能、火災時に安全に避難することを支援する性能又は消防隊による活動を支援する性能（消防法施行令第29条の4第1項)」をいうもので、これらを総括して「防火安全性能」といっている。

さて、その結果、消防法令上の消防用設備等を設置・維持する方法には、次の3ルートが考えられることとなった。

①**Aルート**…通常用いられる消防用設備等を消防法施行令第10条から第29条の3に示された従来の仕様規定に基づいて設置し、維持するもの。

②**Bルート**…Aルートとは異なる特殊な消防用設備等であるが、かなり一般化しているため、消防法施行令第29条の4の規定に基づいて、総務省令の定める基準によって消防長等が防火安全性能を有すると認めるものを、設置し、維持するもの。

③**Cルート**…予想しない特殊の消防用設備等を開発し、消防法第17条第3項の規定に基づいて総務大臣の認定を得たものを設置し、維持するもの。なお、大臣設定を受けるには一定の機関において性能評価を得ること、設置維持計画を策定する等の手続きが必要となる。

特殊な構造又は建築材料の特例　　消防法令に基づく消防用設備等の基準の適用については、消防長又は消防署長が防火上問題ないと認めたとき、又は予想しない特殊な消防用設備等が出現したときに、法令と同等以上の効力があると総務大臣が認定したときは、前述のように消防用設備等の設置を免除されることがあるが、一方、建築基準法令の適用の場合においても、予想

しない特殊の構造方法又は建築材料を用いる建築物について、国土交通大臣が建築基準法令と同等以上の効力があると認定したときにその基準の適用を除外する特例があった。

これは、いわゆる３８認定と呼ばれた旧建築基準法第３８条（以下「旧法38条」という。）の規定に基づく国土交通大臣認定のことである。

しかし、平成12年に、建築物などが適合すべき基準の性能規定化が図られたことに伴い、旧法38条の規定は削除されてしまった。これにより、旧法38条の認定を得た建築物が平成12年の建築基準法の改正により既存不適格となって、建築物の増改築等が簡単にできなくなってしまうなどの問題点が発生してしまったため、平成26年の建築基準法の改正で、旧法38条が復活することとなった。この改正により、既存不適格の建築物も再認定を受ければ増改築が可能になったのである。

〈建築基準法第38条〉

（特殊の構造方法又は建築材料）

第38条　この章の規定及びこれに基づく命令の規定は、その予想しない特殊の構造方法又は建築材料を用いる建築物については、国土交通大臣がその構造方法又は建築材料がこれらの規定に適合するものと同等以上の効力があると認める場合においては、適用しない。

消防用設備の検定又は自主表示

消防用設備等は、一般の消費者にすれば絶えず使用するという性格のものではなく、従って、製品の良否を判定することがむずかしく、また一度テストをすれば、直ちにそのまま再使用することが困難なものが多い。例えば消火器をテストしてみるといっても、一般家庭では油火災を起して消火実験をしてみる訳にもいかず、また一度テストをしたら、消火剤とかボンベなりをつめかえておかなければ役に立たなくなってしまう。それだけではなく、火災の場合に確実に作動できること、安全に使用できること、というような保証も必要である。そこで、消防用設備等に使用する機械器具や消防隊の使用するものを含めて特定の機械器具には、検定又は自主表示を行うこととしてその品質を保証している（消防法第21条の２及び第21条の16の２）。

現在、消防の用に供する機器器具等で検定の対象となっているのは次のとおりである（消令第37条）。

消防用設備等又はこれに類するもの等

(1)　消火器（消火剤を圧力により放射して消火を行う器具で人が操作するもの。固定した状態で使用するものを除く。）

(2)　消火器用消火薬剤（二酸化炭素を除く。）

(3)　泡消火薬剤（水溶性液体用泡消火薬剤を除く。）

(4)　火災報知設備の感知器（火災によって生ずる熱または煙を利用して自動的に火災の発生を感知するものに限る。）、発信機

(5)　火災報知設備又はガス漏れ火災警報設備の中継器

(6)　火災報知設備又はガス漏れ火災警報設備の受信機

(7) 住宅用防災警報器

(8) 閉鎖型スプリンクラーヘッド

(9) スプリンクラー設備等に使用する流水検知装置

(10) スプリンクラー設備等に使用する一斉開放弁

(11) 金属製避難はしご

(12) 緩降機

これらの機械器具にあっては、国が定めた技術上の基準等に適合している旨の表示を付することとなっている。なお、輸出用で総務大臣の承認を得たものや、船舶安全法又は航空法の規定による検査・試験に合格したものは適用除外となっている（消令第37条）。

主として消防隊や自衛消防隊が使用するもの

(1) 消防用ホース

(2) 差込式またはねじ式の結合金具

(3) 動力消防ポンプ

(4) 消防用吸管

これらの機械器具にあっては、自主表示を行うことで検定に替えている（消令第41条）。

検定又は自主表示の対象となっているものは、基準に適合している旨の表示がしてあるものでなければ販売してはならず、また販売の目的で店頭などに陳列してはならない。また請負工事で設置（変更、修理を含む。）してはならない（消防法第21条の2第4項及び第21条の16の2）。もちろん、消防法上、消防用設備の設置が義務づけられている防火対象物においては、検定又は自主表示合格品を使用しなければならず（消令第30条）、危険物施設の消火設備や警報設備についても同様である（危政令第22条）。

国家検定を実施する場合の技術上の規格は、例えば、「消火器の技術上の規格を定める省令」というように、それぞれの機械器具ごとに総務省令で定められている。

消防用機械器具の種別	表示マーク
・消化器 ・火災報知設備の感知器又は発信器 ・中継器、受信機 ・金属製避難はしご	 ← 10mm →
・緩降機	 ← 12mm →
・消火器用消火薬剤 ・泡消火薬剤	 ← 15mm →
・閉鎖型スプリンクラーヘッド	 ← 3mm →
・流水検知装置 ・一斉開放弁 ・住宅用防災警報器	 ← 8mm →

（単位：ミリメートル）

第107図　国家検定合格の表示マーク
（消則別表第3）

国家検定の方法としては「型式承認」と「型式適合検定」とがある。「型式承認」というのは、一種の設計の承認のようなもので、機械器具等の形状、構造、材料、成分、性能というようなファクターが、技術上の規格に適合している旨の承認である。この承認は総務大臣が行うが、その前に日本消防検定協会等の試験（書類のほか見本を提出して試験を受ける。）に合格しなければならない。「型式適合検定」とは、個々の消防用機械器具が、型式承認を受けた型式の形状、構造等と同じであるかどうかについて行う検定である。

型式適合検定に合格した機械器具には**第107図**のように表示がしてある。消火器のようなものにはラベルが貼ってあるし、金属製品には刻印をすることによって表示を行っている。

ちなみに、令和元年度の検定申請数量は2,360万個を超えており、その内訳は次のようになっている。

型式試験……………………………114

型式変更試験 …………………………18

個別検定 ………………………23,601,462

（内訳）

消火器（大型・小型）………4,819,145

消火薬剤（泡を含む）………1,799,127

自火報関係 …………………8,503,847

スプリンクラーヘッド ……2,159,164

住宅用防災警報器 …………6,105,273

消防設備士の資格と業務

消防用設備等に用いられる機器は、このようにして国家検定によって品質の保証が行われているが、それを取りつけたり、整備したりする人びとの能力が不足していると、折角の機器が十分にその性能を発揮することができない場合が考えられる。そこで、そのようなことがないように、消防法では「消防設備士」の資格者制度を設けて、特定の消防用設備等の工事又は整備を行うには、消防設備士の資格を持った人でなければならないこととしている（消防法第17条の5）。昭和49年の法律改正以前は、整備については「他人の依頼に応じて報酬を得て行う場合に限る。」とされていたが、改正後は報酬の有無にかかわらず消防設備士でなければならないこととされた。もっとも、消火栓の表示灯のとりかえとかヒューズのとりかえ程度の僅かな整備は、資格のない者が行っても差支えないこととされている。

消防設備士には、「甲種消防設備士」と「乙種消防設備士」の2種類がある。甲種消防設備士は「工事」と「整備」の両方とも、乙種消防設備士は「整備」のみを行える資格であって、甲種には、その対象とする消防用設備の種別によって6種類（次の第1類から第5類まで、及び特類）の、乙種には同じく7種類（次の第1類から第7類まで）の指定類別がある（消則第33条の3）。すなわち、

第1類 屋内消火栓設備、スプリンクラー設備、水噴霧消火設備又は屋外消火栓設備

第2類 泡消火設備

第3類 不活性ガス消火設備、ハロゲン化物消火設備又は粉末消火設備

第4類 自動火災報知設備、ガス漏れ火災警報設備又は消防機関へ通報する火災報知設備

第5類 金属製避難はしご、救助袋又は緩降機

第6類 消火器

第7類 漏電火災警報器

特　類 特殊消防用設備等

　なお、消防設備士の業務の範囲から第1類の設備については電源、水源及び配管の部分を除き、第2類から第4類の設備については電源の部分を除くこととされている（消令第36条の2）。

　消防設備士となるためには、その種別、類別ごとに実施される都道府県（昭和58年以降は、消防試験研究センターに業務委託）の消防設備士試験に合格しなければならない。合格者に対しては、それぞれ消防設備士免状が交付される。消防設備士の数は、甲種が約57万4千人、乙種が約65万5千人である（令和2年3月末日現在）。

　消防設備士は「その業務に従事する場合には消防設備士免状を携帯し（消防法第17条の13）」、「その業務を誠実に行い、消防用設備等の質の向上に努めなければならない（消防法第17条の12）」こととされている。このほか、甲種消防設備士が業務をするときは、工事の10日前までに消防長に届出書を提出しなければならない（消防法第17条の14）。また、消防設備士は、最初は2年以内、その後は5年以内ごとに都道府県知事又は総務大臣が指定する機関が行う講習を受けることが義務づけられている（消防法第17条の10）。

火は何故燃えるのか

　火が燃えるから火災が発生し、火災があるから消防も必要となるのだが、それでは火災とは何かというと、なかなか厳密には決めにくいものだ。消防庁ではそこで火災を定義して、「人の意図に反して発生しもしくは拡大し、又は放火により発生して消火の必要がある燃焼現象であって、これを消火するために消火施設またはこれと同程度の効果あるものの利用を必要とするもの、又は人の意図に反して発生し若しくは拡大した爆発現象をいう（火災報告等取扱要領）。」と定めている。人の意図に反して発生するのは自然発火のような場合で、多くは別に火災を発生させてやろうなどとは考えてもみなかったタバコの火等が意図に反して拡大して火災となる。放火の場合だけは別で意図に反してどころか、放火犯人にしてみればワザと火を着けているのだ。従って、ワザワザ別に書き分けてある。問題はその燃焼の規模であって、一服吸うつもりでタバコに火を着けたところへ急に電話がかかってきたりしてまぎれているうちにそのタバコを灰にしてしまった、という程度のことであれば、意図に反して（煙草を吸って灰にするつもりではなかった筈であるから）拡大したとしても火災とはいえない。何故ならば、消火の必要がなかったからであろう。刑法上では、放火犯罪を構成するものとして、別の物体に火が燃え移りそれが独立して燃焼を続けるという**独立燃焼説**（主として判例）と火力のために重要部分を失って用をなさなくなった状態をいう**効用き減説**（主として学説）とがある。しかし、化学的には、物質が光を発する程度の発熱を伴い酸素と化合する反応を「燃焼」というのだそうだ。

　燃焼現象を発生させるためには、**燃料、酸素、熱**のすべてが必要である。燃料となり得るものが身近

にいくらでもあり、一方、空気中には多くの酸素が含まれているのに燃焼が直ちには発生しないのは、熱が不足するからである。カンナ屑ならばすぐに火が着くのに、いきなり薪に火が着かないのは、大きな固体では熱が逃げてしまうからである。木材に炎を近づけ表面の温度が240℃から270℃に達すると引火する。炎が全くなくても420℃から450℃の高温になると自然発火をする。また、真空といってよい程の宇宙空間を（従って、酸素がないはずなのに）ロケットが進むのは、推進火薬の中に酸素を有しており、その化学反応によって燃焼が進むからである。

　火を消す原理は、燃焼の原理を裏返しにしたようなもので、燃焼に必要なファクターの一部をなくすればよい。すなわち、着火の原因の多くが熱にあるのだから、最も一般的な消火方法は燃焼に必要な熱をうばうため水をかければよい。水は温度上昇に1kcal／kg℃の熱を、蒸発には539kcal／kgの熱をうばう。そこで、「冷却消火」といわれる。水バケツ、屋内消火栓、スプリンクラー、屋外消火栓、動力消防ポンプ等は、この冷却消火を行うもので消防用水もそのための水を用意するものである。このほか、水噴霧消火設備とか泡消火設備にも冷却消火の効果がある。

　酸素の供給を断つというのも有力な消火方法の一つで「窒息消火」といわれる。通常の空気中には約21％の酸素が含まれているが、これを16％以下の薄さにしてしまうと、酸素はあっても火は燃え続けることができない。もちろん、人も生活を続けることはできなくなってしまう。人間が生命を維持していられるのは、食べた食糧を肺から吸った酸素で序々に燃やしながら体温を保持しているからである。不燃性ガスである二酸化炭素（炭酸ガスのこと）を噴出する方法は、この原理による消火方法で、水のように濡れて汚損させることもなく、電気の不良導体でもあり、かつ、奥まったところの消火にも有効であるというようにメリットは多いが、只一つの欠点は消火するのみでなく、内部にいる人の命までを奪ってしまうことである。何故ならば、人体は、空気中の酸素を吸い、摂取した食品を静かに燃やして体温を維持しているからである。泡消火設備は、やはりこの窒息消火をねらったものであるが、人命危険はまずない。水噴霧消火設備にも窒息効果があるといわれる。油の表面に不燃性のエマルジョン（乳化層）を作る効果があるからである。泡消火の泡にはケミカルフォーム（化学泡）とエアーフォーム（空気泡）とがある。ケミカルというのは泡消火器の白い泡のようなもので、A液（重層液）とB液（硫酸アルミニウム溶液）とが反応し、炭酸ガスを含む水酸化アルミニウム泡ができるように化学反応による発泡作用によるもの。消火器程度には用いられるが、泡消火設備にまでは使用されない。エアーというのは空気泡であるからシャボン玉や洗濯の泡と同じで泡の内部は空気である。泡を作るための薬剤としては「たん白泡消火薬剤」がある。これは蛋白質の加水分解によってできた薬剤に安定剤を加えたもので、膨張比は低く低発泡といわれる。これに対して、「合成界面活性泡消火薬剤」とか「水成膜泡消火薬剤」による泡は膨張比が高く、高発泡といわれている。蛇足ながら、この高発泡消火剤というのは炭鉱火災の消火剤として開発されたものだという。多量の泡で鉱内を密閉してしまおうという作戦である。

　一方、燃えるもの（燃料とか可燃物）を除却したり、薄めたりするのも消火方法の一つで、これを「除却消火」というが、消防用設備でこの方式をとっているものはない。山火事で火防線を切ったり、いわゆる破壊消防といわれるのがこれにあたる。江戸時代の消防は、豊富な消火用水が得られないこと

から、消火の主力はこの破壊消防であった。延焼防止のため附近の家の下見板をはがしてしまうような方法である。

　以上の3種の消火方法は、従来から用いられてきたものであるが、もっと新しい消火方法もある。いわずと知れた粉末消火薬剤によるもの又はハロゲン化物による消火方法である。これらの物質による消火方法は、燃焼の3要素といわれる熱、酸素、燃料のいずれかを取り去る消火方法のどれでもない。これは燃焼現象が通常は「加熱→分解→可燃性ガスの放出→着火→加熱」という現象の継続であるとされているが、ハロゲン系元素（塩素、臭素、ふっ素など）は、この継続を妨害して燃え続けていくことができなくしてしまうのである。一般に、化学反応を促進する効果のある物質を触媒というが、このハロゲン化物はその反対の作用をもっているので**負触媒**といい、この方法による消火方法を「負触媒消火」

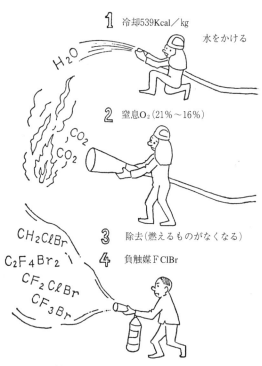

第108図　消火の原理（4種類）

と名付けるのである。粉末による消火もこの効果によるものとされている。それでは何故、負触媒というのは消火できるのか。それが妙なことではあるが、学問的には十分解明されていないのである。要するに、実際に消火できるのであるから、むずかしい理屈は抜きで実用に供しているのである。

　消火器には、火災の適応性を示すため、白、黄色、青の円形マークが用いられていたが、平成22年の改正で絵表示に改められた。粉末消火剤は、その主成分によって4種類に大別され、かつ、それの適応性も若干異なる。

　一方、**ハロゲン化物消火薬剤**は、かつて蒸発性液体といわれていたものである。もともと、航空機

区　分	絵　表　示	絵表示の色	第1種	第2種	第3種	第4種
A火災		炎は赤色、可燃物は黒色、地色は白色。	×	×	○	×
B火災		炎は赤色、可燃物は黒色、地色は黄色。	○	○	○	○
C火災		電気の閃光は黄色、地色は青色。	○	○	○	○

（特に軍用機）の消火剤として研究開発されたものだけに、油火災に対する消火能力は大きく、しかも軽量で電気の不良導体であり変質することが少ないというように航空機の搭載用としてはウッテツケの性質を持っている。液状であるが、サット蒸発してしまうので汚れも残らない。そこで、コンピューター等の機械室、通信機室、美術館等の消火剤として活用される。かつて、「蒸発性液体」といっていたのをハロゲン化物と名称を変えたのは、必ずしも常温で液体ではない気体のものも現れて、その名がそぐわなくなったからである。なお、この種の消火剤中、１塩化１臭化メタンは毒性があるので使用上の注意が必要である。ハロゲン化物消火剤で使用されているものの一覧は次のとおりである。

　このうち、ハロゲン番号2402は、常温で液体であり、1211と1301は気体である。このハロゲン番号（ハロン番号という。）というのは、最初が炭素原子（C）の数、次がふっ素原子（F）の数、次が塩素原子（Cl）の数、次が臭素原子（Br）の数を表わしている。ハロゲン化物は、メタン系の炭化水素の水素がハロゲン元素（ふっ素、塩素、臭素）と置きかえられたものであるから、このような命名ができるのである。

　しかし、この便利なハロゲン化物も地球のオゾン層を破壊するおそれがあるというのでフロンガス規制法（特定物質の規制等によるオゾン層の保護に関する法律）により、1994年（平成６年）から生産が全廃され、世界的にも2010年（平成22年）生産が全廃された。

　日本では、ハロンの回収、リサイクル及び再生を的確に実施し、大気中へのハロンのみだりな放出を防止するとともに、既存のハロンを有効に活用することを目的として、「消防環境ネットワーク」を中心に、ハロンの管理、回収・再利用、無害化等進める取組が行われている。

　また、代替消火剤の開発も行われ、３種類の使用が認められている。しかし、ハロンと同等の消火性能等を有する新消火剤は、現在のところ開発されていない。

正　式　名　称	通　　　　称	化　学　式	ハロン番号
ジブロモテトラフルオロエタン	２臭化４ふっ化エタン	C_2FBr_2	2402
ブロモクロロジフルオロメタン	１臭化１塩化２ふっ化メタン	CF_2ClBr	1211
ブロモトリフルオロメタン	１臭化３ふっ化メタン	CF_3Br	1301
ヘプタフルオロプロパン		CF_3CHFCF_3	HFC-227ea
トリフルオロメタン		CHF_3	HFC-23
ドデカンオロ－２－メチルペンタン－３－オン		$CF_3CF_2C(O)CF(CF_3)_2$	FK-5-1-12

宇宙空間では火は燃えるか

　宇宙空間は真空であって、酸素がないから燃えないというのではない。無重力空間で火が燃えるかというのである。無重力の宇宙船内でも酸素があるし、燃焼の条件は整っているから燃えるはずなのに、実は燃えないのである。それは「重力」が無いからであるという。

　或るとき、スペースシャトル内で、赤熱したニクロム線を、発泡スチロールに押し当て、燃えるかどうかの実験を行ったことがある。当初は一見、着火したようだったが、火点は球状の白煙に覆われてしまって、燃え拡がることなく、火は消えてしまったのだ。

　重力は重いものが落ちるだけでなく、軽いものが上昇するためにも必要なのだ。通常、煙は暖められて膨張し、その分軽くなって上昇するが、重力がないと軽くなっても上昇せず、火点を覆ってしまうので窒息消火してしまうのだ。煙が上昇し、新鮮な空気が供給されるというメカニズムが働かないのだ。従って、学問的には重力も燃焼のための一要素ということになる。

いかにして火災を発見するか

人が火災を発見するばかりではなく、省力化、情報化の方向に沿って機器に火災を発見させ（自動火災報知設備）、または火災の危険を通報させ（漏電火災警報器、ガス漏れ火災警報設備）、場合によっては自動的に消火させる（スプリンクラー設備）のが、消防法の考え方である。特に火災の発見に努めるとともに、発見した火災を速やかに知らせるために、自動火災報知設備の音響装置や非常警報器具、サイレン等の非常警報設備、放送設備、それに消防機関へ通報する火災報知設備がある。

　火災を発見するには、熱による膨張を利用するのが原理的には最も簡単で、一定の温度（例えば75℃）に達すると警報を発する定温式のものと、一定の温度上昇（例えば20℃の温度差）が生じると警報を発する差動式とがある。さらに、両者のミックス型の複合式のものもある。定温式は、2種類の膨張率の異なる金属を貼りあわせたバイメタルが用いられる。しかし、作動までの時間がかかるので感度は鈍い。これに対して、差動式は空気膨張によるので感度はよい。ダイヤフラムという熱膨張を敏感にキャッチする空気室を有するスポット型と、ウント細い銅管（パイプの中を鉛筆の芯が通る程度のもの。空気管ともいう。）を天井に張りめぐらす分布型とがある。この空気管というパイプの中の空気が膨張するのを端部に設ける検出部でキャッチするのである。この空気管は、天井の貼りかえ又は塗装時あるいは不用意に管を破ったりすることによって効力を失うことがあるので注意が必要である。

　スプリンクラーヘッドの放水もヒュージブルリンク又はヒューズメタルという感熱部の作動によって開始される。スプリンクラーは、ヘッド直下の火災に対しては効果的（水損は別として）であるが、他からの延焼に対してはやや弱い。何故ならば、よそからの火炎は天井部を這うようにして侵入するので、その度にスプリンクラーが作動してしまうけれども、実は直下は燃えておらず、また炎に水をかけても火源の消火はできない、というようなことが予想される。

　熱よりも早く火災を感知できるのが煙感知器である。煙とは何かというと「火災によって生ずる燃焼生成物（火災報知設備に係る技術上の規格を定める省令）」ということになっているが、機械は残念なこと

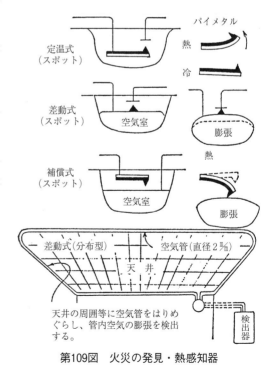

定温式
（スポット）

バイメタル

熱

冷

差動式
（スポット）

空気室

膨張

補償式
（スポット）

空気室

熱

膨張

差動式（分布型）　空気管（直径2㎜）

天　井

天井の周囲等に空気管をはりめ
ぐらし、管内空気の膨張を検出
する。

検
出
器

第109図　火災の発見・熱感知器

に文章に書いたように火災によって生じた煙と、火災によらない煙、例えば、タバコの煙、焼魚の煙とを区別してはくれないのである。従って、敏感なもの程、誤報も多いということになりかねないのである。どうして煙があれば警報を発することができるのであろうか。煙感知器には「光電式」と「イオン化式」の２種類がある。光電式というのは、光をセシウム板にあてると電流を生じる効果を利用して、空気中に混じる煙の粒子による光量の減少を僅かの電流の変化で読みとるのである。イオン化式というのは、アメリシウム等の放射性同位元素により空気をイオン化し、イオン電流を流しておく、そこへ煙の粒子が入るとイオンが煙粒子を吸着して粒子が大きくなり、イオン電流が減少する、それによってイオン室内の電圧が変化（上昇）する。イオン化式はその電圧の乱れを敏感にキャッチするものである。それぞれに一つひとつの感知器が簡単な電子機器の性能を有しているものだから、どうしても高価になるのである。しかし、この煙感知器の普及によって、火災感知の性能は大幅に向上したといえる。

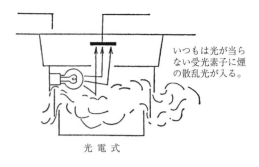

いつもは光が当らない受光素子に煙の散乱光が入る。

光 電 式

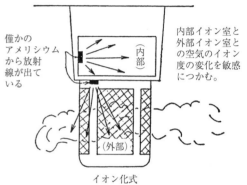

僅かのアメリシウムから放射線が出ている

（内部）

（外部）

内部イオン室と外部イオン室との空気のイオン度の変化を敏感につかむ。

イオン化式

第110図　火災の発見・煙感知器

　この熱感知器と煙感知器との両方の性能をあわせ持つ「熱複煙合感知器」というのもある。これは、火災でもないのに報知設備が作動して非常ベルが鳴るのを防ぐため、単に煙又は熱のみを感知しても作動せず、その両方が感知された場合にのみ作動することとして、その信頼度を高めたものである。

　また、最近では、ドーム式の球場など、大空間を有する建築物ができてきた。高い天井に取り付けられた熱・煙の感知器では感知することが遅れる。そこで炎の揺らめきを感知する炎感知器が出てきた。火災のときに発生する炎の中には、目に見える可視光線のほかに、紫外線や赤外線を含んでいる。紫外線式感知器は紫外線の変化が、赤外線式感知器は赤外線の変化が、それぞれ一定の量以上になったときに感知するものである。

　発見した火災を報知するのに、ベルやサイレンよりも、放送設備等による精度が高い情報の方が価値が大きいことはすでに述べた。ところで、情報伝達は館内の人びとに対して行うとともに消防機関に対する速やかな通報が必要である。そのため、通称MMと呼ばれる消防機関へ通報する火災報知設備の設置の義務づけもあるのだが、これは電話があれば設置は要しない。それもそのはず、消防機関への通報の７割以上が電話によって行われている。最近では、携帯電話が普及して119番への通報の約６割になっている。電話による通報は、いうまでもなく119番であるが、ときには110番にかける人もいる。110と119とでは差引き９番も違うようだが、電話を廻すことからいうと一番違い、しかも０より９の方が１つ少ないことになる。消防の方が一刻も争うからであろうか。それでは何故消防は119であるのか、111の方が早く廻せるのだけれども誤報が多くなりそうな感じ、119や110ならばやはり意識して廻した

という感じが強くなる。そんな程度のことだろうか。実際には119に特別の意味はなく、たまたまその電話番号があいていたからだということであるが、それでは面白くないのか、世間では「一いち来るな電話で充分」が始まりであるとか、「一大事一目散に救急車」の方が信頼があるのとはやしたてる向きがあるが、こんなのは当てにはならない。参考までに、韓国や台湾では同様に119（ワン・ワン・ナイン）を用いているし、インドネシアではたしか2222（ダブル・ツー・ダブル・ツー）を用いている。ロンドンでは999、アンカレッジでは911（119の反対だね）、コペンハーゲンの000、スイスの118、パリでは救急とポリスは17、消防ポンプは18である。アメリカは各電話会社毎に通報番号が違い一定していないという不統一ぶりである。世界は広いものでスウェーデンの電話の番号は0から始まり9で終っていた。日本を含め多くの国では1から始まり0で終るものなのに。このように電話器の番号の打ち方も国が変れば変るものだ。

　東京では119は東京消防庁の指令室に入る。しかし、一般の人は近所の消防署にかかると思っている人が多い。そば屋の裏というから、どこのそば屋と聞くと、「いつも消防署で出前を取っているでしょう、判らないの。」とこれには参った。

　ついでに蛇足を述べると、パトカー等のサイレンの音、ロンドンではさすが英語の国、「Carefull, Carefull（ケヤフル、ケヤフル　注意！注意！）」というように聞こえるし、ローマでは判りやすく「チューイ！　チューイ！」、それに対してドイツのベルリンでは、「ドーケー、ドーケー」というように聞こえたね。これは私の経験談。

消火活動上必要な施設

　これは防火対象物の関係者が使用するのではなく、消防隊の活用のために設けられるもの、従って、その活用により、より有効な消火活動を行うことが期待される。連結送水管は「サイアミーズ・コネクション」とも言われる。サイアミーズとは双口形のという意味である。連結散水設備は、わが国独自で開発された施設で、乾式のスプリンクラーと連結送水管とをミックスしたようなもの、地階に設けるもので、消防隊は地階に入らないでも天井からスプリンクラーのように散水することができる。スプリンクラーよりも安価に設置できる長所がある。非常コンセントは100Ｖの非常電源付のコンセントで、照明器具とか電動カッター等の動力などに活用する。無線通信補助設備は地下街において無線機能の低下が著しいので、それを補うものである。

既存防火対象物に対する遡及

　一般に、新たに法令が設けられたとき、あるいは改正されたときには、その規定が施行され、あるいは適用されることとなった際に現に存在する物についてまでさかのぼって適用しないのが通常の措置である。何故ならば、法令の規定が存しなかった頃にできた物は、何も違反しようとする意図は全く無かったのだから、それを適用することにすれば、それらの者まで違反に問うこともあり得るようになってしまうからだ。しかしながら、簡単に設置できるような設備については、消防用設備の重要性に鑑み、法令の施行又は適用の以前から存していた、いわゆる既存防火対象物に対しても法令を適用するような措置をとることがある。これを一般には「既存遡及適用」と呼ぶ。百貨店、旅館、病院等のいわゆる特定防火対象物（消防法第

17条の2の5第2項第4号）については、全消防用設備等がこの既存遡及の適用を受ける。その他の防火対象物に設ける消防用設備等においても、この既存遡及適用を受けるのは次のとおりである（消防法第17条の2の5、消令第34条）。

既存遡及の適用を受ける消防用設備等

(1)　消火器または簡易消火用具

(2)　自動火災報知設備（令別表第1(1)項〔劇場等〕、(2)項〔キャバレー等〕、(3)項〔待合等〕、(4)項〔百貨店等〕、(5)項イ〔旅館等〕、(6)項〔病院等〕、(9)項イ〔蒸気浴場等〕、⒃項イ〔複合防火対象物〕、（16の2）項〔地下街〕、（16の3）項〔準地下街〕及び⒄項〔文化財〕の防火対象物に設けるものに限る。）

(3)　ガス漏れ火災警報設備（令別表第1(1)項から(4)項まで、(5)項イ、(6)項、(9)項イ、⒃項イ、（16の2）項及び（16の3）項に掲げる防火対象物並びにこれらの防火対象物以外の防火対象物に設ける温泉採取のための設備が設けられているもの。）

(4)　漏電火災警報器

(5)　非常警報器具及び非常警報設備

(6)　誘導灯及び誘導標識

(7)　避難器具

従って、これらの設備については、どのような防火対象物でもその設置義務がある限り、いつでも法令の規定に適合するように設置され維持されていなければならないこととなる。法令の技術上の基準が改められた場合にあっても（このような場合には猶予期間を設けることができることとされているが）、新基準に適合するようにしなければならないのである。しかし、猶予期間が過ぎても改められないような場合は、たとえ旧基準に適合するものが設置されていても、法令上からは違反状態となる。また、消防法施行令第30条の規定による検定の対象となっている機器については、当然に検定合格品でなければならないこととなったりするので、このようなことを考慮すると、この既存遡及適用措置は、随分厳しい内容をもった措置であることが判る。

その他の消防用設備、すなわち既存遡及の適用がないものについては、法令の規定が施行または適用の際に現存する防火対象物（工事中のものを含む。）においては従前のままで差支えない。従前それに相当する規定がなければ、設備がなくてもそのままでよい。しかしながら、法令の規定に適合している場合は、そのまま法令が適用される。また、従前の規定に違反していた場合は、後からでも従前の旧規定に適合するようにさえすれば足りるかというと、違反していたものには猶予は認められず、すべて新基準によって設置することが義務づけられる。

このような措置の考え方は、基本的に建築基準法と同一である。ただ、多少異なるのは、建築基準法では建築物を単位として判断するのに対して、消防用設備では、個々の消防用設備の種類ごとに適合しているかどうかを判断する点である。そこで、1つの防火対象物についても、屋内消火栓については適合しているけれども、連結散水設備については未設置という状態も存在し得ることになる（特定防火対象物以外の場合に限られる。）。

　ところが、このような既存不遡及の考え方を基本的に改めたのが、昭和49年の法律改正の規定で、**特定防火対象物**における消防用設備については、一切既存の権利は認めず、すべての消防用設備等は常に適法に設置し維持していなければ違反ということになった。この猶予期限は、百貨店、地下街、複合用途防火対象物においては昭和52年4月1日、その他は昭和54年4月1日であった。

増改築あるいは用途変更の措置

　建築基準法上でも、遡及適用とならない既存建築物を増築、改築、大規模な修繕または大規模な模様替えの工事を行う場合には、その際既存部分についても現行の規定に適合するように改めなければならないように措置されている。消防法もこれに似た規定をおいているが、内容が全く同じであるかというとそうではない。その違いの主なものは、消防法上では増築又は改築の場合は、基準時以降の増改築部分の床面積の合計が

(1)　1,000m²以上となる場合

(2)　基準時の延べ面積の2分の1以上となる場合

のいずれかに該当する場合に限って、遡及適用することとしている点である。これは増改築といっても、極く僅かの場合もあり得るので、ある一定限度以上の規模となる場合に限って遡及することとしているのである。また大規模の修繕又は模様替えは、主要構造部である壁について行う場合についてのみ適用することとし、屋根とか階段についての大規模な修繕、模様替えの場合には適用にならない（消防法第17条の2、消令第34条の2及び第34条の3）。特定防火対象物における消防用設備等については、すべて遡及適用となっているので、いかなる小規模の増改築又は修繕・模様替えにあっても常に現行の規定に適合するようにしなければならない。

　用途を変更する場合には、原則的に従前の用途における必要な消防用設備等があれば足りることとされており、用途の変更に応じて直ちに設備を改める必要はない。しかし、遡及適用のある消防用設備等（消火器とか避難設備等）については、新しい用途に応じて直ちに改めなければならない。また、用途を変更した後、特定防火対象物となる場合は、これまたすべて遡及適用となるので、常に現行規定に適合するようにしなければならない（消防法第17条の3、消令第34条の2、第34条の3、第34条の4）。

消防用設備等の技術基準

　消防用設備等の設置及び維持に関する技術上の基準は、消防法施行令、消防法施行規則のほか、消防法第17条第2項の規定に基づく条例により詳細に定められている。それらの規定を一つずつ解説することはあまりにも内容が多すぎるし、すでに優れた専門書もあることから、ここではその概要にふれる程度としたい。

消火器（消令第10条、消則第6条から第11条まで、消火器の技術上の基準を定める省令、消火器用消火薬剤の技術上の基準を定める省令）

　消火器は、火災の初期に使用するもので、定義では「水その他の消火剤を圧力により放射して消火を行う器具で人が操作するもの（固定したままで使用するものを除く。）」となっている。水バケツ等では、いつも水を入れておくと蒸発したりこぼしたりする。また一般家庭でも油火災や電気火災もありうるので消火器の設置が望まれる。消火器には火災の適応性があり、普通火災（A火災）用、油火災（B

火災）用、電気火災（Ｃ火災）用と絵で表示されている。電気火災とは電気が燃えるのではなく、消火に用いても感電しないという意味である。ＡＢＣ消火器というのは以上の３種類の火災に適応する粉末消火器である。粉末でもＡ火災には適応しないＢＣ消火器もあるし、泡消火器はＡＢといわれ、Ｃ火災には適応しない。一般に水系統の消火器はＣ火災に適応しない。

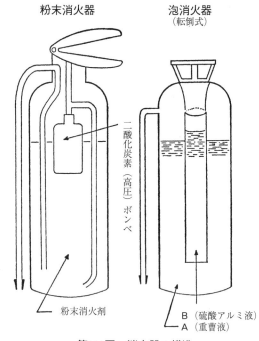

粉末消火器

泡消火器
（転倒式）

二酸化炭素（高圧）ボンベ

粉末消火剤

Ｂ（硫酸アルミ液）
Ａ（重曹液）

第111図　消火器の構造

消火能力は「能力単位」で示される。Ａ－５、Ｂ－10とあれば、Ａ火災に対しては５、Ｂ火災に対しては10の能力単位であることが判る。Ｃ火災については、使用してよいというだけで能力単位は設けられない。

日本では、生産される消火器の多くは粉末消火器で、使用される粉末は燐酸アンモン等を主体とする燐酸塩類でＡＢＣ火災に適応する。消火に際しては、安全ピンをはずしてレバーをにぎると、高圧の二酸化炭素ガスによって粉末が放射される。泡消火器は、Ａ液（重層水溶液）とＢ液（硫酸アルミ水溶液）とが別々に入っており、使用に際して消火器をさかさにすると、白い泡（ケミカルフォーム）が激しく放射される。薬品は年に１回は取りかえないと効力が落ちる。また、冬期には反応がにぶり能力は低下することがある。その他に強火液消火器、ハロゲン化物消火器、二酸化炭素消火器なども生産されている。最近は、蓄圧式の強化液消火器が家庭用にも普及して来ている。

〔配置上の基準〕各階ごと歩行距離20m以内ごと。使用に便利で通行上の支障がなく、凍結変質などしない場所に設置。高さは床上1.5m以下。

〔検定〕有（消火薬剤とも）

〔消防設備士〕乙種消防設備士第６類

〔既存遡及〕有（全面的）

屋内消火栓設備（消令第11条、消則第12条）

屋内消火栓は、通常廊下に設けられているもので、扉を開いてみると、内にノズル付のホースが折りたたんで掛けてある。これが従来から使用されている１号消火栓で、ホースの長さは一般に10mから20m程度。使用方法は、先ずホースを伸ばしてから（ホースを延ばす前に通水するとホースが暴れてからまるおそれがある。）、ポンプの起動用ボタンを押し（箱の内部にあることもあるし、外部に火災報知ボタンと兼

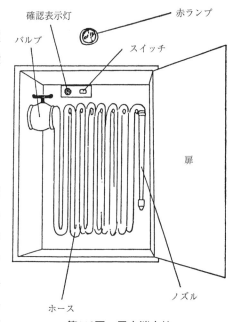

確認表示灯

赤ランプ

バルブ

スイッチ

扉

ホース

ノズル

第112図　屋内消火栓

用していることもある。)、近くの表示灯が点灯するのを確めてからバルブを開くことによりノズルの先から放水する。1号消火栓は、操作のため通常2名以上の者を必要とし、訓練も必要となる。夜間の社会福祉施設での火災を受けて、昭和62年の施行令の改正で1人でも操作できる構造の2号消火栓が定められた。その後、1人で操作できる構造の易操作性1号消火栓、2号消火栓より放水能力を高め広範囲に放水できる広範囲型2号消火栓もできた。屋内消火栓は、消火器ではすでに消火がむずかしくなったような中期火災（天井へ火が燃え移るような段階）に用いて効果がある。消火栓の水は一般の水道配管とは別になっており、水槽の水をポンプアップして用いる。30分間以上使用できる非常電源を付置しなければならない。

〔配置上の基準〕各階ごと、水平距離25m又は15m以内ごと（消火栓設置箇所を中心として半径25m又は15mの円で覆う意味）、ポンプは火災の被害を受けにくく点検に便利な場所とする。消火栓箱の開閉弁は床上1.5m以下。

〔水源の水量〕消火栓数によって次の表の水量を要す。

消火栓数	工場・倉庫・指定可燃物	左以外の施設	
	1号・易操作性1号消火栓	2号消火栓	広範囲型2号消火栓
1	2.6m³以上	1.2m³以上	1.6m³以上
2以上	5.2m³以上	2.4m³以上	3.2m³以上

〔自主表示〕ホース、結合金具

〔消防設備士〕甲種消防設備士第1類

〔既存遡及〕特定防火対象物のみ有

スプリンクラー設備（消令第12条、消則第12条の2から第15条まで、閉鎖型スプリンクラーヘッドの技術上規格を定める省令、流水検知装置の技術上の規格を定める省令、一斉開放弁の技術上の規格を定める省令など）

　スプリンクラーは、天井面に設けられたヘッドから散水して消火する装置で、火災室に人がいなくても自動的に消火できるところに特色がある。放水の作動形式には、「自動式」と「手動式」との2種類がある。自動式のものはヘッドが閉鎖されていて、しかもヘッドまで水がきているので、火災時の熱を感知してヘッドが開放し放水を開始する。手動式のものは開放型のヘッドが設けてあり、手動によって元栓を開放すると各ヘッドから一斉に放水する。自動式のものならば3〜4箇のヘッドが放水すれば消火してしまうことが多い。

　スプリンクラーの特色は、火災を自動的に発

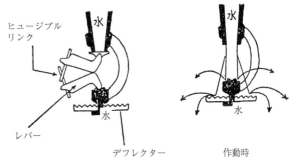

第113図　スプリンクラーヘッドの作動

見して放水し消火してしまうという優れたものであるが、放水に気付かずにいると消火後も放水を続けるので、かえって、水損を大きくしてしまうおそれがある。そこで、ヘッドが放水を始めると警報を発するようになっており、制御弁で放水を停止することができるようになっている。非常電源（30分間以上）及び双口形送水口を付置する。

〔配置上の基準〕ヘッドは、取付の水平距離を、耐火建築物では2.3m以内ごと（ヘッドを中心に2.3mの半径で描いた円で床を覆うように配置する意味）、その他の建築物では2.1m以内ごと、舞台部とか危険物施設では1.7m以内ごとに設置する。また、ポンプは火災の被害を受けにくく点検に便利な場所に設置する。制御弁及び開放型の開放弁は床上0.8m以上、1.5m以下の位置とする。

〔水源の水量〕防火対象物の区分に従って次の表の水量を必要とする（閉鎖型の例）。

防 火 対 象 物 の 区 分	水 量
百貨店、延べ1,000m²以上の地下街、準地下街、地上11階建以上の防火対象物	24m³
地上10階以下の防火対象物	16m³
指定可燃物	32m³

〔特定施設水道連結型〕最近、急増してきたグループホームにおける火災の教訓から、スプリンクラー設備の設置対象が小規模な社会福祉施設にも拡大されたが、コストをできるだけ削減するため、この種の小規模施設に限って、水道管に直結しポンプ等が不要な簡易なスプリンクラー設備が設置されるようになっている。

〔検定〕閉鎖型ヘッド、流水検知装置、一斉開放弁

〔消防設備士〕甲種消防設備士第1類

〔既存遡及〕特定防火対象物のみ有

その他の消火設備（消令第13条から第20条まで、消則第16条から第22条まで）

　その他の特殊な消火設備としては、水噴霧消火設備、泡消火設備、不活性ガス消火設備、ハロゲン化物消火設備及び粉末消火設備がある。いずれも、スプリンクラー設備のように水を放射することにより消火できる普通火災と異なり、駐車場、格納庫、石油類などの危険物又は指定可燃物のような物品の貯蔵庫などの特殊な用途、部分に設置する。特に、不活性ガスやハロゲン化物による消火の場合は、消火に伴う水損とか汚損が少ないという特色があるため、美術品、精密機械、電気通信機器などを収納する室の消火に用いられることが多い。一方、不活性ガスのように人体に悪影響を与えるものについては取扱いに注意を要する。これらの設備は「固定式」と「移動式」とがある。固定式はスプリンクラーのように天井にヘッドを設けて放射し、移動式はホースリールによってホースを伸ばして放射する。

　屋外消火栓設備は、大規模な建築物の外壁面に設ける消火栓であって、機能的には屋内消火栓と大差はない。動力消防ポンプ設備は可搬式の動力ポンプで近くの消防用水利から出水しホースから放水する。

〔検定〕泡消火薬剤、流水検知装置、一斉開放弁

〔自主表示〕動力消防ポンプ、消防用ホース、結合金具、消防用吸管

〔消防設備士〕甲種消防設備士第1類（水噴霧消火設備、屋外消火栓設備）、第2類（泡消火設備）及び第3類（不活性ガス消火設備、ハロゲン化物消火設備、粉末消火設備）

〔既存遡及〕特定防火対象物のみ有

自動火災報知設備（消令第21条、消則第23条から第24条の2、火災報知設備の感知器及び発信機に係る技術上の規格を定める省令、中継器に係る技術上の規格を定める省令、受信機に係る技術上の規格を定める省令、地区音響装置の基準）

　自動火災報知設備は、火災によって生ずる熱又は煙を感知器によって感知し、直接又は中継器を経由して受信機に伝える。受信機では出火場所を受信機の窓又は平面図上の位置で点灯することにより出火場所を知ることができるようになっている。それと同時に、連動装置により建築物内の各所に設けられた非常ベルが鳴って出火を知らせるものである。

　この装置自体は巧みにできているが、ときどき出火時にベルが鳴らなかったという例がある。その原因の多くは電源が切ってあったという極めて初歩的な誤まり、どうして電源が切ってあったのかというと、誤報があったとか誰かがイタズラしたためベルが鳴るのを止めるため電源を元から切ってしまった、ということが多いのである。この設備のポイントは、そのようなことから維持点検にあるといえる。故障があれば直ちに修理したうえ、チャント電源を入れておかなければならない。

〔警戒区域のとり方〕警戒区域とは、自動火災報知設備の1回線が有効に火災の発生を覚知することができる区域をいう。

(1)　各階ごと（500m²以下の大きさならば2の階にわたってもよい。）

(2)　一辺の長さは50m以下

(3)　面積は600m²以下（見とおしのよい体育館等では1,000m²以下としてよい。）

(4)　階段、エレベーターシャフト等の煙感知器は、水平距離50m以内を同一区域としてよい。

〔感知器の設置〕

(1)　天井、天井裏（天井裏が0.5m以内又は耐火構造ならば天井裏は不要）

(2)　煙感知器を設置しなければならない箇所——階段、傾斜路、エレベーター昇降路、パイプダクト、高さが15mから20mまでの箇所、特定の用途（百貨店、地下街、ホテル等）の廊下、通路、地階、無窓階、11階以上の階

　　煙感知器としてはならない箇所——著しい高温部、煙の滞留箇所、腐食性ガス発生箇所、維持管理の困難な箇所

(3)　感知器を設ける必要のない箇所——高さ20mを超える箇所（炎感知器は除く。）、気流が流通する箇所

(4)　感知区域面積——取付面の高さとか構造、感知器の種類によって異なる。0.4m以上（煙、差動式分布型では0.6m以上）のはりや垂れ壁があれば、区域を別とする。

〔地区音響装置〕1m離れて90デシベル以上のものを設置、水平距離25m以内ごと。

〔非常電源〕10分間有効に作動できるもの

〔検定〕感知器、発信機、中継器、受信機

〔消防設備士〕甲種消防設備士第4類

〔既存遡及〕特定防火対象物及び文化財は遡及適用がある。

ガス漏れ火災警報設備（消令第21条の2、消則第24条の2の2から第24条の2の4まで、ガス漏れ検知機並びに液化石油ガスを検知対象とするガス漏れ火災警報設備に使用する中継器及び受信機の基準）

　ガスの漏洩から爆発火災に至ることは、静岡市ゴールデン街等にみるように例が多い。そこで、昭和56年の消防法施行令の改正により、新たに追加されたのがこのガス漏れ火災警報設備である。延べ面積が1,000m²以上の地下街等に設置が義務づけられている。なお、平成19年の渋谷の温泉施設で、くみ上げた温泉中に含まれたガスが爆発したため一定の温泉採取設備を設けた施設についてもガス漏れ火災警報設備の設置が義務づけられた。

〔警戒区域のとり方〕警戒区域とは、ガス漏れ火災警報設備の1回線が有効にガス漏れを覚知できる区域をいう。

　(1)　各階ごと（500m²以下の大きさならば2の階にわたってもよい。）

　(2)　面積は、600m²以下（通路の中央から警報設備を容易にみとおせる場合は1,000m²以下）

〔検知器の設置〕天井面又は壁面（設けてはならない場所――出入口附近で外気の流通が頻繁である場所、換気口の吹出し口から1.5m以内の場所、ガス燃焼機器の廃ガスに触れやすい場所等）

　　都市ガス（比重1未満）――燃焼器又は外壁の貫通部から水平距離8m以内、検知器の下端は、天井面から0.3m以内の場所

　　Ｌ・Ｐガス（比重1以上）――燃焼器又は外壁の貫通部から水平距離4m以内、検知器の上端は、床面から0.3m以内の場所

〔中継器の設置〕回線6以上のものに設置

〔受信機の設置〕作動した警戒区域を表示できるもの、音響装置を要す。

〔警報装置〕各階の各部分から水平距離25m以下になるようにスピーカーを設け音声により警報を発するほか、ガス漏れ表示灯が点灯するもの。

〔非常電源〕2回線を10分間以上有効に作動させる蓄電池設備を設ける。

〔検定〕中継器、受信機

〔消防設備士〕甲種消防設備士第4類

〔遡及適用〕特定防火対象物関係には遡及適用あり。

漏電火災警報器（消令第22条、消則第24条の3、漏電火災警報器に係る技術上の規格を定める省令）

　漏電火災警報器は、かつて電気火災警報器と呼ばれていた。これだと電気による火災を警報するという意味にはとられずに、電気仕掛けの火災警報器、すなわち、自火報と混同されやすいので現在のように名称を変更したもの。大体100ないし500mAの漏洩電流を検出する。設置義務があるのは、ラスモルタル塗の壁、床、天井を有する建築物や契約電流容量が50Aを超える建築物である。

〔変流器〕警戒電路の定格電流以上の電流値を有するものを、屋外の電路又は第2種接地線で点検の容

　　易な所

〔音響装置〕常時人のいる所（音色の区別できるものを設置）

〔自主表示〕有

〔消防設備士〕乙種消防設備士第7類

〔遡及措置〕有（全面的）

非常警報器具・非常警報設備（消令第24条、消則第25条の2）

　火災の発生を人びとに知らせるための**器具**には警鐘、携帯用拡声器、手動式サイレンなどがあるが、小規模の防火対象物に限り設置が認められている。**設備**としては非常ベル、自動式サイレン、放送設備等があるが、一般には自動火災報知設備の音響装置があれば設置は免除される。しかし、地上11階以上又は地下3階以下の建築物、地下街等に設置が義務づけられている放送設備だけは省略できない。大規模な建築物では単にベルやサイレンを鳴らすだけでは、火災の状況が判らず、かえってパニック状態となるおそれがあるので、放送によって具体的な情報を流す必要があるからである。

〔音響装置〕（非常ベル、自動式サイレン）水平距離25m以内ごとに、1m離れて90デシベル以上の音量のものを設置、地上5階建以上又は面積3,000㎡以上のものは出火階又はその直上階に限り警報を発することができるものとする。

〔起動装置〕（非常ベル、自動式サイレン）各階ごと、歩行距離50m以内ごとに床面からの高さ0.8m以上、1.5m以下の位置に設ける。表示灯を付置する。

〔放送設備〕スピーカーは、放送区域のどの場所においても距離が10m以内、また、放送区域の広さに応じてスピーカーの種別が決められている。増幅器、操作部は点検に便利で防火上有効な場所に設ける。

　　また、他の設備と共用するものにあっては、火災の際に非常警報以外の放送が遮断できることとし、緊急地震速報に対応した非常放送設備は、緊急地震放送が優先され、放送終了後に非常放送が再開・開始するものとする。

〔非常電源〕10分間有効に作動できるもの

〔検定〕なし

〔消防設備士〕なし

〔既存遡及〕有（全面的）

避難設備（消令第25条、消則第26条及び第27条、金属製避難はしごの技術上の規格を定める省令、緩降機の技術上の規格を定める省令）

　設置基準等はすでに述べたので省略

〔国家検定〕金属製避難はしご、緩降機

〔消防設備士〕甲種消防設備士第5類

〔既存遡及〕有（全面的）

誘導灯・誘導標識（消令第26条、消則第28条から第28条の3まで）

　設置基準はすでに述べたので省略

〔検定〕なし

〔消防設備士〕なし

〔既存遡及〕有（全面的）

消防用水（消令第27条）

〔設置基準〕敷地面積２万m²以上であり、かつ延べ面積が耐火建築物では１万5,000m²以上、準耐火建築物では１万m²以上、その他の建築物では5,000m²以上のもの又は高さが31mを超えかつ地上の床面積が２万5,000m²以上のものに設置する。

〔配置上の基準〕水平距離100m以内ごとに設置、消防車が２m以内に接近できるようにする。

〔水量〕20m³以上（流水であれば毎分0.8m³以上）、地盤面下4.5m以下の部分は算入しない。

〔検定、消防設備士、既存遡及〕なし。特定防火対象物のみ既存遡及あり。

連結散水設備（省令第28条の２、消則第30条の２及び第30条の３）

〔設置基準〕地階又は地下街で延べ700m²以上のものに設置

〔配置上の基準〕天井・天井裏に開放型ヘッドでは水平距離3.7m以内、閉鎖型ヘッドではスプリンクラーヘッドの例により設ける。１送水区域のヘッド数は開放型で10以下、閉鎖型では20以下、双口形送水口を付置する。

〔検定、消防設備士、既存遡及〕なし。特定防火対象物のみ既存遡及あり。

連結送水管（消令第29条、消則第30条の４、第31条）

〔設置基準〕７階建以上の建築物、５階以上で延べ6,000m²以上の建物、延べ1,000m²以上の地下街、延長50m以上のアーケードに設置

〔配置上の基準〕送水口は双口形とし消防ポンプ車が接近できる位置に設置、口金の口径は63.5mm、主管の内経は100mm以上、放水口は階段室、非常用エレベーター乗降ロビー等に水平距離50m（アーケードにあっては25m）以内ごとに設置する。11階以上の放水口は双口形とし、かつ、放水用具を付置する。高さ70m以上のポンプを付置する。

〔自主表示〕有（結合金具）

〔消防設備士〕なし。

〔既存遡及〕なし。特定防火対象物のみ有。

非常コンセント設備（消令第29条の２、消則第31条の２）

〔設置基準〕地上11階以上の建築物、延べ1,000m²以上の地下街

〔配置上の基準〕単相交流100V（15A以上）のコンセントを水平距離50m以内ごとに設置する。

〔検定〕なし

〔消防設備士〕なし

〔既存遡及〕なし。特定防火対象物のみ有。

無線通信補助設備（消令第29条の３、消則第31条の２の２）

〔設置基準〕延べ1,000m²以上の地下街

〔検定、消防設備士〕なし

〔既存遡及〕地下街はすべて既存遡及あり。

消防用設備等の設置基準　防火対象物の種別によって設置すべき消防用設備等の設置基準が異なる。最も大きな区別としては、防火対象物に"特定防火対象物"と"それ以外の防火対象物"とがあることである。特定防火対象物は、すべての消防用設備等の設置・維持が**既存遡及**になるという点で、その他の防火対象物とは根本的に異なっているのである。

　これらの特定防火対象物に設ける消防用設備等は、既存の防火対象物であっても遡及適用となるので、常に現行の基準に適合するように設置し、維持されていなければならない（消防法第17条の2の5第2項第四号）。なお、防炎カーテン等の使用規定（消防法第8条の3）も全面的に遡及適用とされている。以上それぞれの消防用設備等の設置基準の概要を述べる。

特 定 防 火 対 象 物（消防法第17条の2の5）		
(1)項	イ	劇場、映画館、演芸場又は観覧場
	ロ	公会堂又は集会場
(2)項	イ	キャバレー、カフェー、ナイトクラブその他これらに類するもの
	ロ	遊技場又はダンスホール
	ハ	〔風営法〕2条5項に規定する性風俗関連特殊営業を営む店舗（二並びに(1)項イ、(4)項、(5)項イ及び(9)項イに掲げる防火対象物の用途に供されているものを除く。）その他これに類するものとして次に掲げるもの ①　もっぱら、面識のない異性との一時の性的好奇心を満たすための交際を希望する者に対し、異性を紹介する営業を営む店舗で、その一方の者からの情報通信に関連する機器による交際の申込みを電気通信設備を用いて当該店舗内に立ち入らせた他の一方の者に取り次ぐことによって営むもの（その一方が当該営業に従事する者である場合におけるものを含み、風営法2条9項に規定する営業を営むものを除く。）（消則5条1項1号） ②　個室を設け、当該個室において客の性的好奇心に応じてその客に接触する役務を提供する営業を営む店舗（風営法2条6項2号に規定する営業を営むものを除く。）（消則5条1項2号）
	ニ	カラオケボックスその他遊興のための設備又は物品を個室（これに類する施設を含む。）において客に利用させる役務を提供する業務を営む店舗で次に掲げるもの ①　個室（これに類する施設を含む。）において、インターネットを利用させ、又は漫画を閲覧させる役務を提供する業務を営む店舗（消則5条2項1号） ②　〔風営法〕2条9項に規定する店舗型電話異性紹介営業を営む店舗（⇒消則5条2項2号） ③　〔風営令〕2条1号に規定する興行場（客の性的好奇心をそそるため衣服を脱いだ人の映像を見せる興行の用に供するものに限る。）（消則5条2項3号）
(3)項	イ	待合、料理店その他これらに類するもの
	ロ	飲食店
(4)項		百貨店、マーケットその他の物品販売業を営む店舗又は展示場
(5)項	イ	旅館、ホテル、宿泊所その他これらに類するもの
	イ	次に掲げる防火対象物 (1)　次のいずれにも該当する病院（火災発生時の延焼を抑制するための消火活動を適切に実施することができる体制を有するものとして総務省令で定める（⇒消則5条3項）ものを除く。） 　(i)　診療科名中に特定診療科名（内科、整形外科、リハビリテーション科その他の総務省令で定める（消則5条4項）診療科名をいう。(2)(i)において同じ。）を有すること。 　(ii)　医療法（昭和23年法律第205号）第7条第2項第4号に規定する療養病床又は同項第5号に規定する一般病床を有すること。 (2)　次のいずれにも該当する診療所 　(i)　診療科目名中に特定診療科名を有すること。 　(ii)　4人以上の患者を入院させるための施設を有すること。 (3)　病院（(1)に掲げるものを除く。）、患者を入院させるための施設を有する診療所（(2)に掲げるものを除く。）又は入所施設を有する助産所 (4)　患者を入院させるための施設を有しない診療所又は入所施設を有しない助産所
		次に掲げる防火対象物 (1)　老人短期入所施設、養護老人ホーム、特別養護老人ホーム、軽費老人ホーム（介護保険法（平成9年法律第123号）第7条第1項に規定する要介護状態区分が避難が困難な状態を示すものとして総務省令で定める区分に該当する者

(6)項	ロ	（以下「避難が困難な要介護者」という。）を主として入居させるものに限る。）、有料老人ホーム（避難が困難な要介護者を主として入居させるものに限る。）、介護老人保健施設、老人福祉法（昭和38年法律第133号）第5条の2第4項に規定する老人短期入所事業を行う施設、同条第5項に規定する小規模多機能型居宅介護事業を行う施設（避難が困難な要介護者を主として宿泊させるものに限る。）、同条第6項に規定する認知症対応型老人共同生活援助事業を行う施設その他これらに類するものとして総務省令で定めるもの（消則5条5項、6項） (2) 救護施設 (3) 乳児院 (4) 障害児入所施設 (5) 障害者支援施設（障害者の日常生活及び社会生活を総合的に支援するための法律（平成17年法律第123号）第4条第1項に規定する障害者又は同条第2項に規定する障害児であつて、同条第4項に規定する障害支援区分が避難が困難な状態を示すものとして総務省令で定める（消則5条7項）区分に該当する者（以下「避難が困難な障害者等」という。）を主として入所させるものに限る。）又は同法第5条第8項に規定する短期入所若しくは同条第17項に規定する共同生活援助を行う施設（避難が困難な障害者等を主として入所させるものに限る。ハにおいて「短期入所等施設」という。）
	ハ	次に掲げる防火対象物 (1) 老人デイサービスセンター、軽費老人ホーム（ロ(1)に掲げるものを除く。）、老人福祉センター、老人介護支援センター、有料老人ホーム（ロ(1)に掲げるものを除く。）、老人福祉法第5条の2第3項に規定する老人デイサービス事業を行う施設、同条第5項に規定する小規模多機能型居宅介護事業を行う施設（ロ(1)に掲げるものを除く。）その他これらに類するものとして総務省令で定める（消則5条8項）もの (2) 更生施設 (3) 助産施設、保育所、幼保連携型認定こども園、児童養護施設、児童自立支援施設、児童家庭支援センター、児童福祉法（昭和22年法律第164号）第6条の3第7項に規定する一時預かり事業又は同条第9項に規定する家庭的保育事業を行う施設その他これらに類するものとして総務省令で定める（消則5条9項）もの (4) 児童発達支援センター、児童心理治療施設又は児童福祉法第6条の2第2項に規定する児童発達支援若しくは同条第4項に規定する放課後等デイサービスを行う施設（児童発達支援センターを除く。） (5) 身体障害者福祉センター、障害者支援施設（ロ(5)に掲げるものを除く。）、地域活動支援センター、福祉ホーム又は障害者の日常生活及び社会生活を総合的に支援するための法律第5条第7項に規定する生活介護、同条第8項に規定する短期入所、同条第12項に規定する自立訓練、同条第13項に規定する就労移行支援、同条第14項に規定する就労継続支援若しくは同条第15項に規定する共同生活援助を行う施設（短期入所等施設を除く。）
	ニ	幼稚園又は特別支援学校
(9)項	イ	公衆浴場のうち、蒸気浴場、熱気浴場その他これらに類するもの
(16)項	イ	複合用途防火対象物のうち、その一部が(1)項から(4)項まで、(5)項イ、(6)項又は(9)項イに掲げる防火対象物の用途に供されているもの
(16の2)項		地下街
(16の3)項		建築物の地階（（16の2）項に掲げるものの各階を除く。）で連続して地下道に面して設けられたものと当該地下道とを合わせたもの（(1)項から(4)項まで、(5)項イ、(6)項又は(9)項イに掲げる防火対象物の用途に供される部分が存するものに限る。）

〔消火器等〕延べ面積150m²（地階、無窓階又は3階以上の階にあっては50m²以上の階）の特定防火対象物に設置。ただし、令別表第1(1)項イ、(2)項、(3)項で火を使用する設備又は器具（防火上有効な措置が講じられたものを除く。）を設けたもの、(6)項イ(1)から(3)まで及びロ、（16の2）項及び（16の3）項の特定防火対象物にあっては全部に設置。

〔屋内消火栓設備〕延べ面積700m²（地階、無窓階又は4階以上の階にあっては150m²）以上の特定防火対象物に設置。ただし、令別表第1(1)項の特定防火対象物にあっては500m²（地階等の階にあっては100m²）以上のものに設置、また、（16の2）項にあっては延べ面積150m²以上のものに設置。

　　なお、耐火建築物で内装不燃化しないもの及び準耐火建築物で内装不燃化したものは前の面積を2倍に読み替え、耐火建築物で内装不燃化したものは3倍に読み替えてよい〔例、700m²の2倍読み替え＝1,400m²、3倍読み替え＝2,100m²〕。ただし、(6)項イ(1)及び(2)並びに(6)項ロ(1)及び(3)等の施設にあっては、当該倍数又は、1,000m²に前各項の床面積を加えた数値のうち、いずれか小さい数値を限度とする。施設にあっては、1,000m²を限度とする。

〔スプリンクラー設備〕11階以上の特定防火対象物又は延べ面積6,000m²（平家建を除く。）以上の特定

防火対象物に設置。ただし、令別表第1(4)項及び(6)項イ(1)から(3)にあっては3,000m²以上のものに設置。(16の2)項にあっては延べ1,000m²以上のものに設置。(16の3)項にあっては、延べ面積が1,000m²以上で特定用途部分の面積が500m²以上のものに設置。又(16)項イの複合防火対象物で特定用途に供される部分の床面積の合計が3,000m²以上のものの階のうち特定防火対象物用途の存する階に設置。前記以外の防火対象物にあっても各階の床面積が1,000m²以上の場合は設置義務のある場合あり（消防法施行令第12条第1項第8号参照）。また500m²（地階、無窓階では300m²）以上の舞台部にも設置を要す。

　また、最近の火災事例を受けて、介助がなければ避難できない者を入所させる(6)項イ(1)、(2)〔病院等〕及び(6)項ロ(1)から(5)〔社会福祉施設等〕はすべて、ただし、(6)項ロ(2)、(4)、(5)のうち（総務省令で定める介助がなければ避難できない者）を入所させるもの以外のものは、延べ面積275m²以上に設置する。床面積が1,000m²未満のものには、特定施設水道連結型スプリンクラー設備とすることができる。

〔**自動火災報知設備**〕令別表第1(2)項ニ、(5)項イ、(6)項イ(1)から(3)まで、(6)項ロ、(6)項ハ（利用者を入居させ、又は宿泊させるものに限る。）及び特定一階段等防火対象物はすべて、(9)項イは延べ面積200m²以上、(1)項、(2)項イからハまで、(3)項、(4)項、(6)項イ(4)及びニ、(6)項ハ（利用者を入居させ、又は宿泊させるもの以外）、(16)項イ並びに（16の2）項は延べ面積300m²以上、（16の3）項は延べ面積が500m²以上で、かつ、特定用途部分が300m²以上、のものに設置する。

〔**ガス漏れ火災警報設備**〕地階の床面積の合計が1,000m²以上の特定防火対象物に設置。ただし、令別表第1(16)項イ及び（16の3）項については、地階の床面積の合計が1,000m²以上であって、かつ、特定用途部分が500m²以上のものに設置する。また、一定の温泉採取設備を設けた施設にも設置義務。

〔**漏電火災警報器**〕ラスモルタル塗りの壁、床、天井を有する延べ300m²以上の特定防火対象物に設置。ただし、令別表第1(5)項イ及び(9)項イにあっては150m²以上、(16)項イにあっては延べ500m²以上であって、かつ、特定防火対象物用途に供される部分の床面積が300m²以上のものに設置。なお契約電流が50Aを超える場合は上記にかかわらず設置（(9)項イを除く。）。

〔**消防機関へ通報する火災通報装置**〕令別表第1(6)項イ(1)から(3)まで及びロ、（16の2）項、（16の3）項にあっては、すべてに設置。(1)項、(2)項、(4)項、(5)項イ並びに(6)項イ(4)、ハ及びニにあっては延べ面積500m²以上。(3)項については、延べ面積1,000m²以上のものに設置する。

　特定防火対象物以外の防火対象物に設ける消防用設備等の設置基準の概要は次のとおりである。

特 定 防 火 対 象 物 以 外 の 防 火 対 象 物		
(5)項	ロ	寄宿舎、下宿又は共同住宅
(7)項		小学校、中学校、義務教育学校、高等学校、中等教育学校、高等専門学校、大学、専修学校、各種学校その他これらに類するもの
(8)項		図書館、博物館、美術館その他これらに類するもの
(9)項	ロ	イに掲げる公衆浴場以外の公衆浴場

(10)項		車両の停車場又は船舶若しくは航空機の発着場（旅客の乗降又は待合いの用に供する建築物に限る。）
(11)項		神社、寺院、教会その他これらに類するもの
(12)項	イ	工場又は作業場
	ロ	映画スタジオ又はテレビスタジオ
(13)項	イ	自動車車庫又は駐車場
	ロ	飛行機又は回転翼航空機の格納庫
(14)項		倉庫
(15)項		前各項に該当しない事業場
(16)項	ロ	イに掲げる複合用途防火対象物以外の複合用途防火対象物
(17)項		〔文化財保護法〕の規定によって重要文化財、重要有形民俗文化財、史跡若しくは重要な文化財として指定され、又は〔旧重要美術品等の保存に関する法律〕の規定によって重要美術品として認定された建造物
(18)項		延長50m以上のアーケード
(19)項		市町村長の指定する山林
(20)項		次に掲げる舟車 ① 総トン数5t以上の舟で、推進機関を有するもの（消則5条10項1号） ② 〔鉄道営業法〕、〔軌道法〕若しくは〔道路運送車両法〕又はこれらに基づく命令の規定により消火器具を設置することとされる車両（消則5条10項2号）

全面的な遡及適用はないが、設備によっては既存遡及適用のあるものがあるので注意すること。

〔防炎カーテン等の使用〕令別表第1(12)項ロのみ適用（既存遡及適用）。

〔消火器等〕令別表第1(17)項及び(20)項はすべて、(5)項ロ、(9)項ロ、(12)項から(14)項までは延べ150m²以上、(7)項、(8)項、(10)項、(11)項及び(15)項は300m²以上、前記以外の地階、無窓階又は3階以上の階で、床面積50m²以上の階に設置（既存遡及適用あり）。

〔屋内消火栓設備〕延べ面積700m²以上、令別表第1(11)項及び(15)項については1,000m²以上に設置、地階、無窓階又は4階以上の階で150m²以上（(11)項及び(15)項では200m²以上）のものに設置。耐火又は簡耐では2倍読み又は3倍読みの緩和規定がある。

〔スプリンクラー設備〕令別表第1(14)項の倉庫のうちのラック式倉庫及びすべての防火対象物の11階以上の階に設置。

〔水噴霧消火設備等〕令別表第1(13)項の防火対象物に設置。

〔自動火災報知設備〕令別表第1(13)項ロ、(17)項はすべて、(5)項ロ、(7)項、(8)項、(9)項ロ、(10)項、(12)項、(13)項イ及び(14)項の各項は延べ500m²以上、(11)項、(15)項の各項は延べ1,000m²以上、その他地階、無窓階又は3階以上の階で床面積300m²以上のもの及び11階以上の階に設置。

〔漏電火災警報器〕ラスモルタル塗りの壁、床、天井を有するすべての令別表第1(17)項、延べ150m²以上の(5)項ロ、(9)項ロ、延べ300m²以上の(12)項、延べ500m²以上の(7)、(8)、(10)及び(11)の各項、延べ1,000m²以上の(14)項及び(15)項並びに契約電流が50Aを超える(15)項及び(16)項に設置。（遡及適用）

〔非常警報設備等、避難器具、誘導灯〕すべて既存遡及適用。

29 建築確認・許可と消防機関の同意

建築確認と許可との違い　普通であれば一般に許認可というのに、どうして建築の場合だけは確認というのだろうか。ほかに全く例がないわけではなく、例えば、水道法でも確認という制度を採用しているのだが、それ程一般的ではないので、やはり確認というと建築確認が思いだされるであろう。建築基準法でも確認の他に許可や認可の制度がないわけではない。この法律で許可といっているのは「例外許可」であって、本来は禁止されていることを一定の条件のもとに特別に例外的に許す場合に限られている。例えば、道路内に建築することは一般的には許されていないが、アーケードのようなものは防火上、交通上等の配慮のもとに種々の条件を付けて特別に許可することができるのである。認可の例としては、同法第73条の建築協定の認可がある。

　許可の場合は、特例として認めるのであるから、種々の条件を付けて許可してもよいし、どうしても具合が悪いと判断されるような申請は不許可にすることもできるのである。その点、許可には**自由裁量**の範囲に相当の幅があることになる。一方、建築確認というのは、設計が法令の規定に違反していないかどうか、法令と設計とを照合し、適法かどうかを判断することであるから、自由裁量の入り込む余地は少なく、極めて客観的な判断が要求されるのである。

　このような許可と確認の考え方をもう少し詳しく検討してみると、建築の基準は防火上の問題を含めて詳細に法令で規定され、公にされていることが前提となって、それらの基準を守って建築される適法なものは、建築主の自由というか権利のようなものであって、違反でない限り建築して差支えないものである。これは本来禁止されていることを例外的に認める許可の場合と基本的に異なるのである。しかしながら、いくら建築主が適法であると判断しても、ヒョットして間違いがあるかも知れない。その場合、すでに建築物が完成してしまったり、着工してからでは直すのに多くの費用と時間を費やすことになる。これは個人にとっての損失であるだけではなく、国家的にみても大きな利害得失に係る問題である。そこで、建築着工前に公的にチェックする。そういう制度がこの建築確認である。建築基準法第6条では、「……建築物を建築しようとする場合においては、当該工事に着手する前に、その計画が建築基準関係規定に適合するものであることについて確認の申請書を提出して建築主事の確認を受けなければならない。」と規定している。

（注）建築主事に替えて国土交通大臣等の指定を受けた「指定確認検査機関」も確認を行うことができる。

　この規定からも判るように確認の申請書の提出先は、**建築主事等**であって、知事とか市長ではない。これは建築物の計画が法令の規定に適合しているかどうかチェックできる専門家に確認の業務を行わせるべきであるとの判断から、個人的な能力を有する資格者として建築主事等としているのだ。「建築主事」は従って、個人として国家検定に合格し知事・市長などから任命される一種の行政庁である。そこ

で、身分的には県や市の職員であるけれども、知事や市長あてに提出された申請書を、庁内の事務分掌により各課で所掌し、課長に専決処分を委任されているのとは本質的に異なり、建築主事あてに提出された建築確認申請書を建築主事が決裁すれば、それで確認は効力を有することになる。このように、建築主事の行う確認処分は法律によって直接与えられたものであって、県市の内部規定で委任されたものではないのだ。このような例えが適切であるかどうか良くわからないが、県立病院や市立病院で手術などの治療ができるのは法律に基づく医師の資格者に限られるわけで、決して内部的に知事や市長の委任に基づいて、言いかえれば、知事や市長の代理者として行うわけではないのと似ていると思う。

消防長の同意事務・建築主事の確認事務は法律によって与えられている。

第114図　同意業務は法律によって与えられる

　消防法についても同じようなことが言えると思う。例えば危険物施設の許可については、申請が市町村長に提出されるから、市町村長の事務であり、それを内部的に委任されて消防長の専決事項とされているような場合もあるが、一方、消防法第5条の防火対象物に対する措置命令を発することができるのは、法律の規定どおり消防長又は消防署長であって決して、市町村長ではないのである。これから述べる消防法第7条の建築許可等の同意事務も消防長や消防署長の権限であって、決して市長等から委任されているのではなく、法律的には消防長又は消防署長の固有の事務である。

　なお、平成11年の建築基準法の改正で設けられた「指定確認検査機関」が確認をする場合にも、消防機関の同意を必要とする。この指定確認検査機関とは、建築行政民間開放に伴い設けられたもので、大臣又は知事の指定を受け、建築主事に代って確認・検査の業務を行うものである。

消防機関の同意　　　　　消防法第7条と建築基準法第93条とを次頁に並べて書いてみたが、両法は全く内容的には同じことを書いているのだけれども、若干表現が異なっている。その点を検討してみると、先ず、消防法では「建築物の新築、……」と建築物に限定しているようにみえるけれども、建築基準法ではそこが明文の規定になっていないようにみえる。すなわち、「この法律の規定による許可又は確認」としかいっていない。ところが、建築基準法による確認には準用規定による確認の例がある。例えば、第88条の工作物への準用規定では確認の必要な工作物（高さが6mを超える煙突等）の規定があるが、この場合も、消防長の同意がいるのだろうか、それとも不要なのであろうか。それの回答としては消防法第7条第2項において同意事務が「建築物の計画」について行うことを明確にしているので、工作物は含まれていないことが判る。従って、工作物の確認は消防長の同意を必要としない。建築基準法第87条（用途の変更に対するこの法律の準用）も建築物の用途変更であるから同意

の対象となる。建築物の「使用」については、消防法には規定があるものの建築基準法の方にはそれに対応する許可、確認の規定がないので事実上、使用についての同意事務はあり得ない。

　消防法で「許可、認可又は確認」とあるのが、建築基準法上では「許可又は確認」となっていて認可がはずされている。実際には、第73条の建築協定の認可があるのだが、これは協定の認可であって建築物の建築等の行為を認可するものではないので同意の対象とならないのであろう。従って、同意の対象となるのは建築基準法については、許可と確認のみである。

　消防法でいう「権限を有する行政庁」には、特定行政庁と建築主事があるが、「委任を受けた者」についての規定はない。従って、同意の対象となるのは、建築主事又は指定確認検査機関の行う建築確認と特定行政庁の行う建築許可とである。特定行政庁とは、建築主事をおく知事又は市町村長のことで、建築の例外許可は建築主事の業務ではなく、これらの知事等の権限なのである。消防法の規定からみると、何も建築基準法上の許可、確認に限定して同意事務が与えられているわけではないが、建築基準法のように同趣旨の明文の規定をおいている例は他には見あたらない。従って、消防同意（建築同意といっても同じことだが）の対象となるのは、事実上建築基準法上の許可と確認に限られることになる。

〈消防法第7条第1項〉

〔建築許可等の同意〕

第7条　建築物の新築、増築、改築、移転、修繕、模様替、用途の変更若しくは使用について許可、認可若しくは確認をする権限を有する行政庁若しくはその委任を受けた者又は建築基準法第6条の2第1項（同法第87条第1項において準用する場合を含む。以下この項において同じ。）の規定による確認を行う指定確認検査機関（同法第77条の21第1項に規定する指定確認検査機関をいう。以下この条において同じ。）は、当該許可、認可若しくは確認又は同法第6条の2第1項の規定による確認に係る建築物の工事施工地又は所在地を管轄する消防長又は消防署長の同意を得なければ、当該許可、認可若しくは確認又は同項の規定による確認をすることができない。ただし、確認（同項の規定による確認を含む。）に係る建築物が都市計画法第8条第1項第五号に掲げる防火地域及び準防火地域以外の区域内における住宅（長屋、共同住宅その他政令で定める住宅を除く。）である場合又は建築主事が建築基準法第87条の4において準用する同法第6条第1項の規定による確認をする場合においては、この限りでない。

〈建築基準法第93条第1項〉

〔許可又は確認に関する消防長等の同意等〕

第93条　特定行政庁、建築主事又は指定確認検査機関は、この法律の規定による許可又は確認をする場合においては、当該許可又は確認に係る建築物の工事施工地又は所在地を管轄する消防長（消防本部を置かない市町村にあっては、市町村長。以下同じ。）又は消防署長の同意を得なければ、当該許可又は確認をすることができない。ただし、確認に係る建築物が防火地域及び準防火地域以外の区域内における住宅（長屋、共同住宅その他政令で定める住宅を除く。）である場合又は建築主事若しくは指定確認検査機関が第87条の4において準用する第6条第1項若しくは第6条の2第1項の規定による確認をする場合においては、この限りでない。

「工事施工地」と「所在地」とが書きならべてあるのは、新築等のように工事を伴う場合は前者で差し支えないが、用途の変更のように建築物がすでに存在しており、ことさら工事を伴わないものについては工事施工地とも言えないので所在地としたものであろう。

同意の事務を行う「消防長又は消防署長」は、消防機関の内部でどちらが同意事務を行うかを決めればよいのであって、どちらが同意を行うことにしても法律上の効果には変わりはない。ところで、消防長又は消防署長をおかない市町村の場合にあっては、どうしたらよいであろうか。消防法では第3条に、「消防長（消防本部をおかない市町村においては、市町村長。以下同じ。）、消防署長」という読み替え規定が前もって用意してあるので、この第7条

```
┌─────────────────────────────────┐
│  建築物の確認                   │
│                                 │
│ ●新築・改修・増築・移転・修繕・模様替 │
│   （建築基準法第6条）           │
│ ●用途の変更（建築基準法第87条） │
└─────────────────────────────────┘
```

```
┌─────────────────────────────────┐
│  建築物の許可                   │
│                                 │
│ ●道路内建築（第44条）●壁面線（第47条） │
│ ●用途地域（第48条）●供給処理施設(第51条) │
│ ●容積率（第52条）               │
│ ●建築物の高さ（第55条）         │
│ ●斜線制限（第56条）●高度地区（第59条） │
│ ●仮設建築物（第85条）等         │
└─────────────────────────────────┘
```

第115図　消防長の同意事務の範囲

の規定についても同じことで、そのような場合は、消防長にかえて市町村長が同意すればよろしいのである。建築基準法についても同様である。

さて、それでは今度は何のためにこの同意事務が設けられているのかその目的について考えてみよう。考えようによっては、消防は消防で独自に別の申請書を出させてもよいのだろうか、一つの建築物を建てるのに同じ図面をどうして別々に役所に出さなければならないのだろうか、役所の内部で連絡を充分すれば一つの申請書で間にあうではないかという国民の側からの声もある。そこで、二重行政を避け効率的な運用を図るために同意制度が設けられ、一方では、許可、片方では不許可というような不手際をなくす、そのような意味でも効果的な制度とされたのである。

この点消防庁の通知を引用してみると、「建築物火災から人命財産を保護するため、建築物に対し所要の防火条件を具備させるよう指導することは、消防固有の最も重要な責務であること。消防法第7条の規定による消防の同意の制度は、建築規制事務との調和を図りつつ、建築物の建築前に、その防火に関する法令の規定への適合性につき、消防の専門的知識経験をもって、具体的に審査することとされたもので二重行政をさけながら消防本来の目的達成を図ろうとする極めて重要な意義を有する制度であること（昭和38年5月8日知事あて通知）。」とされ、同意制度の運用に当っては、この制度の本旨を十分理解し事務処理の適正化に努めるべきであると述べている。

このようなことから、同意は建築行政機関と消防機関との間で行われる役所の内部間の事務処理であって、建築確認等の申請者が直接消防機関に同意を求めているのではないのである。確認の例では、申請書を受理し確認をしようとする建築主事が同意を求め、消防機関は建築主事等に対して同意を与えることとなる。そのような意味から、消防機関が同意に際して申請者から手数料を取ることは認められない。また、申請者も消防機関が不同意処分としたことについて、直接消防の不同意の取消を求めるこ

とはできないこととされている。何故ならば、同意、不同意は行政機関内部の意志表示にしか過ぎないからである。

〈消防法第 7 条第 2 項〉
② 消防長又は消防署長は、前項の規定によって同意を求められた場合において、当該建築物の計画が法律又はこれに基づく命令若しくは条例の規定（中略）で建築物の防火に関するものに違反しないものであるときは、建築基準法第 6 条第 1 項第四号に係る場合にあっては、同意を求められた日から 3 日以内に、その他の場合にあっては、同意を求められた日から 7 日以内に同意を与えて、その旨を当該行政若しくはその委任を受けた者又は指定確認検査機関に通知しなければならない。この場合において、消防長又は消防署長は、同意することができない事由があると認めるときは、これらの期限内に、その事由を当該行政庁若しくはその委任を受けた者又は指定確認検査機関に通知しなければならない。
〈建築基準法第93条第 2 項〉
〔消防法第 7 条第 2 項とほぼ同文のため省略〕

建築基準法の方を省略したのは、カッコ書き部分を除いて全くといってよい程条文がそっくりであるからである。どこが違うかというと、「場合において、」が建築基準法では「場合においては、」と 1 字多いことと、「当該行政庁又はその委任を受けた者に」という消防法では前項と同じ表現が、建築基準法では「当該特定行政庁又は建築主事」とこれまた建築基準法はそれなりに前項と同じ表現をとっていること、その程度の違いである。

消防長等の行う同意、不同意は、「建築物の計画が法律又はこれに基づく命令若しくは条例の規定で建築物の防火に関するもの」に違反しないかどうかによって判断しなければならないのである。法律に基づく命令とは、具体的には政令、省令のことである。この場合、法律というのは何も建築基準法に限ったことはなく、他のどんな法律でも「建築物の防火に関する規定」であれば判断の対象になる。もちろん、火災予防条例のような条例も含まれることは当然である。違反していない限りは同意すべきことは法律上ハッキリしており、違反している場合は不同意となる。この不同意とする場合は、その事由を示して通知することになる。これは建築主事の確認と同じことであって、法律的には違法か適法かの判断を示せば足りることになる。このような行為を専門的には羈束行為というのであって、自由裁量行為とは対比的に用いられる。「消防長又は消防署長が同意を求められた場合は、防火に関する法律、命令、条例に基づいて同意又は不同意（根拠法令の条文を明示して理由を付すること。）の何れか一方の明確な表示をすること（昭和25年12月15日付国消管発第292号知事あて通知）。」と消防庁の通知でも明らかにしている。

この場合、法律上の根拠が全くないにもかかわらず、消防長が個人的な感情等に左右されて同意をしないというようなことになれば、それは消防長の方が違法ということになってしまう。事実そのようなケースから消防長が同意をしなかったため、建築主事も確認をするわけにはいかず「消防長の同意が得られない」ことを理由に確認しなかったところ、逆に建築主事の不確認処分は不適当であるとして訴願

が提起され、「建築主事は、本件訴願に係る建築物の計画が法令に適合しない旨の通知を取り消し、当該計画が法令に適合するものとすべきである（昭和34年8月26日裁決、長野、滋賀で各1件）。」という判決が示されたのである。その理由として、「法令の文理上は、建築主事は消防長の同意を得られなければ当該確認はできないので建築主事のとった措置は正当であるとしなければならないだろうが、元来、法は消防長が公正に職務を遂行することを前提としており、明らかに消防長が法の適用を誤まっており、不同意の事由が法令に根拠がなく、知事の行った行政指導によっても是正されないような場合において、建築主事が確認するのは違法ではない。」とキビシイ裁決が下されているのである。これは消防法の制定当初は、「火災予防上支障がある」と消防機関が判断すれば不同意としてもよかったことがあり、昭和25年、建築基準法の制定と同時に現行のように改正されたものであるが、それが徹

同意します

同意できません
その理由は第〇条に
違反しているからです。

第116図　消防長は同意・不同意をハッキリと

底していなかったものと考えられる。旧法のように裁量権が幅広く認められていた場合には、例えば、「消防の責任が負えない」という程度のことでも同意しない事由とされたのであろうけれども、現行法ではそのようなことでは事由とならない。

　同意の期間は、建築基準法第6条第1項第四号（一般の住宅等の建築物）にあっては3日以内、その他の場合（大規模建築物、特殊建築物の確認、特定行政庁の特例許可）には7日以内である。同意を求められた最初の日すなわち民法上の初日は算入されず（民法第140条）、また期間の末日が日曜とか休日、年末年始に当る場合も期日には算入されない（民法第142条）。最近のように申請件数も多く、郵送期間にも多くの日時を要することとなると担当者の事務処理能力からみても必ずしも期限内に処理することは容易ではないと思われるが、法律で定められていることでもあるし、能率的な事務処理によって期限内処理に努めるべきであろう。いたずらに同意事務が遅延することは同意権を放棄したのではないかと思われることがあるので注意しなければならない。

　また、「条件付同意」というのもよく問題となる。法律に違反しない限り同意し、違反するのであれば不同意とするのであるから、条件付ということは理論的にあり得ない。

　ただし、違法であっても、僅かな修正で適法な計画とすることが可能なものについては申請者に修正させることはできると解すべきではなかろうか。僅かの違反をもって不同意とすることは、その事由が明確である限り間違いではないが、国民の側からみればそのために再び申請手数料を負担して申請し直すこととなり、経済的にも時間的にも無駄が多く、国民性からみてもそのような形式的処分は望まず、悪いところがあったら、もっと親切に教えてくれればよいではないか、教えてくれればすぐにでも直し

ただろうに不許可にしてしまうとは水くさい、との反論を受けることが多いのである。そのようなわけで、建築確認においても計画の不備事項は補正を認めることとしているのである。そこで消防長としては同意、不同意は明確にしなければならないが、補正可能なものは補正を認めさせることとして差支えないのではなかろうか。建築主事は、当然に防火に関する規定についても確認の対象としなければならず、適法な計画にしか確認は与えられないのである。そのような補正の手段があるからといって、違反内容の著しいものを不同意とすることは差支えないし、また、不同意とすべきであろう。ただし、統計上の数字から眺めてみると不同意件数は極めて僅かである。

建築同意事務処理状況

		―平成19年度―	―令和元年度―
◆同 意		316,764件	230,131件
内 訳	┌ 指導なし	218,851件	（統計なし）
	└ 指導あり	97,913件	
◆不 同 意		11件	10件
合 計		316,775件	230,141件

　また、建築確認又は消防同意は、建築計画の重要な事項に限定して審査することとされ、申請書に添付すべき図面等は法定（建築基準法施行規則第1条）されているので、法定された申請書の範囲内で行うのが原則である。例えば、申請書のみでは火災予防条例上の細部の判断ができないという理由で不同意としたり、必要以上に詳細な図面を要求することは行き過ぎになる。そこで、同意事務と火災予防上の行政指導とは法律的に明らかに区別しなければいけない。消火器の設置等、建築計画の防火規定と直接関係のないような事項（消火器は建築物の設備ではなく、建築物内に置く器具であるから）を指導するための付箋をつけることは同意の条件ではなく、同意事務を通じて申請者に対して行う行政上のサービスとしての指導と理解すべきであろう。その点、消防庁の通知では同意の際に行う行政指導について、「建築物の防火のために要する諸条件は、個別的、動態的であり、そのため一律的な法令による規制に親しまないものが多い。従って、実質的な防火安全性を確保するためには、同意の際あわせて所要の行政指導を行わざるを得ない場合があること。しかしながら、消防法第7条では、法的安全性を確保するため、建築物の防火に関する規定に違反しない限り同意をしなければならないこととされているので、当該行政指導は、建築主の防火及び人命保全の意識に訴えてその協力により実現することを旨とし、〔法的に根拠を有しないものである場合には――筆者注〕いやしくも、建築主の意志を強制することのないように厳に留意する必要があること。また、同意事務の処理と並行して行うとしても、法律上は明らかに区分して処理し、そのために同意が遅れる等のことがないよう特に配慮する必要があること（昭和38年5月8日知事あて通知）。」と述べている。

　なお、消防法第7条第1項にも、建築基準法第93条第1項にも、同じような「ただし書」がついているが、これは、防火・準防火地域外の一戸建住宅については、建築物の防火に関する規定の適用が極めて少ない（消令別表第1の防火対象物に該当しないため）ので、同意の対象に加えず、事務の簡素化が

はかられているものである。

　ところで、建築の特例許可の場合の同意は、確認に対する同意とは若干意味が異なるのではないかと思う。法令上はやはり、「建築物の防火に関する法令の規定」に違反するかどうかが同意、不同意の判断の根拠となるのであるが、もともと、本則に適合しないが故に、ただし書によって特例の許可を求めようとしていることだし、許可申請はその特例のみについて許可をするのであるから、防火上支障がないことを許可の要件としている場合は、消防長とても防火上の意見を述べ得るものと解すべきであろう。例えば、道路内の建築制限（建築基準法第44条）の特例許可では、許可の要件として「安全上、防火上若しくは衛生上他の建築物の利便を妨げ、その他周囲の環境を害するおそれがない」と認められるものに限っている。法律上は、消防長と建築審査会の同意を得たうえ、特定行政庁（知事又は市町村長）が最終判断をするのであるが、許可が裁量行為である以上、同意についての判断においても裁量の幅が認められるはずである。例えば仮設興業場等の特例許可について、「その用途の性質上、災害防止の見地に基づいて慎重に取扱わなければならないので、消防長又は消防署長が建築許可に対する同意をするにあたっては、十分に考慮を払う必要があること。」という知事あて通達を消防庁及び旧建設省の共同で出していることからもうかがえる（昭和25年12月15日国消管発第292号、住発第755号通達）。もっとも、道路内に設けるアーケードの許可については、消防機関を含めた協議会の議を経て意見の一致した場合に限って認めていることからも考えられることである。

　ところで、消防長の不同意を理由として知事が建築不許可としたところ裁判になり、その判決では不許可が不当とされ消防長は同意すべきであるとされた判例があるので紹介しておくが、いくら裁量の範囲といっても限度があるのである。その判例というのは「都道府県知事が、消防法第7条に基づく消防長の不同意により建築不許可処分をした場合において、知事を相手とする右不許可処分取消判決の効力は消防長に及び、当該消防長は右の拒否を撤回して同意すべき義務を負担することになるものである（福岡高等26(ネ)495　29・26例集2(36)）。」というものである。

　さて、建築基準法上の特例許可には、次のようなものがある。

　⑴　敷地の接道関係の許可（法第43条）

　⑵　道路内の建築の許可（法第44条）

　⑶　壁面線をこえる歩廊の柱等の許可（法第47条）

　⑷　用途地域内における建築物の用途制限の例外許可（法第48条第1項から第14項）

　⑸　都市計画でその位置が決定していない卸売市場等の新増築の許可（法第51条）

　⑹　容積率制限の例外許可（法第52条）

　⑺　建蔽率制限の許可（法第53条）

　⑻　敷地の最低面積の例外許可（法第53条の2）

　⑼　建築物の絶対高さの例外許可（法第55条）

　⑽　日影による中高層建築物の高さ制限の例外許可（法第56条の2）

　⑾　特例容積率適用地区内の建築物の高さの例外許可（法第57条の4）

　⑿　高度利用地区内の建築物の容積率及び道路斜線制限等の例外許可（法第59条）

⒀　総合設計の場合の容積率及び高さの制限の例外許可（法第59条の２）

⒁　都市再生特別地区の都市計画に不適合のものの例外許可（法第60条の２）

⒂　特定用途誘導地区内の建築物の容積率、建築面積、高さ制限の例外許可（法第60条の３）

⒃　特定防災街区整備地区内の建築物の敷地面積、壁面の位置、高さ制限等の例外許可（法第67条）

⒄　景観地区内の高さ限度の例外許可（法第68条）

⒅　再開発等促進区内の高さの斜線制限の例外許可（法第68条の３）

⒆　地区計画等の区域内の高さの斜線制限の例外許可（法第68条の５の３）

⒇　予定道路に係る容積率の例外許可（法第68条の７）

㉑　応急仮設建築物の存続の許可（法第85条第３項）

㉒　仮設建築物の建築の許可（法第85条第５項）

㉓　国際的規模の競技会等の用に供する仮設興行場等の使用期間の延長許可（法第85条第６項）

㉔　総合的設計による建築物の容積率・高さの例外許可（法第86条第３項）

㉕　既存建築物を前提とする総合的設計の例外許可（法第86条第４項）

㉖　一敷地内認定建築物以外の建築物の例外許可（法第86条の２第２項）

㉗　一敷地内許可建築物以外の建築物の例外許可（法第86条の２第３項）

㉘　用途変更して応急仮設建築物とする場合の存続の許可（法第87条の３第３項）

㉙　用途変更して仮設建築物とする場合の許可（法第87条の３第５項）

㉚　用途変更して国際的規模の競技会等の用に供する仮設興行場等とする場合の使用期間の延長許可
　（法第87条の３第６項）

　以上の許可のうち、「防火上支障がない」ことを要件としているものは、⑴、⑵、⑹、⑺、⑿、⒀、⒅～㉚の各号及び⑷の中で準工業地域に係る場合「防火上の危険の度が低い」と認められるものという表現を用いている例がある。そのほかの許可については、防火上の判断は許可条件とされてはいない。

　国又は都道府県等の特例として建築基準法では確認の規定を適用せず、その計画を建築主事あて通知すれば足りることとしているが、消防同意についてもその通知を受けた建築主事は「遅滞なく、これを当該通知に係る建築物の工事施工地又は所在地を管轄する消防長又は消防署長に通知しなければならない（建築基準法第93条第４項。）」こととされている。消防法では、この通知を受けたあとの措置を明らかにしていないが、この通知は消防長に同意を求めるものではないので、同意・不同意の処分を行う必要はないものと解される（しかし、各地の同意事務をみていると、確認の場合と同じように同意をしているケースが多い。法的には義務づけられているという根拠はないというものの、確認又は許可の場合に準じて同意を行ったからといって別にそれがいけないことだと言おうとしているつもりはない。）。

消防法第５条の措置命令　　　　消防法第５条は、防火対象物の構造、管理の状況について、「火災の予防に危険であると認める場合、消火、避難その他の消防の活動に支障になると認める場合、火災が発生したならば人命に危険であると認める場合その他火災の予防上必要があると認める場合」には、消防長はその防火対象物の改修等の措置を命ずることができる、とする

規定であるが、「ただし、建築物その他の工作物で、それが他の法令により建築、増築、改築又は移築の許可又は認可を受け、その後事情の変更していないものについては、この限りでない。」とのただし書を設けている。これは、建築基準法上の許可、確認は消防長の同意を得て行われるものであり、事情が変更されていないものについては改善命令等を発することができないこととして許認可と改善命令との関係を明らかにしたものである。さらに、この命令が出されたにもかかわらず、措置が履行されなかったり十分でなかったりした場合には、その防火対象物の使用禁止・停止等の命令（消防法第５条の２）をすることができる。

　また、防火対象物内に「放置され、又はみだりに存置された物件の整理又は除去」を命ずることもできる（消防法第５条の３）。

Memo

編集・著作権及び
出版発行権あり
無断複製転載を禁ず

3訂　消防・建築法規の
　　　ドッキング講座

定価3,300円
（本体3,000円＋税10%）

著　者　高　木　任　之

監　修　小　林　恭　一
　　　　井　上　勝　徳

発　行　平成13年10月31日（初版）
　　　　平成28年12月23日（新版　1刷）
　　　　令和4年11月19日（3訂　1刷）

発行者　株式会社 近　代　消　防　社
　　　　　　　三　井　栄　志

発行所

株式会社 近　代　消　防　社

〒105-0020　東京都港区東新橋1丁目1番19号
　　　　　　　　　　（ヤクルト本社ビル内）
　　TEL　東京（03）5962-8831（代）
　　FAX　東京（03）5962-8835
　　URL　https://www.ff-inc.co.jp

〈振替　東京00180-6-461　　00180-5-1185〉

ＩＳＢＮ978-4-421-00969-9　　〈乱丁・落丁の場合は取替えます。〉2022ⓒ